中国金融开放：
市场导向下的均衡选择

CHINA'S FINANCIAL OPENING:
A BALANCED CHOICE UNDER MARKET ORIENTATION

吴晓求 等◎著

中国金融出版社

责任编辑：张菊香　王　君
责任校对：孙　蕊
责任印制：丁淮宾

图书在版编目（CIP）数据

中国金融开放：市场导向下的均衡选择/吴晓求等著． —北京：中国金
融出版社，2021.9
ISBN 978 – 7 – 5220 – 1319 – 0

Ⅰ.①中… Ⅱ.①吴… Ⅲ.①金融开放—研究—中国 Ⅳ.①F832.0

中国版本图书馆 CIP 数据核字（2021）第 183159 号

中国金融开放：市场导向下的均衡选择
ZHONGGUO JINRONG KAIFANG：SHICHANG DAOXIANG XIA DE JUNHENG
XUANZE

出版
发行　**中国金融出版社**

社址　北京市丰台区益泽路 2 号
市场开发部　（010）66024766，63805472，63439533（传真）
网 上 书 店　www.cfph.cn
　　　　　　（010）66024766，63372837（传真）
读者服务部　（010）66070833，62568380
邮编　100071
经销　新华书店
印刷　保利达印务有限公司
尺寸　169 毫米 × 239 毫米
印张　23
字数　345 千
版次　2021 年 11 月第 1 版
印次　2021 年 11 月第 1 次印刷
定价　80.00 元
ISBN 978 – 7 – 5220 – 1319 – 0
如出现印装错误本社负责调换　联系电话（010）63263947

目　录

导论 中国金融开放：历史沿革与模式选择[①]

摘 要

改革开放40多年来，中国经济无论在规模、结构、汇率，还是在市场开放度、竞争能力、国际影响力等方面都发生了根本性变化。与此相适应，中国需要构建一个更加开放、高度国际化的现代金融体系，实现人民币的自由化、国际化，建立新的全球金融中心。

本论简要分析了中国金融开放的进程和现状，总结了典型大国和新兴经济体金融开放的经验和教训，基于中国的实际情况和金融开放的战略目标，提出了中国金融全面开放的路径选择，并对中国金融全面开放后的市场效应做了评估。

本论的核心观点是：在中国金融全面开放的过程中，要在"货币政策独立、汇率稳定、资本自由流动"三个目标中作出选择，在政策设计上建议选取"货币政策独立和资本自由流动"之组合，形成市场决定的汇率形成机制；目前金融开放的重点是金融机构的开放，这是中国金融开放的独特路径，但人民币自由化始终是一个不能绕开的坎；中国金融全面开放的硬实力基本具备，但软实力相对薄弱，金融基础设施亟待改进和完善；中国金融全面开放的目标有两个：人民币自由化、国际化和新的国际金融中心的形成；中国金融开放后的市场效应，具有大国经济和新兴经济体双重特征，在软实力得以提升的条件下，全面开放后中国金融的市场变化（主要指人民币汇率）会呈现出短期波动、长期趋于收敛的趋势。

---

① 中国人民大学财政金融学院博士研究生宁祺嚣、王子豪、邹杨在文献整理、数据收集方面提供了有益的帮助。

2001 年 12 月中国加入世界贸易组织（WTO），意味着中国经济全面融入国际经济体系。20 年来，中国经济快速发展，经济规模由 2001 年的 11 万亿元[①]增长到 2020 年的 101.6 万亿元，年均增长率 11.8%。与此同时，经济增长质量有很大提高，经济的国际竞争力和国际影响力明显提升，2010 年中国经济规模超过日本成为全球第二大经济体。2020 年中国国际贸易规模超过 32 万亿元，成为全球最大货物进出口贸易国。这期间，虽然中国金融在深化改革的同时也在不断扩大开放，但从开放度和国际影响力角度看，中国金融相比较于中国经济而言，还有相当大的差距，还不能适应中国经济全面开放的要求，仍处在较低水平的开放状态。如何进一步推动中国金融的全面开放，是未来一个时期我们面临的重要任务。

0.1　中国金融开放：历史与逻辑

开放是改革的重要内容，也是为改革寻找国际通行的准则。中国金融的开放既是以金融体系市场化改革为基础展开的，又是这种市场化改革的逻辑延伸。在既往的实践中，中国金融开放主要是通过人民币汇率的市场化改革、有限的国际资本流动、境外（国外）金融机构在华设立分支机构（独立法人机构）或投资于中国金融机构等三条主线展开的（吴晓求，2018）。

0.1.1　人民币汇率市场化改革的实践

1980 年之前，中国实行的是单一汇率制。为鼓励当时外贸企业出口创汇，1981—1993 年中国汇率从单一汇率制转为双重汇率制。双重汇率制经历了官方汇率与贸易外汇内部结算价并存（1981—1984 年）以及官方汇率与外汇调剂价并存（1985—1993 年）两个发展阶段。1994 年 1 月 1 日双重汇率并轨，建立了以市场供求关系为基础的、单一的、有管理的浮动汇率制。这次

---

　　① 本书中，除特别用法之外，"元人民币"一律简称为"元"。

改革为之后人民币汇率机制的市场化改革奠定了基础，确立了改革的市场化方向。

随着中国经济实力的增强和经济体制改革的不断深入，2005 年 7 月 21 日中国对 1994 年开始形成的单一的、有管理的浮动汇率制进行了重大调整和完善，核心内容是不再盯住单一美元，而是形成参考一篮子货币进行调节有管理的浮动汇率制度。从盯住单一美元到参考一篮子货币，是人民币汇率形成机制重要的结构性改革。实践表明，这一调整和改革，有利于人民币在合理、均衡的基础上保持相对稳定。之后，人民银行对人民币汇率机制做了一些微调，微调的重点是扩大人民币兑美元交易价的浮动范围。2012 年 4 月 1 日由 0.5% 扩大到 1%，2014 年 3 月 15 日由 1% 扩大到 2%，人民币汇率形成的价格弹性明显扩大。交易价浮动范围的扩大是汇率形成机制市场化改革的重要内容之一。

2015 年 8 月 11 日，人民银行进一步推动人民币汇率形成机制改革，史称"8·11"汇改。"8·11"汇改的重要内容是，参考前一个交易日的收盘价决定次日的中间价，且浮动区间扩大到 +2%。在实际执行中，市场波动较大。考虑到当时市场的走势，2015 年 12 月人民银行适当调整了中间价的定价机制，再次将篮子货币纳入其中，形成了"前日收盘价 + 一篮子货币汇率变化"的新的中间定价机制，一定程度上缓解了人民币贬值压力。

为进一步优化人民币汇率市场化形成机制，对冲外汇市场的顺周期波动，2017 年 5 月 26 日，人民银行在中间价定价模型中引入了"逆周期因子"。从实际情况看，引入"逆周期因子"对外汇市场的预期产生了一定影响，对人民币汇率起了一定的平衡作用。

从 40 多年的汇改历史看，人民币汇率机制改革的基本要点是：中间价定价基础由机构报价到市场收盘价；参考货币由单一美元到篮子货币；浮动幅度不断扩大；从直接管理、窗口指导到引入逆周期调节因子。由此可以看出，中国在人民币汇率机制的改革上坚守市场化方向没有变，在操作层面上秉持的是谨慎的、探索性的试错方法。

伴随不同时期、不同特点的汇率机制改革，人民币汇率在经过大幅度波动后正在寻求合理的估值区间（见图0-1）。

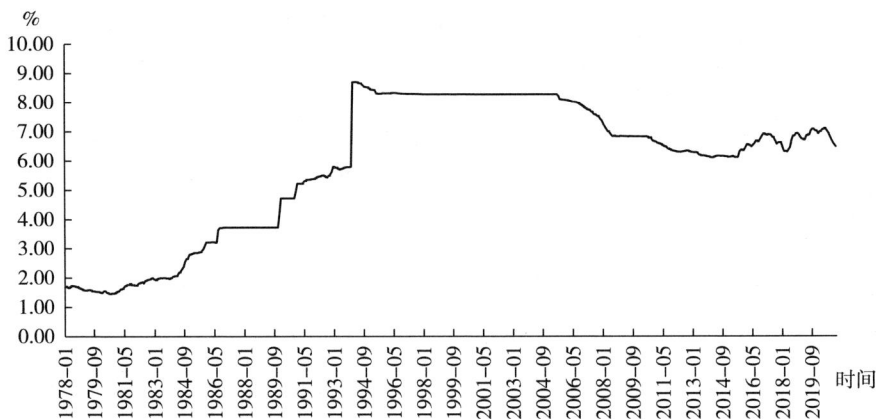

图0-1　1978年1月至2021年1月人民币（对美元）汇率变动趋势

（数据来源：中国人民银行）

0.1.2　国际资本流动现状

国际资本流动包括境外资本对内投资和境内资本对外投资。境外资本对内投资主要包括两部分，一是外商直接投资（FDI），二是资本项目的金融性投资。

改革开放40多年来，中国国际资本流动经历了一个从无到有、从小到大的过程。改革开放之初，由于实行严格的外汇管制，除了少许援助性对外投资外，中国金融活动中几乎没有真正意义的国际资本活动。在统计中即使存在少量的FDI数据，也均是对外借款。随着改革开放的全面推进，在相当长时期内，国际资本流动主要表现为FDI且发展迅速。中国的FDI在1983年为9.2亿美元（含当年对外借款）；1992年首次突破百亿美元大关，达到110.08亿美元；2010年达到1 147亿美元；2020年达到1 630亿美元。表0-1为2005年后中国FDI规模、增长与全球及美国FDI规模、增长的对比情况。

表 0 - 1　　　　　　　　2005—2020 年中国 FDI 规模、
增长与全球及美国 FDI 规模、增长的对比

年份	中国 FDI		全球 FDI		美国 FDI	
	规模 （亿美元）	增长率 （%）	规模 （亿美元）	增长率 （%）	总额 （亿美元）	增长率 （%）
2005	724	—	9 458	—	1 048	—
2006	727	0.4	13 059	38.1	2 367	125.9
2007	835	14.9	18 330	40.4	2 328	-1.6
2008	1 083	29.7	17 710	-3.4	3 248	39.5
2009	950	-12.3	11 140	-37.1	1 299	-60.0
2010	1 147	20.7	13 810	24.0	1 979	52.3
2011	1 240	8.1	16 042	16.2	2 269	14.7
2012	1 197	-3.5	13 107	-18.3	1 467	-35.3
2013	1 240	3.6	14 500	10.6	1 880	28.2
2014	1 285	3.6	14 039	-3.2	2 017	7.3
2015	1 356	5.5	20 418	45.4	4 676	131.8
2016	1 337	-1.4	19 835	-2.9	4 718	0.9
2017	1 363	1.9	17 005	-14.3	2 273	-51.8
2018	1 383	1.5	14 952	-12.1	2 536	11.6
2019	1 412	2.1	15 399	3.0	2 462	-2.9
2020	1 630	4.0	8 590	-42.0	1 340	-49.0

数据来源：联合国贸易和发展会议《世界投资报告》（2005—2020 年）。

在 1991 年之前，中国对外投资中对外投资净额（流量）一直没有突破 10 亿美元，处在个位数级别，存量也相对较小。中国对外投资净额 1991 年首次达到 10 亿美元；2005 年首次突破百亿美元，达到 122.7 亿美元；2013 年突破千亿美元，达到 1 078 亿美元；2016 年达到创纪录的 1 961 亿美元；2019 年回落到 1 171 亿美元。表 0 - 2 和表 0 - 3 分别是 1990—2019 年中国对外投资净额（流量）变化情况及 2010—2019 年中美对外投资对比情况。

表 0 - 2　　　1990—2019 年中国对外投资净额（流量）及增长率

年份	对外投资净额（亿美元）	增长率（%）
1990	9	—
1991	10	11.1
1992	40	300.0
1993	43	7.5
1994	20	-53.5
1995	20	0.0
1996	21	5.0
1997	26	23.8
1998	27	3.8
1999	19	-29.6
2000	10	-47.4
2001	69	590.0
2002	27	-60.9
2003	28.5	5.6
2004	55	93.0
2005	122.7	123.1
2006	211.60	72.5
2007	265.10	25.3
2008	559.10	110.9
2009	565.30	1.1
2010	688	21.7
2011	746	8.4
2012	878	17.7
2013	1 078	22.8
2014	1 231	14.2
2015	1 457	18.4
2016	1 961	34.6
2017	1 583	-19.3
2018	1 430	-9.7
2019	1 171	-18.1

数据来源：联合国贸易和发展会议《世界投资报告》、Wind。

表 0 - 3　　　2010—2019 年中美对外投资净额（流量）比较　　单位：亿美元

年份	中国	美国
2010	688	2 778
2011	746	3 966
2012	878	3 182
2013	1 078	3 034
2014	1 231	3 330
2015	1 457	2 644
2016	1 961	2 893
2017	1 583	3 004
2018	1 430	-906
2019	1 171	1 249

数据来源：联合国贸易和发展会议《世界投资报告》。

在国际资本流入与资本市场方面，1996 年 12 月，在人民币实现了经常项目可兑换之后，部分资本项目实现了可兑换，但就整体制度而言，人民币仍未实现资本项下的可兑换。在这种条件下，为了推动中国资本市场开放和国际化，有限度地引进境外投资者，2002 年 12 月 1 日，中国正式颁布施行了《合格境外机构投资者境内证券投资管理暂行办法》，合格境外机构投资者（Qualified Foreign Institutional Investor，QFII）制度正式实施。2003 年 7 月 9 日，瑞士银行投下了 QFII 第一单，随即交易成功，开创了中国资本市场投资对外开放的先河。

2003 年 6 月起，以保险外汇资金投资中国企业境外股票为试点，中国启动合格境内机构投资者（QDII）试点工作。到 2007 年 7 月，QDII 制度正式启动，开启了境内机构对境外资本市场投资的新时代。

在 QFII 制度实施 9 年后，2011 年底人民银行发布了人民币合格境外投资者（RMB Qualified Foreign Institutional Investor，RQFII）试点通知，之后 RQFII 正式登陆中国资本市场。QFII 和 RQFII 是在资本项下未实现完全可兑换的条件下，推出的资本市场对外开放的过渡性制度安排，对提升中国资本市场的影响力和国际化水平具有积极的推动作用。到 2019 年，监管部门继续深化外汇管理改革，对 QFII 和 RQFII 制度进行多次改革，不断采取有力措施扩大对外开放，支持境外投资者投资境内金融市场，提升跨境投融资便利化程度。国务院于 2019 年 1 月 14 日批准 QFII 总额度由 1 500 亿美元增加至 3 000亿美元。2019 年 7 月 20 日，国务院金融稳定发展委员会办公室发布《关于进一步扩大金融业对外开放的有关举措》，按照"宜快不宜慢、宜早不宜迟"的原则，推出 11 条金融业对外开放措施。经国务院批准，国家外汇管理局宣布，自 2019 年 9 月 10 日起取消 QFII/RQFII 额度限制。同时，RQFII 试点国家和地区限制也一并取消。

表 0 – 4　　　　　　　　QFII 投资额度的变动情况

时间	投资额度（亿美元）
2003 – 06 – 04	3.50
2003 – 08 – 26	8.75
2004 – 08 – 28	21.75
2005 – 09 – 01	41.00
2006 – 09 – 05	78.95
2007 – 02 – 13	100.45
2008 – 09 – 02	113.70
2009 – 08 – 25	150.20
2010 – 08 – 19	184.20
2011 – 09 – 30	206.90
2012 – 08 – 31	298.68
2013 – 08 – 29	464.43
2014 – 08 – 26	596.74
2015 – 08 – 28	767.03
2016 – 08 – 30	814.78
2017 – 08 – 30	939.94
2018 – 08 – 30	1 004.59
2019 – 08 – 30	1 113.76
2020 – 05 – 31	1 162.59
2020 年 6 月至今	无限制

数据来源：国家外汇管理局。

表 0 – 5　　　　　　　　　　QDII 投资额度的变动情况

时间	投资额度（亿美元）
2004 – 12 – 14	88.90
2006 – 12 – 14	183.08
2007 – 12 – 28	487.53
2008 – 05 – 22	520.08
2009 – 12 – 30	600.87
2010 – 11 – 26	683.61
2011 – 12 – 30	749.47
2012 – 12 – 31	855.77
2013 – 12 – 25	842.32
2014 – 12 – 30	833.23
2015 – 12 – 25	899.93
2016 – 12 – 28	899.93
2017 – 12 – 27	899.93
2018 – 12 – 29	1 032.33
2019 – 12 – 31	1 039.83
2020 – 12 – 31	1 257.19

数据来源：国家外汇管理局。

表 0 – 6　　　　　　　　　　RQFII 投资额度的变动情况

时间	投资额度（亿元）
2011 – 12 – 30	107.00
2012 – 12 – 31	670.00
2013 – 12 – 25	1 575.00
2014 – 12 – 30	2 997.00
2015 – 12 – 25	4 443.25
2016 – 12 – 28	5 284.75
2017 – 12 – 27	6 050.62
2018 – 12 – 29	6 466.72
2019 – 12 – 31	6 941.02
2020 – 05 – 31	7 229.92
2020 年 6 月至今	无限制

数据来源：国家外汇管理局。

除此之外，中国资本市场对外开放的另一项过渡性制度安排是沪、深交易所与香港联交所的互联互通，分别简称"沪港通"和"深港通"。2014 年 11 月 17 日沪港通正式实施，2016 年 12 月 5 日深港通正式实施。额度限制方面，分为年交易总额限制和日交易额度限制，同样体现了资本市场对外开放进程的不断加快。其中沪港通实施初期年交易额总额限制为 5 500 亿元，深港通之后，"两通"均取消了年交易总额限制。自 2018 年 5 月 1 日起，沪股通、深股通每日额度由 130 亿元调整为 520 亿元，港股通每日额度由 105 亿元调整为 420 亿元。从统计数据看，如图 0 - 2 所示，沪股通、深股通的每月日均交易金额整体都呈现上升趋势，到 2021 年 1 月，沪股通、深股通每月日均交易金额分别达到 612. 97 亿元和 766. 93 亿元。

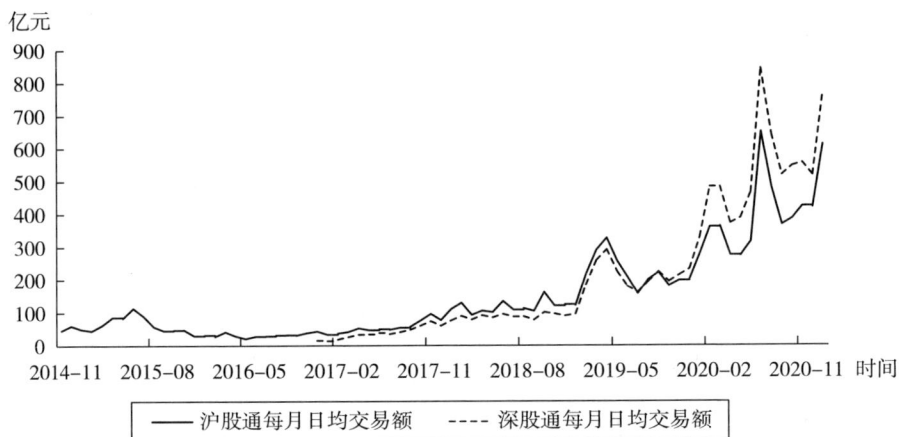

图 0 - 2 沪深港通中沪股通、深股通每月日均交易情况

（数据来源：上海证券交易所、深圳证券交易所、Wind）

总体而言，FDI、对外直接投资、QFII、RQFII 以及沪港通、深港通等是观测、分析中国金融对外开放中国际资本流动（主要是流入）的重要窗口和指标。上述分析表明，中国金融投资性市场的对外开放程度相对不平衡。FDI 发展速度快、规模大、产业分布广，从规模上看，中国已成为全球第二大 FDI 国家。中国对外直接投资近几年发展迅猛，但受资本项下的制度约束和出于外汇储备安全性考虑，发展空间有限。资本市场上的四大开放措施

（QFII、RQFII、沪港通、深港通）都是过渡性的制度安排，加上中国资本市场存在的深刻的制度缺陷，来自境外资本投资于 A 股的比例从 2016 年的 1.5% 上升至 2019 年的 3% 左右，整体上仍处于较低水平（见图 0 - 3）。因此，从金融投资角度看，中国金融的对外开放仍然处在一个较低的水平上。

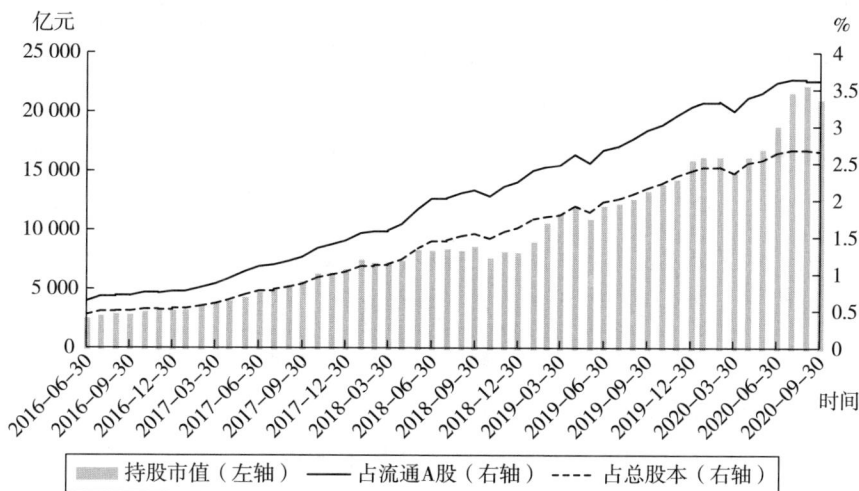

图 0 - 3　2016 年 6 月至 2020 年 9 月境外机构和个人对 A 股投资情况

（数据来源：中国人民银行、Wind）

0.1.3　商业银行等金融机构的对外开放

1996 年 1 月 4 日《在华外资银行设立分支机构暂行管理规定》生效，允许上海等四个城市符合条件的外国银行分行设立支行，允许符合标准的在华外资独资和合资银行设立分行。2001 年 12 月 11 日中国正式加入世界贸易组织后，银行、保险、证券分别实现"入世"承诺，放松外资金融机构设立形式、地域、业务范围限制。自 2002 年 2 月 1 日起人民银行废止该规定，并施行《中华人民共和国外资金融机构管理条例实施细则》，就外资金融机构在中国开展业务提出相应管理条例。

2003 年 12 月 5 日，银监会颁布《境外金融机构投资入股中资金融机构管理办法》，规定单一持股不超过 20%、合计持股不超过 25%。

关于中外合资证券公司，2002 年 6 月证监会宣布《外资参股证券公司设立规则》出台，外资在合资券商中的持股比例需控制在 1/3。证监会分别于 2007 年 12 月、2012 年 10 月对上述规则文件进行了两次修订。根据修订后的规则，外资参股证券公司中，境外股东持股比例或者在外资参股证券公司中拥有的权益比例，累计（包括直接持有和间接控制）不得超过 49%。上市券商的单个境外投资者持有上市内资证券公司股份的比例不得超过 20%；全部境外投资者持有上市内资证券公司股份的比例不得超过 25%。

2013 年，关于合资券商的持股比例进一步开放。当年 8 月，中国内地分别与香港、澳门签署了《内地与香港关于建立更紧密经贸关系的安排》和《内地与澳门关于建立更紧密经贸关系的安排》（简称 CEPA）第十份补充协议，允许内地证券公司、证券投资咨询机构对港澳地区进一步开放。主要内容包括扩大持股比例，允许符合条件的港资、澳资金融机构分别在上海市、广东省、深圳市各设立 1 家两地合资全牌照证券公司，港资、澳资持股比例最高可达 51%。

2017 年 11 月 10 日，时任财政部副部长朱光耀介绍了中美元首会晤达成的多方面重要共识，其中最重要的便是中国将以较大幅度放宽金融领域的市场准入。中方决定将单个或多个外国投资者直接或间接投资证券、基金管理、期货公司的投资比例限制放宽至 51%，上述措施实施 3 年后，投资比例不再受限制；将取消对中资银行和金融资产管理公司的外资单一持股不超过 20%、合计持股不超过 25% 的持股比例限制，实施内外一致的银行业股权投资比例规则；3 年后将单个或多个外国投资者投资设立经营人身保险业务的保险公司的投资比例放宽至 51%，5 年后投资比例不再受限制。

国务院金融稳定发展委员会于 2019 年 7 月 20 日推出 11 条金融业对外开放措施，包括鼓励境外金融机构参与设立、投资入股商业银行理财子公司、养老金管理公司，放宽外资保险公司准入条件，取消 30 年经营年限要求等，贯彻落实党中央、国务院关于进一步扩大对外开放的决策部署。

2019 年 11 月 7 日，国务院发布《关于进一步做好利用外资工作的意见》，指出 2020 年取消证券公司、证券投资基金管理公司、期货公司、寿险公司外资持股比例不超过 51% 的限制。

在多种因素制约下，外资金融机构进入我国市场的动力不强，多年来其资产占比均不足 10%。如图 0 - 4 所示，截至 2018 年，银行业外资机构资产占比在 2007 年降到 2.06% 的高点后，长期处于下降趋势，2016 年降到最低点 1.37%，其后一直在 1.5% 上下波动。外资保险公司资产占比自 2004 年以来一直处于上升趋势，2014 年达到 6.54% 的高点后有所回落，到 2019 年达到了最高点 6.51%。

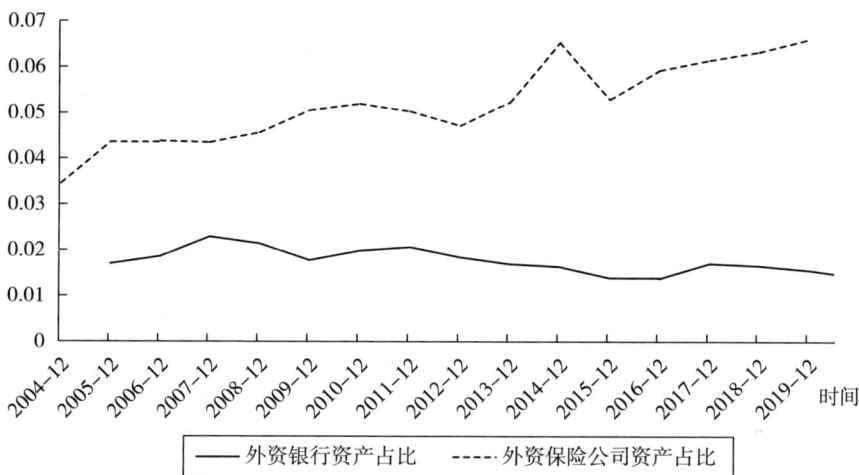

图 0 - 4　外资银行和外资保险公司资产占比

（数据来源：Wind）

0.1.4　中国金融国际影响力分析

一国金融的国际影响力主要表现在该国货币和资本市场的影响力上。货币的国际影响力与该国经济的竞争力、市场化和国际化程度有密切关系，也与汇率形成机制息息相关。在资本项目尚未全部开放，可自由交易制度尚未完全形成的情况下，人民币国际影响力的观测指标主要有四个：一是人民币作为结算货币在国际贸易中所占的份额；二是在国际货币基金组织（International Monetary Fund，IMF）中特别提款权（Special Drawing Right，SDR）所占份额；三是离岸市场规模；四是与各国央行互换的规模。

1. 人民币作为结算货币在国际贸易中所占的份额。改革开放以来，小规模的边境贸易使用人民币结算从未停止过，但官方意义上的国际贸易一定规模地使用人民币结算，主要发生在 2010 年以后。如表 0 - 7 和图 0 - 5 所示，据环球同业银行金融电信协会（Society for Worldwide Interbank Financial Telecommunications，SWIFT）统计，2012 年 1 月，人民币结算货币规模达 1 284 亿元，在全球排第 20 位，占国际贸易全球货币结算额的 0.25%；两年后，即 2013 年 12 月，人民币结算额全球名次上升到第 8 位，比例上升到 1.12%；2015 年 8 月，人民币结算份额首次超过日元（2.76%），达到 2.79%，居全球第 4 位；到 2019 年 10 月，人民币结算份额下落到 1.65%，居全球第 5 位。人民币在国际贸易结算中，近几年份额徘徊在第 4、第 5、第 6 位。人民币在国际贸易中的影响力虽有提高，但仍然有限。

表 0 - 7　　　　　　国际结算中的人民币规模、份额和排名情况

时间	排名	份额（%）	当月跨境贸易人民币结算额（亿元）
2012 - 01	20	0.25	1 284
2012 - 06	16	0.43	2 593.5
2012 - 12	14	0.57	3 529
2013 - 06	11	0.87	3 547
2013 - 12	8	1.12	5 883
2014 - 06	7	1.55	5 681
2014 - 12	5	2.17	6 334
2015 - 06	5	2.09	6 590
2015 - 12	5	2.31	7 981
2016 - 06	6	1.72	4 995
2016 - 12	6	1.68	3 747
2017 - 06	6	1.98	4 448
2017 - 12	5	1.61	4 184
2018 - 06	5	1.81	4 509
2018 - 12	5	2.07	4 837.2
2019 - 06	5	1.99	5 197.5
2019 - 12	6	1.94	6 151
2020 - 07	5	1.86	5 954
2021 - 01	5	2.42	6 021

注：2015 年 8 月人民币结算份额（2.79%）首次超过日元（2.76%）居第 4 位；美元、欧元一直居于第 1、第 2 的位置。

数据来源：环球同业银行金融电信协会（SWIFT）、中国人民银行。

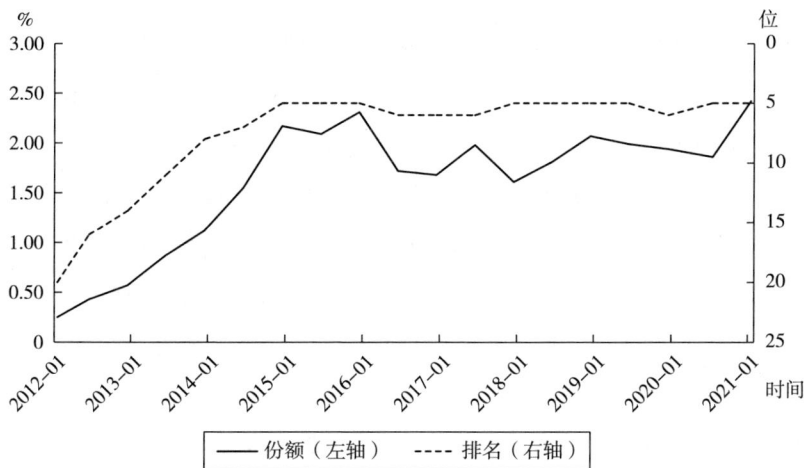

图 0 - 5　2012 年 1 月至 2021 年 1 月国际结算中人民币所占份额和排名变动情况

（数据来源：环球同业银行金融电信协会（SWIFT）、中国人民银行）

2. 在 IMF 中 SDR 所占份额。如表 0 - 8 所示，在人民币加入 SDR 之前，IMF SDR 货币篮子中只有 4 种货币，即美元、欧元、英镑和日元，其中美元份额为 41.90%，欧元为 37.40%，英镑为 11.30%，日元为 9.40%。基于中国在货币、外汇和金融体系改革方面所取得的进展，以及人民币在国际贸易中所发挥的作用，IMF 董事会于 2015 年 11 月 30 日批准人民币加入 SDR 货币篮子，所占比例为 10.92%，在 SDR 货币篮子的 5 种货币中，人民币超过英镑和日元，仅次于美元和欧元，排在第 3 位，2016 年 10 月 1 日正式生效。

表 0 - 8　　　　　　　1986—2016 年 SDR 权重的历次变动情况　　　　单位：%

生效日期	美元	欧元	德国马克	法国法郎	人民币	英镑	日元
1986 - 01 - 01	42	—	19	12	—	12	15
1991 - 01 - 01	40	—	21	11	—	11	17
1996 - 01 - 01	39	—	21	11	—	11	18
2001 - 01 - 01	45	29	—	—	—	11	15
2006 - 01 - 01	44	34	—	—	—	11	11
2011 - 01 - 01	41.90	37.40	—	—	—	11.30	9.40
2016 - 10 - 01	41.73	30.93	—	—	10.92	8.09	8.33

注：（1）IMF 每五年评估一次 SDR 权重。（2）1990 年以前的德国马克指联邦德国马克。

数据来源：IMF 官方网站。

人民币加入 SDR 货币篮子并占 10.92% 的份额对提升人民币的国际影响力具有重要而深远的意义，同时，也将有力地推进中国金融的市场化改革和人民币汇率机制的改革。但应看到，人民币在全球储备市场的实际份额远远低于 SDR 中 10.92% 的标准份额，人民币的实际市场影响力不足。

3. 人民币离岸市场规模。离岸市场规模及其分布也是判断一国货币国际影响力的重要指标。在改革开放 40 多年的大多数时间中，人民币离岸规模很小，2010 年后离岸规模迅速扩大，在 1.8 万亿 ~ 2.8 万亿元。离岸规模与在岸规模比例悬殊，前者仅占后者的 2% ~ 5%，非居民持有的人民币存款离岸规模占全球离岸存款的 1% ~ 1.5%。这与美元的离岸与在岸规模各占 50%，以及离岸美元在全球离岸存款中的比例有巨大差异。如表 0 - 9 所示，人民币离岸存款主要分布在中国香港、中国台湾以及新加坡等地，分布区域相对单一。

4. 与各国央行互换的规模。在改革开放前期，货币互换虽然存在，但规模小且发展缓慢。1997 年亚洲金融危机爆发后，为稳定金融市场，东盟与中日韩财长在"10 + 3"框架内签署了《清迈协议》，中国人民银行与相应各国央行签署了一系列双边互换协议。2008 年国际金融危机爆发，为防止重大危机的恶化与蔓延，推进人民币国际化，中国人民银行与相关国家的央行签订了一系列双边货币互换协议。

2008 年 12 月 12 日，中国人民银行首先与韩国央行签订了 1 800 亿元人民币/36 万亿韩元的互换协议。到 2021 年 1 月，中国已与 40 多个国家签署了货币互换协议，货币互换协议总额达到 36 087 亿元的历史纪录。人民币互换规模在一定程度上反映了人民币的国际影响力和信用度。央行间的货币互换除了可以增强我国与相关国家（地区）的流动性互助能力，推动与相关国家（地区）的贸易与直接投资外，更重要的是在人民币完全实现自由兑换前，可为人民币在境外一定程度上实现商品计价、支付与结算手段、价值储备等国际货币功能创造条件，有助于人民币汇率机制的市场化改革。

表0—9　2014—2020年离岸人民币规模、分布及种类

时间	总量及占全球离岸存款的比重	非居民持有的人民币存款（总量及代表性国家和地区分布）					离岸人民币债券（不含CD）余额	离岸人民币债券、贷款——人民币贷款及融资	人民币计入外汇储备情况及占全球官方储备币种的比重
		中国香港（绝对量及占比）	中国台湾（绝对量及占比）	新加坡（绝对量及占比）	韩国（绝对量及占比）	伦敦（绝对量及占比）			
2020年第三季度	19 300亿元 1.14%	6 679亿元 34.61%	—	1 280亿元 6.63%	111亿元 0.58%	765亿元 3.96%	4 227亿元	1 845亿元（中国香港及中国台湾地区）	2 445亿美元 2.13%
2019年第四季度	18 500亿元 1.09%	6 322亿元 33.69%	—	1 180亿元 6.38%	99亿元 0.54%	567亿元 3.06%	4 003亿元	1 734亿元（中国香港及中国台湾地区）	2 176亿美元 1.96%
2018年第二季度	18 700亿元 1.17%	—	—	1 360亿元 7.27%	72亿元 0.39%	683亿元 3.65%	3 711亿元	1 400亿元（中国香港及中国台湾地区）	1 933.5亿美元 1.84%
2017年第四季度	18 900亿元 1.21%	5 591亿元 29.58%	3 233亿元 16.92%	1 520亿元 8.04%	74亿元 0.39%	—	3 877亿元	1 615亿元（中国香港及中国台湾地区）	1 228亿美元 1.23%
2016年第四季度	17 700亿元 1.09%	5 467亿元 30.89%	3 112亿元 16.47%	1 260亿元 7.12%	—	—	4 825亿元	3 000亿元（仅中国香港地区）	—
2015年第四季度	22 200亿元 1.21%	8 511亿元 38.34%	3 182亿元 14.33%	1 890亿元 8.51%	—	—	5 400亿元	3 000亿元（仅中国香港地区）	—
2014年第四季度	27 800亿元 1.14%	10 036亿元 36.1%	3 022亿元 10.87%	2 300亿元 98.27%	—	—	4 816亿元	1 800亿元（仅中国香港地区）	0.1%~0.3%

数据来源：2014—2020年中国人民银行离岸人民币指数（ORI）报告。

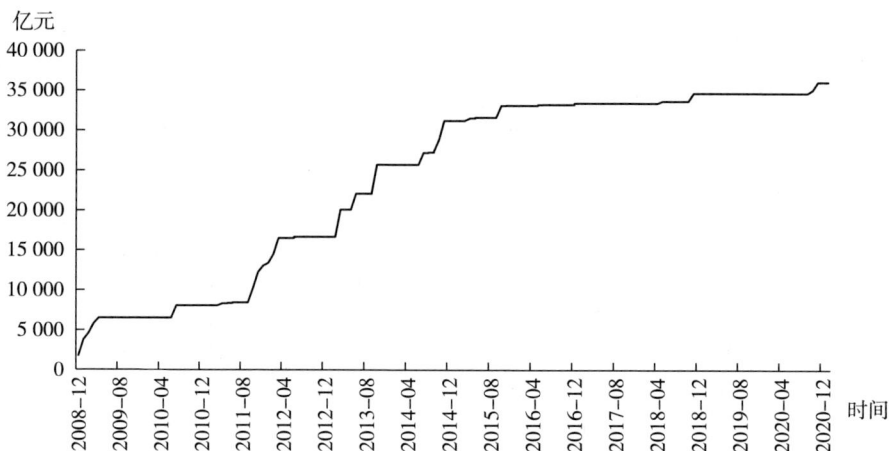

图 0-6　2008 年 12 月至 2021 年 1 月人民币互换协议规模变动情况

（数据来源：中国人民银行）

0.2　中国金融全面开放的路径模式

中国金融的开放程度比中国经济开放的程度低得多。2001 年中国加入 WTO，中国经济全面融入了国际经济体系。20 年来，中国经济快速发展，这种发展是实质性的增长。与此同时，中国金融体系则相对封闭。

金融开放主要有两个指标。一是外国投资者在中国资本市场的投资比例。在中国，这个比例目前只有 3% 左右，主要通过 QFII、RQFII 和沪港通、深港通等渠道进入中国市场。但这个比例与中国的国际地位不匹配，也表明中国金融市场目前仍处在一个半封闭的状态。二是货币是否可以自由兑换。人民币还没有完全实现可自由交易，虽然经常项目下已实现人民币自由兑换，但资本项目下的关键项目还没有实现（包括非居民参与国内货币市场、基金信托市场以及买卖衍生工具），所以，中国金融的全面开放是未来一个时期的重要任务。

国际上常用的衡量一个国家资本账户开放程度的指标是 Chinn - Ito 金融开放指数（KAOPEN）（Chinn and Ito，2005），我国 Chinn - Ito 金融开放指数较发达经济体样本平均水平有较大差距，且在 2002 年之后也落后于其他金砖国家的平均水平。如图 0 – 7 所示，我国 Chinn – Ito 指数自 1993 年开始长期一直为 – 1. 21，1994 年开始一直低于其他金砖国家平均水平，在其他金砖国家中，南非和巴西目前的 Chinn – Ito 指数值与我国相同，均为 – 1. 21，印度、俄罗斯的Chinn – Ito 指数均高于我国。目前，美国、英国、日本、韩国等发达经济体的 Chinn – Ito 指数均为 2. 35，远高于我国。如何进一步推动金融开放，以及开放采用怎样的路径模式需要深入研究。

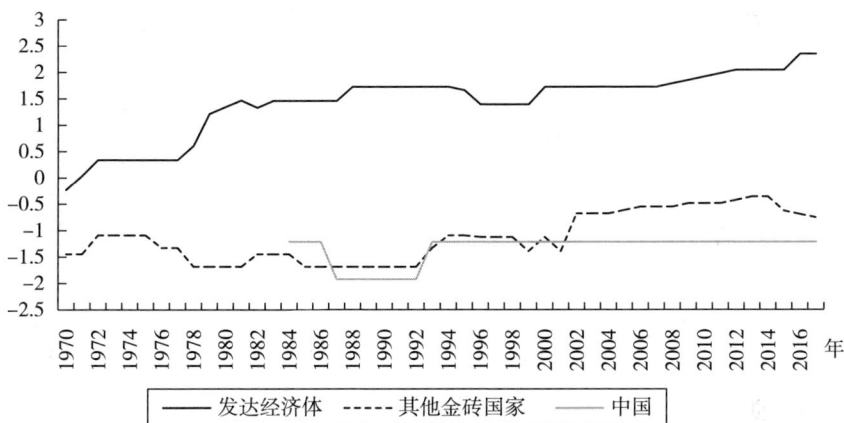

注：发达经济体样本以美国、英国、日本、韩国为例，其他金砖国家包括巴西、印度、俄罗斯、南非。

图 0 – 7　Chinn – Ito 指数

0.2.1　金融开放：国际一般模式与国别路径

金融开放带来增长的同时也会带来新的风险。就国际经验来看，部分国家推进金融开放取得了积极成效，同时，也有部分国家则出现政策失误而爆发严重的金融危机。由于美国天然就是自由化的、开放的，欧盟内部是经济一体化的，因此金融开放最重要的案例主要是日本、韩国、俄罗斯和印度，这四个国家是我们研究的重点。这四个国家在金融开放的策略、方法以及目标上虽有较大差别，但有一点是一样的，都是从本币的自由化开始的，差别在于日本和韩国采取的是渐进式分阶段改革，俄罗斯采取的是激进式改革，印度居其中。

0.2.1.1 日本

日本金融开放属于渐进式的，主要是先放开经常项目外汇交易管制，再到逐步放开外商直接投资、证券市场、外汇市场、房地产市场等，后缓慢进行利率市场化，最后到日元国际化，实现资本项目自由兑换。其具体进程见表 0 – 10。

表 0 – 10　　　　　　　　　　日本金融开放进程

阶段	时间	主要事件
第一阶段 （1964—1984 年）	1964 年	日本正式接受 IMF 协定第八条款，同年 4 月加入经济合作与发展组织（OECD），承诺履行对日元自由兑换的义务，正式打开经常项目下的外汇交易管制
	1967—1976 年	出台了 5 个开放方案，逐步取消外商直接投资的行业限制
	1970 年	允许非居民在日本发行以日元计价的外国债券（"武士债券"），并允许国内互助基金购买
	1973 年 2 月	日本从固定汇率制向浮动汇率制转变，开始推行有管理的浮动汇率
	1975 年	发行赤字国债，利率走向自由化
	1978 年	实现银行间市场利率自由化
	1980 年	放宽了对外借款，借用外债由审批制改为备案制；放开了居民境外购买房地产，取消事前备案；同年 12 月，日本实施新《外汇法》，外汇原则由"原则禁止，例外许可"改为"原则自由，例外控制"，取消了本国居民向国外提供日元贷款和外汇不能自由兑换成日元的限制
第二阶段 （1984—1996 年）	1984 年 5 月	日本大藏省发布了《日美日元美元委员会报告书》，实现了资本项目的自由兑换。具体要求：①日本金融与资本市场自由化，主要涉及利率自由化，取消或放宽资本项目限制；②确保外国金融机构自由进入日本金融、资本市场，包括外国证券公司可以申请东京证券市场会员权，向外国银行开放信托业务、管理投资基金；③创设自由的海外日元交易市场，放开欧洲日元市场，允许日本企业发行欧洲日元债，允许外资券商承销欧洲日元债

阶段	时间	主要事件
第二阶段 （1984—1996 年）	1985 年 9 月	美、日、英、法、德五国财长和央行行长在纽约举行 G5 会议，签订《广场协议》，要求"日元升值，美元贬值"来使双边贸易更加平衡
	1986 年 12 月	正式建立东京离岸市场
	1987 年 2 月	日本签署《卢浮宫协议》，保持美元汇率的基本稳定
	1989 年	贷款利率已部分实现自由化
	1994 年 10 月	日本利率除活期存款利率以外已经完全自由化
第三阶段 （1997—1999 年）	1997 年 5 月	日本重新修订了《外汇法》，使国内外资本真正实现无约束的国际流动
	1998 年 7 月	大藏省大臣宫泽喜一设立了"外汇和其他资产交易委员会"
	1999 年	全面放开外汇管制

资料来源：部分参考 http：//forex. cngold. org/jpyjs/c1387697. html；https：//www. haojingui. com/lilv/162. html；http：//www. sohu. com/a/235928225 _ 313170；https：//baijiahao. baidu. com/s？id = 1611499225815167790&wfr = spider&for = pc，作者在此基础上进行了适当修改和补充。

由表 0 - 10 可以看出，日本第一阶段的金融开放主要采取先开放资本流入、后开放资本流出的顺序。在资本流入方面首先取消外商直接投资限制，逐步开放国内机构通过债券形式进行国外借款；在资本流出方面先放开对外直接投资，再取消对外间接投资限制。通过第一阶段的稳步推进，日本资本项目可兑换程度逐渐提高，金融开放遵循整体审慎、渐进原则。

日本第二阶段金融开放特点为迫于内外压力资本账户快速开放，而相比之下利率市场化滞后于资本账户开放。如先废除日元兑换限制，不仅仅是经常项目下可自由兑换，在资本项目下日元兑换也基本放开。而利率市场化却在 1994 年才最终完成。日本第三阶段金融全面开放，主要是为了全面放开外汇管制，完全实现资本账户的自由兑换，进一步推进日元国际化的进程。

总结日本金融开放模式可以得出以下结论：一是在国内金融体制还未实现有效改革的时候开放节奏错配，资本账户开放进程远快于利率市场化，导致跨境资本流入流出风险加剧累积；二是资本账户优先开放带来日元快速升值，日本政府长时间采取过度宽松货币政策，通过连续下调贴现率政策对冲日元升值，刺激经济推高资产价格，使得资金投向房地产等行业从而带来泡沫，埋下了隐患。

0.2.1.2 韩国

韩国金融开放亦属于渐进式，主要通过国内前期大量金融改革、渐进式利率市场化，后进行金融市场开放，并在一段时间后加速推进。具体进程划分为如下几个阶段①。

第一阶段：在产业升级和加大开放的压力下，20世纪80年代的金融业改革。1981年初，韩国政府颁布了10年期金融改革一揽子计划，随后又陆续公布了多项金融自由化措施，其主旨是逐步放松管制，减少政府干预，以充分发挥市场机制的作用。主要措施包括对国有银行进行私有化改革、引进外资银行、放松金融管制、采取渐进方式逐步实现利率的市场化、渐进地开放资本市场、外汇及汇率制度改革和货币政策从直接控制转向间接调节。1988年，韩国接受了IMF协定第八条款，实现经常账户自由兑换。1988年12月，韩国财政部宣布将放宽除政策性贷款和长期定期存款利率之外的银行贷款利率，并且放开企业债券收益率。1989年，韩国重新对利率进行管制，但收窄了干预的范围。

总的来说，韩国第一阶段的金融开放主要存在两个问题：一是资本项目开放不对称，短期资本项目限制放开，投机资本流入，导致短期外债迅速增长，风险暴露；二是汇率、利率制度改革滞后于短期资本项目自由化。韩元汇率刚开始由银行间外汇供求决定，每天波动限制在一定范围，但由于韩国银行频繁入市干预，汇率仍不完全由市场决定。利率自由化进程一再推迟，给后期韩元大幅贬值埋下了隐患。

第二阶段：20世纪90年代的改革。1991年，韩国8家短期投资和金融公司变身成证券公司和全国性商业银行；1993年开始，韩国政府推出了利率自由化计划，将放松利率管制分为四个阶段；1994年，韩国开始加速开放资本市场。

第三阶段：1997年以来全面的金融改革。1997年12月，韩国修订《韩国银行法》，整合了4家金融监管机构（银行监管办公室、证券监督委员会、

---

① 资料来源：http://www.sohu.com/a/29432576_115495.

保险监督管理委员会与非银行监管局），建立了金融监督管理委员会（FSC）及其执行部门——金融监督院（FSS）。

韩国第二、第三阶段的开放路径是继续推进金融服务业开放，在汇率、利率改革到位的前提下，大幅放开资本账户。总结韩国金融开放进程不难看出，韩国国内结构性改革、金融监管、利率及汇率自由化滞后于短期资本项目开放，在金融体系不成熟、利率及汇率自由化进程缓慢背景下贸然大幅放开短期资本流动。同时，其自身经济结构性问题未解决，过度依赖外部资本，给后期资本快速撤离韩国对国内经济造成巨大打击埋下了导火线。

0.2.1.3 俄罗斯

俄罗斯金融改革属于激进式的。1992 年俄罗斯放开外汇管制，放开经常项目管制，卢布实行国内可兑换。1998 年金融危机期间俄罗斯进行外汇管制。2006 年 7 月 1 日，卢布可自由兑换（罗英杰，2006）。

1992 年初，俄罗斯政府通过了向 IMF 提交的《俄罗斯联邦经济政策备忘录》，规定在 1992 年 4 月 20 日前，从实行的多种汇率制，即官方汇率、商业汇率、旅游汇率和黑市汇率等，过渡到双重汇率制，即在经常项目下实行统一浮动汇率制，在资本项目下实行个别固定汇率制。1992 年 7 月 1 日俄罗斯放开价格，开始实行经常项目下的统一浮动汇率制，卢布正式实现了国内可兑换。1995 年 1 月开始，俄罗斯政府先后实施了"外汇走廊"（即对卢布与美元的汇率限制波幅范围）和"有管理的"浮动汇率制。1998 年的"8·17"俄罗斯金融危机爆发后，卢布兑美元汇率跌幅达 78%，政府 8 月底放弃"外汇走廊"和"有管理的"浮动汇率制，从 9 月 4 日起改为自由汇率制，但加强了外汇管制措施，限制卢布兑换。在自由浮动汇率一时难以改变的情况下，俄罗斯政府采取了加强进出口外汇管理（原来出口企业必须出售的外汇收入比例由原来的 50% 提高到 75%）、严格限制外汇投机等一系列限制外汇流动的措施，卢布自由兑换的进程因此受阻。2006 年 6 月 13 日，俄罗斯中央银行宣布，从 2006 年 7 月 1 日起，俄罗斯将完全取消 1998 年金融危机后紧急实施的针对卢布自由兑换的所有限制，对俄公民放开卢布自由兑换的数量，提高允许出境携带卢布的数量，允许俄公民在国外银行开设账户。

2006 年 6 月 29 日，俄罗斯政府通过了联邦《外汇调节和外汇监督法》修正案。2006 年 7 月 1 日，俄罗斯政府宣布卢布可自由兑换。

俄罗斯金融开放虽然取得了一定成效，但也存在一些问题。一是俄罗斯金融体制在"震荡休克疗法"的改革方案下，以货币主义理论为指导，忽视国家的经济调节作用。二是新设立的商业银行特别是外资银行，都享有存贷款利率上浮的自由，对国有银行产生巨大压力，对老商业银行构成严重的威胁。三是俄罗斯实际推行的"货币可兑换"改革，使本币大幅度贬值，从而使商品更短缺，国内通货膨胀加剧，本国公民对本国货币的信心降低，进而诱发了抢购外币的风潮，国内经济陷入恶性循环中，而汇率波动又导致国际收支恶化，严重影响了国家对外贸易和国际结算的正常进行。

可以看出，俄罗斯金融开放过程激进而且缺乏连贯性，在国内经济结构调整尚处于初期阶段就贸然进行大胆的金融开放。俄罗斯经济改革的起步比中国晚，但是金融改革却走在中国之前。俄罗斯金融改革的结果是灾难性的，政府不能制定和实施一个连贯的经济政策；公共管理如同虚设；制度框架要么不存在，要么无法实施；一些法律和制度基础几乎完全缺位；等等。这些都造成俄罗斯经济的动荡和脆弱，对我国的金融改革来说可谓是前车之鉴。

0.2.1.4　印度

印度自 1991 年开始金融自由化进程，属于激进式的改革路径。印度在自由化前将银行国有化，1991 年后进行利率自由化、减少信贷管制、发展资本市场等改革。

1991 年以前的情况。1969 年印度将 14 家大银行国有化，1980 年再将 6 家银行国有化，1988 年建立印度证券交易委员会（Securities and Exchange Board of India，SEBI）。

1991 年之后的金融改革进程。第一，利率自由化。1992 年印度放开所有 45 天以上存款利率，1997 年全面放开。第二，放开私人银行进入管制，到 1993 年全面自由化。第三，资本市场改革。1988 年印度建立印度证券交易委员会后，到 1992 年获得法定权力，同年建立印度证券交易所（National Stock Exchange of India，NSE），1995 年建立孟买证券交易所（Bombay Stock

Exchange，BSE）。第四，对外账户开放。1992—1993 年间，卢比在经常项目部分可兑换，1994 年在贸易账户上卢比完全可自由兑换，但资本账户不完全可兑换。第五，放开信贷管制，自 1992 年开始。

印度金融开放虽然取得了一定成效，但也有教训。例如，在没有实现有效监管的情况下过早开放金融市场，不但不能促进经济更快增长，反而会带来更大的金融风险。

0.2.1.5　泰国

泰国金融改革开放的关键时点主要有：1992 年 1 月取消存款的利率上限，1992 年 6 月取消所有贷款利率上限；1990 年 5 月成为 IMF 协定第八条款国，放松了对支付和经常账户交易的限制；1993 年建立曼谷国际金融中心（BIBF），以提供离岸金融市场，目标成为区域金融中心。1994 年泰国资本账户基本实现完全开放。

具体而言，在对国有银行进行私有化改革的基础上，泰国不断放松对金融机构的业务限制及信贷管制。1984 年，泰国取消了国内信贷总规模的最高限额，并允许银行自由经营；1988 年，泰国放宽了银行设立分行的条件，并允许外资银行开设更多的分行。

在利率市场化上，泰国 1985 年引入曼谷同业拆借利率（BIBOR）作为浮动利率贷款定价参考；1989 年 6 月放开一年期以上定期存款的利率上限；1990 年 3 月放开所有定期存款的利率上限；1992 年 1 月取消存款的利率上限；1992 年 6 月取消所有贷款利率上限，同时，放宽了国内商业银行等金融机构的经营范围。

在资本账户的自由化方面，20 世纪 70 年代以来，泰国的经常账户存在逆差并且实施严格的外汇管制和资本管制。20 世纪 80 年代末，一些资本项目逐渐开放。1989 年，外汇管制开始放开，外国投资者汇出外汇上限提高到 50 万美元；1990 年实现经常账户开放的同时取消部分外汇管制，接受 IMF 协定第八条款；1991 年泰国再进一步放松资金流动的管制，政府开放海外直接投资，允许企业对外借款，非居民可以在国内外开立泰铢账户，进行存款借款。另外，泰国也对证券市场进行开放，同时降低外国金融机构进入泰国市场的标准。1993 年泰国成立曼谷国际银行离岸机构以促进国际借贷业务，到

1994 年泰国资本账户基本实现完全开放。

在汇率制度方面，1984 年，泰国实行了钉住一篮子货币浮动政策，美元的权重占到 80%～82%，使泰国与美元的兑换币值相当长期维持在 25:1 左右。泰国于 1997 年 7 月宣布实行浮动汇率，放弃实行了 13 年之久的固定汇率制度。

总体而言，泰国实行的是对外金融开放快于对内金融开放的渐进式开放。先实现经常账户开放，同时取消部分外汇管制，在利率市场化的同时，逐步开放了资本账户。泰国金融开放存在的主要问题有两点。第一，资本项目过早开放。泰国实行资本项目开放的条件远未成熟，为时尚早。泰铢与美元挂钩的固定汇率不能真实反映实际汇率水平，起不到汇率调节经济金融作用。同时泰铢存贷款利率居高不下，平均达 15%，超过国际资本市场利率平均水平 2 倍，使泰国股市、汇市极易遭受国际短期投机性资本套汇套利性冲击。第二，汇率制度缺乏弹性，钉住美元的固定汇率制有其先天的缺陷，如货币政策难以独立，随着经济、金融形势的变化，一些缺陷可能给国民经济带来极为严重的后果。

表 0 – 11 归纳总结了日本、韩国、俄罗斯、印度以及几个亚洲有代表性的国家的金融开放模式与国别路径。韩国在刚刚完成韩元的自由化后就爆发了亚洲金融危机，韩元出现了严重的贬值。虽然韩国相比日本要激进一点，但还属于渐进式改革的范围。俄罗斯的金融改革是非常激进的，2001 年实现了卢布完全可自由兑换，改革一步到位。中国在金融开放和人民币自由化的改革措施、路径选择上，要认真研究这些国家的案例及之后的市场效应。

表 0 – 11　　　　　　　　金融开放模式与国别路径比较

国家	模式	路径
日本	渐进式	先放开经常项目外汇管制，再放开外商直接投资、证券市场、外汇市场、房地产市场等，后缓慢进行利率市场化，最后到日元国际化，实现资本项目自由兑换；资本账户开放进程快于利率市场化
韩国	渐进式	前期大量金融改革、渐进式利率市场化，后进行金融市场开放；利率及汇率自由化滞后于短期资本项目开放
俄罗斯	激进式	直接进入国内可兑换，到危机期间外汇管制，最后可自由兑换。缺乏连贯性且经济改革落后于金融改革

国家	模式	路径
印度	激进式	自由化前将银行国有化，1991 年后进行利率自由化、减少信贷管制、发展资本市场等改革
泰国	渐进式	对外金融开放快于对内金融开放。先实现经常账户开放，同时取消部分外汇管制，在利率市场化的同时，逐步开放了资本账户
新加坡	渐进式	先建立钉住一篮子货币的浮动汇率制，实现利率自由化；设立亚洲美元市场，带动金融自由化和国际化；逐步放开外汇管制，并按经济发展需要，在不同时期将外资引向不同行业；最后逐步开放银行业、证券业和保险业等
印度尼西亚	渐进式	资本账户开放先于国内金融自由化，对外金融开放快于对内金融开放。先进行货币可兑换方面的调整，迅速开放资本流出，再进行对资本流入的自由化改革，然后带动经常账户的可兑换
菲律宾	渐进式	先放宽资本流动管制，接着进行本币贬值，再实现资本项目可兑换，放宽进口，最后进行经常项目可兑换的调整
马来西亚	渐进式	对外金融开放快于对内金融开放。先放松外汇管制，进行利率市场化，再实现经常项目下的货币可兑换，逐步消除资本流动中的限制

可以看到，这些国家的共同特点都是从货币自由化到金融市场的全面开放。全面开放之后有一些共同特征。韩国、俄罗斯、印度开放之后本币出现了较大幅度贬值。与前面三个国家相比，日本应该说没有出现过货币危机状态，虽然日元中间有些波动，但波动是一个收敛的趋势。也就是说，日本作为一个经济大国，即使全面开放之后，日元也是相对稳定的。这里面隐含了一个道理，经济大国的金融全面开放，本币的波动可能呈现出某种收敛的趋势。对于较小经济体来说存在着汇率稳定与资本自由流动的内在冲突，但是对大国来说，冲突是短期的，长期趋势或许是可以相互并存的。

0.2.2　中国金融的进一步开放：一般模式与特殊路径

中国经济是大国经济，从历史上看，任何一个大国的金融都是开放的，没有一个大国的金融是封闭的，或者是半封闭的。之所以称之为大国经济中的大国金融，一定是开放性的金融，中国也不例外。中国对金融的全面开放持非常谨慎的态度，但是开放的趋势是明确的。中国金融改革采取的是渐进式改革，这与日本、韩国等国家的模式相近。

除一般性规律外，中国金融的开放正在走一条相对特殊的道路。其主要特点之一是将引进外资金融机构放在首要位置，引进外资金融机构支持国内金融机构改组改造，弥补原有金融服务的一些短板，通过发挥外资金融机构的示范作用和"鲇鱼效应"，倒逼本土金融机构改革，对探索符合一般规律和我国国情的金融改革发挥着重要作用。

主要通过让外资金融机构进入中国市场以实现目前中国金融的开放，这是总结历史经验教训的结果，与俄罗斯、印度、韩国和早期日本通过实现本币自由化进行金融开放的路径不同。国务院 2019 年 11 月 7 日发布《关于进一步做好利用外资工作的意见》，提出 2020 年取消证券公司、证券投资基金管理公司、期货公司、寿险公司外资持股比例不超过 51% 的限制。从金融机构对外资的开放来看，中国显然走在多数国家的前列。

1997 年，亚洲金融危机导致东南亚国家的金融体系和金融市场至今都难有起色。虽然大规模外资流入的国家经济会出现短期繁荣，但这种短期繁荣过早地透支了未来的经济增长。然而，经济增长是一个持续性的问题，而不是短期繁荣的现象。这些国家的经济增长对外资的依赖程度，决定了这个国家经济的脆弱性。换言之，一旦经济增长的预期消失了，外资就会大规模撤离，就极有可能出现以货币危机为先导的金融动荡。例如，俄罗斯在货币完全开放之后经历了发散式的市场波动，而韩元自由化之后虽然出现了大幅度波动，但是由于经济的创新能力这种大幅度波动出现了缓慢收敛的趋势。反观日本，由于经济竞争力强、规模大，日元在自由化过程中不仅未出现大幅度、持续性的贬值，而且整体呈升值趋势，具有较高的稳定性。

中国金融开放的第一步没有走货币自由化的道路，这可能与我们对世界各国金融危机的历史理解有密切关系。一个时期以来，我们过度地解读了人民币自由化对金融体系稳定带来的潜在破坏性。我们一直将思维停留在小国经济模式的研究上。实际上，大国经济增长的空间很大、韧性很强，足够吸引大量的外资长期留在国内。由于经济市场化程度的不同，对风险的收敛时间和路径也不同，即使中国进行人民币自由交易的市场化改革，实行浮动汇率，也不会出现东南亚国家的那种状况，而可能更接近于日本的情况，市场状况会好于韩国和印度。

中国金融开放和中国经济开放的方法和理念是一致的，走的都是渐进式改革道路。在金融改革和开放中，除了渐进式特征外，还叠加了试错式方法。什么是试错式方法？就是先往前走一大步，发现问题后再回退半步。2015 年 "8·11" 汇改，是一次大踏步式改革，实行一段时间后，发现外汇储备减少得很快，有压力了，汇率也承受不了了，于是回退半步，在篮子货币中做了一些调整，在资本自由流动上适当紧一点，但是市场化改革的大方向没有实质性变化。

人民币自由化虽然采取的是一种试错式改革，但市场化仍是中国汇率机制改革中坚定不移的方向，只不过我们不像俄罗斯那样，改革一步到位。因为我们知道，金融的开放是大事，对整个经济有全局性的影响。

0.2.3 人民币自由化改革：中国金融全面开放无法绕开的坎

在实践中，中国金融开放首先走的是金融机构的开放。这是日本、韩国、俄罗斯和印度等国家所没有走过的、独特的金融开放路径，是中国金融开放谨慎的重要表现。但无论走什么路，有一个坎是绕不开的，就是人民币自由化改革。如果本币不是完全可自由交易的货币，最后的开放是完成不了的，国际金融中心也不可能建成。

货币自由化是一个国家金融开放的基础和前提，但是过往的国别经验表明，货币自由化有可能带来金融市场的动荡和金融体系的脆弱性，从而引起本币的不稳定和汇率的大幅度波动。这是所谓的"三元悖论"（mundellian trilemma）的基点。

"三元悖论"原则指出，一国不可能同时实现货币政策独立、汇率稳定以及资本自由流动三大金融目标，只能同时选择其中的两个。"三元悖论"原则可以用图 0-8 来直观表示。"三元悖论"是指图中心位置的灰色三角形，即在资本完全流动情况下，如果实行严格的固定汇率制度，则没有货币政策的完全独立；如果要维护货币政策的完全独立，则必须放弃固定汇率制度；如果要使得固定汇率制度和货币政策独立性同时兼得，则必须实行资本管制。也就是在灰色三角形中，三个角点只能三选二。

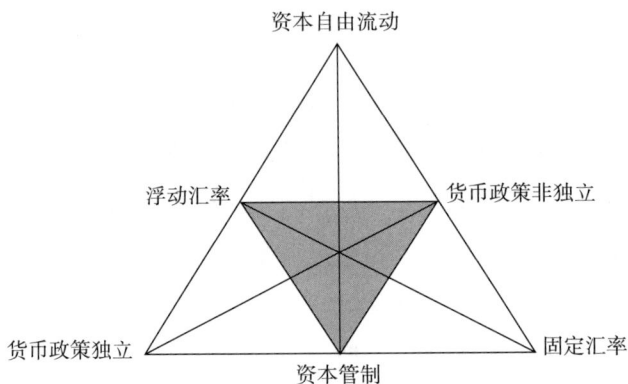

图 0 – 8 "三元悖论"示意图

在货币政策独立、汇率稳定以及资本自由流动这三项目标中，既然"三元悖论"认为一个国家只能选择其中两项，后续研究重点应转为对以上三项政策改革的组合搭配效果进行经验研究，对三项改革的顺序问题进行系统的定量分析。陈中飞、王曦和王伟（2017）将格兰杰因果思想应用于离散型数据，分析了全球66个国家（地区）1970—2005年利率市场化、汇率自由化和资本账户开放三项改革相互促进的一般规律，并进一步考证了三项改革对于货币危机爆发的影响。研究发现，汇率自由化与利率市场化互为因果、相互促进，二者促进了资本账户开放进程，因此二者应先于资本账户开放；汇率自由化不仅有利于利率市场化、资本账户开放改革的实现，相对于利率市场化、资本账户开放等改革，汇率自由化将显著降低货币危机爆发的概率，更应首先推进。因此，三项改革的顺序应该是汇率先行，利率跟随，资本账户排在最后。

在不同国家三大金融改革及其顺序安排方面，张春生和蒋海（2015）发现采取"利率市场化→资本项目开放→汇率自由化"模式往往风险极大，最终导致不得不重新调整汇率制度，而汇率先行的模式往往更加理想。

Aizenman、Chinn和Ito（2008）通过建立"三元悖论"指数，定量对全球超过170个国家从三个维度进行评分，包括货币政策独立性、汇率稳定性和资本自由流动性，其中一个国家的资本自由流动性也衡量了该国金融开放程度，从而对国别之间发展目标提供建议和参考。

图 0 - 9 展示了中国、发达国家和新兴市场国家从 1970 年到 2017 年在"三元悖论"三个维度上的得分时间序列图。可以看出，一是发达国家金融开放程度越来越高，中国金融开放指数甚至低于新兴市场国家；二是发达国

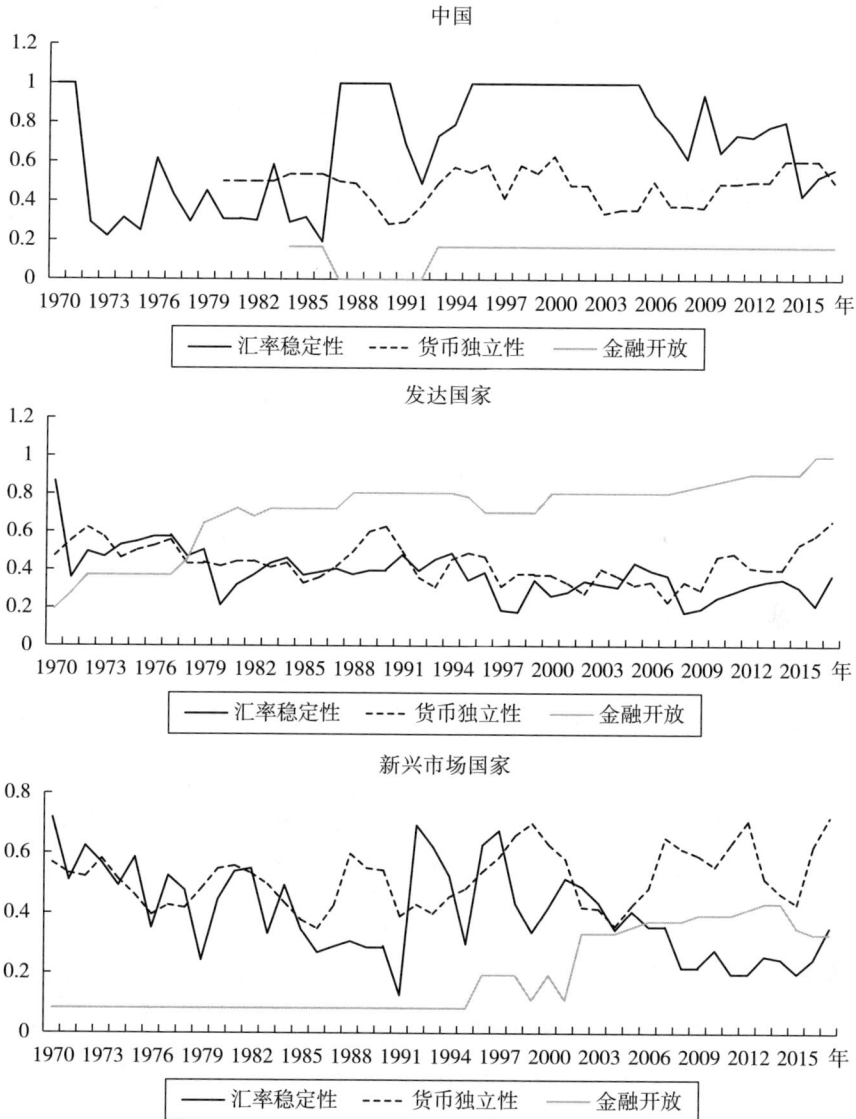

中国

发达国家

新兴市场国家

图 0 - 9 "三元悖论"指数

（数据来源：http：//web. pdx. edu/~ito/trilemma_indexes. htm. ）

家在20世纪90年代初期开始降低了货币独立性，作为对比，新兴市场国家以提高货币独立性为主要路径，放弃汇率稳定性。

总结而言，根据"三元悖论"原则，一国只能同时选择货币政策独立性、汇率稳定以及资本自由流动中的两个。"三元悖论"指数中三项得分之和为一个常数，既然中国金融全面开放是一个既定目标，为了提高资本自由流动性，中国有必要尽快实施人民币自由化改革，为金融全面开放奠定基础。

0.2.4　中国金融全面开放的彼岸在哪里？

中国金融全面开放的彼岸就是建设全球新的国际金融中心，成为人民币计价资产的交易中心和财富管理中心。中国的金融市场或资本市场，在一个可预见的将来，其功能应近似于纽约市场，成为全球重要的财富管理中心。

金融政策和金融开放的程度将决定国际资本流动规模，以及国际金融中心建设的深度。一国经济最后的竞争点主要体现在金融能力的竞争、全球资源配置能力的竞争，以及化解金融风险能力的竞争上。

中国金融全面开放的目标或彼岸，主要体现在以下几个基本要点上。

一是构建21世纪全球新的国际金融中心。从历史上看，周期性大国都是国际金融中心，以美国为例，通过纽约国际金融中心，美国一定程度上控制了国际资本的流动、定价与交易主动权，有效推动了美国本土产业的升级与经济发展。无论是现在的美国还是过去的英国，都是如此。中国金融开放的目标当然是要构建全球新的国际金融中心，这个目标不会变（吴晓求等，2018）。

党的十九大报告指出，到2035年我们要建成现代化国家。现代化国家的金融一定是开放的，金融市场是国际性金融市场。到那个时候，或者提前一些，中国的资本市场包括上海、深圳两个市场，应该与纽约市场、伦敦市场相并列，其影响力要超过现在的东京市场，这是中国金融改革和开放的重要目标。目标的确立很重要，如果不知道开放的目标是什么，彼岸在哪里，我们就难以制定有效的开放对策。

二是人民币自由化和国际化。这是中国金融开放的重要标志，也是建设国际金融中心的重要基础。这个目标的实现对我们来说有点路途漫长。实际上，人民币的国际化，第一步就是实现人民币完全可自由交易，这是我们主动改革就能完成的。人民币国际化，是基于人民币长期信用和中国经济竞争力的。人民币国际化能走多远，在国际上，无论是贸易结算市场还是储备市场占有多大份额，取决于我们的硬实力和软实力。但是，人民币可自由交易的改革通过制度和机制改革就能完成。人民币自由交易是中国金融改革的近期目标。

三是人民币计价资产全球配置和交易中心。我们所要构建的全球新的国际金融中心，是人民币计价资产全球配置和交易中心，人民币计价资产的财富管理中心，而不是其他。

0.3　中国金融全面开放的基础条件

中国金融全面开放的基础条件，即人民币的"锚"是什么？这个"锚"既来自硬实力，也来自软实力。硬实力主要指经济规模及其竞争力、国际贸易规模及结构、制度创新和技术创新能力、监管能力等。软实力主要指金融的基础设施与金融开放的法治水平和契约精神等。

中国金融开放是中国经济持续稳定增长的基础，也是中国成为全球性大国的基础。维护人民币的长期信用是中国金融具有竞争力的基石和前提。一个国家的货币若没有长期信用的制度和经济基础，则这个国家的金融就是没有国际竞争力的。金融基础设施建设是我国金融业发展和对外开放的必要条件。党的十八届三中全会通过的《中共中央关于全面深化改革若干重大问题的决定》明确指出，要"加强金融基础设施建设，保障金融市场安全高效运行和整体稳定"。该决定从战略高度明确了加强金融基础设施的重要性与必要性。近年来，我国金融改革在硬实力方面取得显著成就，但金融基础设施领域等软实力方面的改革明显落后于硬实力的发展。大国竞争力的一个方面是金融的竞争力。金融开放的前提和必要条件是可自由交易的货币。法治的完善、透明度、契约精神、政策的连续性、完善的监管、高品质的资信评估机构、公允的会计师事务所等，这些都是金融开放所需要的软条件。虽然中国金融开放的彼岸是构建全球新的国际金融中心，但实际上我们的软条件还存在相当大的差距。

0.3.1 法律体系的调整和完善

法律体系的完善，法治水平的提高，依法治国，是中国金融全面开放的重要基础。要建设完善的与国际金融中心相匹配的法律体系，就要有严格的契约精神，保持市场的高度透明。虽然中国的法治建设在不断取得进步，但与国际金融中心的要求相比还有相当大的差距。

2012 年，国际清算银行支付结算体系委员会（CPSS，2014 年 9 月更名为 CPMI）和国际证监会组织（IOSCO）联合发布的《金融市场基础设施原则》指出，持续高效的运营需要从整体上做好风险防控，在推进金融国际化的进程中，必须完善立法。瑞士率先制定世界上第一部金融综合立法《金融市场基础设施法》。该法的特点是精细化以及极强的可操作性，共计 161 款条文。针对个别授权立法条文，瑞士还颁布了《金融市场基础设施和证券及衍生品交易市场行为条例》予以细化。

我国应借鉴国际上的最新立法，逐渐向综合立法演进，以构建清晰透明且具有可操作性的法律基础。中国是大陆法系国家，如何完善我们的法律体系，是否纳入英美法系的一些必要元素，以满足中国金融的全面开放，包括资本市场的开放之要求，是我们面临的一大挑战。

0.3.2 法治水平与能力

法律体系建设好后如何有效执行，即法治的力量与法的权威如何更好地体现，是软实力建设的关键。诚然，中国金融的法律体系和规则体系在逐渐完善过程中，但是执行能力相对较差，社会和市场的法治水平低。我们经常是高标准低执行，我们必须做到高标准高执行。中国的法治能力和水平亟待提升。

0.3.3 严格的契约精神和完善的信用体系

所谓契约精神，是一种自由、平等、守信的精神。随着经济的快速发展，社会越来越需要一种捍卫约定的契约精神。金融从业者的契约精神就是恪守承诺。美国的《谨慎投资人法》、英国的《受托人投资法》都要求受托人要遵守契约、恪守承诺、谨慎履责。2015 年 11 月 13 日，国务院办公厅发布了《关于加强金融消费者权益保护工作的指导意见》，首次从国家层面对金融消费者权益保护进行具体规定。如果金融从业者不严格按照合同约定恪守契约内容，谨慎履行契约精神，就很难真正履行好代人理财的职责。

若社会信用体系不完善、信用意识淡薄、社会信用风险评价体系不够健全、国家信用建设滞后，金融业的发展就将面临社会环境风险（唐双宁，2009）。因此，现代金融业的发展需要契约精神，任何时候都不应该有人拥有超越契约的特权。有了契约精神，履行承诺，才能有效维护市场和社会秩序，提升金融市场参与者的信心。

0.3.4 市场透明度和客观、独立的中介机构

金融和资本市场的发展、国际金融中心的建设，是要依靠客观、公平、高水平的信用中介来完成的。投资者主要是从会计师事务所、律师事务所、资信评估机构以及各种金融中介处获取有效信息，金融中介机构是信息的过滤者和发布者。如果没有一大批合格的、客观的、公正的中介机构，中国金融的开放，建设国际金融中心的目标是不可能实现的。信息披露和市场透明度是国际金融中心有效运行的基石。

0.3.5 政策和规则的连续性和稳定性

中国的金融监管政策波动反复，缺乏连续性和预期性（吴晓求等，2018）。这样的政策不利于中国金融的开放，客观上阻碍了中国金融的改革和发展。在推进中国金融开放和构建国际金融中心的过程中，政策的连续性和预期性非常重要。

中国金融的开放要考虑其基础设施的约束，中国金融的开放也会推进中国金融基础设施的完善。必须把人民币的"锚"搭建扎实，硬实力在于进一步提升市场化的竞争力，软实力侧重于强化法治能力和契约精神。这是中国金融全面开放的基石。

0.4 中国金融全面开放的市场效应评估

在了解了中国金融开放的历史与现状、国际金融开放的一般模式与国别路径和人民币自由化"锚"的因素的基础之上，有必要对国际上其他国家金融全面开放后的市场效应进行评估，从而对中国金融全面开放后的市场效应作出预判。

0.4.1 大国的金融全面开放后的市场效应分析：以日本为例

日本在第二次世界大战后经济经历了一段快速增长时期，并一直保持了50多年的世界前列地位。1967年日本国内生产总值（GDP）超过英、法两国，成为世界第二大经济体；1972年再次超过（联邦）德国，回到世界第二；直到2010年被中国超过，其GDP规模至今一直保持在世界前三。自1964年正式接受IMF协定第八条款开始，日本有序地加快了金融市场对外开放和日元国际化进程。日本金融开放既给日本经济带来了快速发展的机会，也造成过日元在短期内的大幅波动。整体而言，日本经济和日元兑美元汇率呈上升趋势，相对于一些新兴国家开放后货币大幅贬值以及经济倒退的情况而言，日本的经济增长和日元币值逐渐趋于稳定，即使是2007—2008年金融危机期间波动也相对较小，说明日本金融全面开放后的经济韧性在不断增强，日元也成为币值比较稳定的国际储备货币之一。因此，无论从经济规模还是从金融开放程度来看，日本的金融开放进程无疑是一个值得中国研究和学习的大国案例。

从开放进程来看，日本的金融开放模式属于渐进式，有两个重要的时间节点。一是1964年日本正式成为IMF协定第八条款国，从此放开经常项目的管制，并逐步推进资本项目的开放，完善了相应的制度和法律手段，为后面的加快开放做了充分的前期准备。二是1984年，日本与美国成立"日元美元委员会"，随后日本大藏省发表了题为《关于金融自由化、日元国际化的现状和展望》的政策报告，此后日本金融市场对外开放和日元国际化步伐不断加快。由于日元并未如美国预计升值，日本对美国的顺差继续扩大，美国从而寻求其他手段，分别是1985年9月签订的《广场协议》和1987年2月签订的《卢浮宫协议》。前者的目的是要求日元升值、美元贬值，以改善美国国际收支不平衡状况；后者则是为了阻止当时的美元币值下滑，保持美元汇率的基本稳定。经过一系列改革措施，直到1999年，日本才全面放开外汇管制，实现资本账户完全可自由兑换。因此，日本金融市场的对外开放和日元国际化由慢到快，朝着资本自由兑换的方向不断完善。

前文已经总结出日本金融开放的主要进程，下面将重点分析日本金融开放后日元币值、GDP规模、产业结构、进出口规模和FDI净流入规模的变化情况。

首先，从日元兑美元的汇率变化情况看。1971年12月，日本调整汇率，由1美元兑360日元升值为308日元；到1973年2月13日，日本从固定汇率制向浮动汇率制转变，开始推行有管理的浮动汇率，到1985年，日元汇率经历了两次大幅上升以及随后小幅震荡回落的过程。从《广场协议》到20世纪80年代末，日元开始大幅升值。90年代初至今，日元一直处于震荡阶段，且在近几年内的震幅逐渐收窄，具体如图0-10所示。

其次，分析1960—2018年期间日本GDP规模变化情况。如图0-11所示，整体上看，日本GDP规模变化分为两个阶段：一是在1964—1995年期间，日本延续战后经济快速增长的趋势，加上日元的不断升值，日本的GDP规模迅速上升；二是1995年至今，日本GDP规模一直跟日元汇率水平一样，保持在一定范围内的震荡状态，其间遇到过1997年的亚洲金融危机和2008年的国际金融危机，其中，影响较大的当属亚洲金融危机。自1996年开始，日本大量包括银行在内的金融机构破产倒闭，导致日元汇率大幅下跌。日本经济自1997年第四季度起，到1998年第三季度，连续四个季度下降，

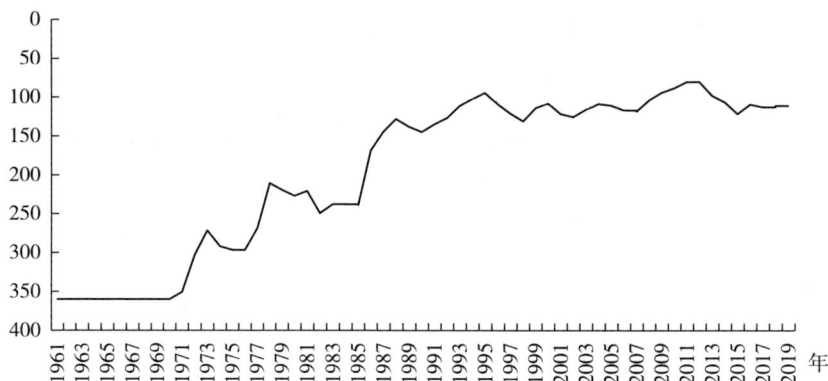

图 0 - 10 1961—2019 年日元汇率变化情况

（数据来源：CEIC 数据库）

1998 年日本 GDP 增长率为 - 1.13%。1998 年汇率最低时跌破 147 日元/美元，日经指数跌破 13 000 点。但是，日本 GDP 能够在 2008 年国际金融危机中幸免于难，主要得益于日元的升值，其后的下降也主要是因为日元的贬值（吴晓求等，2016）。

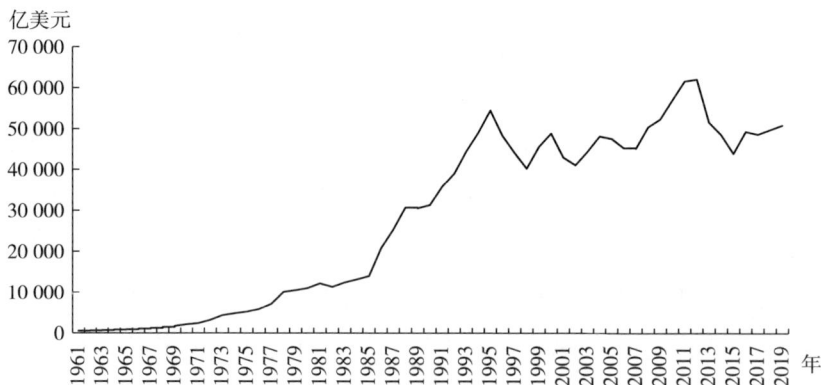

图 0 - 11 1961—2019 年日本 GDP 变化情况

（数据来源：世界银行）

具体地，如图 0 - 12 所示，从日本 1994—2017 年的产业结构变化情况看，可以发现日本工业一直是支柱产业，占 GDP 比重长期保持在 63% ~ 72%，整

体呈微增趋势，其中制造业一直维持在22%左右。其次是服务业，占GDP
比重一直保持在27%～35%，整体呈微减趋势。农业对经济的贡献则十分
微小，占比一直低于2%。因此，日本的第一、第二、第三产业结构一直
比较稳定，第二产业长期占据日本经济的1/3，加上日本庞大的经济总量，
足以说明日本是工业强国，工业为日本经济抵御外部冲击提供了坚实的后
盾。此外，这也间接说明日本以美元计价的GDP规模受汇率波动影响
较大。

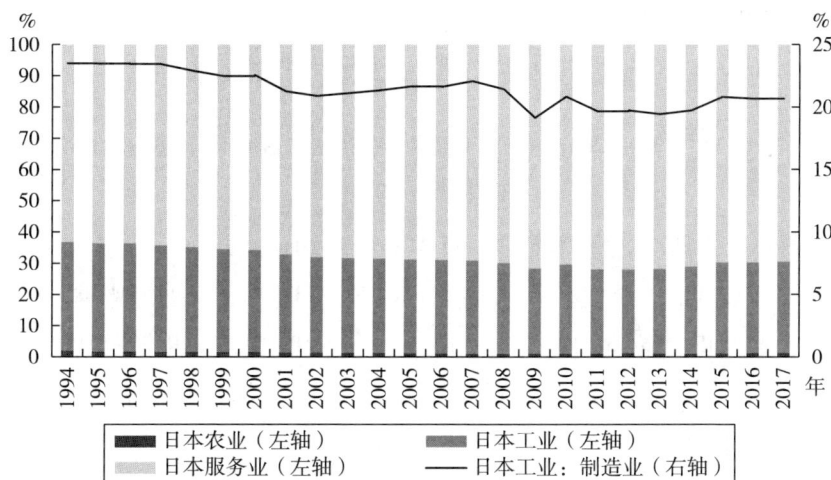

图0-12　1994—2017年日本产业结构变化情况（占GDP的比重）

（数据来源：世界银行）

再从1960—2017年日本商品和服务进出口占GDP比重的变化情况看。
如图0-13所示，日本商品和服务进出口规模占日本GDP的比重一直维持在
15%上下，且进出口规模很接近，说明日本商品和服务净出口净额较低。其
中，自20世纪90年代低迷的日本经济慢慢恢复以来，日本商品和服务进出
口规模占GDP比重也在缓慢上升，接近18%，且进出口差额也在不断收敛。
反观日本经济整体较为庞大的规模，说明日本国内经济一直占据主要地位，
对进出口的依赖程度较小，能够很好地缓冲外部冲击。

最后，分析日本金融开放后FDI净流入规模及其占GDP比重的变化情

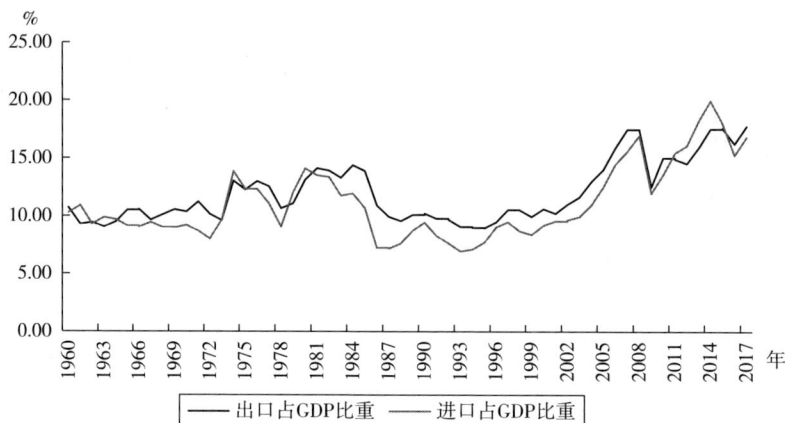

图 0 - 13　1960—2017 年日本商品和服务进出口占 GDP 比重变化情况

（数据来源：Wind）

况。如图 0 - 14 所示，整体上看，日本的 FDI 净流入规模呈现较大幅度的增加。1995 年以前，主要受汇率大幅上升影响，FDI 净流入规模整体处在较低的水平，占 GDP 比重也相对较小。在此之后，FDI 净流入规模及其占 GDP 比重大致处于上升趋势，尤其是 2017—2019 年这三年间日元币值稳定，FDI 净流入规模能够保持在 GDP 规模的 0.5% 左右。

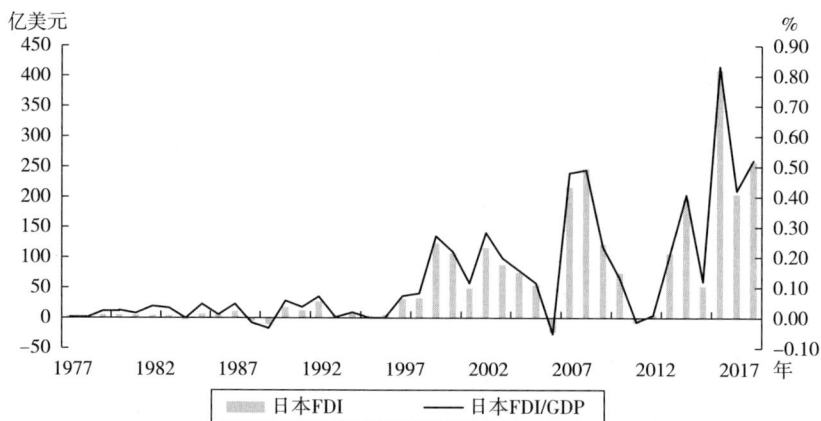

图 0 - 14　1977—2017 年日本 FDI 净流入规模及其占 GDP 比重变化情况

（数据来源：CEIC 数据库）

　　从日本金融开放对经济的影响效应来看，金融开放过程必然伴随着波动和不确定性。随着开放的不断深入，制度和法律等手段得以加强和完善，经济韧性也相应增强，经济增长过程中的不确定性所产生的冲击也会相应收敛。随着开放进程的不断推进，本币币值逐渐趋于稳定，这时可以获得更多的外来资本支持。因此，金融开放能为一国带来较好的财富效应，既吸引了较多的外来资本，也可以满足本国对外扩张的需求以及国际竞争力的提升。在本币币值大幅上升阶段，本国财富能够获得较大的提升，但也存在资本外流的风险。金融全面开放过程中，要保持国内经济的长期稳定增长，这样才能在充分利用外资和加大对外投资的同时，减小对进出口的依赖程度，对外部冲击进行有效的缓冲。

0.4.2　新兴经济体金融全面开放后的市场效应分析

　　日本作为经济大国，金融全面开放后在经济增长和日元自由化上取得了一定成就，表现为经济增长稳定、经济韧性增强以及日元币值经历长期震荡上升后日渐趋于稳定。相比之下，一些新兴经济体，如韩国、俄罗斯、印度和泰国等典型国家，在金融开放后的经济规模、经济结构和币值稳定等方面，均与日本存在很大差距。这四国之间既存在很多共同点，又存在一些差异。参照前面对日本的大国经济效应分析，对韩国、俄罗斯、印度和泰国的汇率、GDP 规模、进出口规模与 FDI 净流入规模的变化情况进行比较，可以找出新兴经济体金融全面开放后市场效应的一些基本特征。

　　从各新兴经济体金融开放的重要时间节点上看，都是在 20 世纪 80 年代末或 90 年代初开始的。韩国于 1988 年接受了 IMF 协定第八条款，实现经常账户自由兑换，在 90 年代初开始利率自由化，加速开放资本市场，实现资本账户大幅放开。俄罗斯于 1992 年放开外汇管制，放开经常项目管制，卢布实行国内可兑换，1998 年金融危机期间进行外汇管制，2006 年 7 月 1 日，卢布可自由兑换。印度自 1991 年开始金融自由化进程，进行了利率自由化改革、资本市场改革、放开私人银行进入管制、放开信贷管制以及开放对外账户，实现卢比在经常账户自由兑换，资本账户部分可兑换。泰国在 80 年代末先放宽了银行设立分行的条件，放开外汇管制，提高外国投资者汇出外汇上限，1990 年 5 月成为 IMF 协定第八条款国，放松了对支付和经常账户交易的限制。

首先，从各新兴经济体的汇率变化情况看。如图 0 - 15 所示，进入 20 世纪 90 年代以后，随着金融开放的推进，俄罗斯卢布、印度卢比、泰国泰铢和韩国韩元各自兑美元的汇率都经历了剧烈的波动，整体上均呈大幅贬值趋势，其中卢布贬值最快、幅度最大，卢比次之，韩元和泰铢在 1997 年亚洲金融危机期间大幅下跌后，币值保持相对稳定，但一直低于亚洲金融危机前的汇率水平。2008 年国际金融危机期间，卢布、卢比和韩元都出现了较大幅度的下跌，其中韩元跌幅最大，泰铢则保持较为稳定，危机之后韩元和泰铢均呈小幅上升趋势，而卢布和卢比却出现持续性的大幅下跌。

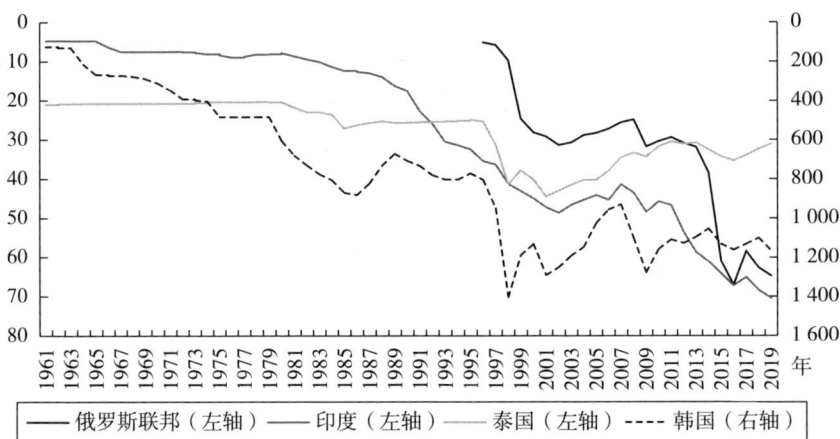

图 0 - 15　新兴经济体货币汇率（对美元）变化情况

（数据来源：世界银行）

其次，分析韩国、俄罗斯、印度和泰国这四国 GDP 规模变化情况。如图 0 - 16 所示，整体来看，各国的 GDP 规模均呈上升趋势，其中印度经济增长最快、增速较稳定，韩国经济增长较快、增速相对稳定，俄罗斯经济快速上升后因卢布大幅贬值而大幅下降，泰国经济增长最为平稳，一直保持缓慢增长状态。具体地，20 世纪 90 年代初以前，韩国、印度和泰国的 GDP 规模

均呈缓慢上升趋势，其中韩国在 20 世纪 80 年代的经济增速较快，且经济规
模在 90 年代到 21 世纪初频频超过印度。到亚洲金融危机时，韩国和俄罗斯
经济规模下降较多，印度和泰国则相对稳定，随后韩国、俄罗斯和印度均大
幅上升。到国际金融危机时，韩国和俄罗斯经济出现大幅回落，印度经济稍
作调整后稳步上升。国际金融危机后，四国经济表现分化明显，印度增长最
快、增速稳定，韩国增长较快、增速也较稳定，泰国依旧保持缓慢增长状态，
俄罗斯则经历了过山车式增长，先加速上升后迅速回落，可能是因为俄罗斯
经济过于依赖能源出口，因而受原油价格波动影响较大。

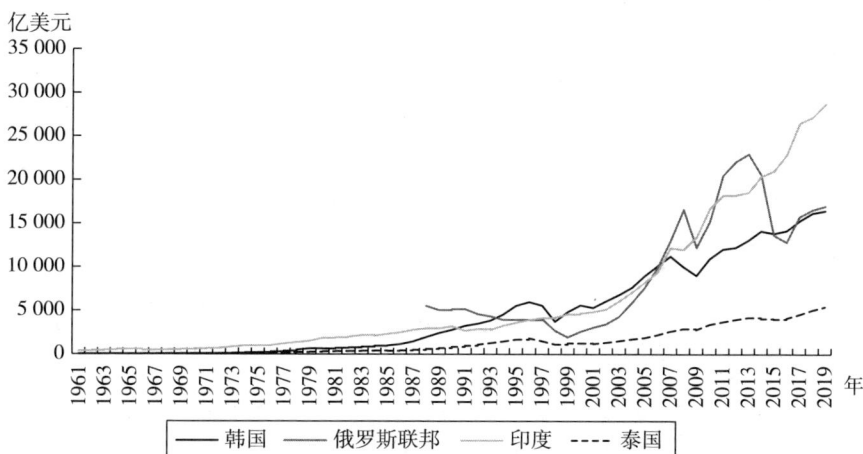

图 0 - 16　新兴经济体 GDP 规模变化情况

（数据来源：世界银行）

　　具体地，如图 0 - 17 所示，从韩国、俄罗斯、印度和泰国 1989—2017 年
产业结构变化情况看，各国服务业占 GDP 比重都很高，其中韩国、俄罗斯和
印度大致从 1/3 增长到一半以上，泰国则一致保持一半上下。印度的农业占
GDP 比最大，从 1/4 下降到 1/6，泰国次之，韩国和俄罗斯农业占比则相对较
小。韩国工业在这四国中最为发达，一直保持 1/3 水平，其中制造业占比不
断提高。俄罗斯工业占比从近 1/2 下降到不足 1/3，制造业占比相对稳定，
在 12% 上下浮动。印度工业占比一直保持比较稳定，始终在 1/4 左右，其中
制造业占比类似。泰国工业占比整体比较稳定，保持在 35% 左右，制造业占

比也稳定在28%左右。因此，这四个新兴经济体金融开放后的服务业都比较发达，但是工业相对比较薄弱。

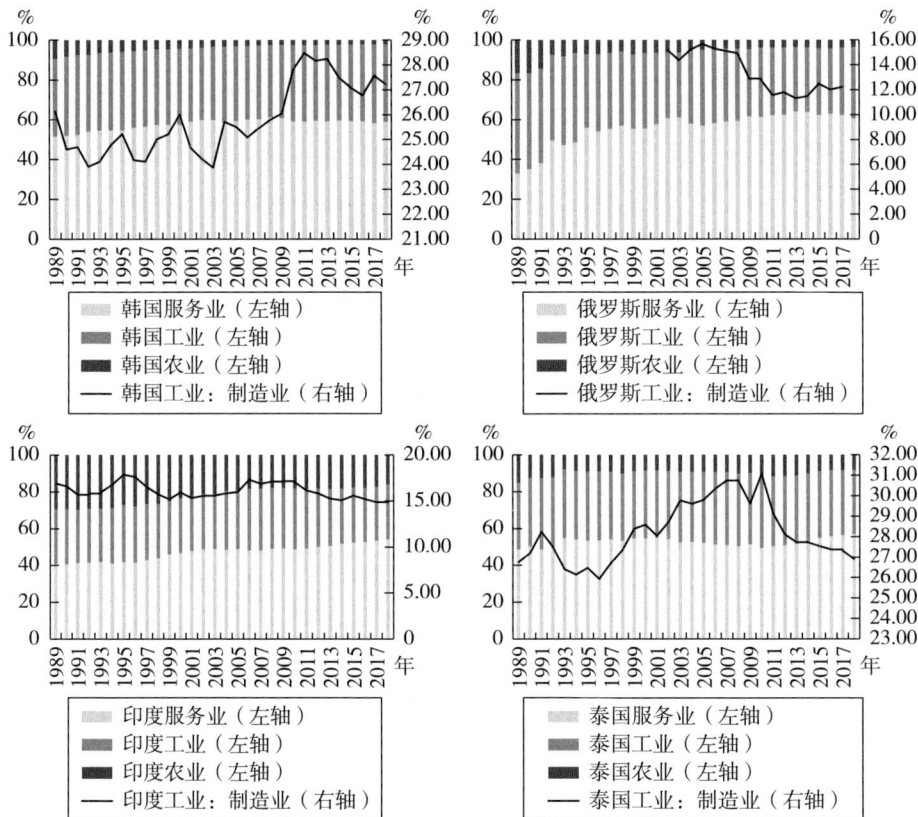

图 0 - 17 新兴经济体产业结构变化情况（占 GDP 的比重）

（数据来源：世界银行）

再从新兴经济体商品和服务进出口占 GDP 比重变化情况看。如图 0 - 18 和图 0 - 19 所示，韩国、印度和泰国的商品和服务进出口规模占各自 GDP 比重均呈上升趋势，俄罗斯除 1992 年放开外汇后出现短暂的上升，随后下降，一直保持在较低水平。其中，泰国上升趋势最为明显，近年来出口占 GDP 比重一直在 70% 上下浮动，进口占比浮动较大，维持在 55% ~ 70%。韩国的进出口占比也提升较多，进出口占比曾一度超过 50%，后回落至 40% 左右。印度进出口占比则增长较缓，从 10% 左右上升到 20% 左右。俄罗斯进出口占比自进入 21 世纪后，一直保持在比较稳定的区间，其中出口占比在 28% 上下浮动，进口占比在 20% 上下浮动。由此看出，韩国和泰国的经济对进出口依赖较为明显，俄罗斯次之，印度则凭借较强的国内经济，对进出口的依赖程度较小，所以只有印度才能够在卢比大幅下降的情况下，保持美元计价的经济规模高速且稳定地增长。

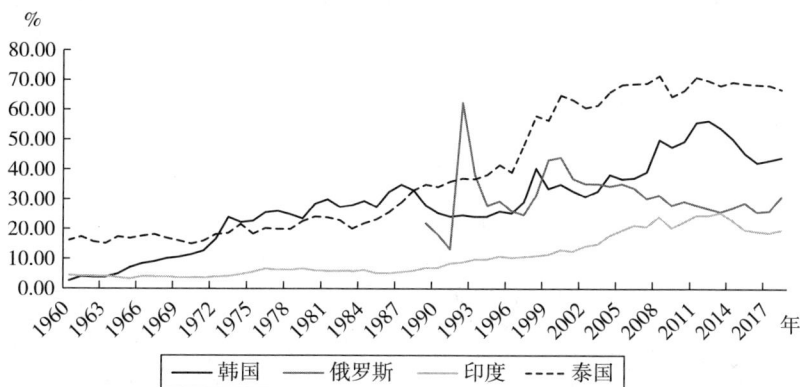

图 0 – 18　新兴经济体出口占 GDP 比重变化情况

（数据来源：Wind）

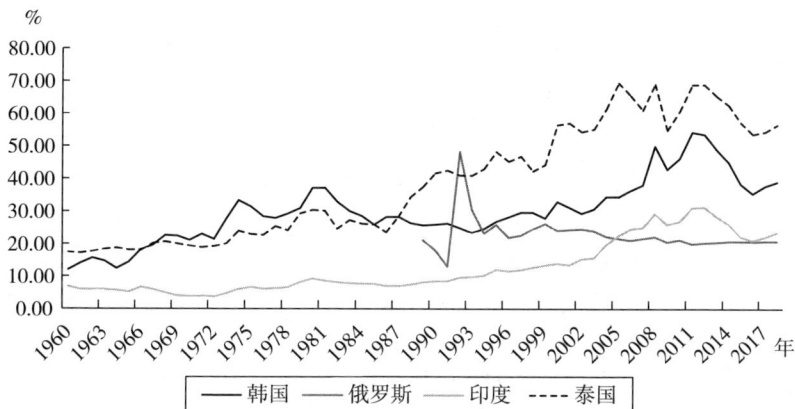

图 0 – 19　新兴经济体进口占 GDP 比重变化情况

（数据来源：Wind）

最后，分析新兴经济体金融开放后 FDI 净流入规模及其占 GDP 比重的变化情况。如图 0 - 20 所示，整体上看，新兴经济体与日本不同，FDI 净流入规模一直为正，占 GDP 比重一般不超过 5%，多数情况在 2% 上下浮动。从趋势上看，四国大致都经历了 FDI 净流入规模先上升后下降的过程，其中俄罗斯最为明显。规模上，印度和俄罗斯的 FDI 净流入规模较大，这与两国经济总量有关，也可能是两国货币贬值的原因之一。因此，新兴经济体由于处于快速增长阶段，金融开放后外商直接投资不断增加，分享新兴市场的改革红利，并且能够持续较长时间，这与日本 FDI 净流入规模占 GDP 比重在 -0.5% 到 1% 区间浮动不同。

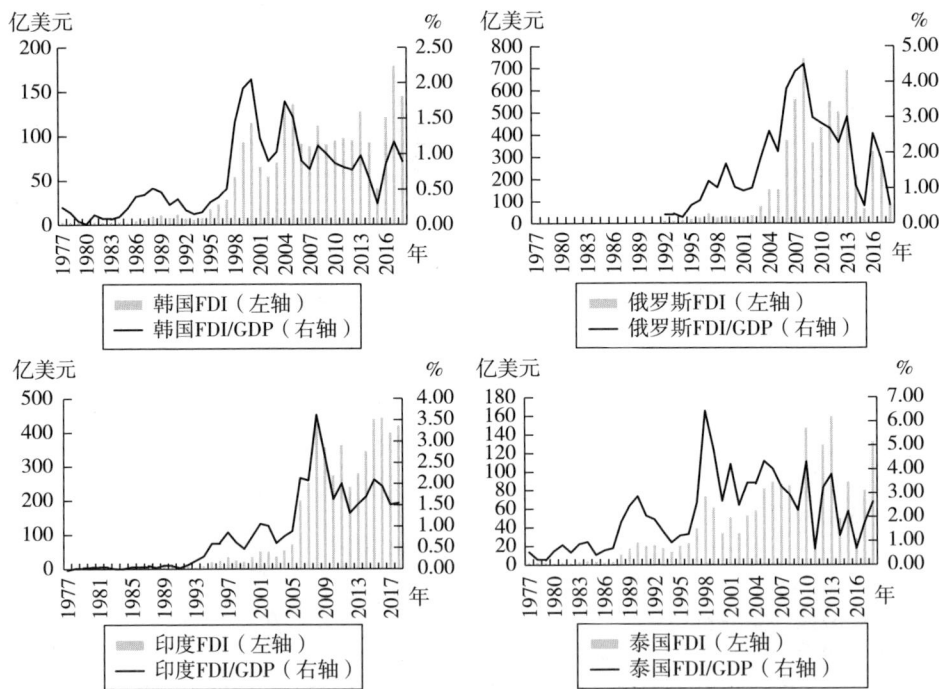

图 0 - 20　新兴经济体 FDI 净流入规模及其占 GDP 比重变化情况

（数据来源：世界银行）

从新兴经济体金融开放对经济的影响效应来看，新兴经济体的货币会出现大幅贬值现象，但其经济会在波动中快速上升。一方面，新兴经济体存在较多的投资机会，吸引大量外资进入，特别是服务行业会取得较多的发展机会，有利于经济的快速增长。但另一方面，由于工业基础相对薄弱，规模相对较小，新兴经济体对进出口依赖较大，因此国际竞争力有限，币值不稳定且贬值幅度大，经济受外部冲击后波动较为剧烈。

0.4.3　中国金融全面开放：市场效应评估

结合日本、韩国等上述国家金融全面开放后市场效应的综合分析，中国金融全面开放可能会发生什么样的效应？

中国金融全面开放应包括人民币国际化和资本市场开放，我们首先评估人民币自由化市场效应。总体而言，中国现阶段的世界格局和宏观情况与20世纪80年代初期的日本和80—90年代的韩国较为类似，因此，日本和韩国金融改革开放后的效应比较对中国有很强的借鉴意义。

第一，从世界格局来看，中国目前是仅次于美国的第二大经济体，中美贸易摩擦不排除会扩大到金融、经济领域的深层次较量，这点与当初的日本相似。前面章节我们分析到，日本自20世纪70年代从固定汇率制向浮动汇率制转变，开始推行有管理的浮动汇率，从1985年《广场协议》到80年代末，日元开始大幅升值。20世纪90年代初至今，日元一直处于震荡阶段，且在近几年内的震幅逐渐收窄。

第二，从中国宏观经济来看，经济去杠杆、去产能等结构性改革、金融开放进程进入加速期，这点与韩国类似。1997年亚洲金融危机的出现导致韩元大幅贬值，韩国央行无力通过干预外汇市场维护汇率波动区间，只能被迫废除汇率每日波幅限制，自此韩国走向自由浮动的汇率制度。韩元在1997年亚洲金融危机期间大幅下跌后，币值保持相对稳定，但一直低于亚洲金融危机前的汇率水平。我们前文提到，韩国国内结构性改革、金融监管、利率及汇率自由化滞后于短期资本项目开放，尤其是韩国对短期外债投资依赖较大，币值不稳定且贬值幅度大，经济受外部冲击后波动较为剧烈。2008年国际金融危机期间，韩元出现了较大幅度的下跌，其中韩元在亚洲新兴经济体国家中跌幅最大。在这一点上，中国与韩国有一定区别，一是中国不过度依赖外资，二是中国经济规模远大于韩国。只要在金融开放过程中把握好节奏，尤其是避免韩国在国内金融改革未见成效时盲目放开短期资本项目，协调有序推进金融改革开放措施，就可以有效避免韩元所经历的风险。

第三，从经济体来看，中国与印度新兴经济体相比。虽然印度工业基础相对薄弱、规模较小，但国际金融危机后，亚洲新兴经济体国家经济表现分化明显，印度增长最快、增速稳定，大量外资的进入促进了印度经济的大幅增长。

综合而言，中国的效应可能是一般性和特殊性的结合。中国金融全面开放后的汇率市场效应可能是日本、韩国和印度的混合，中国是一个经济大国，金融开放既具有大国效应，又有新兴经济体的特征。人民币汇率会出现一个时期的较大幅波动，但人民币不会出现像东南亚国家或者韩国那样剧烈的、处于危机状态的市场效应。中国金融开放后的效应可能更多地会像日本那样，人民币大幅波动会趋于收敛。人民币自由化后可能会出现一个时期的波动，最后会收敛于一个相对稳定值。这是由中国的大国经济模式所决定的（吴晓求，2015）。

中国的经济规模、经济实力、经济竞争力以及经济市场化程度具有较强的竞争力。应该说，人民币自由化后，从长期趋势看，是有稳定力的。对此，我们应有信心。

其次，再来评估资本市场开放的市场效应。"全球金融中心指数"（Global Financial Centers Index，GFCI）是由英国智库 Z/Yen 集团和中国（深圳）综合开发研究院共同编制的，显示金融中心竞争力的变化。该指数着重关注各金融中心的市场灵活度、适应性以及发展潜力等方面。2020 年 9 月 25 日第 28 期全球金融中心指数报告在伦敦和深圳同时发布，其中纽约（770 分）、伦敦（766 分）和上海（748 分）分别名列前三位（见图 0 – 21）。在中国内地金融中心中，上海、北京和深圳均跻身全球金融中心指数排行榜前十位。

历史演进表明，在全球金融开放和资本市场漫长发展过程中，新的国际金融中心正在向中国移动。从 16 世纪的威尼斯、17 世纪的阿姆斯特丹，到 18 世纪的伦敦，再到 19 世纪后半叶开始的纽约，全球金融中心随着国际经

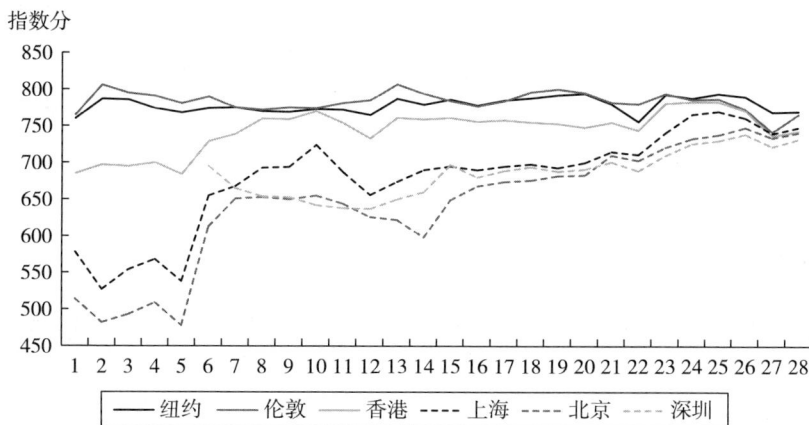

图 0-21 第 1—28 期全球金融中心指数

（数据来源：GFCI 官网，www.zyen.com）

济格局的变化而移动。国际金融中心的这种漂移过程与经济规模、经济竞争力、国际贸易都有密切关系。一百多年来，虽然历经了 1929—1933 年的经济危机，但整体看，美国经济是持续发展的，这成就了美国今天的霸主地位。是什么力量在起作用？不可忽视的是金融的力量，即金融市场的力量和美元的力量。

上海市场是中国新的国际金融中心的主体部分，深圳市场是中国新的国际金融中心的重要组成部分，是成长性资产的储备市场。从时间序列上看，中国与金融指数排名靠前的中心城市差距越来越小；从时间循环和大历史周期看，这个全球新的国际金融中心已向中国移动。国际金融中心的这种漂移过程与经济规模、经济竞争力、国际贸易都有密切关系（许少强，2013），外国投资者在中国市场的占比可能会在 15% 左右，这一比例与美国市场相似。

总之，中国金融开放市场前景是相当乐观的。中国经济规模较大、经济实力较强，国际贸易规模很大，而日本、韩国、俄罗斯、印度这四个国家，当年金融开放的时候比中国现在的经济实力要弱得多，但我们最大的不足是金融的基础设施薄弱。在金融改革和发展过程中，基础设施没有跟上，给未来增添了很多风险，客观上会加大波动的幅度和发生危机的概率。但需要进一步指出的是，中国金融的全面开放、人民币的自由化和国际化及国际金融中心的形成，对中国社会的进步、法制的完善、经济的持续稳定增长和经济竞争力的提升无疑具有巨大的推动作用。

参考文献

［1］陈中飞，王曦，王伟．利率市场化、汇率自由化和资本账户开放的顺序［J］．世界经济，2017，40（6）：23－47.

［2］罗英杰．卢布可自由兑换：俄罗斯的"金融革命"［J］．银行家，2006（8）：104－106.

［3］唐双宁．提升中国金融"软实力"问题［J］．银行家，2009（4）：30－31.

［4］吴晓求．大国金融中的中国资本市场［J］．金融论坛，2015，20（5）：28－35.

［5］吴晓求．改革开放四十年：中国金融的变革与发展［J］．经济理论与经济管理，2018（11）：5－30.

［6］吴晓求，等．互联网金融——逻辑与结构［M］．北京：中国人民大学出版社，2015：12－14.

［7］吴晓求．中国金融的深度变革与互联网金融［J］．财贸经济，2014（1）：14－23.

［8］吴晓求，陶晓红，张婷．发展中国债券市场需要重点思考的几个问题［J］．财贸经济，2018，39（3）：5－16.

［9］吴晓求，等．股市危机——历史与逻辑［M］．北京：中国金融出版社，2016：28－40.

［10］吴晓求，等．中国金融监管改革：现实动因与理论逻辑［M］．北京：中国金融出版社，2018：5－13，17.

［11］许少强．国际金融中心建设的决定因素：经济实力抑或金融政策——基于历史的思考［J］．上海金融，2013（6）：14－16.

［12］余永定，肖立晟．论人民币汇率形成机制改革的推进方向［J］．国际金融研究，2016（11）：3－13.

［13］张春生，蒋海．利率市场化、汇率自由化与资本项目开放的次序：理论、经验

与选择 ［J］. 经济学家，2015 （5）：52 – 61.

　　［14］朱盈盈，曾勇，李平. 中资银行引进境外战略投资者：背景、争论及评述 ［J］.
管理世界，2008 （1）：22 – 37.

　　［15］Aizenman，J.，Chinn M. D.，and Ito H. Assessing the Emerging Global Financial
Architecture：Measuring the Trilemma's Configurations Over Time ［Z］. National Bureau of
Economic Research，2008.

　　［16］Mahamarn，V. Financial Liberalization in Thailand：Impact On the Growth and
Volatility of Foreign Investment in Stock Market and the Stock Market ［J］. Working Paper，
2010.

1 中国金融开放：试错式探索的历史

摘　要

改革开放是我国经济发展的根本动力，立足于具体国情，中国选择了符合新生事物发展规律、符合人类认知规律、阻力最小且容易取得成功的渐进式改革模式。在国企产权改革、民营经济壮大、要素市场蓬勃发展的基础上，我国大力引进外资，加入世界贸易组织，融入全球经济，经过30多年坚定不移的中国特色社会主义市场经济建设，我国发展成为世界第二大经济体。改革与开放相辅相成，通过逐步取消外汇管制、人民币汇率市场化、金融市场有序开放、人民币国际化等一系列制度改革，我国金融业在不断试错中渐进式开放，确立了在国际金融产业链、价值链中的大国地位，已从国际金融市场的被动参与者演变成为重要治理者，正稳步迈向金融强国。

改革开放是中国经济发展的根本动力，党的十一届三中全会拉开了改革开放的序幕。在经济全球化背景下，市场由国内、国际两部分组成，走向市场经济无疑就是走向国际市场，也就是开放。因此改革开放是一个有机的统一体，二者不可分割、相互促进。新的制度、新的模式从产生到被认可、被接受进而在矛盾对立统一中占主导地位，需要一段时间，需要一个试错、容错和纠错的过程。因此，选择渐进式改革，符合新生事物发展规律，符合人类认知规律，阻力最小，容易取得成功。政府一点点放权，一步步打破垄断，建立自由竞争、市场在要素配置中发挥决定性作用的机制体制。渐进式改革使得中国完成了从计划经济向市场经济的转型，建立起中国特色社会主义市场经济。改革的渐进模式决定了开放的渐进模式。通过逐步取消外汇管制、人民币汇率市场化、金融市场开放、人民币国际化等一系列制度改革，我国金融业在不断试错中基本实现开放，在国际金融产业链、价值链中确立了大国地位，正从金融大国迈向金融强国。

当今世界正在经历着百年未有之大变局，单边主义、保护主义上升，部分国家间经贸摩擦日益深化，全球价值链、产业链多环节受阻，发达国家推动本国企业回流，逆全球化情绪显著升温，国际环境之复杂严峻前所未有。在这样的外部大环境之下，我国始终坚定不移地奉行及维护多边主义，坚持开放原则，顺应全球化的新趋势，加速构建"以国内大循环为主体、国内国际双循环相互促进"的新发展格局。习近平总书记在党的十九届五中全会上强调，"我们要形成强大国内市场，坚持扩大内需这个战略基点，加快培育完整内需体系，把实施扩大内需战略同深化供给侧结构性改革有机结合起来，以创新驱动、高质量供给引领和创造新需求"。因此，站在新的历史起点上，我国更需加大改革步伐，扩大资本双向流动，提升人民币在国际货币体系中的地位，增强我国在全球范围内优化资源配置的能力。应灵活运用政策工具借以防范系统性风险，在金融开放与风险防范间保持很好的平衡，让金融在服务"双循环"新发展格局中发挥更大作用（何雨霖，2020）。尤其是，维持政策连贯性，稳步推进资本账户开放、汇率改革、金融市场开放，加快建设高标准市场体系和实现更高水平开放，使得中国和世界紧密联系在一起，促进双循环更有效率和更高质量（姜小娟，2021）。从宏观管理层面看，政府积极作为，中国人民银行将以增强金融服务实体经济能力为出发点和落脚点，继续坚持市场化、法治化、国际化的原则，协同推进资本项目可兑换、汇率形成机制改革和金融业对外开放"三驾马车"，进一步推动形成金融领域制度性、系统性高水平开放新格局（陈雨露，2020）。

1.1　货币可兑换：从全面管制到资本账户可自由使用

按照改革开放的总设计师邓小平的设想，中国经济改革的目标是建立社会主义市场经济体系，实现四个现代化和小康社会。融入经济全球化浪潮，发挥劳动力比较优势，是实现这一目标的根本途径。前提条件是货币可兑换，确保国际经济活动不受支付限制，也就是要取消经常项目外汇管制，接受 IMF 协定第八条款规定①。经过 18 年的改革开放，国际收支活动基本适应了市场经济环境，满足了人民币可兑换的条件。1996 年我国宣布接受 IMF 协定第八条款，成为货币可兑换国家。随后，有序开放资本项目，提高人民币在金融交易中的自由使用度。

1.1.1 经常项目可兑换：1994 年外汇体制改革

1.1.1.1 外汇管制是 20 世纪 80 年代我国承接产业转移的客观要求

新中国成立后，我国曾学习苏联的经验，通过指令性和指导性计划来管理和调节国民经济。② 受到意识形态对立的影响，中国经济被排斥在西方主导的国际经济之外，不能像"亚洲四小龙"那样吸收和利用外资，技术鸿沟越拉越大，被打上了"贫穷落后"的烙印（见图 1-1）。在计划经济下，我

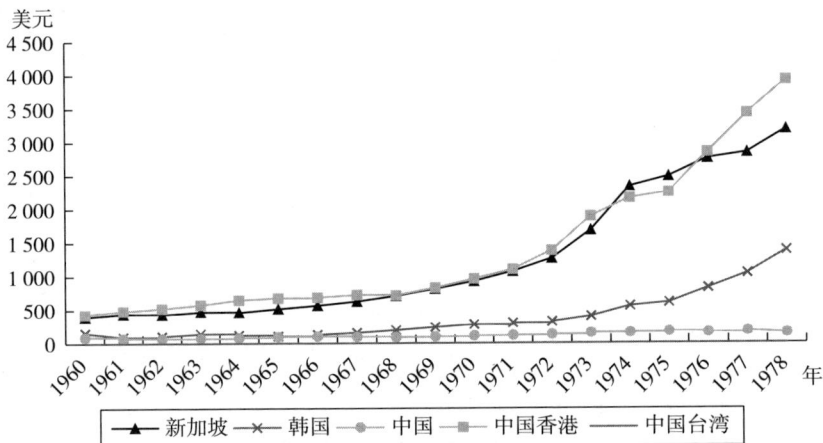

图 1-1 1960—1978 年中国与"亚洲四小龙"人均年收入比较

---

① IMF 协定第八条款规定，经常账户可自由兑换的货币就是可兑换货币。具体地要接受如下规定：（1）避免对经常性支付或转移的限制，成员国未经国际货币基金组织的同意，不得对国际经常往来的付款和资金转移实施汇兑限制；（2）不得实施歧视性货币或多重汇率措施；（3）兑付外国持有的本国货币。

② 《中国大百科全书》（电子版），中国大百科全书出版社，1999 年版。

国实行统收统支的外汇管理制度。外汇集中于中央，根据"以收定支，以出定进"原则，确保重点项目建设的设备和原材料进口用汇，以及国家的公务用汇。1979年，中美建交后，我国开始与发达国家进行经贸往来。20世纪80年代是发达国家经济从重工业向信息产业升级转型的时期，我国迎来了大规模承接发达国家产业转移的难得机会。

当时外国投资者缺乏对中国经济、制度的了解和信心，几乎不愿进行直接投资，迫使我国走上负债发展道路，由政府提供担保，通过中信国际信托、北京国际信托、广东国际信托等十大金融公司对外借债，然后转贷给国有企业，在重工业领域大量引进国外先进技术和设备，提高我国的生产能力。1978年还出现了"洋跃进"①，从日本、美国和联邦德国等国家引进钢铁、石油化工、化纤、化肥等22个大中型项目，资金总计78亿美元（剧锦文，2019）。当时我国创汇能力很低，主要依靠农产品和少数矿业原料出口以及华侨汇款，贸易顺差只有7亿美元。为了用好外汇，确保优先进口先进设备并按时还本付息，政府不得不实行严格的外汇管制。

1.1.1.2 构建功能性外汇管理框架制度

改革开放前，外汇管理工作由国家计划委员会、财政部、对外贸易部和中国人民银行承担，缺乏专门机构来统一负责外汇管理工作。为了适应对外开放的经济环境，解决外汇管理中出现的新问题，1979年3月，国务院批准设立国家外汇管理局并赋予其管理全国外汇的职能。1980年，国务院发布了《中华人民共和国外汇管理暂行条例》，从法律上规范、指导经济主体的外汇收支行为。国家外汇管理局成立后，进行了增收节支的制度改革，为国际收支健康发展提供制度保障。一是控制外汇支出规模，1980年停建、缓建283

---

① "文革"结束后，中国掀起了经济建设热潮。1977年11月24日，全国计划会议形成了《关于经济计划的汇报要点》，国务院对1975年拟定的《1976—1985发展国民经济十年规划纲要》进行了修订，并于1978年2月提交五届全国人大一次会议审议，提出在20世纪末实现"四个现代化"的目标。在工业方面，新建和续建20个大项目，其中主要有30个大电站、8个大型煤炭基地、10个大油气田、10个大钢铁基地、9个大有色基地、10个大化纤厂、10个大石油化工厂、10个大化肥厂，以及新建续建6条铁路干线，改造9条老干线，重点建设秦皇岛、连云港、上海、天津、黄浦等5个港口。到1985年，粮食产量要求达到8 000亿斤，钢达到6 000万吨，原油达到2.5亿吨。

个重化工项目，遏制地方政府盲目引进设备、上项目的趋势。二是改变外汇统收统支模式，1979 年开始实行外汇留成制度，给创汇的地方和企业留下一定比例的外汇。留成外汇可在外汇调剂市场按照比官价更高的价格出售，给予出口创汇一定的补贴。这一市场导向的制度改革大大调动了企业出口创汇的积极性，促使我国出口快速增长，外汇储备持续出现几十亿美元的结余。国际收支状况的改善不仅提升了我国对外筹措资金的能力，也为人民币经常项目可兑换创造了条件。

1.1.1.3 培育能够参与国际市场竞争的经济主体

1. 农村、城镇经济体制改革。从计划经济转向市场经济，是中国改革开放的核心。首先要培育市场导向、追求利润、按照市场规律办事的市场经济主体。1982 年中共中央发布第一个一号文件《全国农村工作会议纪要》，将家庭联产承包责任制、统分结合的经营机制作为我国乡村集体经济的基本制度，打破了"大锅饭"旧制度，乡镇企业在轻工业领域异军突起，有效弥补了当时我国轻重工业失衡的短板，农业产量、农民收入率先实现了翻番。农村经营制度的市场化改革为城镇经济改革提供了经验，1988 年开始我国实行国营企业厂长负责制，赋予企业更多经营自主权。各地政府将引进外资作为主要的业绩考核指标，三资企业的经营模式和公司治理，给国内企业提供了示范，加快了企业经营模式转型的速度。此外，被称作"价格闯关"的全面放开物价的改革，让企业在价格杠杆的引导下进行要素配置、组织生产和销售。为了培育能够在国际市场有竞争力的企业，我国对贸易领域、制造业的国企进行产权改革，抓大放小，推动企业股份制改造，明确产权，培育追求利润最大化的市场经济主体。当然，产权和价格制度的改革是各方利益、各种关系的颠覆性调整，有得必有失，改革进程不会一帆风顺。20 世纪 80 年代末期我国出现了两位数的通货膨胀，工薪阶层实际生活水平下降，造成 1989 年社会动荡，随后政府开始纠错，放慢了价格改革步伐。决策者意识到，一些关系国计民生的领域，例如能源、基础设施、医疗、电信、金融的改革，牵一发而动全身，需要方方面面的配套，市场化改革开放不能操之过急，应该以更加稳健的方式推进。

2. 构建市场化金融机构体系。如果金融机构不能按照市场规律来配置资金，市场化改革就不可能成功。改革是从政府向企业放权让利开始的，此举改变了金融供给格局。1978 年居民储蓄存款余额为 210.6 亿元，1990 年提高至 7 034.2 亿元。居民、企业、政府在储蓄中所占比例从 1978 年的 11.8%、14.9%、73.3% 改变为 1990 年的 40.1%、38.9%、21.0%，居民和企业成为资金供给的主体。国有企业的投资进行"拨改贷"制度改革后，银行成为企业的资金供给者。为了培育市场化的金融机构，1983 年 9 月 17 日，国务院正式颁发《关于中国人民银行专门行使中央银行职能的决定》，设立工商银行、农业银行、中国银行和建设银行四家国家专业银行，经营存款和信贷业务，人民银行成为一个纯粹的中央银行。1986 年，国务院批准恢复设立交通银行；1987 年成立了招商银行、中信实业银行、深圳发展银行等股份制银行，希望股份制银行能够发挥制度灵活优势，更多地为民营企业提供金融服务。

3. 建立同业市场和资本市场。为了满足国有企业，特别是乡镇企业旺盛的资金需求，1984 年国家专业银行突破当时不得进行直接投资的限制，设立信托公司，地方政府也纷纷效仿，通过信托渠道初步形成了全国同业拆借市场，生成由市场供求决定的、统一的同业拆借利率。利率市场化打破了资金的计划配置，广东、浙江、江苏、福建等沿海地区通过同业拆借市场获得了大量资金，加速了经济增长。当时银行尚未自负盈亏，资源配置和经营管理能力较差，无法满足企业的资金需求，催生了企业之间的商业信用，为了解决严重的互相拖欠债务的企业"三角债"问题，中国开始探索市场直接融资。1990 年中国在上海成立了证券交易所，首批 8 家公司挂牌发行股票，筹集资本金。随后深圳证券交易所成立。各地股票交易市场蓬勃兴起，证券公司成为金融界的生力军。

由于国际市场是西方国家主导的，遵循的是市场经济规则，因此要进入国际市场，中国就必须加快改革步伐，向市场经济转型，让企业成为自主经营、自负盈亏的主体，让市场定价机制来引导资源和要素配置。通过十多年大刀阔斧的改革，我国初步建立了市场经济制度，对外开放的条件基本成熟。

1.1.1.4 外汇体制改革与人民币可兑换

1. 偿债高峰亟须外汇体制改革。1992 年邓小平南方谈话彻底解除了思想禁锢，"发展才是硬道理"成为全国上下的共识。1993 年 11 月，党的十四届三中全会通过《关于建立社会主义市场经济体制若干问题的决定》，构筑了社会主义市场经济体制的基本框架。各地投资热情高涨，进口增速超过30%，1993 年出现了改革开放以来第一次贸易逆差，而且逆差规模达到122 亿美元。尽管国际社会对中国信心大增，外商投资增加到 258 亿美元，创下 FDI 流入历史新高，但是我国国际收支形势仍不容乐观，偿债压力巨大。渐进式的物价改革，导致我国出现了较长时期的高通货膨胀，人民币购买力持续下降，进行了三次较大幅度的汇率调整，人民币兑美元从 1985 年的 2.8贬到 1990 年的 5.7，贬值加重了外债负担，也使我国提前进入偿债高峰期。当时外汇储备仅有 200 亿美元，如果不能立竿见影地增加外汇收入，我国就有可能像墨西哥和拉美国家一样爆发债务危机。基于此，我国进行了外汇体制的重大改革。开放经常项目，实现人民币可兑换，发挥汇率调节国际收支的作用，试图建立国际收支健康发展的长效机制。

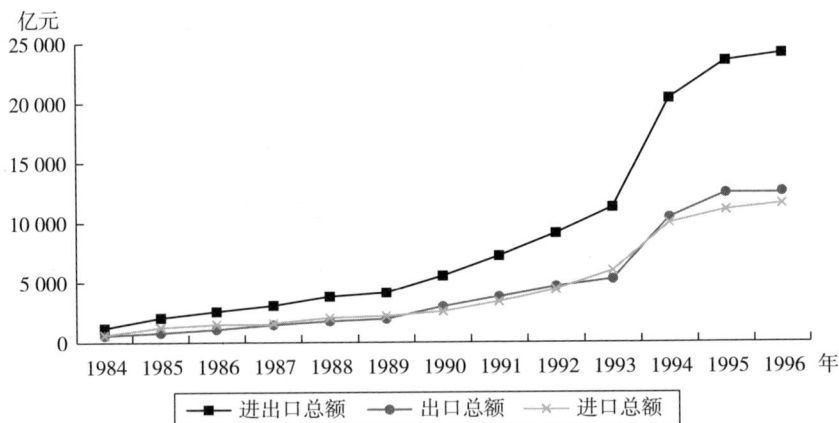

图 1-2　1984—1996 年中国进出口贸易额

（数据来源：国家统计局）

2. 国际压力倒逼改革。当然，1994 年的外汇体制改革也是开放倒逼改革的产物。第一，为了分享全球贸易自由化红利，1986 年 7 月我国正式向关贸总协定（General Agreement on Tariffs and Trade，GATT）提出恢复地位的申请。实行单一汇率制度，这是 IMF 和 GATT 对成员国和缔约方在汇兑安排方面的基本要求。这就要求我国改变官方汇率与外汇调剂汇率并存的双重汇率制度。第二，20 世纪 90 年代初，发展中国家、苏东集团的转轨国家普遍接受《华盛顿共识》①倡导的自由化、私有化主张，取消外汇管制，开放资本市场，掀起了拥抱全球化浪潮，我国如果不想在新兴市场国家的国际化竞争中落后，就必须放松外汇管制。第三，以美国为首的发达国家以我国存在双重汇率体制为由，指责中国操纵汇率、获取不公平的贸易竞争优势，对我国采取反倾销、反补贴的"双反"措施。要维护与发达国家的正常经济贸易关系，我国也必须改革现行的汇率制度。

3. 1994 年外汇体制改革的内容。1994 年的外汇体制改革是我国金融开放最重要、影响深远的一次改革。其核心内容包括：第一，取消外汇调剂价，实现人民币官方汇率和外汇调剂价格并轨，将官方汇率从 5.7 调至 8.7。第二，建立以市场供求为基础的、单一的、有管理的浮动汇率制。中国人民银行根据银行间外汇市场前一天的收盘价，参照国际金融市场主要货币的变动情况，公布人民币汇率。第三，实行结售汇制度。除国家规定的外汇账户可以保留外，企业和个人必须将出口所得外汇卖给外汇指定银行，提交真实凭证可向外汇指定银行购买进口所需外汇。第四，建立以银行为主体、统一、规范的外汇交易市场。从 1994 年 1 月 1 日起，禁止境内任何形式的外汇计价结算，禁止除外汇指定银行外的一切外汇交易。银行按照人民银行公布的汇率在银行间市场买卖外汇。

中国人民银行宣布，自 1996 年 12 月 1 日起接受国际货币基金组织协定第八条款的义务，人民币成为可兑换货币。经常账户开放为中国经济国际化、市场化扫除了制度障碍，是中国经济走向开放的里程碑事件。

---

① 华盛顿共识（Washington consensus），是指 20 世纪 80 年代位于华盛顿的国际货币基金组织、世界银行和美国政府，根据拉美国家减少政府干预、促进贸易和金融自由化的改革经验，形成的十个方面的政策主张。这些政策主张在 20 世纪 90 年代广泛传播，对苏东集团国家、发展中国家的政府产生了较大影响。

1.1.2 稳妥有序：资本与金融账户基本开放

1.1.2.1 渐进式资本账户开放及其逻辑顺序

1. 充分吸取国际经验教训。资本账户开放是一把"双刃剑"，在跨境优化配置资源的同时，也跨境快速传递风险。因此，资本账户开放需要在经济效益与安全之间保持平衡。从国际经验看，第二次世界大战后除美国外的发达国家都实行了严格的外汇管制，在马歇尔计划的要求下，这些发达国家于1958年陆续开放经常账户，此后它们花费了15～23年的时间，等待金融市场、监管体系、经济抗风险能力等各方面条件成熟后才陆续开放资本账户，允许资本自由流动。相比之下，新兴市场国家开放资本账户的速度则快得多。20世纪90年代，在《华盛顿共识》引导下，东南亚、东欧转型国家争先恐后开放了资本账户，以债券、货币市场基金方式大规模引进外资，增加资本积累，推动产业升级和经济增长。得益于巨额资本流入，泰国、马来西亚、印度尼西亚、菲律宾实现了经济快速增长，生机勃勃，被国际社会称为"亚洲四小虎"。

1996年我国开放经常账户后，开始考虑以适当的方式开放资本账户。由于资本市场刚起步，处于幼稚阶段，占金融市场主导地位的银行还不是真正的市场经济主体，无法与国际金融机构竞争，我国实际上缺乏开放资本账户的市场基础。此外，我国还面临香港回归的巨大挑战，"九七大限"恐慌令一些资金逃离香港，为了保持香港回归后的稳定，我国需要继续严格控制资本流出。

事实证明，这样的审慎考虑和安排是明智的。1997年7月4日，就在香港回归3天之后，以索罗斯为首的国际机构投资者狙击泰铢，拥有近400亿美元储备的泰国央行无力对抗，被迫放弃钉住汇率制度。泰铢迅猛贬值，泰国爆发了货币危机。泰国金融危机暴露出该国过早开放资本市场的弊端。为了吸引外资，泰国长期实行高利率和钉住汇率制度，金融机构资产负债的货币严重错配，能够承受高利率的只有股市、楼市等高风险投资。一旦资本流动逆转，金融脆弱性就暴露无遗，出现金融危机在所难免。由于

"亚洲四小虎"具有相同的经济发展模式，存在相同的金融体系脆弱问题，因此在国际资本迅速撤退的压力下，马来西亚、菲律宾、印度尼西亚很快爆发了货币危机。这场金融危机不仅让东南亚国家数十年奋斗的成果付诸东流，还深刻改变了东南亚国家的政坛。其余波在1998年继续发酵，韩国被迫向IMF求助，香港打响了"港元保卫战"，俄罗斯爆发了金融危机。我国则因为没有贸然开放资本账户，拥有一道防火墙，避免了来自资本渠道的风险传染。

2. 资本账户开放需要满足的条件。从我国国情出发，资本账户开放至少需要满足以下四个条件[①]：第一，强大的经济金融综合实力，在全球经济、贸易、金融市场、储备等方面具有竞争力；第二，宏观环境顺畅，财政及国家外债等具体宏观经济指标健康；第三，有科学的监管架构和协调机制，监管行之有效；第四，利率汇率市场化基本到位，价格信号机制能够顺畅调节经济主体的行为。要满足这四个条件，我国必须保持经济稳健发展，加强国家治理能力建设，完成利率、汇率市场化改革。毫无疑问，这是一个漫长的过程，需要耐心、智慧和不懈的努力。

3. 我国资本账户开放的逻辑顺序。我国选择了资本账户渐进式开放模式，根据改革和经济发展的需要，把握好资本项目开放的节奏和尺度。条件成熟一项开放一项，条件不成熟的就继续管制。总结我国40多年的经验，我国资本账户开放遵循的主要原则是：第一，坚持金融服务实体经济原则；第二，坚持管住风险，不发生金融危机原则；第三，有序开放原则，根据国内经济发展需求和国际形势变化，科学把握开放节奏。

基于上述原则，我国制定了资本账户开放的逻辑顺序：从内容看，先开放直接投资，后开放证券投资和金融衍生工具；从期限看，先开放长期资本，后开放短期资本；从主体看，先开放法人机构，后开放个人；从方向看，先开放资本流入，后开放资本流出。

---

① 孙鲁军在2016年海峡两岸金融制度比较暨合作研讨会上的发言。

1.1.2.2 资本账户开放的特色与实践

1. 将直接投资放在开放的优先位置。

第一，以吸引华侨华人资本为起点和重点。邓小平曾指出，"海外华侨、华人分布在世界一百多个国家和地区，总资产达3 000亿美元，而其控制的流动资本则高达1.5万亿~2万亿美元，如此庞大的经济实力，已经是世界经济一支不容忽视的力量"。[①] 为了充分发挥海外华侨、华人的积极作用，1979年7月，我国颁布了第一个利用外资的法律《中华人民共和国中外合资经营企业法》，随后相继出台所得税、登记管理等配套法规，营造良好的外资环境。1980年还设立深圳、珠海、汕头和厦门经济特区，打造外资企业基地。1984年和1985年进一步开放上海、天津等14个沿海城市和长三角、珠三角等经济开放区，1988年将沿海经济开放区扩展到北方的辽东半岛、山东半岛等，批准设立海南经济特区，1990年决定开发和开放上海浦东新区，逐步构建起"经济特区—沿海开放城市—经济开放区—内地"的梯度式开放格局。在经济特区和开放区，外商直接投资不受任何限制，资本流入、流出都很自由，并享受税收、土地使用等方面的政策优惠。在加入WTO之前，我国实际利用外资2 000多亿元，其中港澳台胞和海外华侨华人资金占70%。

第二，扩大吸引外资范围，打造世界加工厂。我国加入WTO之后，制度性贸易壁垒被拆除，大大拓宽了我国融入全球经济的渠道。数以亿计的廉价劳动力，十几亿人口的庞大市场，对国际资本产生了巨大的吸引力。世界500强的企业纷纷到我国设立分支机构，将我国纳入全球产业链和价值链中，2002—2019年我国外商直接投资规模年均增速达到5.49%（见图1－3）。我国充分利用国内外要素融合的优势，迅速发展成为名副其实的"世界加工厂"，拥有全球工业门类最齐全的制造体系，"中国制造"遍及全球各个角落。

---

① 国务院侨务办公室，中央文献研究室. 邓小平论侨务 [M]. 北京：中央文献出版社，2001.

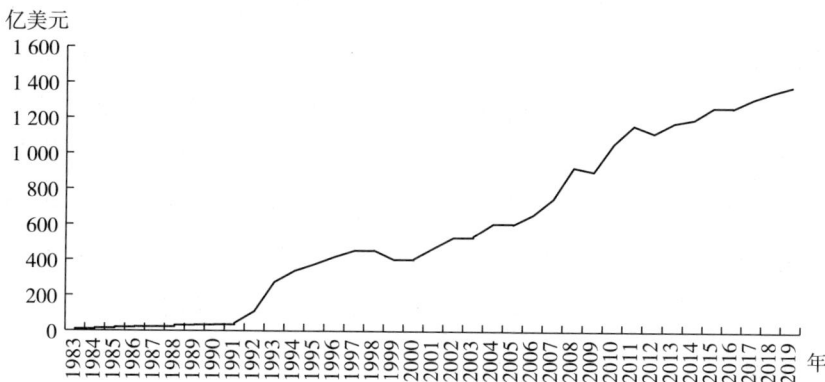

图 1-3　1983—2019 年中国实际利用外商直接投资额

（数据来源：国家统计局）

第三，实行负面清单制度，FDI 限制越来越少。2008 年以来，国际经济格局发生了深刻变化，人工智能、区块链、大数据、云计算等新一轮技术革命蓬勃兴起，我国亟须转换经济发展模式，从"中国制造"转向"中国创造"，吸引高质量外资、发展新兴产业是实现这一转型的前提。深化改革再次对开放提出新要求，优化外资营商环境成为现阶段改革开放的工作重点。2012 年我国赋予银行资本项下结算更大权力，2015 年取消直接投资项下的外汇登记核准，提高 FDI 便利化。2014 年试点对外资实行准入前国民待遇加负面清单的管理模式。2017 年将外资负面清单管理模式从自贸区试点推广至全国。2019 年中美贸易摩擦加剧，美国对中国的贸易战扩大至技术战、货币战，面对非常严峻的外部环境，中国宣布高水平开放，以更大范围、更深层次的开放来应对美国的保护主义和"美国优先"的霸凌行为，将负面清单从2014 年开始时的 190 多项减少到 131 项。为了完善外商投资环境，以更高水平开放促进经济高质量发展，按照"只减不增"的原则，2020 年 6 月国家发展改革委、商务部发布《外商投资准入特别管理措施（负面清单）》和《自由贸易试验区外商投资准入特别管理措施（负面清单）》，进一步缩减外商投资准入负面清单，其中全国外商投资准入负面清单由 40 条减至 33 条，自贸试验区外商投资准入负面清单由 37 条减至 30 条，推进服务业重点领域开放进程。全面取消了证券公司、证券投资基金管理公司、期货公司、寿险公司外资股比限制。外商投资环境不断改善，法治化水平不断提升，使得我国成为国际投资的乐园。自2010年以来，我国每年吸引的外商直接投资都超过1 000亿美元，成为发展中国家吸引外商直接投资最多的国家。

第四，鼓励企业"走出去"，全球配置资源。在经济全球化进程中，跨国公司是贸易的发起者、组织者，没有属于本土的跨国公司，就没有国际贸易的定价权、话语权。为了提高我国在贸易中的地位，摆脱严重依赖加工贸易的局面，2002年我国开始鼓励企业"走出去"。最初的投资主要集中在香港、东南亚地区，重点在商贸零售行业，立足于扩大贸易网络。2003年我国取消了对外直接投资的审批制，转向核准制和备案制。2006年敞开对外直接投资的外汇供应，实现"按需供汇"。2008年再次修订《外汇管理条例》，明确企业和个人可以按规定保留外汇或者将外汇卖给银行，实行自愿结汇制度，结束了自1994年以来的强制结售汇制度。同时还取消了个人每年购汇额不得超过5万美元的限制。这一改革为企业和个人对外投资提供了资金保障。2011年1月，温州颁布《温州市个人境外直接投资试点方案》，允许个人进行除股市和房地产以外的任何境外直接投资。随后这一政策推广到全国，掀起民营企业对外投资高潮。"一带一路"倡议提出后，以设施联通为抓手，以跨境产业园区为平台，我国再次加大了对外投资力度，广泛开展国际产能合作。2015年我国对符合规定、10亿美元以下的境外投资项目，只要不涉及敏感国家和地区，只要不是敏感项目，一律实行备案制。特别是金融改革"新40条"出炉，启动合格境内个人投资者（QDII2）境外投资试点，放宽了个人投资境外资本市场的限制。我国在2014年超过日本成为世界第二大对外投资国。

为了更好地服务实体经济"走出去"，我国也鼓励金融机构"走出去"，通过投资或并购设立分支机构。2008年中国工商银行收购非洲最大的银行——标准银行集团20%的股份，成为其最大股东，将金融服务扩大至非洲。2009年中国银行在巴西圣保罗设立分行，在拉美地区实现了中资机构的零突破。我国金融机构的国际化程度逐步提升。

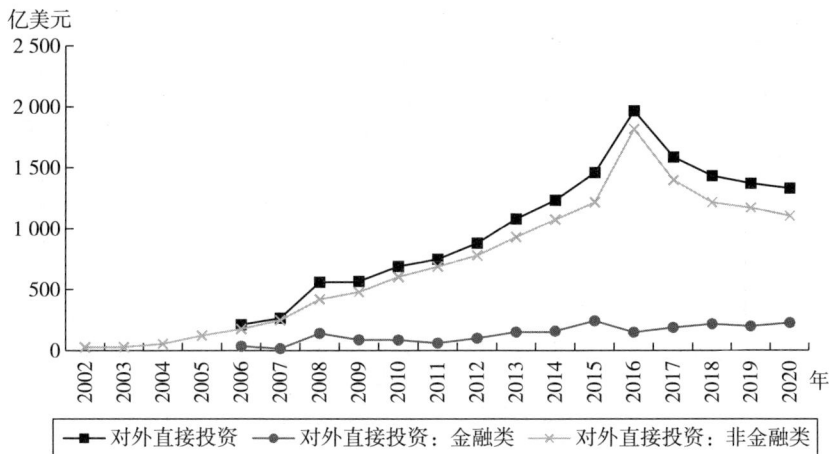

图1-4 2002—2020年中国对外直接投资

（数据来源：商务部，中国对外直接投资公报）

2."先流入后流出"的债权和权益市场开放。第一，从逐笔审批转向全口径余额管理，逐步放开债权市场。1979年11月，我国接受比利时提供的为期30年的无息贷款，走上负债发展道路。1978年中国外债余额仅为6.23亿美元，到1996年猛增至1 162.8亿美元，外债年均增长率为33.7%，负债率上升明显（见图1-5）。在人民币可兑换前，中国已连续5年成为世界银行第一大借款国，是仅次于墨西哥和巴西的第三大债务国。为了维护国际信用，防范债务危机，有必要实施严格的外债管理制度。1980年颁布的《中华人民共和国外汇管理暂行条例》规定，任何机构的外币借款都需要审批，实行外债登记制度，对借款金额、用途、还款来源进行全面管理。为了适应20世纪90年代盛行的金融证券化，增加我国对外借债的渠道并有效降低融资成本，1996年国务院对《中华人民共和国外汇管理条例》进行了修改，除了借款外，允许金融机构发行外币债券融资。鉴于公开市场融资规模大，投资者众多，违约的负面影响较大，因此当时只允许金融机构和大型国企在境外发行外币债券。

2001年中国加入WTO后，随着贸易规模扩大和贸易融资急剧上升，对企业外债进行逐笔审批的管理制度越发成为我国融入经济全球化的羁绊，必须放松外债管理。2003年1月我国制定新的《外债管理暂行办法》，从全口径角度

图 1−5 1985—2019 年中国的外债规模和负债率

（数据来源：国家外汇管理局）

进行外债管理，商业银行、企业外债实行余额管理，方便企业和金融机构根据资金成本自由选择融资币种和市场，节约融资成本。尤其是 2007 年美国次贷危机爆发后，发达国家实行量化宽松政策，国外利率比国内低 3 ~ 5 个百分点，扣除人民币升值带来的汇兑溢价，企业和机构举借外债的实际融资成本几乎为零。为了抓住机遇，降低企业的融资成本，2008 年 5 月我国再次修订《中华人民共和国外汇管理条例》，外债管理从审批制改为登记制，取消对金融机构、个人进行境外有价证券、衍生产品发行、交易的限制，除了少数按照规定需要事先经有关主管部门批准或者备案的外，办理登记就可从事相关业务。由于我国大力推行供给侧结构性改革，经济保持中高速增长，资金需求旺盛，我国实行有别于西方发达国家负利率或零利率的政策，一直保持正的利率和正常货币政策，因此融资成本明显高于国际市场。在尽可能降低融资成本的市场力量驱动下，我国企业大规模举借外债，使得外债规模从 2008 年的 3 901 亿美元快速增长到2019 年的 20 573 亿美元，负债率陡增（见图 1−5）。

国际金融危机后，国际并购市场出现了难得的价值洼地，一方面企业跨境并购、进行国际产能合作需要资金支持，另一方面大量避险资本流入我国，推高了我国外汇储备，适当鼓励资本流出有利于我国国际收支平衡。2009 年我国允许符合条件的企业在一定限额内进行境外放款，拓宽"走出去"企业的融资渠道。2012 年中国进一步扩大了境外放款资金来源，2014 年放宽了境外放款主体资格要求，允许境内企业向与其有直接或间接持股关系的境外关联企业放款。

第二，开放债券市场，拓宽人民币回流机制。为了履行我国加入 WTO 时的承诺，2005 年 10 月，我国允许国际金融公司（IFC）和亚洲开发银行（ADB）进入银行间债券市场分别发行 11.3 亿元和 10 亿元人民币债券，向合格外资机构开放了债券市场。由于人民币资本项下不可兑换，外资机构很少开展业务。2009 年开启的人民币国际化改变了这一局面。为了满足国际社会对人民币资产的需求，构建多渠道人民币回流机制，2010 年，中国人民银行批准10 家三类机构（境外中央银行、人民币清算行、人民币业务参加行）进入银行间债券市场。2016 年，中国人民银行颁布备案管理实施细则，宣告中国银行间债券市场正式对境外机构投资者全面开放。目前银行间债券市场有 300 多家包括境外中央银行、国际金融机构、主权财富基金、保险机构、人民币合格境外机构投资者（RQFII）和合格境外机构投资者（QFII）等在内的境外机构。2020 年外资银行和境外机构在银行间债券市场的债券托管量分别达到 7.8 万亿元、27.8 万亿元，而 2010 年外资银行债券托管量仅有 2 万多亿元（见图 1－6）。

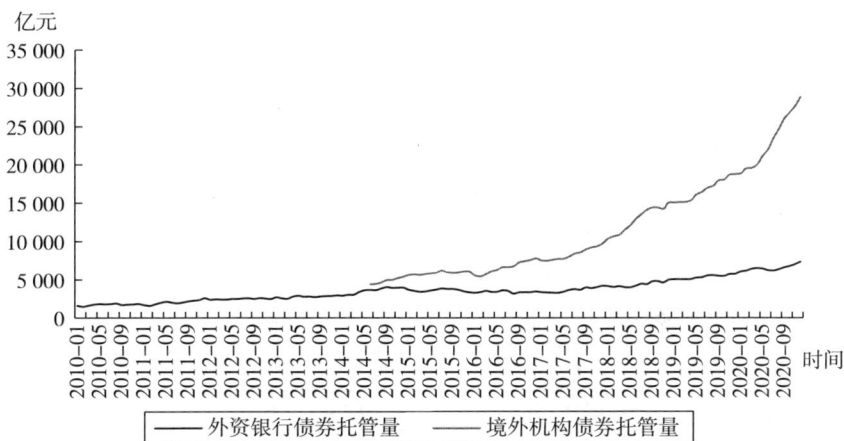

图 1－6　2010—2020 年境外机构和外资银行在银行间债券市场的债券托管量

（数据来源：中国债券信息网）

第三，设立 QFII 和 QDII，逐步建立境内外资本市场联通机制。我国股票市场起步较晚，具有新兴市场国家的高成长性和不完善特征。2002 年我国颁布《合格境外机构投资者境内证券投资管理暂行办法》，形成相对完善的 QFII 监管框架。基于防范风险的考虑，我国对 QFII 资格标准、外汇额度管理、账户管理、经纪商、资金汇出入等方面进行较为严格的限制。QFII 不仅实现了境内外资本市场的初步对接，提高了我国资本市场的国际影响力，还在增加资金供给、应用成熟投资理念和先进投资风险管理技术、促进上市公司完善治理结构等方面发挥了积极作用。2005 年 8 月，我国颁布《关于上市公司股权分置改革的指导意见》，推动股权分置改革，按照市场规律建设我国资本市场，大大提高了股市的融资功能和国际吸引力。

2006 年 8 月，证监会公布《合格境外机构投资者境内证券投资管理办法》，鼓励境外长期资本进入股市。2012 年我国提高了 QFII 的投资额度并降低了投资门槛，此后 QFII 规模增长迅猛（见图 1-7）。实践证明，QFII 是成熟的机构投资者，增加 QFII 的规模，有利于改善我国散户为主的股市结构，降低投机性。在 2015 年我国因熔断风波出现股市下跌后，2016 年取消了对 QFII 持股比例的限制。2019 年 9 月，我国取消了 QFII 和 RQFII 的额度限制。

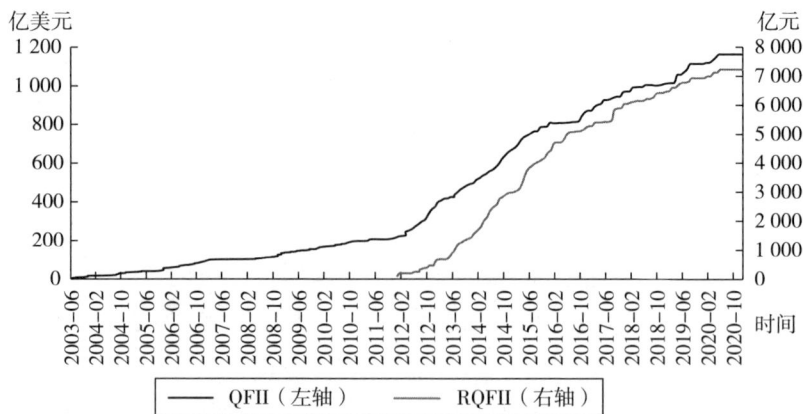

图 1-7　2003—2020 年 QFII 和 RQFII 规模

（数据来源：国家外汇管理局）

2020 年 9 月，中国证监会、中国人民银行、国家外汇管理局联合发布《合格境外机构投资者和人民币合格境外机构投资者境内证券期货投资管理办法》，以提高资本市场开放水平，促进不同开放渠道协调发展。QFII 规模 2020 年 10 月达到 1 162.59 亿美元，与 2003 年的 8 亿美元相比增长了 145 倍，表明资本市场开放取得了较大成绩。

证券市场开放应该是双向的，2006 年 4 月，中国人民银行宣布实施合格境内机构投资者（QDII）制度。允许符合条件的境内银行、基金公司、保险等金融机构投资境外固定收益类产品、股票证券及货币市场。QDII 还可开办境外代客理财业务，为居民个人投资境外证券市场提供渠道。

破除制度障碍，促进人民币的国际使用，是最近十年我国资本账户开放的一个重点。2011 年我国设立了 RQFII，并在 2013 年全面推广，鼓励境外金融机构将离岸市场人民币引入国内金融市场，拓宽人民币投资渠道。2015 年人民币加入 SDR 后，我国将 RQFII 试点地区拓展到 11 个国家和地区；允许境外人民币清算行和参加行进入银行间债券市场发行人民币债券。2018 年我国对 QFII 和 RQFII 实施新一轮改革，取消 QFII 每月资金汇出不超过上年末境内总资产 20% 的限制，同时取消 QFII 和 RQFII 的本金锁定期要求，进一步简化管理、便利操作。截至 2020 年 10 月，RQFII 规模接近 7 230 亿元人民币，成为人民币回流的有效渠道。

3. 开放金融衍生工具，为金融开放提供市场化风险管理机制。金融衍生工具的主要功能是管理利率、汇率波动造成的市场风险。随着利率、汇率市场化，市场风险管理需求急剧上升，有必要发展衍生品市场，引进国外成熟的金融衍生工具和机构。2004 年 10 月，我国进行重大的利率市场化改革，形成了"贷款利率管下限、存款利率管上限"的管理制度。通过借鉴伦敦、东京、香港和新加坡等国际金融中心基准利率形成机制，2007 年 1 月 4 日，上海银行间同业拆借利率（Shibor）正式上线，以 Shibor 为短期基准利率，以国债收益率曲线为中长期基准利率，建立起我国的利率基准体系。有了市场基准利率，利率衍生品市场很快发展起来，2008 年全国银行间同业拆借中心推出以 Shibor 为基准的人民币利率互换、利率远期业务。为了对冲长期资产的利率风险，2013 年，中国金融期货交易所重新启动了被叫停 18 年的国债期货，为人民币债券市场提供有效的风险管理工具。

2005 年 7 月进行的人民币汇率形成机制改革，扩大了主要货币围绕中间价上下浮动的幅度，例如英镑、欧元浮动幅度扩大到 6%，美元浮动幅度扩大到 3%，进出口企业的外汇风险增加，汇率风险管理的需求强烈。8 月中国外汇交易中心推出了外汇远期交易，针对美元、欧元、日元等主要货币提供 1 年以内多个品种的远期交易。由于 Shibor 在各家银行进行资产管理和定价时被普遍作为利率基准，期权也在住房、基础设施等资产证券化产品中得到应用，这就为推出人民币外汇期权提供了必要条件。2011 年 4 月，中国外汇交易中心推出了人民币对外汇期权交易。2019 年 8 月，为进一步扩展外汇市场深度，满足机构的多元化要求，我国新一代外汇交易平台 CFETS FX2017 还推出欧元对美元（EUR/USD）、美元对日元（USD/JPY）、英镑对美元（GBP/USD）、澳元对美元（AUD/USD）和美元对港元（USD/HKD）五个货币对的普通欧式期权交易，可为非居民提供新的交易平台，促进上海离岸金融市场发展。2020 年 1 月，中国人民银行签署遵守《全球外汇市场准则》的承诺声明，积极参与全球外汇市场建设与发展；10 月，部分人民币对美元中间价报价行基于自身对经济基本面和市场情况的判断，陆续主动将人民币对美元中间价报价模型中的逆周期因子淡出使用。中国人民银行也将远期售汇业务的外汇风险准备金率从 20% 下调为 0，在一定程度上平缓汇率升值幅度和速度，为更好实现汇率稳定和双向波动奠定了制度和政策基础。

1.1.3　人民币国际化稳步推进

人民币充当国际货币，是我国金融开放的重要标志。自 2009 年开启跨境贸易人民币结算试点以来，经过十年的发展，人民币国际化取得了巨大进展，2015 年 IMF 将人民币纳入 SDR 货币篮子，目前已有 70 多个国家的外汇储备中持有人民币资产，人民币在国际贸易计价、金融市场交易、官方储备中得到越来越多的使用，国际货币功能更强，正在成为一些亚洲国家的"锚货币"。

1.1.3.1　多功能驱动人民币贸易结算份额提升

人民币国际化起步于跨境贸易。2008 年国际金融危机后，美元大幅度贬值。为了规避美元、欧元等主要货币贬值的汇率风险，我国采取了 1967 年英镑贬值时曾经使用过的措施，在贸易计价结算中鼓励使用本币。鉴于 2015 年"8·11 汇改"前人民币升值预期强烈，贸易伙伴大多乐意接受人民币，以谋求人民币升值红利。尽管很多贸易商没有选择人民币计价，但都乐意使用人民币进行结算。在投机动机驱使下，人民币贸易结算规模迅速扩大，并于 2015 年达到顶峰，人民币结算份额接近 30%（见图 1-8）。此后，人民币汇率形成机制更加市场化、更加透明，遵循人民币对一篮子货币稳定的定价规则，人民币对美元双向波动而且弹性加大，混杂在人民币贸易结算中的投机水分很快被挤掉，人民币贸易结算份额大幅下滑后企稳，反映了贸易企业的真实需求。2020 年人民币贸易结算份额达到 21.05%。在主要国际货币中，出口商选择哪种货币来计价结算，主要考虑三个因素：一是币值稳定性，坚挺的货币更受欢迎；二是交易成本，交易成本越低的货币越有优势；三是惯性，路径依赖使得出口商倾向于以往使用的货币，例如国际上大宗商品习惯于使用美元计价结算。

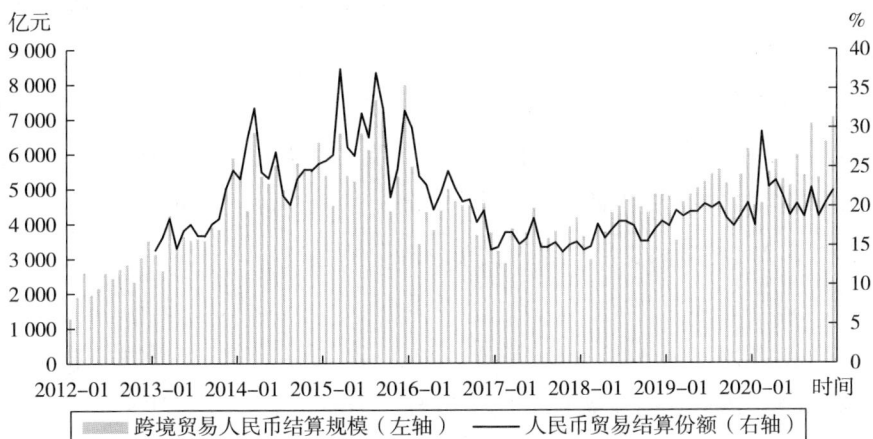

图 1-8　2012—2020 年跨境贸易人民币结算规模

（数据来源：中国人民银行、商务部、国家外汇管理局）

自 2008 年以来，我国成为世界经济的新引擎，为人民币币值稳定和长期坚挺奠定了基础，使得人民币在计价结算中具有一定的优势。人民币国际化是我国贸易发展对货币稳定的内在要求，也是国际金融稳定发展的客观要求。2020 年 10 月，中国人民银行行长易纲在《中国金融》上发文，强调维持币值稳定对成功经济体十分必要（易纲，2020）。

为了让国际社会更方便地使用人民币计价，更好发挥人民币的贸易结算功能，我国致力于维持人民币的相对币值稳定、降低人民币交易成本，构建人民币国际使用网络。第一，党的十八大提出新发展理念，推动经济升级转型，将创新作为最重要的发展动力，标志着我国经济发展进入新时代。富有效率、稳健、共享的高质量发展，相较 G20 国家更高的经济增长，为人民币币值坚挺提供了强有力的支撑。第二，建设人民币跨境支付系统（CIPS），提供安全、便捷、高效的基础设施，与美元、欧元的支付体系合作竞争，随着交易规模的扩大，人民币的交易成本逐渐下降。第三，建立大宗商品期货交易所，推出人民币计价和结算的黄金、原油、铁矿石期货以及乙二醇掉期。以"一带一路"建设为抓手，以市场力量为推手，构建大宗商品人民币计价结算的网络和平台。我国 70% 以上的大宗商品贸易来自"一带一路"沿线国家，卡塔尔、尼日利亚、阿联酋、伊朗、俄罗斯、安哥拉、哈萨克斯坦等国已决定，在与中国进行原油或石油副产品的贸易中使用人民币进行结算。第四，在国内实行"互联网＋"战略的基础上，推动跨境电子商务，运用区块链、大数据、云计算和人工智能技术，以及我国具有领先优势的电子支付，构建电子商务和电子支付国际网络，在线上将人民币计价结算推广至境外的中小微企业和个人。

1.1.3.2 将金融交易作为人民币国际化的加速器

充当国际金融交易货币，是人民币国际化不可或缺的另一个重要功能。根据国际清算银行（BIS）统计数据，外汇市场每 5 天的交易规模相当于全球贸易总额。因此，对于实现人民币国际化目标而言，仅仅注重人民币的贸易计价结算功能是远远不够的，必须在提高人民币金融交易的全球份额方面深耕细作、下足功夫。自从 2016 年人民币加入 SDR 以来，人民币在直接投资、证券投资交易中的使用有明显的增长，2020 年我国金融开放提速，无疑为增强人民币的金融交易功能、推进人民币国际化提供了加速器。

第一，扩大人民币直接投资规模，是发挥人民币金融交易功能的压舱石。2011 年，我国允许境内外机构使用人民币开展双向直接投资。2013 年，允许境外投资者使用人民币在境内设立、并购和参股金融机构。2014 年，我国进一步简化直接投资跨境人民币结算业务办理流程，在上海自贸区试点开展跨境双向人民币资金池业务。"一带一路"建设及国际产能合作，成为我国对外直接投资的亮点，也是人民币直接投资的重点。2020 年，在总结试点经验的基础上，我国进一步完善跨境人民币资金池业务政策，对宏观审慎调节系数实行动态调整，促进贸易投资便利化，提升资本项目兑换程度。从 2013 年"一带一路"倡议提出以来，我国对外直接投资迅猛增长，带动人民币直接投资波浪式快速增长，2016 年超过万亿元大关。2020 年，以人民币结算的对外直接投资达 10 500 亿元，同比增长 38.16%（见图 1 - 9）。

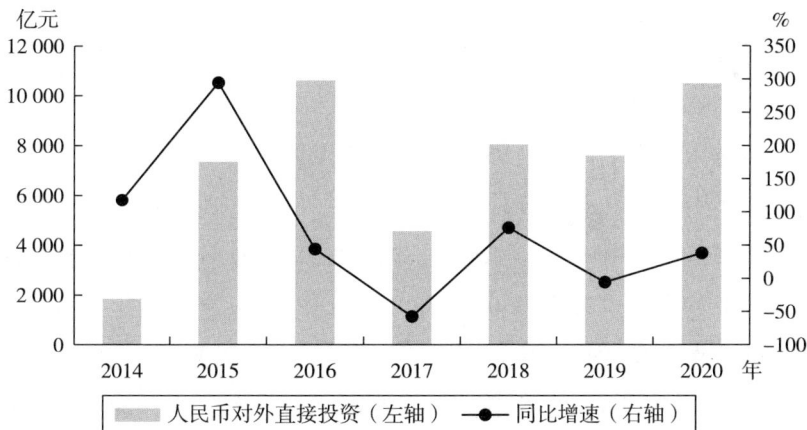

图 1 - 9　2014—2020 年人民币对外直接投资

（数据来源：中国人民银行）

第二，放宽限制，鼓励人民币跨境借贷。我国是银行主导的金融体系，间接融资比重较大。提高人民币金融交易份额，发挥我国金融机构优势，信贷无疑是十分重要和有效的渠道。2011 年，我国开启了境内银行境外项目人民币贷款业务。2013 年，允许境内银行开展跨境人民币贸易融资资产跨境转让业务，境内非金融机构开展人民币境外放款业务和对外提供人民币担保；放宽境内代理行对境外参加行的人民币账户融资期限和限额。2014 年，我国明确境外非金融企业在境内银行间债券市场发行人民币债务融资工具的跨境人民币结算政策。自 2015 年 2 月起，我国在上海自贸区试点全口径跨境融资宏观审慎管理，对本外币跨境融资实行一体化管理，2016 年 5 月推广至全国。2017 年 1 月，我国调整跨境融资参数，进一步便利了境内机构利用境外资金，降低融资成本，提高跨境融资的自主性和境外资金利用效率。2020 年12 月，中国人民银行和国家外汇管理局将金融机构的跨境融资宏观审慎调节参数从 1.25 下调至 1，从而进一步完善全口径跨境融资宏观审慎管理，引导金融机构市场化调节外汇资产负债结构。

第三，高水平开放金融市场，将上海打造成人民币资产管理的国际金融中心。金融证券化是国际金融的主流特征，强化人民币的金融交易功能，证券市场应该是主战场。由于债券是国际资本流动最重要的工具，我国在开放金融市场时优先发展人民币国际债券市场，然后推动股票市场国际化。2010年我国开放债券市场，允许境外央行（货币当局）、人民币清算行和参加行等境外机构进入设在上海的全国银行间债券市场投资。2011—2013 年间，中国先后出台了 RQFII 和 RQDII 制度，为境内外投资者使用人民币双向投资提供便利。2015 年，中国允许进入银行间债券市场的境外人民币清算行和参加行开展债券回购交易。2017 年 6 月，中国人民银行发布《内地与香港债券市场互联互通合作管理暂行办法》，"债券通"拓宽了境外机构投资者投资境内银行间债券市场的渠道，提高了我国债券市场对外开放度。通过改进境外投资者投资中国债市的相关规则，提高投资的便捷性并提供了部分优惠条件，增强了中国债券市场的吸引力，为主要国际债券指数编制机构将人民币债券纳入相关指数创造了条件。表 1-1 总结了 2017 年以来中国加入国际主流债券指数的进度，可以看出我国债券市场逐步得到这些指数编制机构的认可。2020 年 7 月，中国人民银行、中国证监会联合发布《中国人民银行中国证券监督管理委员会公告》（〔2020〕第 7 号），同意债券市场相关基础设施机构开展互联互通合作。截至 2020 年末，境外投资者通过直接入市和债券通渠道参与银行间债券市场，持有各类境内债券 2.88 万亿元，同比增长 53.7%；此外，2020 年第三季度末人民币国际债券余额全球占比达到 0.42%（见图 1 – 10），人民币债券逐渐成为国际认可的避险资产。

表 1 – 1　　　　　　　　　　中国在岸债市纳入主流指数的进展

时间	机构	概述
2017 年 3 月	富时	将中国在岸债券纳入其三大政府债券指数——新兴市场政府债券指数（EMGBI）、亚洲政府债券指数（AGBI）和亚太政府债券指数（APGBI）
2017 年 3 月	彭博巴克莱	彭博正式公布彭博巴克莱固定收益指数和货币指数的调整方案，创建了两个全新的指数"全球综合＋中国指数"和"新兴市场本币债券指数＋中国指数"
2017 年 6 月	花旗	花旗宣布将发布两只新的债券指数"花旗中国债券指数"和"花旗中国银行间债券指数"，并将从 7 月起将中国债券市场纳入"花旗世界国债指数——扩展市场"
2018 年 3 月	彭博巴克莱	彭博巴克莱推出"全球综合＋中国指数"和"新兴市场本地货币政府债券＋中国指数"两项固定收益指数，将人民币债券纳入其中
2020 年 2 月	摩根大通	中国国债正式被纳入摩根大通全球新兴市场政府债券指数
2020 年 9 月	富时	富时罗素公司宣布中国国债将被纳入富时世界国债指数（WGBI）

资料来源：中国人民银行。

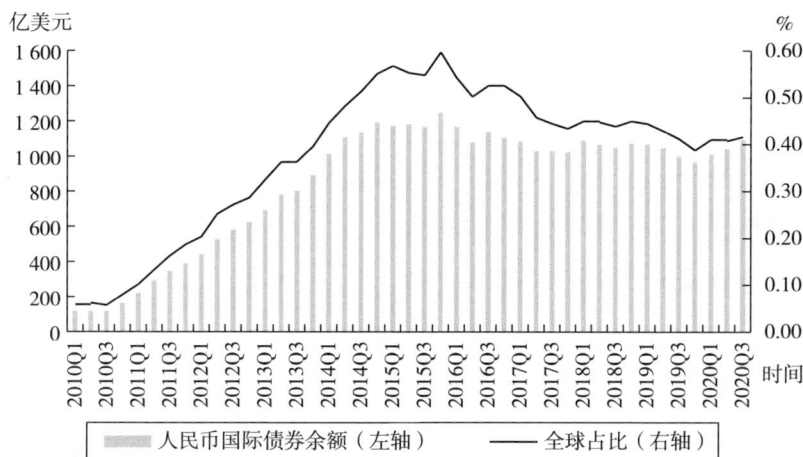

图 1 – 10　2010—2020 年人民币国际债券规模及全球占比

（数据来源：BIS）

股票市场是提供企业长期资本、在全球优化资源配置最有效的渠道。虽然我国股市规模位列全球第二，但是国际化程度较低，在全球资源配置中缺乏影响力，没有发挥应有的积极作用，是制约人民币国际化的一个短板。为此，国际化成为我国大力发展资本市场的主要任务之一。2014—2016年，我国陆续开通了"沪港通"和"深港通"，增加境内市场的资金来源和投资主体多样性，提高资本市场配置资源的效率，这是中国资本市场双向开放的一个重要里程碑。为了在全球范围内调动和配置资源，2019年6月17日，"沪伦通"正式启动，允许符合条件的两地上市公司，以发行存托凭证（DR）的方式，在对方市场上市交易。伦敦是全球最大的金融中心，"沪伦通"既提升了我国股市的国际化水平，彰显了我国开放资本市场的决心，又将境外最大人民币离岸市场与国外资本市场紧密联系在一起，构筑起一个完善的人民币国际循环机制，为扩大人民币的国际使用奠定了坚实的市场基础。2020年6月，上海证券交易所上市公司中国太保全球存托凭证（GDR）在伦敦证券交易所成功上市，受到海外投资者的积极认购，发行价格为每份GDR 17.60美元，募资总额为18.106亿美元，加强了沪伦两地的资本市场合作，稳妥推进"沪伦通"业务双向开通。8月，证监会批准两只深港交易型开放式指数基金（ETF）互通产品注册，产品由境内基金管理人在境内设立，采取QDII模式，将不低于90%的基金净资产投资于香港单只目标ETF，跟踪恒生中国企业指数、标普新中国行业（A股上限）指数市场表现，基金份额在深圳证券交易所上市交易，不仅有助于深入推动深港金融市场互联互通，实现更大范围、更高层次的对外开放，而且进一步丰富了跨境基金产品体系，为两地投资者提供更加多元的投资选择。

1.2 人民币汇率：从盯住汇率到市场定价的管理浮动

建立与我国经济发展阶段相适应的、科学的汇率制度，关系到我国金融开放的成败。受到宏观经济、国际收支、国际政治等多种因素约束，人民币汇率制度从盯住汇率发展到管理浮动，汇率形成机制不断完善。

1.2.1 转轨时期实行双重汇率制度

1.2.1.1 官方汇率与贸易内部结算价并存，实行人民币高估政策

改革开放初期，我国与绝大多数发展中国家一样实行"盯住汇率制度"。政府公布官方汇率并负责维护汇率稳定。为了承接发达国家制造业的对外转移，我国实施进口替代战略，并配合以人民币高估的汇率政策，将官方汇率确定为 1.5，以降低进口成本。官方汇率严重低于企业的出口换汇成本，导致外贸公司普遍亏损。1981 年我国借鉴欧洲国家当年的做法，实行双重汇率制度，非贸易结算使用官方汇率，贸易结算使用 2.8 的贸易内部结算价。双重汇率制度安排调动了出口企业的积极性，1984 年进出口贸易总额达到 497.7 亿美元，外汇储备年末累计余额 170.42 亿特别提款权，为新中国有史以来最高水平。但是，双重汇率的弊端很明显，一方面，打击了非贸易部门增收的积极性，出口企业互相压价造成更多亏损；另一方面，IMF 将双重汇率视作出口补贴，其他国家可以对我国进行"双反"报复。1984 年我国恢复 IMF 席位后，应 IMF 的要求，取消了贸易内部结算价，将官方汇率调整到 2.8。

1.2.1.2 官方汇率与外汇调剂市场汇率并存，人民币不断贬值

为了鼓励外资流入，1985 年底深圳、珠海等经济特区陆续设立外汇调剂[①]中心，允许外商投资企业通过调剂市场买卖外汇，调剂价格自由协商确定。此举大大刺激了外资流入及出口创汇的积极性。随后，各省、自治区、直辖市都设立了外汇调剂中心，并在北京设立了全国外汇调剂中心，参与外汇调剂市场的主体扩大至各地方、部门和个人。1987 年外汇调剂市场成交量激增 42 亿美元，全国外汇收入超过 700 亿美元。1988 年，上海借鉴发达国家外汇市场的经验，建立了我国第一家公开的外汇调剂市场，集中全国的外汇供求，公开竞价成交，提高了外汇交易的透明度和市场化程度。到 1994 年外汇体制改革之前，我国超过 80% 的外汇交易是在外汇调剂市场完成的，官

---

① 1979 年我国实行外汇留成制度，允许企业留下一定比例（30% 左右）的外汇收入，1980 年中国银行按照比贸易内部结算价高 10% 的调剂价格开办外汇调剂业务。

方外汇市场逐渐萎缩。外汇调剂价成为引导外汇资源配置的决定性力量，这就为1994年的汇率体制改革、官方汇率与外汇调剂价并轨创造了必要条件。

1984年城镇经济改革全面展开后，我国学习"亚洲四小龙"的经验，放弃了进口替代战略，发展外向型经济，以便充分发挥我国的劳动力比较优势。为了鼓励出口，1985—1990年间，人民币官方汇率不断下调，共进行了4次大幅度的贬值，贬值幅度累计超过70%。为了避免大幅度冲击，自1991年4月起，官方汇率采取了经常性小幅调整的方式，直到1994年1月实行浮动汇率制。值得一提的是，尽管人民币贬值一定程度上体现了鼓励出口的政策愿望，但是最根本的原因是我国经济转轨和"价格闯关"改革带来的通货膨胀。1989年2月通货膨胀达到28.4%的高位，远高于美国的通胀水平。根据购买力平价，人民币必然要大幅度贬值。

1.2.2 不断完善的有管理的浮动汇率制度

1.2.2.1 从盯住汇率转向管理浮动

布雷顿森林体系崩溃后，根据IMF牙买加协议，各国可以根据自身需要选择浮动汇率制度、钉住汇率制度以及形式多样的居中安排。在经济转轨时期，我国持续多年有较高的通货膨胀，选择盯住美元的汇率制度是明智的，有利于约束货币投放和政府的投资冲动，有利于降低汇率风险和扩大贸易。

然而，随着我国改革开放的进一步推进，盯住汇率制度的弊端凸显，对我国经济发展、宏观管理的不利影响越来越大。一是易受国际价格波动传染，加剧物价波动。1985年《广场协议》后美元软着陆，对日元贬值幅度超过30%。人民币盯住美元，使得我国的进出口商品价格跟随美元大幅波动。美元贬值的时期与我国价格市场化改革重叠，进口品价格大幅上涨传递到上下游产品，使通货膨胀局面恶化。二是加重了债务负担。由于旧中国遗留的对外债务问题没有解决，中国改革开放初期无法进入英美市场融资，外债主要来自日本。人民币盯住美元，美元对日元大幅贬值，导致中国对外债务负担陡增，加速了偿债高峰到来。三是削弱了货币政策独立性。在沿海开放、大进大出的出口导向和鼓励外资的政策下，我国的外汇收入有了较快增长，

1988 年外汇储备接近 180 亿美元。为了维护人民币汇率稳定，央行必须购入外汇，向市场投放基础货币，但这不利于央行控制通货膨胀。因此，1994 年外汇管理制度改革后，我国建立了以市场供求为基础的、单一的、有管理的浮动汇率制。取消外汇调剂市场，在上海建立全国外汇交易中心。由市场确定汇率，当汇率波动过大、不利于经济发展时，央行进行必要的干预。

1.2.2.2 建立参考一篮子货币的人民币汇率形成机制

第一，贸易收支是决定人民币汇率的基准。在资本账户管制下，外汇市场供求主要由贸易决定，贸易收支状况是人民币中间价涨跌的决定性因素。我国以加工贸易为主，虽然附加值不高，但贸易收支总是顺差，导致人民币具有不断升值的趋势。在亚洲金融危机爆发前，人民币汇率已经从 1994 年初的 8.7 降至 8.3，人民币累计升值了 5%。

第二，面临重大不确定性时人民币汇率保持稳定。我国贸易顺差具有内在脆弱性，因为 2/3 的贸易来自三资企业，一旦遇到国际、国内环境巨变，国际资本就会外逃，贸易顺差很容易发生逆转。例如，1997 年亚洲金融危机爆发后，我国以负责任的姿态宣布人民币不贬值，将部分出口品市场让给了东南亚国家，帮助稳定地区局势，很快 1998 年第一季度就出现了贸易逆差。紧接着 1998 年发生了香港金融保卫战和俄罗斯金融危机，国际资本大规模撤出新兴市场国家，使得我国的外汇供求状况前景不明。在这样的背景下，我国政府果断采取措施，在 1997—2001 年新兴市场国家金融动荡期，将人民币汇率牢牢稳定在 8.28，消除了市场恐慌，打消了资本外逃动机。紧接着，2001 年我国加入 WTO，要求大幅度削减关税，开放服务贸易，金融业过渡期也只有 5 年。融入全球经济，失去关税保护，与国外实力雄厚的跨国公司同台竞技，对我国企业而言是生死攸关的重大考验。"狼来了"成为当年最热的词。为了减轻企业加入 WTO 后的不确定性，帮助企业尽快适应全球化，在 2005 年 7 月汇率形成机制改革前，我国一直维持 8.28 的汇率水平。长达 8 年的币值稳定，使得 IMF 将人民币汇率列为实际上的盯住汇率（见图 1-11）。

第三，改由一篮子货币决定人民币汇率中间价，增加弹性。中国庞大的

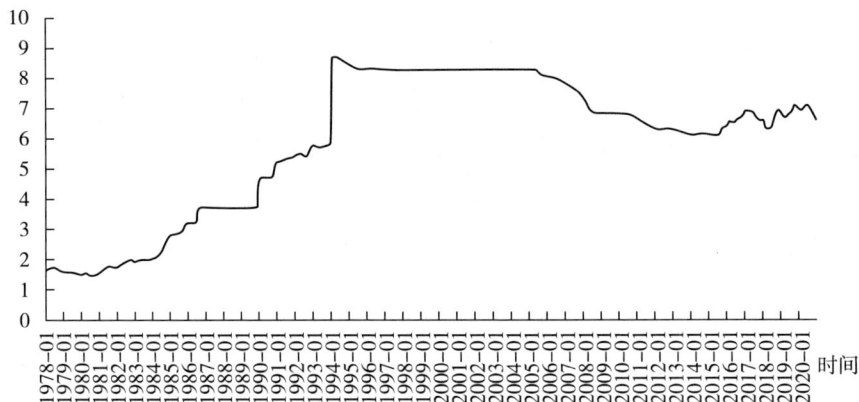

图 1－11 1978—2020 年人民币对美元月度汇率

（数据来源：IMF、IFS）

廉价劳动力优势，吸引了越来越多的外资企业，外资来源和贸易伙伴开始多元化。2003—2005 年直接投资年均流入额超过 600 亿美元，贸易顺差也从 2002 年的 400 亿美元飙升至 2005 年的 1 200 多亿美元。"双顺差"使得我国外汇储备增加了 2 089 亿美元，2005 年外汇储备存量达到 8 189 亿美元，仅次于日本居世界第二位。中国人民银行继续维持人民币稳定面临越来越大的压力，因为外汇占款增加、货币投放过大，使得 2005 年我国 M_2/GDP 升高到 1.6，出现了流动性过剩，通货膨胀管理压力巨大。国际上，日本、美国、欧盟等发达国家和地区联合向中国施压，指责人民币低估，威胁加征高额的反倾销税。自 2001 年欧元正式流通以来，欧盟国家对外贸易大多使用欧元。欧盟是我国最大的贸易伙伴，我国贸易结算中欧元的比例逐渐提高。加上"9·11"恐怖事件后，美联储大幅降息，导致美元贬值，外资企业倾向于选择欧元、英镑、日元等货币进行结算。总之，人民币继续盯住美元，既不符合我国贸易结算货币多元化需求，又违背了外汇市场供求关系，容易激化贸易摩擦，亟须改变人民币汇率形成机制，扩大人民币汇率的波动幅度。

2005 年上半年，我国 GDP 增长超过 9.3%，居民消费价格上涨 2.3%，处于"高增长、低通胀"的最佳时期；外汇储备增量空前，达到 1 160 亿美

亿美元

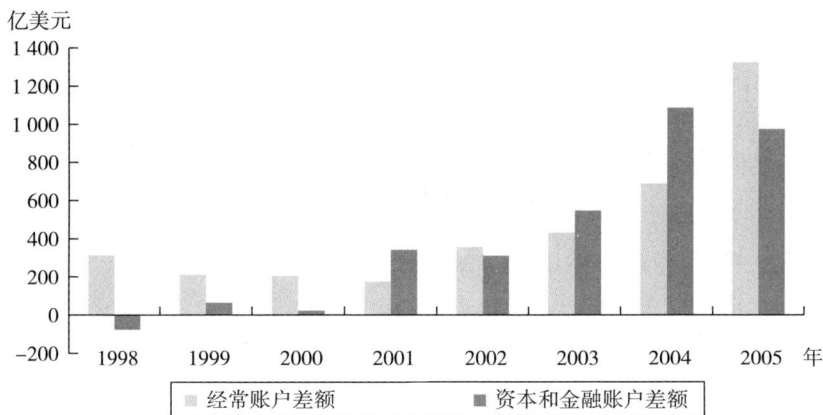

注：资本和金融账户差额为扣除外汇储备后的净流入额。

图 1 – 12　1998—2005 年中国经常账户与资本和金融账户差额

（资料来源：国家外汇管理局）

元；尤其是中国银行、建设银行和工商银行完成了股份制改造，中国银行和建设银行成功上市，中国金融体系的风险管理能力增强，这就意味着，中国经济完全有条件、有能力适应人民币汇率更加灵活、更有弹性的冲击。

2005 年 7 月 21 日，中国人民银行宣布我国实行以市场供求为基础、参考一篮子货币进行调节、有管理的浮动汇率制度。人民币汇率不再盯住单一美元，每日银行间外汇市场美元汇率在中间价上下 3‰ 的幅度内浮动，非美元货币在中间价上下 15‰ 内浮动。通过这轮汇率形成机制改革，人民币汇率弹性增加，进入了长达十年的升值区间。人民币升值使得国际收支失衡问题得到有效纠正，贸易顺差占 GDP 的比重在 2007 年达到 9.2% 的峰值后一路下降。

1.2.2.3　构建高度市场化、透明的人民币汇率形成机制

第一，人民币重新盯住美元，应对百年不遇的金融危机。自 2005 年 7 月 21 日至 2008 年 9 月 15 日雷曼兄弟公司破产倒闭引发国际金融危机，人民币汇率从 8.28 降至 6.82，人民币已经累计升值了 19%。主要发达国家陷入百年不遇的金融危机，经济萧条，对外需求严重萎缩，纷纷实行量化宽松。经由资本渠道和贸易渠道，金融危机对我国造成重大冲击。为了应对金融危机冲击，2008 年 10 月我国调整了汇率政策，暂停人民币浮动，重新盯住美元。2009 年推出"四万亿"经济刺激计划，拉动内需，成功实现 GDP 增长"保八"目标。为了从根本上降低汇率风险，摆脱汇率对贸易的人为干扰，2009 年中国开始在深圳、珠海、厦门、汕头、上海等五个城市试点，实行跨境贸易人民币计价结算。

第二，恢复汇率浮动，扩大汇率的日间波动幅度。2010 年美国经济开始复苏，6 月初美元汇率指数上涨至 88，比金融危机爆发时增长了 14%。受欧洲主权债务危机影响，欧元对美元持续贬值。盯住美元，意味着人民币对欧元大幅升值，不利于我国对欧盟出口。此外，在国际资本大规模流入我国的情况下，盯住美元不利于保持货币政策独立性，削弱了货币政策效力。基于上述原因，2010 年 6 月，我国结束过去两年人民币盯住美元的做法，重新恢复人民币浮动。同时扩大人民币汇率弹性，对美元的日间波幅从 3‰扩大到 5‰，对欧元、日元等其他主要货币的日间波幅扩大到 1% ～ 3%。2012 年、2014 年继续将人民币对美元的日间波幅分别扩大到 1% 和 2%。在市场供求关系作用下，人民币一直小幅升值，汇率对进出口、资本流动的调节作用得到发挥，2015 年经常项目顺差占 GDP 的比重回落至 3% 的国际公认合理水平，我国对外依赖度大幅降低，经济稳定性增强。

第三，明确规则，实行人民币汇率做市商定价制度。党的十八届三中全会提出全面深化改革的方针政策，要求充分发挥市场在资源配置中的决定性作用。人民币加入 SDR 货币篮子后，国际社会也希望中国实行更加规范的浮动汇率制度，以便更多了解和使用人民币。在这样的背景下，2015 年 8 月 11 日，中国人民银行再次完善人民币汇率形成机制，强调以市场供求为基础，明确做市商要按照"收盘价 + 一篮子货币汇率变化"原则进行中间价报价。中国外汇交易中心将全部做市商报价作为人民币对美元汇率中间价的计算样本，加权平均后得到当日人民币汇率。① "8·11"汇改标志着人民币汇率市

———————

① 参见中国外汇交易中心网站：中间价形成机制。

场化改革目标基本完成。

为了增加人民币定价的透明度，让市场了解人民币汇率形成的程序和规则，2015 年 11 月 30 日中国外汇交易中心推出 CFETS 人民币汇率指数，并参考 BIS 货币篮子以及 SDR 货币篮子报出人民币汇率指数，确定"一篮子货币"的组成货币以及各货币在篮子中的权重。中国人民银行在 2016 年第一季度的《货币政策运行报告》中，进一步阐释了人民币汇率中间价形成机制，即 T 日中间价 = （T−1）日收盘价 + 风险过滤系数 β × ［T 日隐含中间价 − （T−1）日中间价］，公式中，收盘价由市场供求决定，隐含中间价则是在保持人民币对一篮子货币汇率稳定时所要求的人民币对美元汇率的调整幅度。如果出现异动，人民银行就会通过选择不同的 β 值进行波动过滤，降低汇率过度波动的风险。做市商可以参考 CFETS 货币篮子、BIS 货币篮子以及 SDR 货币篮子的汇率变化报出人民币汇率中间价。

第四，加强汇率预期管理，维持长期汇率稳定。国际环境复杂多变，英国脱欧、中美贸易摩擦、新冠肺炎疫情等"黑天鹅事件""灰犀牛事件"不断出现，使得人民币面临较大的贬值压力。截至 2020 年 12 月，CFETS 人民币汇率指数与推出时相比，贬值了 6.04%。从汇率波动幅度看，人民币是主要货币中波动性最小的，因而是最稳定的（见图 1−13）。这一时期，国际资本流动的汇率弹性增强，汇率预期管理是进一步完善人民币汇率制度的关键。

图 1−13　2015—2020 年人民币汇率指数

（数据来源：中国外汇交易中心）

值得注意的是，人民币短期汇率波动容易强化外汇市场、货币市场和资本市场的价格联动性和风险传染性，对进出口、资本流动等实体经济活动影响并不显著。因此，我国政府必须通过货币、财政和收入政策的合理搭配，加强技术性管理工具的运用，维持长期汇率在均衡水平上的基本稳定。一旦出现外汇市场投机性冲击，应该果断进行必要的外汇干预和资本管制，引导短期汇率市场预期，守住不发生系统性金融风险的底线。

1.3　金融市场开放：多元主体同台竞争

在经济全球化进程中，国际竞争十分激烈，各国都希望在全球产业链、价值链中占据有利地位。金融是现代经济的核心，如果外资控制了金融系统，本国经济就会变成外国经济的附庸。拉美国家就是很好的佐证。因此，金融市场开放应该审慎。发达国家大多通过立法，对金融服务业实行形式不同的保护，在特定的金融领域限制外资进入，因此金融业是服务业中开放较晚的行业。借鉴国际经验，我国金融市场开放比较审慎，目前外资的市场份额大约2%，大大低于我国实体经济的开放度，也不符合高质量发展的要求，需要进一步金融开放。党的十九届五中全会明确提出了有关金融工作的具体要求：建设现代中央银行制度，提升金融服务实体经济水平，扎实推进金融改革，完善现代金融监管体系，完善存款保险制度，推动金融双向开放，加快金融数字化转型。我们要以此为目标，从构建服务于实体经济和科技创新的现代金融体系、完善现代中央银行制度、大力发展资本市场和完善金融体系功能、深化金融对外开放、防范金融风险、推进金融科技发展六个方面，加快推动我国"十四五"时期的金融改革开放和发展（中国人民大学课题组，2020）。

1.3.1　以加入 WTO 为契机主动开放金融市场

1.3.1.1　以金融开放倒逼金融改革
从国有银行到股份制银行、城商行、民营银行，从单一银行中介到银行、证券公司、保险公司、信托公司并存，我国金融市场参与主体越来越多元化；从信贷市场到资本市场、保险市场、衍生品市场、资产管理市场，金融市场的层次越来越丰富。金融深化对我国经济稳健增长发挥了积极作用。开放是推动我国金融市场发展的根本途径。让更多的外资金融机构进入金融市场，促使国内金融机构在产品设计、市场建设、业务模式、管理经验等方面实现了较大提高，同时，也为会计准则、监管标准等政策制定带来了改革的压力（周小川，2017）。以开放促改革，通过学习借鉴国际先进管理模式、技术和规则，我国不断完善金融发展模式，金融市场效率得到较大提升，国际竞争力进一步增强。

随着市场化改革开放步伐的推进，如何有效配置资源成为一个亟待解决的问题。引进外资金融机构，引进市场化的金融模式，促进金融改革提效，是非常必要的探索和尝试。1979 年，我国批准日本输出入银行在北京设立了第一家外资银行办事处，打开了外资银行在我国设立营业性分支机构的大门。20 世纪 80 年代末，我国沿海地区建立了一批出口加工基地，三资企业发展需要财产、海运保险支持，1992 年我国引进美国友邦保险公司在上海设立第一家外资保险公司，随后批准多家外资保险公司来华设立分公司。90 年代初沪深证券交易所成立后，资本市场迅速发展，1995 年 5 月我国颁布《中外合资投资银行类机构管理办法》，并设立了我国第一家中外合资投资银行——中国国际金融有限公司，高盛、美林等华尔街著名投行开始进入我国开展业务，帮助企业进入国际资本市场融资。

在我国加入 WTO 前，金融开放滞后于实体经济开放。因为在我国渐进式经济改革过程中，金融体系一定程度上承担了国企改制、价格扭曲、资源错配导致的经济代价，发挥着经济稳定器的作用。20 世纪 90 年代中期，银行业整体不良率超过 20%，很多权威国际媒体唱衰中国金融，认为中国的商业银行已经"技术性破产"（technically insolvent），中国的金融业将拖累中国经济的增长。人民币实现可兑换后，1995 年 12 月国务院颁布《关于股份有限公司境内上市外资股的规定》，开启了 B 股市场，迈出了我国资本市场对外开放的第一步。1996 年底我国向外资开放了本币市场，允许符合条件的外资金融机构经营人民币业务。亚洲金融危机的一个重要教训是，金融机构风险管理薄弱，资产负债货币严重错配，贷款过多投向高风险高回报的股市、房地产，一遇到较大的外部冲击就无力自保生存。如何健全金融机构的经营机制？如何建立有效的风险管理制度？决策者以坚定的决心继续推进金融开放，希望开放倒逼改革，加快我国金融改革的步伐。

主动引进外资银行、保险、证券机构的意义重大。第一，增加了外资流入，有助于缓解我国当时的资本瓶颈约束。第二，大多数外资机构是跟随本国企业进入我国的，可为三资企业提供更多信贷、证券、保险服务，壮大了我国的出口主力军，我国与国际市场的联系纽带更加紧密。第三，外资银行的市场化经营模式、风险管理技术、公司治理，为我国金融机构建立现代经营制度提供了样板，通过近距离观察学习，获得了"干中学"效应，银行业、证券业、保险业均取得了显著成效。

1.3.1.2 明确金融开放时间表

2001年12月11日，在经历了15年艰辛曲折的"入世"之路后，中国终于正式成为WTO第143位成员。通过艰苦的谈判，2001年我国明确以发展中国家身份加入WTO。根据WTO在1997年12月达成并于1993年3月生效的《全球金融服务协议》，成员国需要履行以下开放义务：允许外国在国内建立金融服务公司并按竞争原则运行；实施国民待遇，外国公司享有同国内公司同等的进入国内市场的权利；向进入国内金融市场的外国资本公布一切有关的法律法规或行政命令，不得对外国资本进行规模、数量限制。作为发展中国家，我国可享受WTO在服务市场开放方面的特殊待遇，根据自身的特殊需要确定金融业发展目标，有权本着积极、审慎的原则扩大金融服务的对外开放。

改革开放以来的实践表明，金融稳则经济稳，金融乱则经济乱。尽管我国金融开放的决心坚定不移，但是金融开放的路径、节奏仍需要审慎把握。为此，我国将2001—2006年作为金融业对外开放的过渡期，制定了非常详细的金融领域开放时间表。在过渡期内，我国进行了大刀阔斧的一系列重大金融改革。例如成立资产管理公司，剥离不良资产，完成国有银行股份制改造并上市，引进外国战略投资者；进行股权分置改革，按照市场规律发展资本市场；治理整顿信托公司，规范信托的理财主业。开放倒逼改革，通过上述紧锣密鼓的金融改革，我国初步建立了现代金融体系，金融市场的稳定性和竞争力大幅度提高，从而为我国履行"入世"承诺，按时开放金融市场创造了必要条件。

我国根据金融开放时间表，积极履行金融开放承诺。2001 年 12 月 11 日，中国正式"入世"当天，美国大都会人寿保险公司获准在中国筹建合资保险公司，美国友邦保险则获得 4 张独资营业牌照。保险业开放曾经是中国"入世"谈判中最难啃的硬骨头，是人们最担心的"狼来了"。然而，后来的实践表明，保险业是我国金融开放中开放最早、发展最为迅速的行业。通过与外资同台竞技，我国保险业实现了长足发展，整体实力、体制机制、监管能力、产品和服务发生了质的飞跃，迅速成长为全球最大的新兴保险市场，以至于 2004 年 12 月 11 日，中国保险业提前结束"入世"过渡期，在金融领域率先实现全面开放承诺。在我国对资本账户进行严格外汇管制的背景下，2002 年 12 月我国推出 QFII 制度，允许符合条件的境外投资者通过中方授权的境外机构，在一定的额度内投资境内市场。2003 年 7 月，瑞银公司买入宝钢股份、上港集箱、外运发展、中兴通讯等 4 只股票，拉开了 QFII 投资 A 股的帷幕。QFII 架设了外国机构投资者进入我国证券市场的渠道。

我国金融体系的特点是银行占主导地位，因此银行业开放的影响较大。银行业对外资开放选择了较为安全的渠道，在国有银行股份制改造和上市中引入外资战略投资者，让渡一部分股份给外资金融机构。尽管当时存在"国有银行贱卖论"的争议，许多人批评政府将占有垄断地位的国有银行巨大的资产溢价给予外国资本，但是，引入境外战略投资者，支付一笔不菲的入门学费，无疑是国内银行完善公司治理结构、强化银行经营约束机制、增加上市成功概率的现实选择，有利于尽快弥补国内银行与国际著名银行之间的鸿沟。随后股份制银行、城商行也纷纷引进境外战略投资者，通过这样的银行业开放路径，让外资机构分享中国金融市场的发展成果。过渡期结束后，2006 年 12 月 11 日实施《中华人民共和国外资银行管理条例》和《中华人民共和国外资银行管理条例实施细则》，允许更多外资银行来华设立分支机构，并向外资银行开放对中国境内公民的人民币业务，取消开展业务的地域限制以及其他非审慎性限制，给予外资银行国民待遇。

1.3.2 国际金融危机以来金融开放新特点

1.3.2.1 外资银行规模扩张放缓，市场份额下降

2008 年爆发的国际金融危机改变了金融格局和规则，增加了不确定性，我国金融开放的步伐也随之放缓，外资在我国金融市场的份额下降，占比在2%左右。首先，发达国家的金融业受到沉重打击，花旗银行、美国银行、皇家苏格兰银行等多家国际著名银行出现数以亿计的坏账和巨额损失，需要政府救助。它们的资产大幅缩水，无力继续进行对外扩张，有的甚至关闭、缩减国外分支机构。最近十年，全球大约 1/3 的系统性重要银行收缩了境外资产，国际化程度下降。其次，巴塞尔委员会颁布了新的监管规则，对国际银行的资本金、杠杆比例、流动性提出更高要求；IMF 金融稳定委员会也提出了《总损失吸收能力原则及条款》，增加了系统性重要银行的合规难度，促使这些银行更加注重海外布局的优化和资产质量，放慢了资产扩张的速度。再次，我国自 2013 年以来经济进入新常态，结构性调整，经济下行，不利于顺周期的金融业扩张。与此同时，我国金融领域风险增多，出现了温州民间融资资金链断裂、主要城市房价过高、地方债规模增长迅速、互联网金融乱象、银行不良率上升等突出问题，防范系统性风险尤其是金融风险被列为打赢三大攻坚战之首。2015 年以来实行的宏观审慎、穿透式管理，加大了金融机构的监管成本，降低了外资银行在我国扩张的动机。2019 年 12 月，银保监会修订了《中华人民共和国外资银行管理条例实施细则》，进一步优化银行业投资和经营环境，激发外资参与中国银行业发展的活力，促进提升银行业竞争力与服务实体经济的质效。2019 年，外资银行的资产份额由 2007 年达到峰值时的 2.36% 降至 1.20%（见图 1 – 14）。2020 年 1 月，银保监会修订发布了《中国银保监会外资银行行政许可事项实施办法》，允许外国银行在中国境内同时设立分行和外资法人银行、取消外国银行来华设立营业性机构需满足的总资产要求、放宽中外合资银行中方主要股东选择范围，从而在

有效防范金融风险的同时，进一步推动更高水平的对外开放，促进外资银行参与推动社会经济高质量发展。

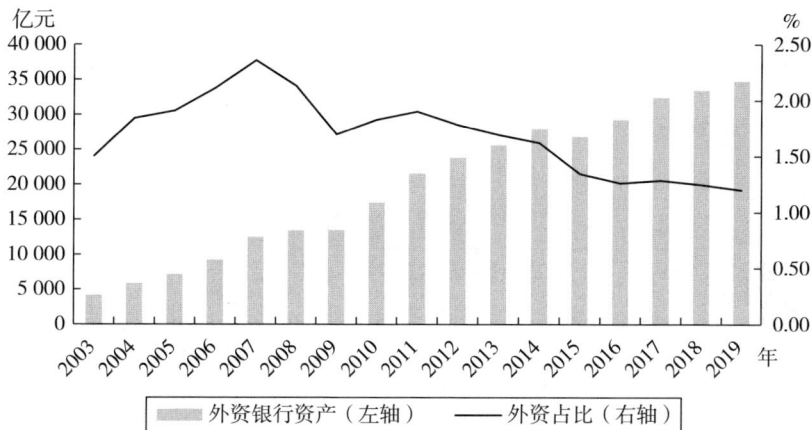

图 1 - 14 我国外资银行资产规模及在银行业中的占比

（数据来源：中国证监会）

资产证券化在这场金融危机中扮演了导火索角色，证券市场受到的打击较大。各国也将证券市场、衍生品市场的资本流动作为防范金融风险的重点。我国对流动性较强的证券市场开放更加审慎，将短期资本流动纳入宏观审慎管理范畴。直到 2016 年 9 月，证监会才取消对 QFII 和 RQFII 的股票投资比例限制，银行间债券市场也对 QFII 完全开放。根据国家外汇管理局统计，截至 2020 年 12 月 25 日，共有 558 家境外机构合计 1 162.59 亿美元 QFII 获批（见图 1 - 15）。目前，外资主要通过 QFII、RQFII 渠道进入中国资本市场，整体份额较小，对我国资本市场的影响微不足道。QFII 持股数量占 A 股的比重不超过 1.5%，沪股通、深股通占市场总成交额的比重也未超过 2%，境外机构在国债和金融债市场占比不到 2.5%。

从准入政策来看，保险业是金融业各行业中开放程度相对较高的，允许设立外资独资保险公司、合资保险公司。但从实际开放程度来看，目前仅有 1 家外资独资保险公司（友邦保险），其他合资保险公司持股上限为 50%。截至 2019 年 10 月末，境外保险机构在我国设立了 59 家外资保险公司（见

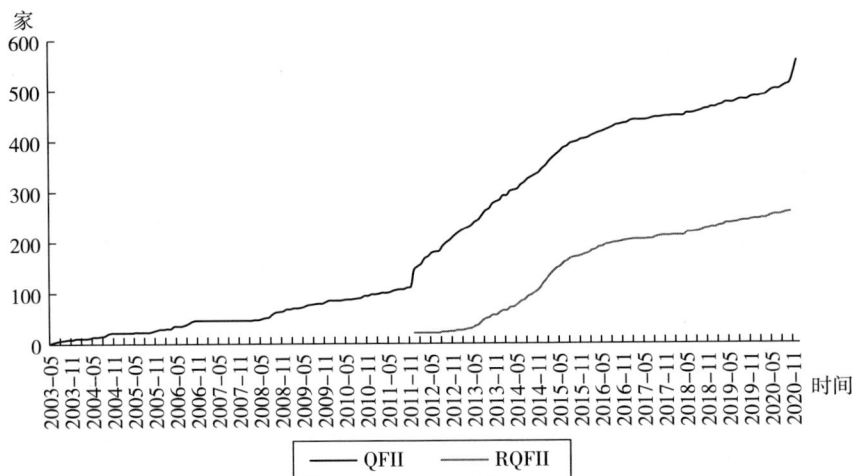

图 1 - 15 2003—2020 年 QFII 和 RQFII 批准投资机构数量

（数据来源：国家外汇管理局）

图 1 - 16），约占全国保险公司总数的 27%。外资人寿险公司保费收入从 2001 年的 1 422 亿元增加到 2019 年的 2 804.65 亿元，占人寿险市场收入的份额由 1.97% 上升至 9.05%。相比之下，外资财险公司的保费收入较低，2019 年为 252.61 亿元，占财险市场收入的份额为 2.17%。

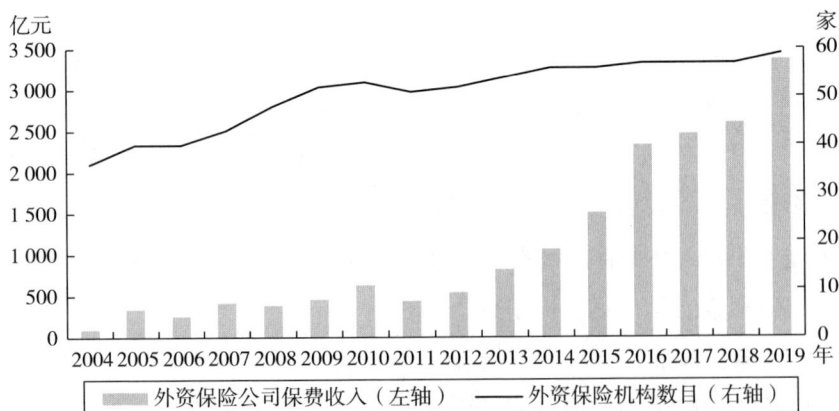

图 1 - 16 中国外资保险公司数量及保费收入

（数据来源：中国银保监会）

1.3.2.2 中资银行地位上升，国际化步伐加快

在2001—2006年的过渡期中，国有商业银行通过注资、剥离上万亿元不良资产、引入境外战略投资者、股份制改造并在香港、内地上市等重大改革，实现了蝶变。我国银行以信贷业务为主，较少受到这轮金融危机冲击，充足的资本金，稳健的公司治理，较高的利润，使得我国商业银行的国际地位不断上升，具备了较强的国际竞争力。根据英国《银行家》杂志（*The Banker*）发布的"2019年全球银行1 000强"榜单，我国四大国有银行占据全球领先位置，我国共有136家银行上榜，中资银行的利润总额达到3 120亿美元，占全球的28%，位居全球第一（见表1-2）。

表1-2　　中国银行业在全球1 000家大银行中的排名情况

年份	进入1 000家大银行的数量（家）	进入前25名银行的数量（家）	进入前10名银行的数量（家）	最高排名位次
2000	9	3	1	10
2005	19	2	0	11
2010	84	3	1	7
2016	119	5	4	1
2019	136	9	4	1

数据来源：英国《银行家》。

与外资银行放缓进入我国市场相反，我国金融机构加快了国际化进程，扩大海外布局，以适应实体经济企业"走出去"的需求，在非洲、拉丁美洲实现了设立网点的零的突破。2012年党的十八大以来，在"创新、协调、绿色、开放、共享"新理念指导下，我国加强了国际产能合作，满足"走出去"企业的多元金融需求，对金融机构的海外布局、跨境经营提出了更高要求。尤其是，2013年习近平总书记提出"一带一路"倡议后，国家发展和改革委员会、外交部、商务部联合发布了《推动共建丝绸之路经济带和21世纪海上丝绸之路的愿景与行动》，明确"政策沟通、设施联通、贸易畅通、资金融通、民心相通"的总体要求，打造互利共赢的"利益共同体"和共同繁荣发展的"命运共同体"。金融机构是"一带一路"建设的主力军，2017年我国银行的境外资产规模超过2万亿美元，在全球主要的国际金融中心、"一带一路"沿线主要国家

开展业务。在 2019 年第二届"一带一路"国际合作高峰论坛资金融通分论坛上，中国人民银行行长易纲指出，截至 2018 年底，11 家中资银行在 28 个沿线国家建立了 76 家一级机构。中国银行、中国工商银行是我国境外资产规模最大、国际化程度最高的两家银行，中国银行是资产规模进入全球前十名的唯一一家发展中国家银行。然而，与发达国家的系统性重要银行相比，我国银行的国际化水平不足它们的 1/3，还有很大的差距。

1.3.2.3　组建新型国际机构，形成金融机构之间的合作机制

国际金融危机后全球金融格局发生了深刻变化，一方面，世界经济从 GDP、贸易、投资、物价、人口等多方面出现长期下降趋势，标志着全球经济进入一个新的调整期，世界经济需要新的引擎和增长动力。另一方面，美联储的量化宽松政策以及退出政策具有显著的溢出效应，加剧了国际流动性波动，给新兴市场国家带来较大的金融风险，需要增加应对金融风险的手段。2014 年，我国积极参与国际金融治理，贡献中国智慧和中国方案，组建了三个影响深远的新型国际金融机构，推动我国金融开放迈上新的台阶。第一，2014 年 7 月 15 日，为了支持本国及其他新兴市场和发展中国家的基础设施投资需求，中国、俄罗斯、巴西、印度、南非等 5 个金砖国家发表《福塔莱萨宣言》，宣布正式成立新开发银行，即金砖银行。该行初始资本为 1 000 亿美元，由 5 个创始成员国平均出资，总部设在中国上海，该行于 2016 年 2 月正式营业。与现行发达国家主导的国际性开发组织不同，金砖银行探索创新多边开发银行新模式，在提供贷款与融资时更多尊重各成员国主权，制定不同的采购、环保、社会影响等贷款要求，而且更多使用本币贷款，本币占贷款总额的 20%，以减轻汇率风险。第二，发起成立亚洲基础设施投资银行（以下简称亚投行），这是我国金融开放的又一个重要里程碑。2014 年 10 月 24 日，包括中国、印度、新加坡等在内的 21 个首批意向创始成员国的财长和授权代表在北京签约，共同决定成立亚投行。2015 年 12 月 25 日，全球首家由中国倡议设立、57 国共同筹建的亚投行成立，总部设在北京，法定股本 1 000 亿美元（其中，中国股本金占 30.34%，为第一大股东）。亚投行的宗旨是：通过在基础设施及其他生产性领域的投资，促进亚洲经济可持续发展、

创造财富并改善基础设施互联互通；与其他多边和双边开发机构紧密合作，推进区域合作和伙伴关系，应对发展挑战。越来越多的国家申请加入亚投行，截至 2019 年 7 月，亚投行的成员国已超过 100 个，国际影响力越来越大。第三，成立国家对外投资基金——丝路基金。2014 年 12 月 29 日，由外汇储备、中国投资有限责任公司、国家开发银行、中国进出口银行共同出资 400 亿美元，在北京注册设立丝路基金。2017 年，我国向丝路基金新增资金 1 000 亿元人民币。丝路基金按照"市场化、国际化、专业化"的原则开展运营，以"共商、共建、共享"的方式投资参与基础设施、能源资源、产业合作、金融合作等领域。截至 2020 年底，丝路基金共签约项目 47 个，承诺投资金额 178 亿美元，其中人民币签约投资额达 180 亿元。

1.3.3 高质量发展推动金融高水平开放

高质量发展是我国当前经济发展的基本特征。这就要求进行金融供给侧结构性改革，解决金融大而不强和深层次结构性矛盾，解决金融发展不充分不平衡问题，满足创新性企业的金融需求，满足中小微企业的融资需求，满足人民对美好生活的需求。高质量发展所蕴含的高效、稳健、普惠特征，对金融体系提出了适配性要求，即要求我国建立一个富有适应力、竞争力和普惠性的现代金融体系。推动金融高水平开放，是实现这一目标的捷径。如上所述，我国金融市场的开放度较低，外资的市场份额大约在 2%，远低于许多新兴市场国家 20% ~30% 的水平。只有扩大金融开放的深度和广度，全方位引进外资，特别是引进发达国家历史悠久、竞争力强的金融机构，才能在金融市场产生"鲇鱼效应"，倒逼国内各类金融机构在更加激烈的竞争中锐意进取，弥补产品创新、定价能力、客户服务、风险管理等短板，提高金融服务实体经济、服务人民生活的能力。

1.3.3.1 扩大金融开放的措施和时间表

在逆全球化思潮泛滥、中美贸易摩擦升级的情况下，我国以更加开放的姿态向国际社会宣示，坚持多边主义，维护国际规则。2018 年 4 月 11 日，在博鳌亚洲论坛上，我国公布了金融开放 2.0 的具体措施和时间表。中国人民银行行长易纲宣布六个方面扩大开放的措施：一是取消银行和金融资产管理公司的外资持股比例限制，内外资一视同仁，允许外国银行在我国境内同时设立分行和子行；二是将证券公司、基金管理公司、期货公司、人身险公司的外资持股比例上限放宽至51%，三年后不再设限；三是不再要求合资证券公司境内股东至少有一家是证券公司；四是为进一步完善内地与香港两地股票市场互联互通机制，从5月1日起把互联互通每日额度扩大4倍，即沪股通及深股通每日额度从130亿元调整为520亿元，港股通每日额度从105亿元调整为420亿元；五是允许符合条件的外国投资者来华经营保险代理业务和保险公估业务；六是放开外资保险经纪公司经营范围，与中资机构一致。

与此同时，易纲行长还宣布了金融开放新的时间表：到2018年6月30日落实大部分上述措施。到2018年底以前，还将落实另外五项金融开放措施：鼓励在信托、金融租赁、汽车金融、货币经纪、消费金融等银行业金融领域引入外资；对商业银行新发起设立的金融资产投资公司和理财公司的外资持股比例不设上限；大幅度扩大外资银行业务范围；不再对合资证券公司业务范围单独设限，内外资一致；全面取消外资保险公司设立前需开设2年代表处要求，并将争取于2018年年内开通"沪伦通"。

新的金融开放时间表发布后，银行、证券、保险监管部门积极采取行动，将开放措施落到实处。例如，2017年11月10日，中方决定将单个或多个外国投资者直接或间接投资证券、基金管理、期货公司的投资比例限制放宽至51%。2018年4月，证监会发布《外商投资证券公司管理办法》，允许外资控股合资证券公司，扩大合资证券公司业务范围。5月，将沪港通、深港通的每日额度扩大四倍，金融开放掀起一轮高潮。6月，银保监会允许境外投资者来华经营保险公估和代理业务。8月，取消中资银行和金融资产管理公司外资持股比例限制，实施内外资一致的股权投资比例规则。2019年10月，中国人民银行与国家外汇管理局联合发布《关于进一步便利境外机构投资者投资银行间债券市场有关事项的通知》，进一步便利境外投资者参与我国金融市场。

1.3.3.2 高水平金融开放11条

自2018年4月宣布新的金融开放时间表以来，我国对金融开放的利益、紧迫性认识越来越清晰，向开放要动力、要效益成为普遍的共识，思想统一后，金融开放的步伐就不断"调快"。2018 年，美国对华加征关税，掀起贸易摩擦，我国货物贸易出口面临较大压力，提高服务业的国际竞争力，尤其是金融服务业的国际竞争力，对我国的国际收支平衡、人民币汇率稳定和人民币国际化意义重大。2019 年 7 月 20 日，国务院金融稳定发展委员会办公室宣布，按照"宜快不宜慢、宜早不宜迟"的原则，推出了 11 条金融业进一步对外开放的政策措施，要求中国人民银行、中国银保监会和中国证监会负责尽快落实（见表 1 – 3）。

表 1 – 3 金融业开放"11 条"

1. 允许外资机构在华开展信用评级业务时，可以对银行间债券市场和交易所债券市场的所有种类债券评级。
2. 鼓励境外金融机构参与设立、投资入股商业银行理财子公司。
3. 允许境外资产管理机构与中资银行或保险公司的子公司合资设立由外方控股的理财公司。
4. 允许境外金融机构投资设立、参股养老金管理公司。
5. 支持外资全资设立或参股货币经纪公司。
6. 人身险外资股比限制从 51% 提高至 100% 的过渡期，由原定 2021 年提前到 2020 年。
7. 取消境内保险公司合计持有保险资产管理公司的股份不得低于 75% 的规定，允许境外投资者持有股份超过 25%。
8. 放宽外资保险公司准入条件，取消 30 年经营年限要求。
9. 将原定于 2021 年取消证券公司、基金管理公司和期货公司外资股比限制的时点提前到 2020 年。
10. 允许外资机构获得银行间债券市场 A 类主承销牌照。
11. 进一步便利境外机构投资者投资银行间债券市场。

为了推动金融开放，2019 年 10 月，国务院修改了《中华人民共和国外资保险公司管理条例》和《中华人民共和国外资银行管理条例》，降低外资银行的准入门槛，允许外国银行同时设立外商独资银行、合资银行和外国银行分行。11 月，国务院印发《关于进一步做好利用外资工作的意见》，于2020 年取消证券公司、证券投资基金管理公司、期货公司、寿险公司外资持股比例不超过 51% 的限制。随着金融开放"11 条"的全面落实，我国给予了外资在征信、信用评级、支付等领域国民待遇。2020 年 5 月中国人民银行和国家外汇管理局又共同发布《境外机构投资者境内证券期货投资资金管理规定》，明确并简化境外机构投资者境内证券期货投资资金管理要求，基本形成覆盖信贷、证券、保险、基金、衍生品各个金融市场、各类金融机构的高水平金融开放。

1.3.3.3 加快推进上海国际金融中心的建设

1991年，邓小平同志在视察浦东时指出："金融很重要，是现代经济的核心，金融搞好了，一招棋活，满盘皆活。上海过去就是金融中心，是货币自由兑换的地方，以后我们也要这么搞，中国要在金融方面取得国际地位，首先要靠上海。"2009年4月，国务院提出，"到2020年，要把上海建设成与我国经济实力以及人民币国际化地位相适应的国际金融中心"。随着全球经济格局的变化和调整，国际金融中心的格局正在发生重大变化。国际金融中心移动轨迹的深层原因是全球经济格局的深刻变化。中国新的国际金融中心的建设，既是中国金融对外开放和国际化的重要标志，也是21世纪全球金融变革的重大事件（吴晓求，2018）。2020年是上海基本建成与中国经济实力以及人民币国际地位相适应的国际金融中心的决胜年（陈雨露，2020）。2月14日，中国人民银行、上海市政府等五部门联合发布了《关于进一步加快推进上海国际金融中心建设和金融支持长三角一体化发展的意见》，其立足于更好地发挥中国（上海）自贸试验区临港新片区金融改革创新引领作用和更好地发挥上海在金融对外开放方面的先行先试作用，对标国际最高标准，遵循高质量发展要求，从积极推进临港新片区金融先行先试、在更高水平加快上海金融业对外开放和金融支持长三角一体化发展等方面提出30条具体措施。12月，《上海国际金融中心建设目标与发展建议》报告在2020年上海金融论坛上发布，对"十四五"期间上海国际金融中心建设提出了八个方面共31条相关建议，并进一步明确了新发展格局中上海国际金融中心建设的长期目标——"到2035年，上海要基本建成引领亚洲辐射全球、以开放的现代化金融市场体系为核心、以全球人民币资产配置中心为标志、与纽约和伦敦并驾齐驱的顶级全球金融中心"。该目标是上海全球城市功能定位的核心内容，是中国综合经济实力的重要体现，更是全球经济金融格局变化的必然要求。

总之，确立渐进式改革开放模式是符合我国国情、符合经济发展规律的英明决策。在长达40多年的改革开放历程中，改革为开放指明方向、创造条件，开放则倒逼改革、加速改革进程。二者相辅相成、相互促进，使得中国经济创下40多年持续较快增长的奇迹，改革开放的"中国模式"开始成为许多发展中国家学习借鉴的榜样。

参考文献

［1］剧锦文．"洋跃进"与再调整：国有经济徘徊在改革前夜［EB/OL］．http：// www．cneo．com．cn/article－134544－1．html，2019－06－17.

［2］李朴民．1994年我国外汇外贸管理体制改革的跟踪分析［J］．经济研究参考，1995（4）：29－36.

［3］秦池江．两岸金融体制改革比较及合作展望研讨会发言稿［R］．北京：中国人民大学国际货币研究所，2016.

［4］《径山报告》课题组．中国金融开放的下半场［M］．北京：中信出版社，2018.

［5］中国人民大学国际货币研究所．人民币国际化报告2019［M］．北京：中国人民大学出版社，2019.

［6］江小涓，孟丽君．内循环为主、外循环赋能与更高水平双循环——国际经验与中国实践［J］．管理世界，2021，37（1）：1－19.

［7］何雨霖，陈宪，蒋一乐．中国金融市场能够抵御外部冲击吗［J］．新金融，2020（12）：21－27.

［8］易纲．金融助力全面建成小康社会［J］．中国金融，2020（Z1）：14－18.

［9］陈雨露．继续坚定不移扩大金融服务业高水平开放［J］．中国金融，2020（6）：9－10.

［10］中国人民大学课题组，吴晓求．"十四五"时期中国金融改革发展监管研究［J］．管理世界，2020，36（7）：5－15.

［11］吴晓求．改革开放四十年：中国金融的变革与发展［J］．经济理论与经济管理，2018（11）：5－30.

2　金融开放的国别研究：大国模式

摘　要

本章梳理了主要大国的金融开放模式，总结出美国的"水到渠成"式开放、日本在美国支配下的激进开放、印度和俄罗斯在内外部政策纠结中的金融开放三种大国开放模式。美国的金融开放既利用好了有利的国际形势，又有国内经济的有利条件，还有科技创新和金融创新的推动。日本激进的金融开放进程受美国把控，过快的开放让日本面临了"三元悖论"的选择，这削弱了日本控制泡沫应对风险的能力。印度和俄罗斯的开放面临内外政策平衡的纠结，金融开放进程依旧充满了变数。主要大国金融开放模式给中国金融开放带来了启示，要完善金融基础设施，对国际国内环境趋利避害，系统性地、有节奏地推进本币国际化、国际金融中心建设与资本账户开放。

中国构建大国金融体系必须是开放的、国际化的，中国金融开放已经先后走过了 B 股制度、合格投资者制度、沪深港通和债券通制度、放开外资比例限制等措施，逐渐形成了金融开放的中国经验。然而目前中国金融体系仍是不完全开放，有必要借鉴类似的大国金融开放经验，完善中国模式，提高金融开放程度。

本章选取美国、日本、印度和俄罗斯 4 个有代表性的主要大国，分析梳理这些国家的金融开放模式。这 4 个国家金融开放的历程加起来总共跨越了一个世纪，我们将从如此长的历史跨度中，寻求大国金融开放的基本模式，以及这些模式给当下中国金融开放带来的成功经验和失败教训。

学者们归纳金融开放的实践，提出了金融开放和经济增长的相互促进关系。资本账户开放放松了企业融资约束，提高了企业全要素生产率（Larrain，

Stumpner，2015）。股票市场开放通过扩大融资渠道、进行风险分散、改善公司治理三个机制促进了技术创新，进而促进了经济增长（Moshirian，Tian，Zhang，et al.，2020），平均每年提高经济增速1%（Bekaerta，Harvey，Lundblad，2005），开放也促进了金融行业自身的完善（Ang，McKibbin，2006）。金融开放积极作用的另一面是风险和危机，金融开放可能带来国家宏观收入差距（Haan，Sturmc，2016）和行业工资差距（Larrain，2014）的扩大。

理论和比较分析的结果表明，金融开放所处的历史时期、国内外环境、开放政策的选择都让4个国家的金融开放过程充满了个性。美国的"水到渠成"式开放是成功的，日本在美国支配下的激进开放总体实现了既定目标，印度和俄罗斯在内外部政策纠结中的金融开放则依旧充满了变数。主要大国模式的经验带来了很多启发，这些启发又可以归纳为一条根本的行动法则，那就是要执行有节奏的渐进式金融开放。

2.1 美国的金融开放：科技与金融的创新

美国实质的金融开放进程完成于两次世界大战，伴随着美国从新兴工业国到世界霸主历史角色的演变过程。因此美国的"金融开放"甚至要早于"金融开放"这一概念的流行。流行语境下的"金融开放"，通常指的是在第二次世界大战以后全球化背景下，新兴市场国家货币自由兑换，开放资本账户和资本市场等一系列政策，特别是向以美国为主的发达国家开放。当我们谈及美国自身的金融开放时，就必须在很大的特殊性中，寻找能启示当下的共通性。

美国的金融开放模式可以用"水到渠成"来概括，即美国采取的金融开放政策受不利国际环境的影响极小，选择开放与选择开放的节奏都是依据美国自身利益需要，独立作出决定。整个金融开放过程平缓有序，与美国称霸世界的步骤协调统一，最终确定美国至今在世界范围内的金融优势地位。本节将从美国对外金融开放的国际环境、国内基础条件和创新的力量三个方面，详细描述美国金融开放的特征。

2.1.1　在有利的国际环境下顺势而为

2.1.1.1　第一次世界大战后英镑衰落，美国成为欧洲债权人

在第一次世界大战之前，虽然美国已经崛起成为新兴的工业国家，但是英国仍然是世界第一经济强国，英镑的世界货币地位以及伦敦的全球贸易和金融中心地位无可撼动。全球贸易几乎全部以英镑计价结算，伦敦金融中心具备充裕的流动性，能为贸易提供完善的保险、信贷等金融支持。第一次世界大战把英国卷入其中，英国经济开始滑坡，欧洲其他各国的工业生产也遭到严重破坏。美国作为中立国远离战火，向协约国大量出口战争物资，出口贸易额激增。激增的出口需求拉动了美国国内钢铁、船舶汽车制造业、交通通信等多个行业的快速发展。第一次世界大战还没有结束时，美国已经完全地取代了欧洲"世界工厂"的地位。战争外因给美国带来的贸易盈余，是美元能够参与领导国际货币体系的重要基础条件。

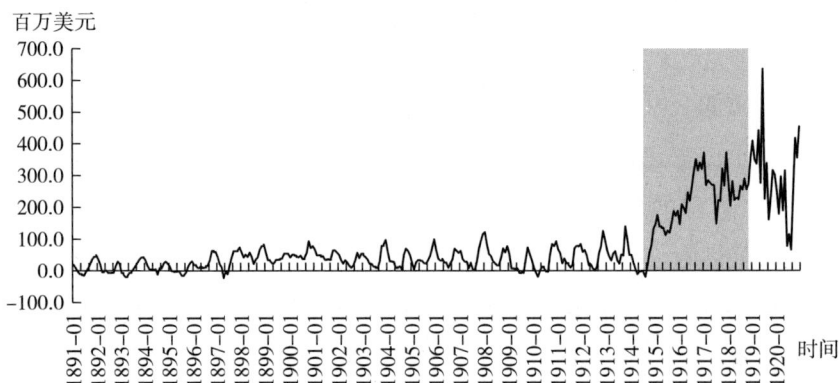

图 2-1　美国第一次世界大战时期的净出口变化

（数据来源：美国经济研究局）

在金融领域，英国黄金储备大量流失，美国黄金储备却大大增长。在当时以金本位为主的汇率体制下，货币币值必须由黄金储备来支撑。由于大量黄金储备流出，英国不得不依赖美国的帮助，并一度实行资本管制以暂时维持英镑的汇率稳定。但是这种稳定并没有维持多长时间，人们对英镑的信心

早已下降，在战争结束美国撤出援助后，英镑出现大幅贬值。尽管1922年热那亚会议后英国努力重建的金本位制度又支撑了十余年，"大萧条"的到来却使得英国的尝试彻底破产，1931年英国放弃金本位制度，英镑再度大幅贬值。欧洲投资者需要一种币值稳定的新货币进行贸易结算、保存财富，有充足黄金作为支撑的美元成为首选。

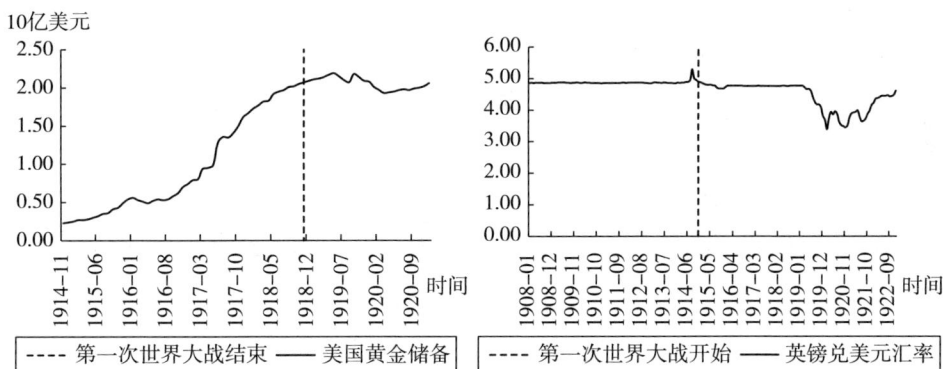

图2-2 第一次世界大战期间美国黄金储备变化和英镑兑美元汇率

（数据来源：美国经济研究局，英格兰银行）

于是美国金融资本和政界抓住英镑实力衰弱的时机，迅速地通过一系列活动让美元接替英镑无力再履行的一些职能。1913年起，美国国民银行获得了在美国境外开设分支机构的权限，国民银行开始能和私人银行一起活跃在欧洲金融市场，提供贸易金融服务，更多以美元为单位的银行票据在市场上被认可使用。刚刚诞生的美联储在纽约主席本杰明·斯特朗的建议下积极降低银行汇票的贴现率，培育美国本土票据市场，增强纽约金融中心的国际流动性。

因为欧洲参战国的举债行为，美国由一个债务国变成了债权国，向全世界大量输出资本。美联储和华尔街的私人金融机构出于各自的政治和经济目的，纷纷向交战的欧洲国家贷款，为这些国家筹集战争资金。在英国债务节节攀升的情况下，美国的债权反而不断累积。战争结束后，1919年，欧洲17国欠美国债务总额超过100亿美元。美国对海外的投资从1913

年的 20 亿美元增长到 1930 年的 150 亿美元。[①] 从结构上说，美国的对外贷款对象以协约国为主，英国则有很多贷款贷给了同盟国，这导致英国的海外资产因为战争极大贬值，而美国的海外资产则被保证偿付。美国从债务国向债权国的演变不仅从经济实力上增强了美国金融业对外开放的底气，更让这些以美元计价的资产遍布了欧洲主要国家，自然地迈出了美元资本"走出去"的一步。

2.1.1.2 布雷顿森林体系建立，国际环境宽松和平

尽管第一次世界大战让美国正式融入国际金融秩序，让美元成为能与英镑一争高下的世界货币，但是当时美国的政治文化里有深刻的"孤立主义"传统。这一由华盛顿总统亲自提出的外交政策，对美国国策的影响从建国一直绵延到两次世界大战期间。第二次世界大战后，美国政策在罗斯福、杜鲁门等人的主导下转向多边主义，美国开始凭借在两次世界大战期间积累的实力构建世界秩序。美国金融开放在极为有利的国际条件下顺利完成了最后的工作。

布雷顿森林体系的建立是美国金融国际化、美元成为支配性世界货币的里程碑。在经历大危机的衰退后，美国金融国际化的进程略有停滞。第二次世界大战后，美国实力空前增强，继续推进金融国际化的条件再次成熟。事实上，布雷顿森林会议前，美国和英国各自提出了对战后国际金融体系的构想，分别称为"怀特计划"和"凯恩斯计划"。怀特计划和凯恩斯计划都主张实行可调整的钉住汇率体系，进行国际资本流动管制，建立统一的国际清算机构解决短期收支不平衡问题。但是两个计划分别代表了美国和英国的利益，怀特计划更多强调黄金在国际收支平衡和汇率稳定中的作用，显然更有利于持有大量黄金储备的美国；凯恩斯计划更多强调贸易盈余的作用，更有利于黄金储备处于弱势的英国（见表 2 - 1）。

---

① 徐鸿. 货币政治：美元霸权的式微和人民币国际化的兴起 [M]. 北京：中国经济出版社，2018.

表 2－1　　　　　　　　　　　怀特计划与凯恩斯计划对比

项目	怀特计划	凯恩斯计划
对黄金态度	重视黄金，国际基金以黄金出资	削弱黄金作用，希望黄金尽快退出
引入国际货币	"尤尼塔斯"，本质是美元的等价物	"班克"，超国家货币用以稳定国际收支
汇率变动	坚持固定汇率	相对灵活
国际基金角色	各国财政部间的国际组织	全球中央银行
国际基金的信贷条件	从紧，偏向贷出成员国	宽松，偏向借入成员国
国际基金投票权	按缴纳的现金、黄金、证券分配	按战前贸易余额占国际贸易总额比例分配
国际基金的权威	有强制效力，可禁止成员国采取某些政策	仅有建议效力
国际基金总部	纽约	伦敦
外汇管制	国际基金成立一年内完全取消	各国自行决定取消日程
资本管制	国际基金成员国合作限制资本流动	各国自行限制资本流动
多边清算	需要国际基金成员国审批	允许（可以在英联邦集团成员国内使用英镑结算）
贸易壁垒	严厉削减壁垒，不允许出口补贴	各国承诺不采取极端壁垒，保留特定形式的出口补贴

　　资料来源：本·斯泰尔（Benn Steil）. 布雷顿森林货币战：美元如何统治世界［M］. 符荆捷，陈盈，译. 北京：机械工业出版社，2014.

　　布雷顿森林会议召开时，美国已经进一步地由第一次世界大战的强国发展为资本主义世界的头号国家。美国的失业率因为战争经济生产需求的拉动，反而降到了 1929 年以来的最低点。1945 年，美国占西方世界工业总产量的 60％，对外贸易的 25％，黄金储备的 75％。[①] 而且，美国国内民意在战争动员下，已经走出了"孤立主义"的自我限制，国策毫无疑问地转向积极参与国际金融体系重建。欧洲的经济实力则被大幅削弱，以受到破坏较小的英国为例，第二次世界大战导致英国实际 GDP 严重下滑，战后的伦敦一片废墟，

----

　　① 徐鸿. 货币政治：美元霸权的式微和人民币国际化的兴起［M］. 北京：中国经济出版社，2018.

与经济欣欣向荣的美国有着鲜明的对比。在美国有能力有意愿主导国际金融体系的情况下，布雷顿森林会议的结果是新的国际货币体系更多采用了美国的计划，美国期望的美元单一世界货币的目标最终达成。同时，美国在国际货币基金组织、关税贸易总协定、国际复兴开发银行三大多边组织里都享有了最大的话语权。

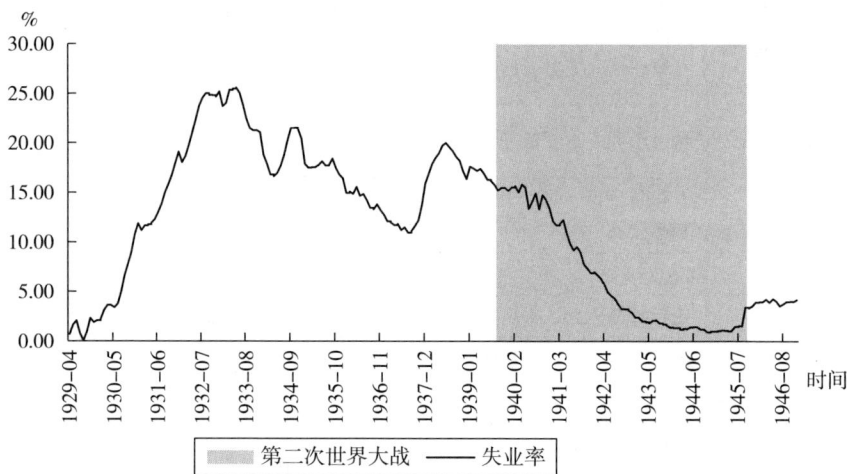

图2-3　第二次世界大战期间美国就业状况改善

（数据来源：美国经济研究局）

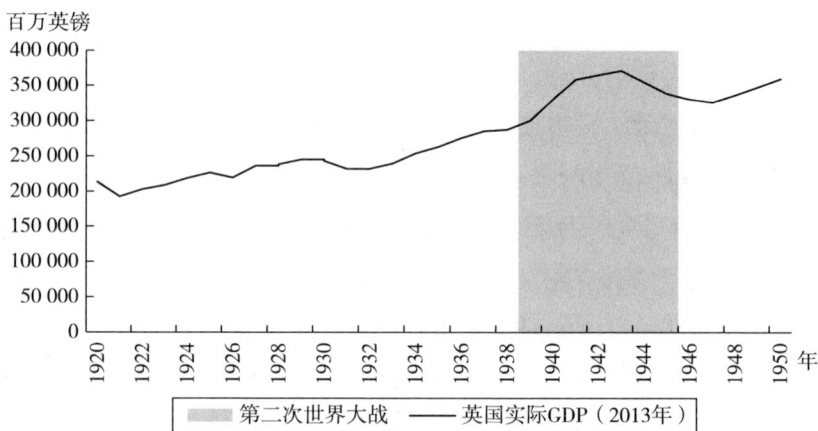

图2-4　第二次世界大战期间英国实际GDP一度下滑

（数据来源：英格兰银行）

然而布雷顿森林体系显然不是美国金融全球化的结束。在随后的近百年时间里，美国进一步地借助美元的优势地位，借助贸易自由、资本流动自由等国际协定，向欧洲、拉丁美洲、亚洲、独联体国家输出美元资本，成为世界金融开放最积极的倡导者。

2.1.1.3 推动金融自由化，美元资本强势全球逐利

从20世纪70年代起，主要发达国家陷入了"滞胀"的经济状态，美国长达13年的经济停滞挑战了尼克松、福特、卡特、里根四任政府。布雷顿森林体系崩溃，美元信誉受损，美国处于一个相对较差的国际经济环境。但是，美国逐渐调整经济政策方向，趋利避害，稳定了美元秩序，并推动了新一轮金融自由化浪潮。当美国经济再度复苏，创造"新经济"增长奇迹时，美国资本已经在世界范围内任意游走，强势推动新兴市场国家金融开放，把美国在金融国际化中的利益空前最大化。

第二次世界大战后的世界在布雷顿森林体系下运行到20世纪70年代，美国贸易赤字、通货膨胀等新的变化和冲击使得布雷顿森林体系陷入"特里芬难题"，美元币值稳定与美元足额供给存在不可调和的矛盾，黄金供应无法与产出增长匹配，单一美元、固定汇率体制无法继续维持。1971年，尼克松政府正式宣布美元与黄金脱钩，放弃了布雷顿森林体系。布雷顿森林体系的崩溃给美元的实力带来了负面影响，也让失去国际货币秩序的西方各国的货币币值剧烈波动。直到1976年11个主要发达工业国家和9个发展中国家签署《牙买加协议》，新的货币体系才再度建立。牙买加体系彻底地推行黄金非货币化，将一些非美元货币纳入储备货币体系，允许固定汇率与浮动汇率自由选择，允许多种手段纠正国际收支不平衡并增强了国际货币基金组织的调节作用。

虽然看起来美元在世界货币体系中的重要性被大大削弱，但是美国实际中的隐含安排让美元依然保持了统治性的国际货币地位。首先，1971年石油输出国组织（OPEC）国家开始谋求摆脱美元石油计价的局面，美国与在中东的紧密盟友沙特阿拉伯签署秘密协定后，沙特阿拉伯同意继续将美元作为单一的石油计价货币。由于沙特阿拉伯的石油生产影响力，石油美元计价在

OPEC 国家推行。美元不仅没有从原来计价石油的多币种退出，反而成为了单一的计价货币。战后的石油定价权就此归属于美元，主要产油国的石油出口以美元计价，以美元结算，产油国因为石油出口持有美元资产。事实上不仅是石油，世界贸易的许多结算最终都使用了美元。石油输出国的美元资产在满足国内消费投资需求后仍有盈余，这些美元储备被直接投入了以美元计价的金融市场，主要是欧洲离岸美元市场和美国本土资本市场。投入欧洲市场的美元被再贷款给石油进口国，重新支付给产油国，构成了所谓"石油美元循环"（petrodollar cycle）。回流到国内的美元购买了大量美国发行的债务，满足了美国的国内投资需求，构成了"美元—债务循环"，支持美国多年账户逆差下的经济增长。

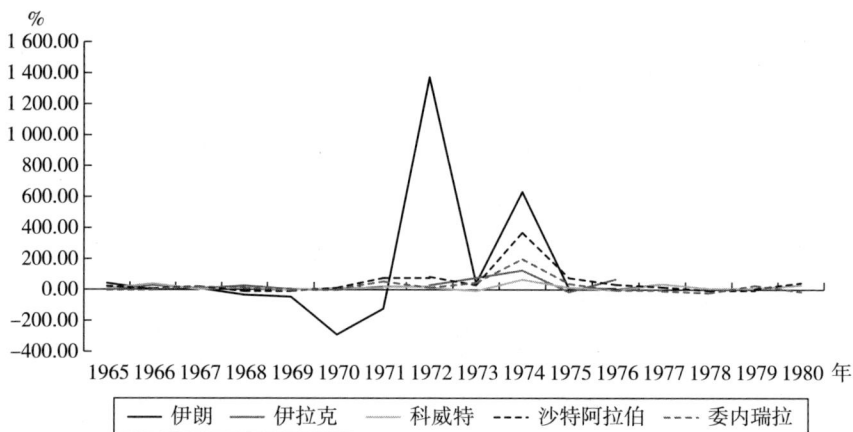

图 2 - 5 OPEC 创始会员国海外净资产增长率

（数据来源：国际货币基金组织《国际金融统计》）

在建立了美元的多条世界环流后，美国开始配套地推进自身资本账户开放。这一时期也是欧洲离岸美元市场快速发展的阶段。欧洲美元市场兴起的国际环境给美国货币政策和美元资本回流都带来了挑战。20 世纪 60 年代，美国银行业在 Q 条例的限制下，形成了比离岸市场更低的市场利率。美国政府一度通过加强资本管制的方式防止外汇储备过度消耗，维持布雷顿森林体系下美元币值稳定。从这个意义上说，美国也确曾面临过在"三元悖论"

下，保持币值稳定与开放资本账户之间的两难选择。当布雷顿森林体系崩溃，美国无须维持美元固定汇率时，为了与海外美元资产回流美国、国内美元资产向世界配置的资本流动需求相适应，提高美国对欧洲美元市场的联动控制能力，美国在 1973 年全面开放资本账户。资本账户开放的过程建立在美元资产有充分的回流需求基础上，因此美国的开放过程并没有见到很多国家遭遇的资本大量流出、汇率不稳定的情况。充分开放资本账户的美国国内金融市场与欧洲离岸市场并轨，美元全球环流更加顺畅，国内外金融创新受到激励，孕育了美国在后面的 20 多年经济金融全面复苏的态势。这次改革中，尽管有一些不利的国际环境，但是美国充分地趋利避害，利用了已有的美元回流优势，让原本从固定汇率崩溃到浮动汇率的负面事件反倒对改革有了积极影响。

在充分实现金融开放和自由化后，世界范围内的金融开放规则再次由美国开始主导。这一时期新兴经济体快速增长，美国公共部门和私人部门通过培育新兴货币离岸市场，敦促新兴经济体，如阿根廷、新西兰、澳大利亚、日本等国家进行汇率可自由兑换、开放资本账户的一系列改革。有些改革措施是新兴经济体根据自身需要主动采取的，有些则是美国以双边谈判的形式要求的。总的来说，美元的稳定性和美国金融机构的成熟性让美国自身一直都是各国金融开放的受益方，而新兴经济体要想收获金融开放的改革成果，则有许多弯路和障碍要经历。

2.1.2　国内经济金融基础条件合宜

2.1.2.1　20 世纪早期美国国内经济建设进入高潮，金融托拉斯形成

美国在第一次世界大战前后的金融开放不仅受益于有利的国际条件，还受美国国内经济增长热潮的推动。受第二次工业革命的推动以及南北统一市场形成的影响，美国在 19 世纪末 20 世纪初经历了跨越式建设发展的一段时期。在这一段时期，以基础设施建设需求拉动的煤炭、钢铁行业快速发展，全国铁路建设进入高潮。经济基本面的强劲给尚被排除在发达国家俱乐部之外的美国参与国际金融体系提供了坚实的基础。

美国的商业和金融领域出现了一批实力雄厚、跨行业垄断经营的企业集

团，它们的背后站着的是代表美国私人资本的财团势力。财团通过控制、联营合营的方式，将金融与实业联系起来，将重要行业的上下游联系起来，将行业之间联系起来，组成大型垄断经营势力，一度支配着美国社会经济的多个方面。

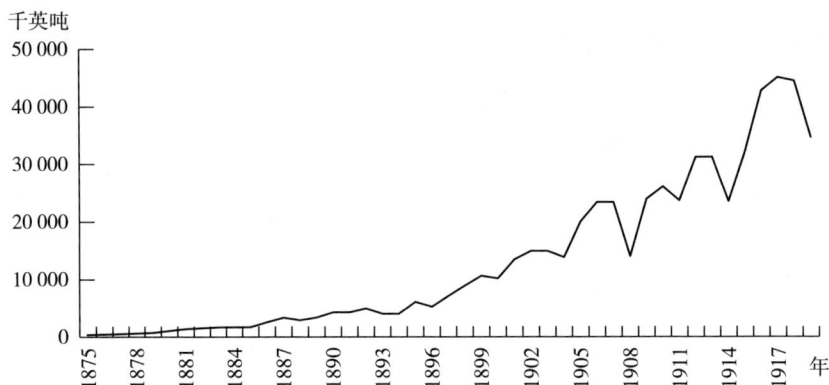

注：1 英吨 = 2 240 磅或 1 016 千克。

图 2－6　20 世纪初美国钢锭铸件产量

（数据来源：美国经济研究局）

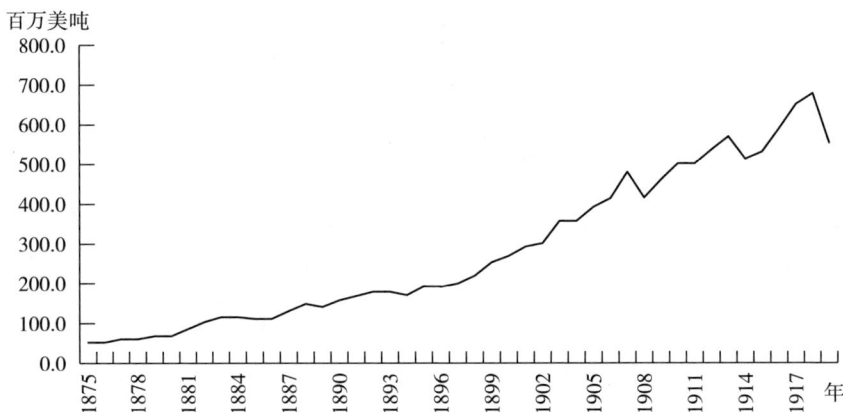

注：1 美吨 = 2 000 磅或 893 千克。

图 2－7　20 世纪初美国煤炭产量

（数据来源：美国经济研究局）

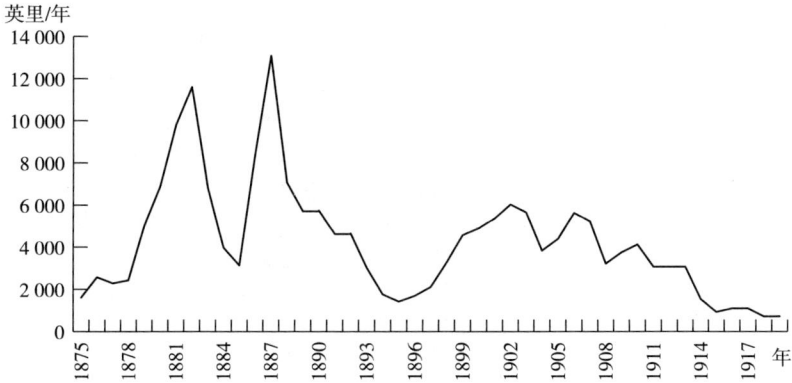

图 2-8　20 世纪初美国铁路建设

（数据来源：美国经济研究局）

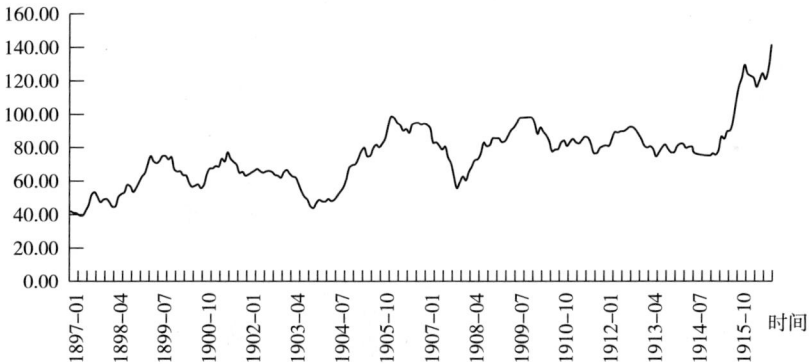

图 2-9　20 世纪初美国道琼斯工业指数

（数据来源：美国经济研究局）

表 2-2　　　　　　　　　　　　　　**美国十大财团**

财团	主要领域	代表旗下组织
洛克菲勒财团	石油、金融、工矿、交通	大通曼哈顿银行 纽约化学银行 大都会人寿保险公司 麦克唐纳·道格拉斯公司 马丁·马里埃塔公司 洛克菲勒基金会

续表

财团	主要领域	代表旗下组织
摩根财团	金融、电气、公用事业	摩根大通银行 摩根士丹利 国际商业机器公司（IBM） 通用电气公司（GE） 国际电话电报公司 美国钢铁公司 通用汽车公司
花旗银行财团	金融、军火、石油	花旗银行 波音公司 联合飞机公司 大西洋里奇菲尔德石油 菲利普斯石油公司 施乐公司 明尼苏达采矿与制造公司 履带拖拉机公司
杜邦财团	化学、军火、工矿	杜邦公司 通用汽车公司
波士顿财团	金融、轻纺、宇航、电子	波士顿第一国民银行 约翰·汉科克互惠人寿保险公司 特克斯特隆公司
梅隆财团	金融、工矿、石油、钢铁、军火	梅隆国民银行 美国铝公司 海湾石油公司 阿姆科钢铁公司 国民钢铁公司 威斯汀豪斯电气公司 固特异轮胎橡胶公司 罗克韦尔公司
克利夫兰财团	煤炭、钢铁、金融、化学、交通	共和钢铁公司 克斯—杨斯顿公司 阿姆科钢铁公司 国民钢铁公司 固特异轮胎橡胶公司 费尔斯通轮胎橡胶公司

续表

财团	主要领域	代表旗下组织
加利福尼亚财团	金融、军火、工矿	美洲银行 西方银行公司 安全太平洋公司 洛克希德飞机公司 利顿工业公司 诺斯罗普公司
芝加哥财团	金融、农业、机械、零售	大陆伊利诺伊公司 第一芝加哥公司 哈里斯银行公司 北方信托公司 美国银行公司 埃斯马克公司 联合食品公司 国际收割机公司 履带拖拉机公司 西尔斯—娄巴克公司 联合百货公司
得克萨斯财团	天然气、军火	达拉斯第一国民银行 休斯敦第一城市国民银行 达拉斯共和国民银行 得克萨斯商业银行 坦尼科公司 LTV 公司 得克萨斯仪器公司

20 世纪初金融财团的壮大对美国国内金融市场对外开放有着重要的意义。美国本土金融财团的实力可以说不逊于欧洲金融机构，不仅能在本土市场和国际市场的竞争中站住阵脚，甚至能主动在欧洲市场开展业务，以贷款人身份向欧洲交战国提供金融支持。成熟的金融机构还能发挥稳定国内金融市场的作用。1907 年，美国出现流动性危机。部分投资者杠杆操纵美国联合铜业公司股价失败，配资方尼克伯克信托投资公司破产，纽约市场流动性枯竭。由于美国出于对权力的畏惧，先后取消了代行中央银行职能的第一国民银行和第二国民银行，关键时刻没有最后贷款人出来解决市场流动性危机。

JP 摩根作为行业领头人自愿注入 2 500 万美元流动性，避免了流动性恐慌进一步蔓延。

2.1.2.2 美联储的诞生和运作

美国金融市场在第一次世界大战期间融入世界还有另一重要的国内推力，那就是美联储的诞生和运作。美国的两位缔造者托马斯·杰斐逊和詹姆斯·麦迪逊将中央银行控制国家经济命脉，进而威胁民主的理念刻进了美国的历史传统，加上美国金融财团抵制监管的利益诉求，直到1913年，美国都没有正式、稳定的中央银行。虽然曾有过1791年的美国第一国民银行和1816年的美国第二国民银行，但它们被赋予的职能十分有限，不能有力地对金融市场进行调节。而且第一国民银行和第二国民银行不是永久的，它们都在国会授权的 20 年的运行期满后被终止运行。1836 年，美国再次回归到了金融无政府的状态。金融无政府状态使得美国的金融市场完全依赖市场参与者自发调节，十分不稳定，大大小小的金融危机频发。而同时期英格兰银行早已成为英国的中央银行，参与伦敦票据市场的流动性调节，稳定金融秩序。这使得纽约金融市场对国际投资者的吸引力降低，一时间不具备成为国际金融中心的条件。

1907 年的金融危机让美国下决心作出改变。在时任美国总统威尔逊支持下，1913 年《联邦储备法》在国会两院获得通过，最终建立的美联储为了调和设立中央银行的现实需求和美国传统派别的利益诉求，具有政府和私人的双重属性。

美联储诞生不久后，第一次世界大战就拉开了大幕，美元和美国本土金融市场的机会随之而来。美联储立即在增强纽约金融中心流动性、提高美元票据安全性、稳定市场利率方面发挥了明显的作用。战争期间，美联储大量购买纽约市场的票据降低市场贴现率，让纽约的汇票市场得到良好的发展。持有美元资产的外国金融机构，乃至外国中央银行开始参与纽约的票据市场。而且由于伦敦金融中心受战争阴影威胁，安全不确定性大，世界贸易金融的重心开始偏向纽约。到 1916 年，美元已经成为能在拉丁美洲、欧洲、远东等广大范围内进行贸易结算的主要世界货币。

2.1.2.3 美国跨国金融机构"走出去"的自发需求

美国的金融开放部分是美国国内金融机构开展跨境经营需要的结果。这一特征在两次世界大战时期和 20 世纪 70 年代美国金融自由化这两个金融开放的阶段都有鲜明的体现。

第一次世界大战前，美元计价结算不受国际认可的原因之一是美国的金融机构没有国际化。受限于美国有关法律的制约，国民银行不能跨境甚至跨州开设分支机构。这提高了跨国投资者的风险和交易成本，降低了跨国投资者对美国金融机构的信任程度，于是跨国投资者还是偏好与欧洲金融机构合作，不愿将资产换成美元形式与美国金融机构交易。美国金融机构跨境限制的阻碍作用还表现在金融机构无法与欧洲客户保持密切的联系，长期来看不能收集必要的信息支持自身跨境业务的开展。

这一窘境同样在 1913 年《联邦储备法》中得到解决。该法基本取消了国民银行的跨境经营限制，许可国民银行可以像私人银行一样开设境外分支机构。以美国国民城市银行为代表的一批美国金融机构纷纷带着业务到欧洲开展经营活动。1915 年，美国国民城市银行并购国际银行公司，在欧洲、亚洲设立分行，在没有分行的地区也设立办事机构，收集当地的商业活动信息。1920 年，美国金融机构已经在国外开设了 181 个分支，其中 100 个分支是银行业金融机构的分行。[①] 美国金融机构走向欧洲，反过来增多了以美元计价的金融产品的交易流通，又促进了美元的国际化。机构国际化与货币国际化形成了良好的正反馈调节机制。

从 20 世纪 60 年代起，美国国内金融机构跨境投融资需求越来越多。美国财政赤字需要发行政府债券筹资，资本市场迎来并购重组热潮需要筹资。这些需求拉动了跨境融资业务，激励着美国国内金融机构进一步地拓展全球业务。与此同时，第二次世界大战后的和平给亚非拉地区创造了良好的发展条件，新兴市场国家经济连年以两位数的速度增长，投资回报率丰厚，这又拉动了美国国内金融机构资本向新兴市场的投资。因此，美国向新兴市场国

---

① 徐鸿. 货币政治：美元霸权的式微和人民币国际化的兴起 [M]. 北京：中国经济出版社，2018.

家提出的汇率自由兑换、开放资本账户的诉求，其实是扫清了美国金融机构全球化经营的一些障碍。

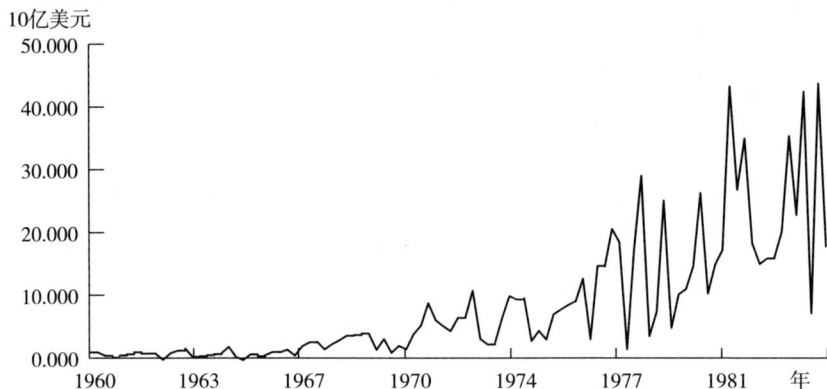

图 2 - 10　美国资本净流入

（数据来源：美国经济研究局）

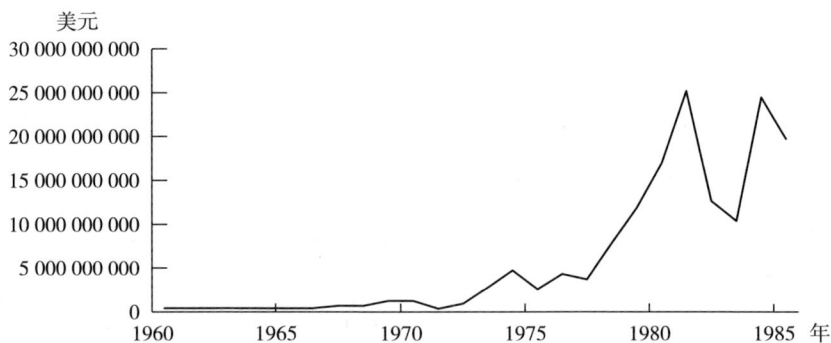

图 2 - 11　美国对外直接投资

（数据来源：经济合作与发展组织（OECD）经济数据）

2.1.3　愈创新，愈开放

2.1.3.1　科技创新带来的资本流动

美国是当今世界创新最为活跃的地区之一。美国作为成熟发达国家，无论在理论上还是实际中，都依赖内生的技术进步推动经济增长。当技术创新乘着第三次科技革命的东风成为美国经济增长的新引擎时，金融开放和自由化的进程也被驱动向前。可以说，创新在美国战后以来金融开放的进程中，发挥着推进器的作用。

在里根政府减少政府干预的经济政策下，美国经济逐步实现了新旧动能的转换，高科技企业的增长代替了传统行业成为美国经济的主要推动力，并使美国摆脱经济"滞胀"的状况。加利福尼亚的硅谷从一个小镇变成了世界科技公司云集的科技创新中心。高成长的技术创新企业需要长期大量的资本投入。1971年，纳斯达克市场开张，为美国的高科技企业提供直接融资市场。纳斯达克资本市场吸引了大批国际投资者投资于美国的科技创新企业，纳斯达克指数在1971—1990年也保持了持续上涨的态势。科技创新的融资需要急切地希望美国开放资本自由流动，让全球的投资者参与美国市场。国际学术界也反复论证过，提高金融开放和自由化程度不仅对美国，对世界许多其他国家，都促进了企业的技术创新融资。

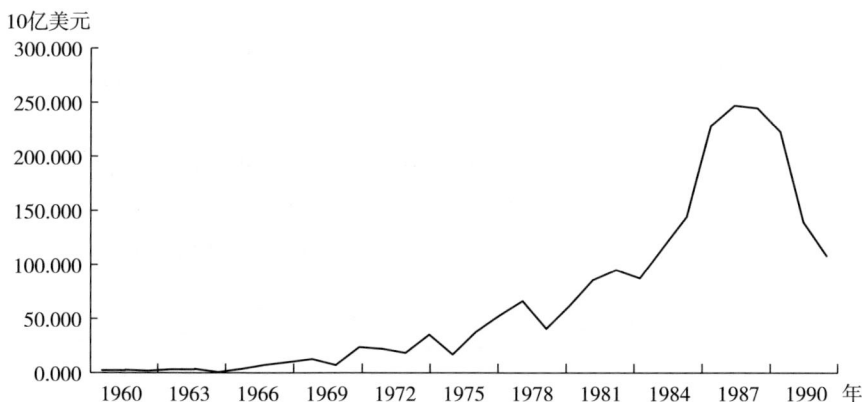

图 2 – 12　外国人持有美国资产

（数据来源：美国经济研究局）

科技创新也带来了跨国科技公司并购的对外投资需求。美国高科技企业通过收购的方式在全球捕捉先进的科技成果，与自身已有的技术和商业相结合。根据 Baker McKenzie 对亚太地区科技创新企业的一项调查，各国（地区）科技创新企业除了在国内（地区内）和邻近的东亚地区进行融资外，北美地区是科

图 2 – 13　纳斯达克市场综合指数

（数据来源：纳斯达克）

技创新企业获得资金的主要来源。其中，印度作为信息技术产业基础较好、人力成本较低的亚太新兴国家，已经是美国硅谷公司收购的主要目标国之一。

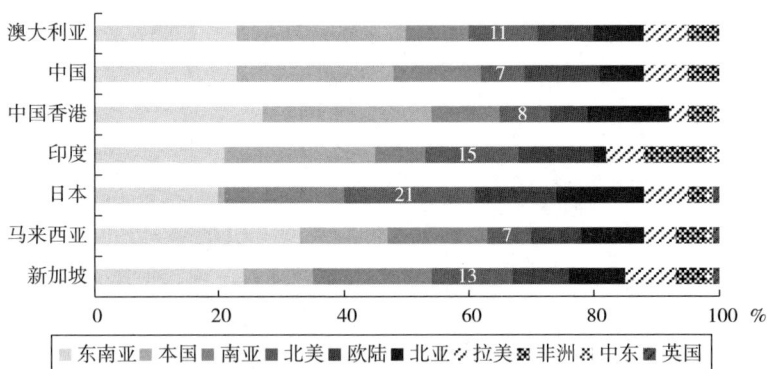

图 2 – 14　亚太地区科技企业意向融资来源地调查

（数据来源：Baker McKenzie, THE AGE OF HYPERCOMPLEXITY

Asia – Pacific Business and Legal Macrotrends）

美国科技创新带来的资本流动的益处要远远大于开放资本账户放弃固定汇率，导致一定区间内美元币值波动带来的弊端，所以科技创新是促使美国几乎没有犹豫地选择完全放开资本账户的原因之一。我们可以看到，虽然美元币值的不稳定是暂时性的，但是通过国际资本流动促进科技创新的发展的经济增长方式，是世界所有发达国家和发展中国家重要的发展模式，金融开放改革的正效应十分明显。

2.1.3.2　金融创新带来的深刻变革

美国的金融创新与科技创新一样喷薄，20世纪后半期出现了很多金融的新业态。金融混业经营的趋势一再加强，金融业通过全能银行、银行母公司、金融控股（美国适用）的形式，综合经营银行、证券、保险等业务。金融业务的复杂性显著提高。美国银行同业市场兴起，与欧洲离岸市场一起形成了国内金融体系内部资金更大的往来流动、跨境金融体系资金更大的往来流动。美国衍生品创新层出不穷，结构化产品推陈出新，金融市场里错综复杂的连接和结构嵌套增多。这些金融创新对美国金融开放的意义是，尽管美国政府能通过政策限制的方式控制显性的资本流动，但无法明察到在金融创新复杂多变环境下隐藏在合规金融产品背后的资本流动。国际货币基金组织的报告对美国曾经在20世纪60年代采取的短暂的资本管制政策的评价是，即使资本流动受到一定限制，但是限制的作用是微弱的。[①] 首先国内资本通过法规允许的形式进行跨境流动，合规资本流动的规模是受限资本的6倍。其次金融创新让国内资本通过产品设计隐形地越过资本管制变得更加容易，美国的资本管制政策的效度被削弱。在金融创新背景下，美国采取自由化政策和资本开放，是一种不可阻挡的趋势。

2.1.4　模式总结："水到渠成"式的金融开放模式

美国的金融开放历程前后横跨整个20世纪，既有国际环境的有利形势，又有国内经济的有利条件，还有科技创新和金融创新的推动。综合来看，美国金融开放的三方面特点归结为"水到渠成"式的金融开放模式。即英镑衰落、第二次世界大战后建立新货币体系、金融自由化等国际环境的变化，经济增长热潮、纽约金融中心建设、美联储运作等国内经济的条件，外加科技和金融创新的力量，都必然地、自发地、内在地要求美国一步一步纵深推进金融开放进程。于是美国实现了货币国际化、浮动汇率、金融机构国际化、

---

① 国际货币基金组织 Age Bakker、Bryan Chapple：Advanced Country Experiences with Capital Account Liberalization，华盛顿特区：International Monetary Fund，Publication Service，2002 年。

资本账户开放等一系列金融开放目标。这些水到渠成的因素是经济基础对上层建筑的要求，是发展的动力对改革的要求。正因为如此，美国的金融开放每次都最大化了改革收益，最小化了改革风险，以顺流而下的轻松姿态完成。

金融开放是一项系统工程，货币国际化、汇率自由浮动、资本账户开放、金融机构开放等因素相互作用，复杂交织。对开放顺序的选择成为一大难题。美国的经验是要"水到渠成"。综观各方面条件，成熟一个开放一个，需要什么改革什么，让开放进程与金融发展充分适应。这样的简单顺序规则比起复杂的计划少了人为的误判，多了对基本现实的尊重，有利于提高采取有关开放政策后金融体系的稳定度。

美国的金融开放过程不是没有担忧和反对的声音。美国的孤立主义传统、对中央银行的不信任等历史政策都让美国一些群体担忧开放改革会损害美国利益。历史结局表明，这些担忧有合理之处，但是权衡利弊之后，显然金融开放对美国的益处更大，而且由于对开放节奏的良好把握，开放过程几乎没有遇到重大风险。这对中国的金融开放具有很强的启示意义，也许今天向以美国为主导的国际金融体系开放具有一些潜在风险，但是实现金融开放给中国的益处或许更大。过于保守的改革观可能会让中国失去一些历史机遇。我们只是需要仔细地进行收益成本分析，结合现实条件趋利避害，把握好开放节奏，稳步驶向中国金融开放的彼岸。

2.2 日本的金融开放：金融体系功能的缺失

日本的金融开放集中在 20 世纪 80 年代到 90 年代，是同时期新兴经济体实行金融开放和自由化的代表国家。日本的金融开放进程偏向激进，开放力度很大且速度很快。日本的金融开放受美国的影响十分明显，大部分的金融开放政策都契合美国的要求。日本的金融开放取得了一些成果，它使得日本建成了东京金融中心，日元国际地位一度提升，日本的海内外资产配置更趋合理。然而，日本金融开放的代价也不容忽视，过快的金融开放给日本国内金融业带来了难以适应的冲击，泡沫破裂后日本经济长期低迷不振。

日本进行金融开放的国内国际环境、开放的措施都和目前中国金融开放进程有相似性。日本的经验教训值得中国思考借鉴。

2.2.1 激进地与西方国际金融体系融合

2.2.1.1 开放从主动有序到被动激进

日本金融开放的历程经历了不断加速的过程，从结束布雷顿森林体系的"尼克松冲击"开始，日本已经自主地开始了金融开放的进程。但是1984年日元美元委员会和1985年的《广场协议》是日本金融开放的转折点，在此之后，金融开放的速度明显加快，在4~5年的时间激进地推行了一系列政策，也给日本的金融体系带来了激变。

第二次世界大战以后，日本成为在美国保护下的盟友，美国为战败的日本单方面地制定了一项名为"道奇计划"的经济稳定体制，日元与美元保持固定的1美元兑360日元的汇率。日本在道奇体制下，以长期被低估的日元币值参与国际贸易分工，通过朝鲜战争等历史机遇一跃成为新兴的制造业中心。到20世纪70年代，日本的经济已经具备支撑日元逐步迈向国际货币的实力。在1971年布雷顿森林体系的固定汇率结束后，日元在国际上面临的环境出现了三大新的变化：尼日利亚、马来西亚、沙特阿拉伯等国家纷纷把日元纳入储备货币；以日元计价的国际贸易增多，日本的汽车、船舶重型装备出口使用日元计价的比例相对提升；日元离岸市场兴起。有鉴于这些变化，日本开始了日元浮动汇率改革的尝试。

于是在1980年，日本修改了《外汇及对外贸易管理法》，实现了日本经常项目的可兑换。资本账户上的日元从"原则上禁止"兑换变为"原则上自由"兑换。这一时期是日本金融开放的早期，开放的进程还能由日本政府自主掌控。日本国内舆论也对日本的金融开放持保守态度，日本学者表达了对日本金融开放带来的货币政策失灵、外汇市场波动的担忧。

随着美国的介入，日本金融开放的原有节奏被打乱。在日元美元委员会的干预下，日本对美国的要求作出了很多让步，开始了以全面金融自由化为主的改革。这些金融改革措施包括利率市场化、日本金融市场和金融机构对外开放、促进欧洲日元市场发展和直接投资四大方面。利率市场化方面，日本在国内市场引进大额存单，实行市场化利率。大额存单的发行最低额度逐步减小，最终取消最低限制，使得日本的存款利率从大额到小额完全地实现了市场化定价机制。从 1984 年开始，日本只用了 10 年，就在 1994 年 10 月完全实现了存款利率市场化。存款利率市场化后，市场利率并非美国预计的那样有抬高趋势从而让日元升值，利率反而一路下行。美国只能另寻他法让日元升值。不过市场化后，存款利率的波动的确加大了。

表 2 – 3　　　　　　　日本利率市场化过程中大额存单发行门槛　　　　单位：万日元

年份	大额存单发行门槛	年份	大额存单发行门槛
1984	30 000	1990	< 1 000
1985	10 000	1991	< 1 000
1986	10 000	1992	< 1 000
1987	10 000	1993	0
1988	5 000	1994	可以活期
1989	1 000		

数据来源：泷田洋一. 日美货币谈判：内幕 20 年［M］. 李春梅，译. 北京：清华大学出版社，2009.

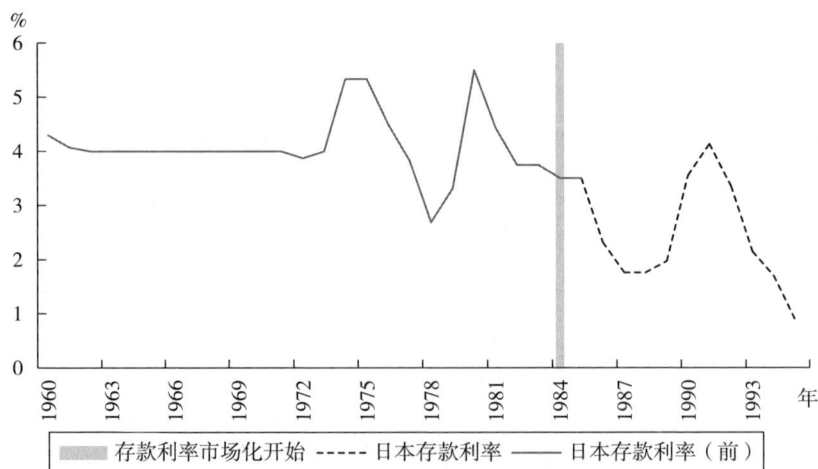

图 2 – 15　日本银行平均存款利率

（数据来源：世界银行）

金融市场和金融机构的开放方面，主要是开放东京证券交易所的交易席位给外国机构。此前日本不允许外资金融机构拥有东京证券交易所的会员资格，而从 1984 年到 1985 年 12 月一年多的时间内，摩根、美林等 6 家外国券商获得了会员资格。日本还快速放开了外国信托进入日本的限制，允许外国机构采用与日本合资的方式设立境内信托。1985 年 6 月，9 家合资信托里，6 家外资来自美国，1 家来自英国，2 家来自瑞士。

日本在离岸日元的市场化改革方面也是迅速的。几乎与国内的存款利率市场化同时，1984 年底日本企业在海外发行离岸债券的限制被解除，日本银行也可以在国际市场上自由发放日元贷款，或者发行日元大额存单。离岸债券市场的快速发展倒逼日本国内债券市场降低发行门槛，出现了降低发债门槛的市场化竞争。海外日元债券市场一直迅速扩容到 1991 年泡沫彻底破裂的时候。

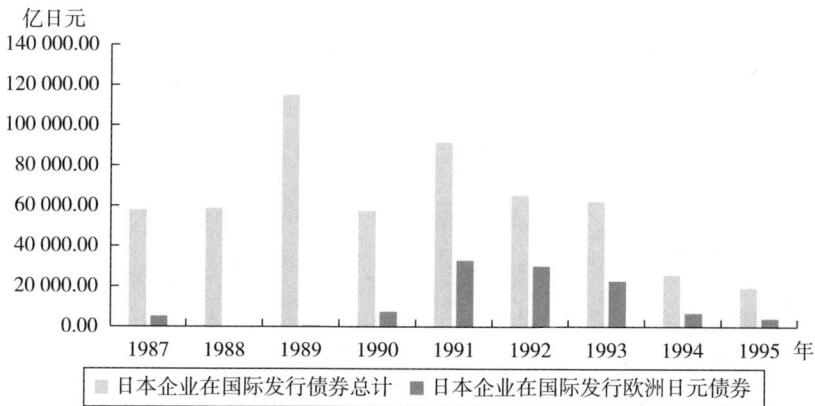

图 2-16　日本海外债券融资规模

（数据来源：日本财务省）

1983 年日元美元委员会成立后，日本的金融开放和金融自由化进程显著地变激进，这其中既有美国的施压，也有日本出于国家利益的主动取舍。到 1985 年末，日本的金融开放进程已经完成了大半。这个时候，激进开放带来的"三元悖论"冲突开始显现。日本金融体系出现的一些内外部潜在风险，让陷入完全开放与完全封闭中间境地的日本前后两难，如果继续开放则没有有效应对风险的经验，如果回退则开放成果灭失，甚至回退的执行难度本身就很大。

在日元升值最厉害的 1987 年，日元外汇投机交易活跃，导致对日元的升值顺周期进一步强化。日本政府为了控制日元快速升值的势头，曾希望重新施加投机外汇管制。重新施加管制的提议因为难度过大，最终变成了日本大藏省对日本主要金融机构的"自律性要求"，主要金融机构自律不从事投机交易。即便是这样的行政性指导，也被市场上的金融机构和美国方面视为是对金融自由化的破坏。最终这样的"自律性要求"执行力很小，日元的升值依然持续。在这个事件中，反映的是日本汇率稳定与资本管制的矛盾。

1987 年也是日本经济泡沫不断累积的时间，此时泡沫的累积要求日本低利率的货币政策有序退出。然而 1987 年 10 月 19 日发生了美国股市"黑色星期一"，道琼斯 30 种工业股票下跌了 22.8%。"黑色星期一"波及了欧洲等主要发达国家。各国央行开始向市场注入流动性救市。在日元已经成为国际货币，日本还被要求作为债权国以低利率向世界提供资本的背景下，日元加息被搁置，日本的货币政策换挡中断，低利率继续吹大了经济泡沫。在这个事件中，反映的是日本资本项目可兑换与货币政策独立性的矛盾。

这些矛盾最终演变为日本进入 1990 年后经济泡沫的破裂，陷入了增长停滞的泥潭。在此以后的日本金融开放显得谨慎有序得多。美国也由对日本金融自由化和开放的要求，转向重点督促日本国内经济结构改革方面，金融开放的外部压力降低。20 世纪 90 年代，日本依次完成了 1997 年银行信托、银行证券混业经营，1998 年金融控股合法化和股票市场费率自由化，以及 1998 年的资本账户全面放开等改革。日本还在日元国际化方面继续努力，包括在 1997 年亚洲金融危机后提出以日元为中心向危机国家和地区提供金融援助的"亚洲货币基金"构想（被美国否决），1997 年向危机国家和地区提供 300 亿美元援助的替代品"新宫泽方案"，2000 年清迈亚洲开发银行年会上日本主导的一系列东亚货币互换协议等。这一时期日本金融激进开放的风险已经得到释放，新的开放政策也是在一个较高的开放水平基础上推出的，开放的过程基本较为平缓。

2.2.1.2　缺乏战略规划，造成政策失误

如果将日本激进的金融开放过程与美国进行比较，还能发现除了开放节奏以外其他的不同。日本金融开放的顺序缺少深思熟虑的权衡，开放哪些，不开放哪些，以多快的步伐开放，更多服务于日本与美国谈判的短期利益上，而非某个长远目标或者经济现实需求上。体现最明显的是日本向外资券商开放东京证券交易所的会员资格问题。20世纪80年代是日本希望借助经济谋求更大国际话语权的一个时代。1982年，中曾根康弘出任日本首相，提出日本要有"大国思维"，通过国际多边机制参与世界事务。中曾根公开发表的有关日本促进自由贸易、维持汇率稳定、增进国际协调等内容都从国际大国的视角出发。日本积极融入国际秩序，谋求政治大国的一系列举措也被称为"中曾根主义"。

急于谋求国际话语权的需求绑架了金融开放的正常速度，使金融开放成为了一项与美国谈判的筹码。20世纪80年代，日本希望通过向世界银行增资的方式，让日本的投票权从第五位升至第二位。美国在世界银行增资问题上的态度是以东京证券交易所的开放作为条件交换。提出这一要求，与时任美国财政部长唐纳德·托马斯·里甘曾任美林总裁的个人经历密切相关。里甘充分地将华尔街投行的利益要求体现在了美日关于金融开放的谈判上。面对更大投票权的诱惑，日本显然在开放国内证券交易所方面更多考虑了国家政治地位的提升，较少考虑了金融开放的渐进性规律和系统性把握。1986年，日本在世界银行的投票权如愿上升到了第二位，外资券商进驻东京证券交易所。

在国内资本市场尚不成熟的情况下，开放证券市场无疑放大了日本金融市场的顺周期性。从1985年到1989年，日经225指数一路高歌猛进，剑指40 000点大关，金融体系高度泡沫化。国际投资银行凭借其在国际上的影响力，在日本国内使用融资融券、期货期权等工具建立日经空头仓位，再发布报告高调唱空日本股市。国际投资者纷纷恐慌离场，本来已经泡沫化严重的日本股市迅速崩溃，而国际投资银行则在空头交易中赚得盆满钵满。

图 2 - 17 日经 225 指数的泡沫与崩溃

（数据来源：东京证券交易所）

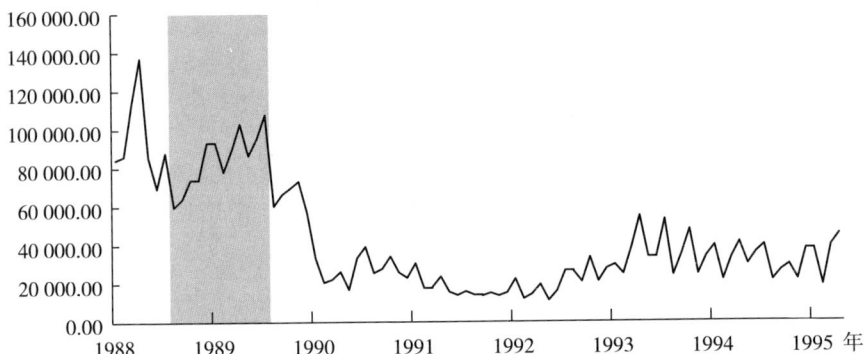

注：阴影部分为泡沫破裂前期货交易量明显抬升的一段时期。

图 2 - 18 日本 TOPIX 期货交易额

（数据来源：东京证券交易所）

日本在开放证券交易所和世界银行的投票权之间的权衡显然缺少战略统筹，在没有充分的市场应对机制下，盲目地引入外资机构给日本金融体系埋下了动荡的因素。日本经验显示，金融开放与国家其他政策的协调性是值得重视的。

2. 2. 1. 3 经济政策独立性弱，美国可以对日本施加重大影响

日本的金融开放绕不开的是美国的影响力。日本在政治上是美国核保护伞下的盟友，经济上依赖于美国。整个金融开放的内容、速度都受制于美国的利益要求。美国对日本的要求大致划分为三个阶段，可以说是层层递进，但都围绕着日元升值以改善美国贸易逆差、打开日本国内商品服务和金融市场的核心利益目标展开。

第一阶段（1983—1984 年），日元美元委员会。日元美元委员会成立于 1983 年，是美日双方协调日本金融自由化改革的双边机构。日元美元委员会成立后，日本原有的金融开放节奏从此被大大加快了。20 世纪 80 年代，美国经常账户逆差严重，日本则有大量的经常顺差。日本制造业企业在全球建立起了相对美国企业的竞争优势。美国开始将美日的贸易问题归结为日元低估问题。1983 年，一份由摩根发布、斯坦福大学艾斯拉·所罗门和霍雷·塞蒙斯律师事务所的迪比特·马切逊撰写的《美元日元的矛盾——现存问题和解决方案》的报告，吹响了美国干涉日本金融开放进程的舆论号角。

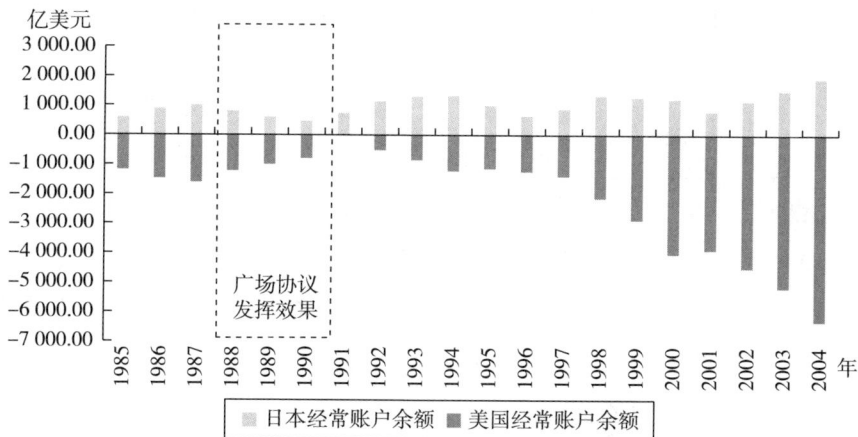

图 2−19　美日经常账户余额对比

（数据来源：美国经济研究局、日本财务省，根据年末汇率折算）

舆论导向让美国官方认为，必须通过日本金融市场自由化和扩大开放的方式，促进日元升值、美元贬值，改善美国的收支不平衡。美国借助里根总统和中曾根康弘首相会谈的良好氛围，成立磋商机制日元美元委员会，推动日本金融自由化的进程。这一机制最开始在日本大藏省内部也遭到了抵制。大藏省官员普遍认为金融自由化应当是日本的"国内事务"，并且银行局、证券局、国际金融局已经在有序地推行金融开放和自由化，美国对这一进程的外部加快干预毫无道理。最后日元美元委员会经过 1984 年的 6 次工作会议，还是在美国的主导下达成了一系列的日本加速金融开放和自由化的协议。最终美国和日本分别发布了关于改革措施的各自声明，即美国方面的《日美日元美元委员会报告书》和日本方面的《金融国际化和自由化的现状和展望》。尽管日本的声明想尽了办法减少不利的条款，但是最终基本都满足了美国的要求。在接下来的短短 1~2 年时间，利率市场化、开放金融市场和金融机构、放开离岸市场限制改革密集推出。

第二阶段（1985—1988 年），《广场协议》。严格意义上说，虽然日元美元委员会的大部分工作完成于 1983 年和 1984 年两年，但是后续的会议一直延续到 1993 年。因此《广场协议》阶段与日元美元委员会有一定重合。不过 1985 年以后美国对日本金融开放的干涉主要以《广场协议》为主。一系列的金融自由化改革并没有能有效扭转美国贸易逆差的趋势，因此美国希望日本采取更主动的措施帮助美元实现贬值。于是在 1985 年纽约广场饭店的 G5 会议上，美国要求英国、联邦德国、法国、日本四国联合干预外汇市场，实现美元贬值，调整经常账户的不平衡，联合反对贸易保护主义。会议确定了 1985 年 9 月到 10 月，为期 6 周，规模总计 102 亿美元的多国联合外汇干预，美国出资 32 亿美元，日本出资 30 亿美元，联邦德国、英国、法国共出资 20 亿美元，其他 G10 成员国共同出资 20 亿美元。在广场会议上，美国占据着国际舆论优势，日本面临多国对其大量贸易盈余的指责，加之美国的施压，日本接受了日元升值的要求。《广场协议》签订后，日元从此患上了升值综合征，升值幅度远大于协议设计，极大地打击了日本的出口。

日元升值的势头一直延续到了 1987 年。日本出口企业饱受升值之苦，不断向日本政府施压。日元升值产生了"J 曲线"效应，美国的贸易赤字非但没有减小，反而出现了扩大趋势。国际社会也开始担忧美元贬值过快给世界经济带来的拖累。美国开始下决心反向干预美元汇率，这就有了后来 G5 扩容到 G7 的卢浮宫会议。日本对美国的反向干预充满了期待，想象着日元能借此适当贬值，舒缓制造业的出口压力。最终日本对美国的期待再次落空。美国在 G7 卢浮宫会议上最终的决定是保持日元汇率在"目前的水准附近"，

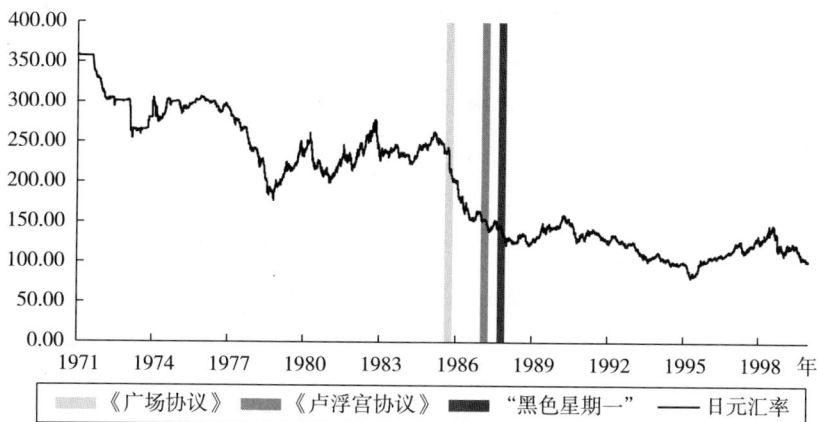

图 2 - 20　美元兑日元汇率

（数据来源：美国联邦储备委员会）

日本期待的日元重新贬值并没有发生。从某种意义上说，《卢浮宫协议》关于日元的安排是美国又一次发挥对日本的影响力服务美国自身经济利益的结果，可以称之为《广场协议 II》。

《卢浮宫协议》后，美元的汇率得到了很好的稳定，日元的汇率稳定过一段时间，可是还是处在一个较高的水平。为了应对出口迅速下滑给日本经济带来的冲击，日本在国内实施了财政刺激计划和低利率政策。因为开放资本账户和美国施加的目标币值，日本在"三元悖论"中无法有效动用紧缩货币政策收缩泡沫，这些政策一直延续到日本泡沫破裂的前夕，酿成了日本经济转入 10 年停滞的灾祸。

从《广场协议》到《卢浮宫协议》，美国一直在支配着日本的汇率政策，干预日元汇率，指定日元在国际化体系中扮演何种角色。

第三阶段（1989—1990 年），美日构造协议。经历日元美元委员会对日本金融开放和自由化的改革，以及《广场协议》和《卢浮宫协议》对日元汇率的干预，美国发现了美日贸易不平衡背后是美日两国经济深层次的差异。于是美国给日本开出了新的"药方"，试图从金融跳出，转而重点改革日本的经济结构。美国对日本传统上的一系列社会经济制度进行了否定，要求日本推动经济制度改革，与美国制度接轨，从而实现美国企业与日本企业"平等贸易竞争的地位"。这些改革的具体措施包括扩大日本政府投资提振日本国内需求，增强日本土地利用，修改《大店法》减轻对欧美零售企业的店面规模限制，强化反垄断调查，改变日本公司治理模式等方面。美国使用了"胡萝卜＋大棒"的政策逼迫日本接受这些改革举措。

美国使用的一大杀手锏就是对日本使用"301条款"。"301条款"是《1988年综合贸易与竞争法》第1301—1310节的内容，授权美国贸易代表办公室（USTR）对外国立法或行政上违反贸易协定、损害美国利益的行为采取单边行动。"301条款"分为"普通""特别""超级"三类，贸易报复等级逐步上升。1989年，美国就将日本、印度、巴西三国列为"超级301条款"的重点谈判国。日本只能与美国开展关于构造协议的磋商，避免被"超级301条款"制裁。最终，美国大部分的诉求被满足，这些协议被美国写进了一年一度的日本《年度改革愿景》，督促日本落实改革。

这一时期美国对日本经济政策的影响主要集中在实体经济结构改革方面，日本的金融开放不再以美日协议的形式被激进地加速。

2.2.2　实体强势，金融"虚胖"

2.2.2.1　出口导向经济，世界制造业中心

尽管日本的金融开放偏向激进，但是长期的实体经济增长基础，仍是日本走向金融开放道路的基础条件。刚刚结束第二次世界大战的日本经济，负担着战争赔款、赈救灾民、恢复重建的多重压力，看不到经济发展的希望。然而当美国在朝鲜战争的军需让日本经济有了复苏基础后，日本经济接连创造了"神武景气""岩户景气""奥林匹克景气""伊弉诺景气"，一跃成为世界第二大经济体，经常账户常年盈余，成为世界最大债权国。

朝鲜战争带日本走出通缩，迅速复兴。1945年，战后的日本被盟军司令部（GHQ）占领，盟军司令部在日本推行改革，彻底根除日本发动战争的经济社会因素。肢解三菱、三井、住友、安田等日本财阀集团，推行《禁止垄断法》，改革主仆式雇佣关系，农地所有权公共化等。到了短短3年后的

1948 年，随着资本主义和社会主义两大阵营的对立，美国出于把日本作为抵抗社会主义阵营桥头堡的考虑，对日本政策逐渐由"改革"转向了"复兴"，拆分财阀的措施大打折扣，战争赔款大额减免。但是复兴日本经济困难重重，此时的日本面临恶性通胀，生产资本消耗殆尽，生活物资极度短缺，经济运行高度依赖无偿援助。美国期望日本能够在不依赖战后无偿援助的情况下独立实现复兴。1949 年，"道奇计划"推出，矢志要控制通货膨胀。"道奇计划"提出编制超平衡财政预算，废除各项补助金，全面停止新增复兴金融债券，统一多元汇率到固定的 1 美元兑 360 日元。"道奇计划"最大限度地满足了美国减轻自身对日援助负担，拉拢日本进入资本主义经济体系的愿望，但是对日本"复兴"的作用似乎相当有限。"道奇计划"让日本从通胀转入了全面的通缩，日本经济出现了"稳定恐慌"的萧条。

日本真正的复兴源于朝鲜战争的历史机遇。美国将军需的大量订单派给了日本企业，涉及钢材、油桶、卡车、飞机等物资需求，还有美军士兵的消费性需求。这些特需使以汽车行业为代表的日本企业在濒死状态中迅速复活。到战争结束的 1956 年，日本各项经济指标已经全面恢复到了战前水平。

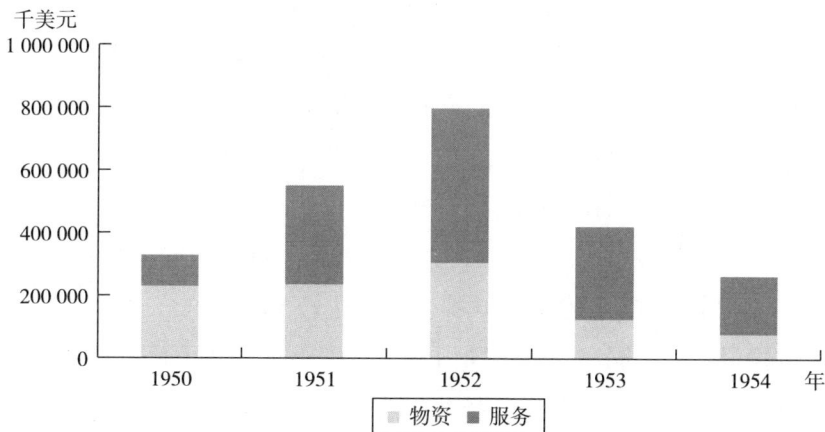

图 2-21　美军特需合同金额

（数据来源：有泽广义，稻叶秀三. 资料战后二十年史（第二卷）［M］//石原浜野洁，

井奥成彦，中村宗悦，等. 日本经济史.

彭曦，刘妹含，韩秋燕，等译. 南京：南京大学出版社，2018）

战争特需还给日本带来更深远的经济影响。这些军需订单以美元计价支付，日本在物资出口过程中积累了大量美元储备。1949 年到 1951 年，日本的外汇储备在 3 年时间里从 2 亿美元增加到 9 亿美元，增长了 3.5 倍。这些外汇储备让日本摆脱了资本存量不足的约束，可以通过企业设备投资来实现生产扩张了。

民间投资接力，技术逐渐进步，消费需求激活。1956 年日本经济恢复到战前水平后，日本《经济白皮书》以"已经不是战后了"作为结语，这也被看作日本结束战后复兴的标志。当人们刚刚开始担忧朝鲜战争结束后日本经济如何继续增长时，日本民间企业投资的经济拉动力已经开始接力。日本的私人设备投资高涨被公认为是日本战后经济高速增长的主要原因，特别是在 1960 年池田勇人内阁为转移抵制《美日安保条约》的政治矛盾，提出"国民收入倍增计划"后，民间投资达到了空前高涨的程度。日本还存在明显的"投资带动投资"的效应。战后早期日本经济的支柱产业是重化工业，这些产业的上下游联动很强，某一环节的生产扩张必然要求邻近环节的协同扩张。因此日本金属、化学、石油、电力等行业的设备投资，呈现层层叠加的特点。国际上长期稳定低廉的"1 美元"石油，也给日本重化工业的投资发展创造了有利条件。

日本的民间投资还伴随着企业生产技术的不断改进。这一时期日本企业的生产技术改善有两方面源泉。一方面是军需生产培育起的军用技术民用化。美国为了能让日本快速地生产美军使用的合格物资，向日本企业转移了许多技术。战争结束后军用技术民用化开始，投资企业抓住机会让军用技术为己所用。另一方面是日本进入了关贸总协定和国际货币基金组织的资本主义经济体系，便利了日本从欧美发达国家学习引进技术。

私人投资扩张的同时，日本国内的消费需求伴随着人口流动和城市化被激活，构成了日本这一时期经济强劲的增长动力。随着日本工业部门的快速增长，用工需求增加，工资上升，这吸引了农村地区的日本青年来到环太平洋地区的东京、关西、名古屋三大都市圈务工，形成了大规模的人口流动。人口流动从 20 世纪 50 年代开始，到 1961—1963 年达到高峰。人口流动使得日本居民收入增加，家庭数增加。这拉动了日本国内的消费需求。日本曾兴

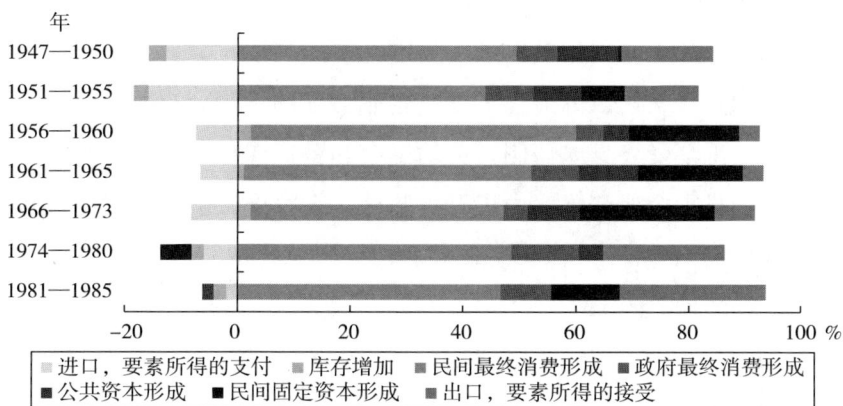

图 2 – 22　日本各部门对经济贡献度

（数据来源：日本经济企划厅，内阁府"国民经济核算"）

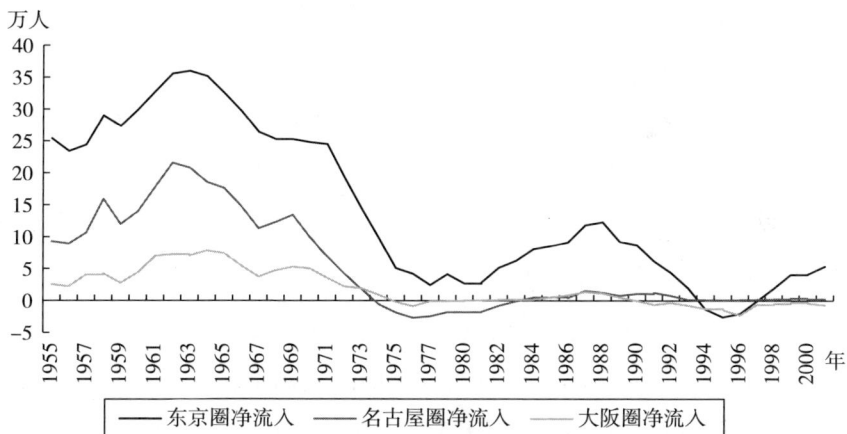

图 2 – 23　日本环太平洋都市圈人口流入

（数据来源：日本国立社会保障，人口问题研究所．一般人口统计——人口统计资料集［Z］．2007）

起"家用电器热"，60 年代日本"三大件"彩电、空调、小轿车（3C）大规
模普及。日本这一波的消费动力有自己的特色，消费的增加主要是通过企业
生产率提高、消费品价格下降，而不是通过透支消费形成的。事实上日本国
民把提高的收入大部分用于储蓄，储蓄支撑了企业投资增长，企业投资增长
和技术革新又带来了消费品价格的下降和普及。"收入—储蓄—投资—消

费—收入"的循环模式是日本消费动力的显著特点。

日本的企业和工作文化也促进了日本经济的高增长。日本企业沿袭了一些日本战前的企业文化，也结合了现代企业治理的优势，充分调动了企业员工积极性。员工享受终身雇佣制，劳动工会和企业保持着良好的关系，综合商社制度下的日本企业整体实力提升。此外，日本国民的工作勤勉程度世界知名，工作成为日本人大半生做的事情，努力工作的日本企业员工被称为"拼命三郎、企业战士"。①

"收入—储蓄—投资—消费—收入"的循环支持了日本长达 20 年每年10% 左右的高速增长，相继创造了"神武景气""岩户景气""奥林匹克景气""伊弉诺景气"的日本经济繁荣时代，奠定了日本经济大国的世界地位。

产业转型升级，出口驱动增长。进入 20 世纪 70 年代，"伊弉诺景气"结束后，日本经济增长开始出现较大下行压力，原材料行业的增长下降，两次石油危机使油价大幅上涨，冲击了日本的重化工产业，结束了日本企业设备投资高涨的热情。劳动力成本上升，让日本的轻纺工业也形势严峻。家庭消费饱和，无法创造新的增量需求。日本政府出台了产业政策，引导产能从萧条产业向新兴产业转移。② 尽管传统的原材料行业负增长严重，但是日本的机械制造业水平迅速提升，国际竞争力提高，成为通过出口支持日本经济中速增长的动力。以汽车行业为例，在美国汽车企业深陷经济滞胀时，日本汽车企业迅速打开了美国市场，在石油危机期间也稳定增长，成长为能和美国企业在世界范围内正面竞争的汽车厂商。

日本经历的从设备投资驱动向出口驱动的转变，本质上反映了日本完成工业基础建设后，产业实现纵深发展，新旧动能切换的过程。良好的工业基础让日本制造业得以参与国际分工，在比较优势的基础上培育竞争优势。所以当国内投资消费需求增长放缓时，借助固定汇率下日元相对低估的体制，

---

① 石原享一. 战后日本经济的成败启示［M］. 肖燕，梁憬君，译. 北京：世界图书出版公司，2019.

② 《特定萧条行业稳定临时措施法》、《特定萧条地区离职者临时措施法》和《特定萧条地区中小企业对策临时措施法》。

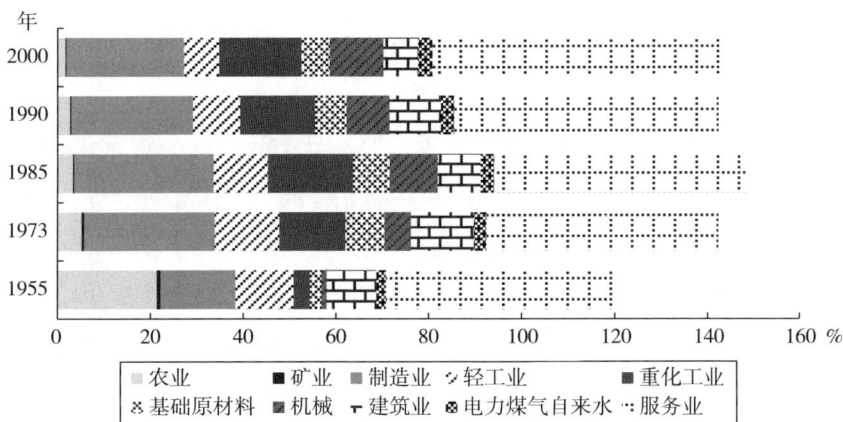

图2－24　日本各产业对实际 GDP 贡献变化，制造业、

服务业、重化工业占比上升，基础材料行业下降

（数据来源：日本经济企划厅，内阁府经济社会综合研究所. 长期溯及主要系列国民经济

计算报告平成二年基准（昭和三十年—平成十年）［R］. 2003. 行业分类有交叉）

具备优势的制造业以对外出口的方式支撑了日本经济的继续增长。成为世界制造业中心的日本常年贸易盈余，这也成为美国与日本的贸易摩擦、美国强烈要求日本进行金融改革的开端。

贸易因素、投资因素和技术因素，让日本战后的实体经济经历了飞跃式发展，日元的国际货币职能有所增强，日本金融市场在全球的比重不断提升。在这样的实体经济发展形势下，日本实行金融开放的大趋势是必然的。直到泡沫破裂前日本金融开放已经基本完成的时间，日本的实体经济依然是十分强势的，实体经济给了金融开放充分的支持。但是我们也应看到，当日本金融开放操之过急、出现金融风险时，过快开放、风险不可控的金融体系反而会严重拖累实体经济的增长，给实体经济带来沉重打击。

2.2.2.2　国内资产泡沫化，日元大幅升值后资产泡沫破裂

日本金融开放过程中关键的特征是资产泡沫的累积和破裂。日本的资产泡沫有美国施加的外部因素，也有日本国内经济运行的内部因素。《广场协议》的签订让日元一路升值，出口受到重挫。日本转而寻求刺激国内需求，

货币政策方面执行被称为"金融大缓和"的 2.5% 低利率，财政政策方面推出 6 兆日元的公共投资和 1 兆日元的减税政策。长期的低利率政策让日本资产的泡沫化越来越严重。

1986 年开始日本经济泡沫已经显现，但是日本政府的经济政策转换滞后太多。日元的持续性升值让降价的进口品抵消了部分通货膨胀率的上涨，使得日本银行以 CPI 作为监测指标衡量资产泡沫很具有误导性。"黑色星期一"的全球股灾让日本在基本放开资本管制后对内货币政策受制约。内因外因综合作用下，日本的股票市场、房地产市场在投资热潮的推动下屡创新高。

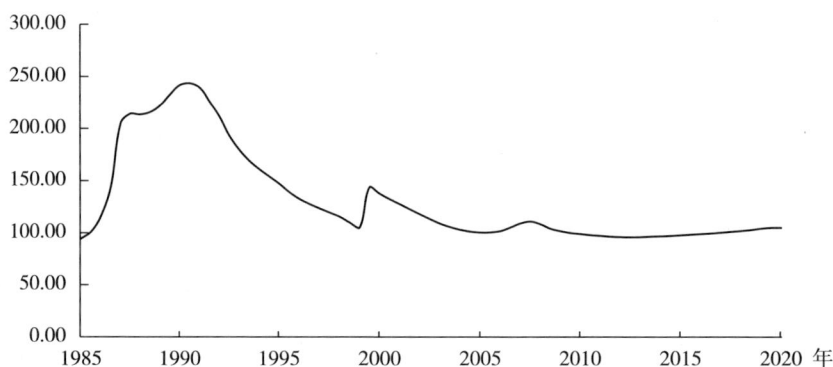

图 2-25　东京土地价格指数（2010＝100）

（数据来源：日本不动产研究所）

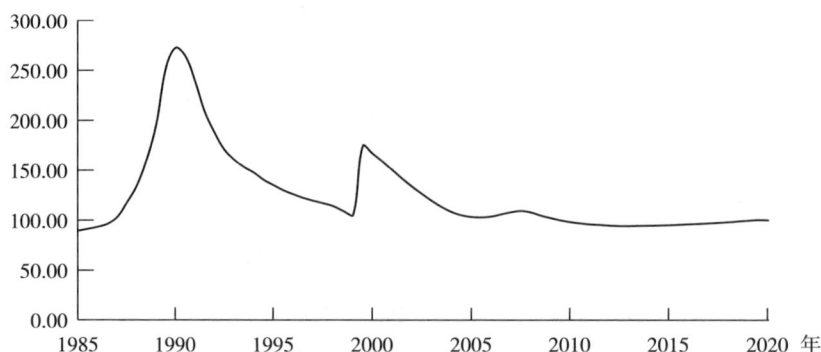

图 2-26　大阪土地价格指数（2010＝100）

（数据来源：日本不动产研究所）

　　泡沫破裂后日本进入了被称为"平成萧条"的持续低迷时期。日本经济深受不良债权、投资不足、就业信心低落、消费萎靡等问题困扰，陷入通缩循环。日本经济 1991 年泡沫破裂，1995—1996 年有小幅回升迹象，1998—1999 年又受亚洲金融危机和国内消费税下调影响再次滑坡。1999 年在美国 IT 泡沫支撑下小幅复苏，美国泡沫破裂后再次衰退。直到 2002—2006 年，日本经济才略微出现了长期增长的趋势，这次增长相对较冷，并没有带来多少物价和工资上涨，就又被 2008 年国际金融危机扑灭。持续的通货紧缩严重地影响了日本国民心态，今天的日本社会老龄化严重，对储蓄之于消费的偏好更强；年轻人中流行"佛系"心态，结婚率生育率低位徘徊。截至 2019 年 9 月，日本当年新生儿数量仅 67.38 万人，已经是连续下降的第 4 年。① 已经可以确定地说，日本经济从"失落的十年"，扩展到了"失落的二十年"。

　　毫无疑问的是，日本金融开放及自由化与日本经济泡沫累积和破裂有着一些关系。金融开放放开了资本流动，放开了外资机构参与日本国内金融市场的限制，泡沫的累积过程更持久，泡沫的破裂过程更猛烈。金融开放也让日本应对泡沫的政策出现了失灵。日本需要综合平衡金融开放改革、美国对日元币值的要求，以及使用货币政策应对经济泡沫。显然日本的金融开放和应对泡沫的矛盾没有很好地调和，导致了泡沫破裂后日本经济的萧条局面。最后日本金融开放促进了欧洲日元债券市场和国内债券市场的竞争，债券发行量快速攀升，加大了经济整体杠杆。

2.2.2.3　国内金融机构实力较弱，外资机构带来挑战

　　日本金融开放举措中很大一条涉及国内金融市场对外资金融机构的开放。金融市场的开放给本土金融机构带来了挑战。得益于日本主银行制度体系，外资银行业通过开放进入日本市场，并没能给本土银行业带来很大的冲击。外资投行在开放过程中则收益很大。外资投行打破了日本本土投资银行在日本国内的承销业务垄断，在离岸融资业务上，外资的市场份额更是超过了日本本土投行。

---

　　① 　数据来源：日本厚生劳动省。

即使外资机构因为渠道劣势丧失了零售资产管理市场，但是凭借高水平的管理能力和高信誉水平，成功打开了批发资产管理业务的局面。而在日本国内的衍生品市场方面，外资机构更是占据了绝对优势。

美国在推动日本国内金融自由化改革时，总是希望日本能加入一些美国金融机构更为熟悉的元素，以提升美国金融机构在开放后的竞争力，如培育离岸日元市场、引入衍生金融工具等。这些金融业务一经在日本金融市场上出现，就立即被外资金融机构占据了优势。本土的金融机构在国际化业务和金融创新业务方面，往往处于劣势地位，很难在平等的先天禀赋下与美国金融机构进行正面竞争。而日本金融体系中固有的板块，则还能掌握在日本金融机构手中。日本金融市场开放后的竞争格局，对中国的金融市场和金融机构开放，也很有启发意义。

2.2.3 模式总结：激进改革，金融开放最终完成却成本高昂

主要大国的金融开放都是在实体经济实力充分增强的基础上，自然地开始谋求这一进程，日本在这一点上也不例外。第二次世界大战后日本的经济高速复苏，贸易、投资、技术三大因素推动日本成为世界第二大经济体、制造业中心、常年的贸易盈余国和债权国。经济地位的显著提升必然地要求货币国际化与可兑换、金融市场开放等金融开放改革。在特定的金融开放窗口期，实行开放政策是进一步完善市场体制、激发经济活力的必由之路。踯躅不前错过历史机遇，则可能给整个经济的继续向前套上桎梏。

日本开放模式最有特色的一点是日本的开放进程在美国的干预下，呈现"大步快走"的特点。日本最开始是有自己独立的金融开放计划的，但是这个计划很快被美国的利益施压所打乱。《日美日元美元委员会报告书》、《广场协议》、《卢浮宫协议》、美日构造协议，这些美国主导的日本金融开放和金融自由化措施，更多是基于美国自身的利益，日本的金融开放则被美国绑架不断加速，激进开放的主体工作就完成于1983—1993年十年的时间。完全的开放也的确让日本建成了区域国际金融中心，日元国际化水平显著提高，然而日本为此付出的"失落的十年"的成本也是极其高昂的。金融开放的进

程必须与金融形势相适应，不能操之过急，更不能将开放轻易作为外交谈判的筹码，最终让开放进程与外国利益诉求绑定。正如大藏省官员们内部争论一度所说的那样，金融开放应该是一国自己的事，要由本国人决定开什么、何时开、怎么开。

开放的过程中，日本确实面临了"三元悖论"的选择，这削弱了日本控制泡沫应对风险的能力。《广场协议》后日元不断升值，在已经实行了基本自由的资本流动情况下，日本政府无法再通过资本管制的方式抑制日元的投机性需求，只能执行低的政策利率抵消部分升值压力。然而长期的低利率不一定是国内经济所需的。事实上，日本国内的经济泡沫逐渐累积，低利率的退出受到防止日元不再猛升目标的制约而不够果断。日本在悖论上艰难地平衡，最终还是跌进了系统性风险的深坑里。"三元悖论"确实是对实施金融开放国家内外部政策的一大考验。日本的经验显示，当陷入悖论中时，汇率政策和货币政策往往难以平衡，必须有超越这两个维度的其他有效机制，才能在悖论中有效应对开放带来的金融风险。

2.3 印度和俄罗斯的金融开放：对内和对外开放的抉择

印度和俄罗斯两国的金融开放始于 20 世纪 90 年代，是转型时期的大国对外金融开放的典型例子。印俄两国的金融开放过程显然没有主要西方发达国家那样顺利，国内外的矛盾冲突更为剧烈，兼顾国内外金融稳定和金融开放的平衡更难实现。金融开放的不平衡趋势遭遇国内外环境的重大变化时，往往会引发危机。

2.3.1 国内矛盾不缓和，制度脆弱

2.3.1.1 通胀、失业、经济不稳定因素多

印度和俄罗斯的金融开放并不像西方发达国家那样处在一个经济稳定、社会缓和的时期。这两国的金融开放一开始就发端于经济形势复杂的时期。俄罗斯的金融开放从苏联解体后的"休克疗法"就已经开始。然而这一时期

的俄罗斯刚刚从苏联体制中转轨，大量的私有化过程给俄罗斯的经济带来了阵痛式下滑，联邦政府赤字逐年攀升，经济处在极不稳定的状态。印度的金融开放伴随着 1991 年开始的经济改革开放。这一时期的印度进行了国有企业改革、对外贸易体制改革，产业结构得到调整，国有企业活力有所增强，经济外向型特征显著增强。然而印度政府的财政赤字、发展不平衡、通货膨胀问题也构成了经济不稳定因素。经济脆弱放大了金融开放后的潜在风险。2019—2020 年印度经济增速仅 4.2%，跌至 10 年来最低水平。2020—2021 年受新冠肺炎疫情冲击，印度经济大约萎缩 9.4%。穆迪、惠誉等主流评级机构认为印度中期经济增速为 6.5%，受改革阻力和金融部门痼疾影响，这一数据可能会更低。不稳定的经济环境无疑给印度进一步实施金融开放政策带来了顾虑和风险。

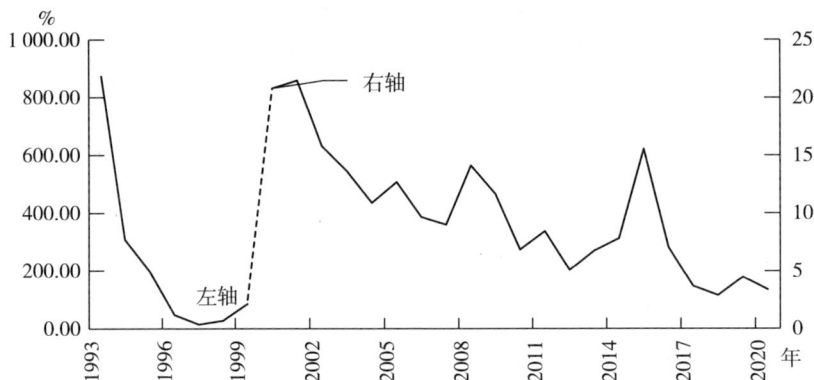

图 2 – 27　俄罗斯金融开放以来的通胀率

（数据来源：世界银行，年平均通胀率）

2.3.1.2　外汇储备有限，资本账户开放风险高

转型大国的金融开放经验已经表明，当资本管制解除，国际资本对转型大国的投资兴趣往往是高涨的。国内经济向好时国际资本就争相涌入，国内经济出现下行的苗头时国际资本就迅速离开。这样的流动给印度和俄罗斯都带来了困扰。印度从 20 世纪 90 年代起逐步放松了汇率管制，开放经常项目兑换。1997 年在 Tarapore 为主席的"资本账户可兑换委员会"领导下开始资

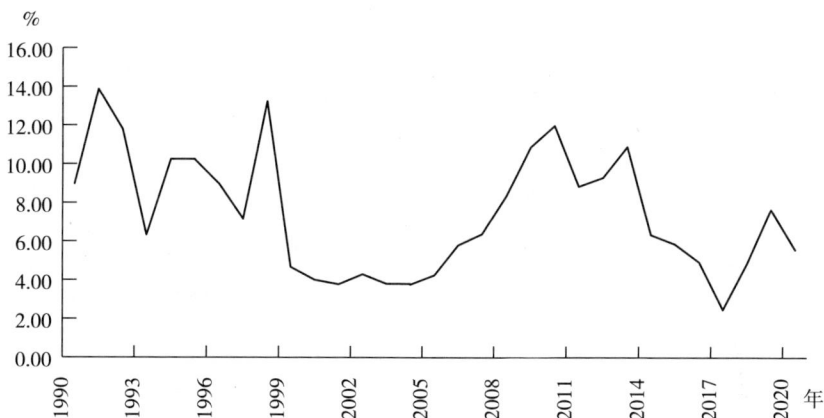

图 2 – 28 印度金融开放以来的通胀率

（数据来源：世界银行，年平均通胀率）

本账户开放的尝试。其实早在 1991 年，印度就已经因为卢比大幅贬值，经常账户状况恶化，发生过一次外汇危机。当时印度政府不得不以 67 吨黄金作为抵押向国际货币基金组织申请紧急援助以渡过危机。1997 年资本账户逐步开放以来，受印度强劲经济增长势头的支撑，印度一直吸引着国际投资者的资本流入，货币贬值压力不大。但是 1997 年亚洲金融危机中、2008 年国际金融危机中，印度资本账户出现逆差的时候，印度卢比的贬值压力就很大。2018 年以来，印度卢比再次出现大幅贬值的趋势，给外汇储备带来冲击。印度的外汇储备主要来自出口和国际务工的侨汇收入，在贸易逆差状态下脆弱性就更强。

俄罗斯在 1991 年时就在改革中开放了资本账户，国际资本一度涌入俄罗斯证券市场。但是 1997 年受亚洲金融危机冲击，俄罗斯财政赤字不可持续，国际投资者对俄罗斯的信心大幅降低。当俄罗斯宣布违约时，卢布快速贬值。俄罗斯的外汇储备不足以应对这么大规模的贬值，于是俄罗斯放弃外汇干预，并重新实施资本管制。这一次资本管制在实际效果上并没有有效阻止资本外逃，却形成了俄罗斯金融开放的一次回退。直到 2006 年，受油气出口拉动俄罗斯经济形势转好时，资本账户才再度放开。2020 年初，俄罗斯经济逐渐从克里米亚危机后西方制裁中恢复元气，推动货币管制改革，放松了俄罗斯的跨境支付和申报制度。

既然存在通胀、赤字、外汇储备有限、不平衡等一系列国内金融不完善的问题，那么有节奏地开放资本账户，保持货币政策独立性以应对风险或许对转型时期的大国来说更为重要。

2.3.1.3　国内投资环境需改善，国别风险高

印度和俄罗斯还有一个共同的特点，尽管两国都是国际资本追求超额收益的热土，但是两国国内投资环境的改善空间还很大。印度保持着对国际投资的严格安全审查和较高的贸易壁垒。通货膨胀压力大，卢比贬值压力大，国内政党林立，社会结构复杂，基础设施还需改善，腐败现象普遍，宗教、等级、地域不平衡，甚至一度假币盛行等问题给印度吸引国际投资带来了难度。印度央行通过类似中国合格投资者制度的投资管理体系（Portfolio Investment Scheme，PIS）管理外国投资者①，其中 FII 和 QFI 可以进入印度股票市场。2020 年起印度开始弥补债券市场开放方面的不足，先于 2020 年 3 月取消外国人持有国债不超过 6% 的限制，又在 2021 年 3 月把开放扩展到外国个人投资者。但是，不健全的市场制度和不确定的投资环境削弱了改革作用。2020 年，国际投资者抛售了 140 亿美元的印度债券，带来巨额资本流出，说明了国际市场对印度投资环境仍存担忧，印度金融开放伴生危机。俄罗斯寡头势力强大，经济被寡头企业垄断，国有资本实力强大，且有主权违约的信用历史，投资环境的不确定性很高。这些因素都是潜伏着的威胁，随着金融开放的程度加深，会越来越敏感地影响跨国资本的流向。国内风险发生后，风险本身在给当局施加压力，同时金融开放造成的外汇危机给当局额外施加了压力。

2.3.2　国际环境不容乐观

2.3.2.1　金融危机的冲击

在国内经济脆弱的条件下，金融开放受国际金融危机的冲击就更加明显。

---

① 非居民印度人（non‑resident Indians）、印裔外国人（persons of indian origin）、外国机构投资者（Foreign Institutional Investor，FII）、外国合格投资者（Qualified Foreign Investor，QFI）。

亚洲金融危机期间，印度的出口额下滑，资本账户顺差也开始缩水。2008 年的国际金融危机更是让印度贸易逆差加速扩大，资本大规模流出。国际金融危机的冲击同样会影响到俄罗斯，仅 2008 年第四季度俄罗斯资本流出规模就达到 1 300 亿美元（约占全年 GDP 总量的 8%）。俄罗斯的经济形势还特有地受到国际油气价格的影响。俄罗斯经济依赖于石油天然气出口，油气价格的变化左右着俄罗斯经济的景气程度。当油气价格大幅跳水的时候，俄罗斯的经济状况通常会随之恶化。

与西方发达国家较为宽松的开放国际环境相比，20 世纪 90 年代以后启动金融开放的国家往往面临着动荡的国际经济环境。1997 年亚洲金融危机、2000 年科技泡沫破裂、2001 年"9·11"恐怖事件、2008 年国际金融危机、欧洲主权债务危机等事件接连发生，给世界经济的稳定增长蒙上了阴影。相较于 20 世纪八九十年代全球经济的平稳运行来说，国际经济环境确实是总体上在朝着不利的方向演变了。这考验着转型大国进行金融开放时的风险管控能力和危机应对能力。

2.3.2.2 政治因素为金融开放添上包袱

国际政治因素也像悬在印度、俄罗斯头顶上的剑，阻碍着印度、俄罗斯稳步有序金融开放的进程。俄罗斯多年与美国开展政治博弈，尽管在某些地缘上俄罗斯能在军事政治方面略占优势，但是在经济领域屡受美国制裁，俄罗斯金融体系被制裁性排斥在国际金融体系之外。2014 年，俄罗斯和美国在克里米亚问题上的利益冲突导致了北约成员国对俄罗斯的联合经济制裁。俄罗斯金融机构和集团企业在国际金融市场上的融资受限，信贷从紧，主权评级被下调，俄罗斯金融市场陷入流动性短缺。制裁不仅从物理上让俄罗斯的金融开放难以同国际金融市场对接，而且间接地导致了俄罗斯金融体系的动荡，金融开放的政策不得不让位于风险防控。

印度虽然没有面临像俄罗斯那样紧张的国际政治环境，同美国和英国保持着友好关系，但是局部的冲突也增加了印度金融开放的不利因素。印度与巴基斯坦的领土纷争常常演变为武装冲突，印度国内地域、党派、宗教分野严重，社会离心力强。不稳定因素让印度在开放金融环境中，无法保持稳定的卢比币值。政治矛盾和金融开放本身的矛盾交织在一起，使得金融开放的工程变得更棘手、更需要智慧。

2.3.2.3　非国际货币的弱势

印度和俄罗斯的金融开放还欠缺一个优势条件，那就是本国货币的国际化。在实行金融开放的发达国家中，美国、英国、德国、日本等国家货币国际化程度很高，被世界各国纳入储备货币。持有国际货币的国家在金融开放过程中，能将出现的金融风险转嫁给使用这些世界货币的国家。其他国家被迫为世界货币国家共担了金融开放的风险。

印度卢比和俄罗斯卢布的使用范围则相当有限，基本以满足国内使用需求为主，鲜见有在国际贸易和计价中的使用，国际化程度很低。非国际货币缺少世界范围内的使用基础，对这些货币的需求单一地取决于和印度、俄罗斯的贸易或投资，不存在国际流通与计价、国际储备的需求。这就造成了卢比和卢布在印度、俄罗斯经济出现问题时，没有国际市场的需求支撑，必须依靠两国央行的外汇储备维持汇率。这让两国的金融开放没有了捷径可走。

2.3.3　模式总结：金融开放的内外冲突明显，风险频发

印度和俄罗斯的金融开放一直摆脱不了对内疏解经济发展的障碍，与对外谋求稳定开放的矛盾。两国的经济虽然有一定的基础，但是隐藏的经济不稳定因素很多，制约经济发展的制度性因素没有消除。两国本来就需要更强的国内财政货币政策稳定国内经济发展。当两国走上金融开放的道路时，内外部矛盾的冲突就明显起来。经常项目与资本项目全面可兑换、金融市场对外开放，这些举措让印度和俄罗斯的币值稳定与国内经济、国际环境更错综地联结在一起，整体金融体系波动加大。在国内经济不成熟、当局应对经验不足的条件下，金融体系的抗风险能力显著下降了。频发的金融风险又反过来打击了国内外市场参与者的信心，增添了金融开放道路上需要克服的阻力。

印度和俄罗斯的金融开放模式是较为单一地集中在汇率自由化和资本账户的开放上。货币国际化、建设区域金融中心等方面长期没有明显的成果。这是一种危险的模式，它意味着本国金融开放的意义仅在于为国际资本提供

了一个新的投资目的地，印度和俄罗斯的货币仅是投资中介工具，资产定价权不在本土，国际资本也不会停留在本土进行交易。一旦出现风险，国际资本就会迅速撤出，留下印度和俄罗斯凋敝的市场景象。印度、俄罗斯近20年来出现的货币危机，基本都是这一套路的重演。只有资本账户、货币国际化和国际金融中心建设等金融开放的举措齐头并进，相互促进，相互缓释风险，金融开放才不会沦为国际资本逐利的跑马场，才能真正有益于开放国的金融国际化和现代化。

2.4　经验教训

美国、日本、印度和俄罗斯代表了主要大国的不同金融开放模式，美国的金融开放模式是"水到渠成"式的，国内外条件的相继成熟顺滑地推动着金融开放过程的深化；日本的金融开放受美国控制不断激进化，最终实现了金融开放却也付出了高昂的成本；印度、俄罗斯的金融开放则面临着内外部政策的冲突和撕裂，屡屡暴露在风险和危机之下。总结这三种不同的金融开放模式，结合中国金融开放的实际情况，我们要充分吸取一些经验教训。

2.4.1　加强以市场为核心的金融基础设施建设

国内金融基础设施的完善对金融开放后内外金融稳定发挥着锚作用。从大国经验来看，金融基础设施的完善有市场化机制的建立、金融市场和金融机构的成熟及监管和宏观审慎的完善三个维度的内容。

市场化机制要求金融体系的行为以市场化原则为主，利率、汇率形成要以市场化机制为基础。单纯地依赖管制等行政手段，只能暂时地维持一个目标值，当市场压力超过阈值，管制就难以为继，短时间内的压力释放很有可能引发次生风险。我们看到即便强大如美国，也无力在自身贸易巨额赤字的情况下仍然维持布雷顿森林体系美元的固定汇率，美国一度施加的管制措施也并不能有效地发挥作用。市场化的机制充分利用了金融体系的价格调节机制，让金融体系更富有弹性，即便有风险也能通过价格信号较早地识别出来。

日本的存款利率市场化就帮助日本有效规避了一个风险。离岸市场和日本国内市场存在利差，如果日本政府没有实施国内存款利率市场化并与离岸市场接轨，那么开放资本账户后资本的流动可能不再是资本净流入日本，非市场化机制下的利差本意是保护本土金融机构，但是当日本走上金融开放的道路时，它反而会成为一枚需要拆除的"定时炸弹"。

金融市场和金融机构要在逐渐激烈的竞争中成熟。欧美国家的金融市场有成熟的经验，金融机构拥有丰富的经验和国际影响力，这是本土金融机构所不能比的。因为金融市场和金融机构对外开放的目的是增强我们本土机构的竞争力，所以开放本土市场和机构的过程要以本土参与者能适应为基本原则。市场对外开放要先从已经成熟的市场开始，同时培育不成熟的市场，时机到了再继续开放。机构的开放要先从本土机构熟悉且有优势的领域开始，同时对没有优势的领域在开放过程中积极向外资机构学习。这样的开放顺序给本土金融机构留出了更多成长学习的空间，避免了一次性开放造成本土市场被外资机构完全控制的情况。

监管和宏观审慎的完善是金融开放过程中防范化解风险的保障。金融开放带来的"三元悖论"通常让货币政策和汇率政策处在两难之中，应对风险的能力有所下降。宏观审慎监管政策是独立于这个悖论的，这时候它能在防范化解风险时发挥关键的作用。美国的金融市场吸引了全世界的投资者和企业，得益于美国成熟的市场监管体制，如证券市场的信息披露、交易申报、熔断，银行业的资本充足监管，外汇方面美联储对美元汇率的绝对控制能力等，美国金融市场的规范性和稳定性获得提升，人们对美国市场的信心一直坚挺，风险发生的可能性和风险发生后的损失都降低了。这也是为什么美国虽经历金融危机，但开放金融市场受追捧的热度依然没有衰减。

这三个维度的金融基础设施完善，最终都指向了渐进式的开放。只有在金融基础条件准备充分的时候，才是可以采取开放措施的时机。

2.4.2　趋利避害，金融开放需要与全球经济格局、货币体系相适应

三种模式的经验还告诉我们，金融开放需要与全球经济格局和货币体系

相适应，任何短期内改变国际经济格局和货币体系的想法都是不切实际的。美国极致地运用好了国际格局，服务于自身金融开放进程。第一次世界大战和第二次世界大战让美国实力大大增强，美元借机代替英镑成为世界第一货币。布雷顿森林体系难以为继时，美国又充分利用与产油国家的友好关系建立起美元全球循环，让美元地位不动摇，让美国实行金融自由化和资本账户开放的收益更大。俄罗斯则因为与欧美国家保持对抗，金融体系被国际社会排斥，在金融开放的道路上困难重重。金融开放的本质是世界各国对本国金融设施（货币、市场、机构）的公允认可。这样的认可不是在短期内可以达成的，必须在稳中有变的全球经济格局中把握机遇，趋利避害，逐步地实现金融开放的目标。

2.4.3　加强本币的国际化与国际金融中心建设

本币国际化与国际金融中心建设其实包括在广义的金融开放概念范畴里，它能提高在资本账户开放过程中市场的抗风险能力。本币国际化创造了国际社会对本币的交易和储备需求，使得本币币值有了受本国金融动向影响小的国际需求支撑。国际金融中心建设加强了本国对资产的定价权，国际资本更愿意到本国金融中心进行交易结算，资本枢纽的地位保证了不会出现如印度、俄罗斯两国发生的大面积资本外逃事件。从美国成功和日本总体成功的金融开放经验来说，同步推进本币可自由兑换、本币国际化和国际金融中心建设，能在降低重大风险的基础上，获得更大的开放收益。

参考文献

[1] 陈卫东，钟红，边卫红，等. 美国在岸离岸金融市场制度创新与借鉴 [J]. 国际金融研究，2015（6）：35-43.

[2] 邓常春. WTO 金融服务协议与印度金融业的开放 [J]. 南亚研究季刊，2001（S1）：75-79.

[3] 杜娟. 俄罗斯经验对中国推进资本项目开放的启示 [J]. 学术交流，2016（8）：220.

［4］贵丽娟，胡乃红，邓敏．金融开放会加大发展中国家的经济波动吗——基于宏观金融风险的分析［J］．国际金融研究，2015，399（10）：43 – 54.

［5］李远．二战后日本对外贸易政策的变迁［J］．经济体制改革，2005（6）：148 – 151.

［6］宁叶，王一鸣．日本宏观经济政策选择及其对通货膨胀的影响——基于"三元悖论"视角的分析［J］．亚太经济，2015（1）：65 – 70.

［7］牛薇薇．欧洲美元市场对于香港人民币离岸市场的启示［J］．西南金融，2014（3）：25 – 28.

［8］沈军，吴晓敏，胡元子．扩展三元悖论视角下的印度汇率制度改革对中国的启示［J］．国际金融研究，2015（3）：88 – 96.

［9］伍戈，杨凝．离岸市场发展对本国货币政策的影响——一个综述［J］．金融研究，2013（10）：85 – 104.

［10］吴婷婷，高静．自由化改革、金融开放与金融危机——来自阿根廷的教训及启示［J］．拉丁美洲研究，2015（5）：55 – 63.

［11］雪小白．金融开放对转型国家货币政策有效性的影响——匈、波、捷和俄罗斯的比较［D］．上海：复旦大学，2006.

［12］张永升，杨伟坤，荣晨．金融开放与经济增长：基于发达国家与发展中国家的实证分析［J］．财政研究，2014（3）：80 – 82.

［13］Ang J B. Financial Development, Liberalization and Technological Deepening［J］. *European Economic Review*, 2011, 55（5）：688 – 701.

［14］Ang J B, McKibbin W J. Financial Liberalization, Financial Sector Development and Growth：Evidence from Malaysia［J］. *Journal of Development Economics*, 2007, 84（1）：215 – 233.

［15］Awokuse T O. Export – led growth and the Japanese Economy：Evidence from VAR and Directed Acyclic Graphs［J］. *Applied Economics Letters*, 2005, 12（14）：849 – 858.

［16］Bakker A, Chapple M B. Advanced Country Experiences with Capital Account Liberalization［M］. International Monetary Fund, 2002.

［17］Bekaert G, Harvey C R, Lundblad C. Does financial liberalization spur growth? ［J］. *Journal of Financial Economics*, 2005, 77（1）：3 – 55.

［18］Cochrane J L, Shapiro J E, Tobin J E. Foreign Equities and US Investors：Breaking

Down the Barriers – Separating Supply and Demand [J]. Stan. JL Bus. & Fin. , 1995, 2: 241.

[19] De Haan J, Sturm J E. Finance and Income Inequality: A Review and New Evidence [J]. *European Journal of Political Economy*, 2017, 50: 171 – 195.

[20] Eichengreen B. Capital Account Liberalization: What Do Cross – Country Studies Tell Us? [J]. *The World Bank Economic Review*, 2001, 15 (3): 341 – 365.

[21] Friedman M. The Euro – Dollar Market: Some First Principles [M]. Graduate School of Business, University of Chicago, 1969.

[22] Henry P B. Capital account liberalization: Theory, evidence, and speculation [J]. *Journal of economic Literature*, 2007, 45 (4): 887 – 935.

[23] Larrain M. Capital Account Opening and Wage Inequality [J]. *The Review of Financial Studies*, 2015, 28 (6): 1555 – 1587.

[24] Larrain M, Stumpner S. Capital Account Liberalization and Aggregate Productivity: The Role of Firm Capital Allocation [J]. *The Journal of Finance*, 2017, 72 (4): 1825 – 1858.

[25] Mauro P. Stock Returns and Output Growth in Emerging and Advanced Economies [J]. *Journal of Development Economics*, 2003, 71 (1): 129 – 153.

[26] Moshirian F, Tian X, Zhang B, et al. Stock Market Liberalization and Innovation [J]. *Journal of Financial Economics*, 2020.

[27] Quinn D P, Inclan C. The Origins of Financial Openness: A Study of Current and Capital Account Liberalization [J]. *American Journal of Political Science*, 1997: 771 – 813.

[28] Spiro D E. The Hidden Hand of American Hegemony: Petrodollar Recycling and International Markets [M]. Cornell University Press, 1999.

[29] Trabelsi M, Cherif M. Capital Account Liberalization and Financial Deepening: Does the Private Sector Matter? [J]. *The Quarterly Review of Economics and Finance*, 2017, 64: 141 – 151.

[30] Umutlu M, Akdeniz L, Altay – Salih A. The Degree of Financial Liberalization and Aggregated Stock – Return Volatility in Emerging Markets [J]. *Journal of Banking & Finance*, 2010, 34 (3): 509 – 521.

3　金融开放的国别研究：
新兴国家模式

摘　要

随着经济全球化和金融一体化的不断发展，金融开放已经成为各国热议的话题。中国作为全球最主要的新兴市场国家之一，针对金融开放问题的研究具有重要的意义。本章以金融开放的新兴国家模式为切入点，利用 65 个新兴市场国家 1996—2017 年的数据研究其开放进程与经济效应，旨在为中国金融开放模式的选择提供参考对象和历史经验。首先，本章回顾了全球主要新兴市场国家金融开放的历史，并从理论和实证角度讨论了金融开放的内外部条件、顺序以及与本国经济特征的关系。其次，本章通过面板数据模型系统地检验了新兴市场国家金融开放同经济增长与稳定、金融发展与稳定之间的关系，以及宏观政策的差异对金融开放经济效应的异质性影响。最后，本章结合具体的案例再次论证了金融开放的经济效应依赖于国家特征。

本章中，我们利用 65 个新兴市场国家 1996—2017 年的数据研究这些新兴市场国家开放的模式对其金融开放经济绩效的影响。第 1 节总体上描述新兴市场经济国家金融开放的进程。第 2 节利用计量模型对新兴市场经济国家金融开放的经济效应展开实证分析。我们综合考虑了经济增长、经济稳定、金融发展和金融稳定等四个方面的经济绩效。在估计金融开放对这些绩效指标的平均效应的基础上，我们引入不同国家之间的异质性，以便分析不同国家在其他经济金融条件不同的情况下，金融开放对经济绩效的影响是否有显著的差别。该节中，我们考虑的国家间的异质性主要包括贸易开放度、经济规模、经济发展水平、金融发展水平（股市发展水平和信贷市场发展水平）、人力资本水平、股市和汇市的波动水平等①。第3节我们进一步考察不同国家在财政、货币、宏观审慎等宏观政策层面的差别是否对金融开放的经济效应有显著影响。第4节重点考察金融开放经济效应较好和较差的两个国家的具体案例。第5节给出结论。

3.1 新兴市场经济国家金融开放的进程

3.1.1 新兴市场经济国家金融开放简史

本节将对新兴市场国家的金融开放历史进行描述性统计。在新兴市场国家的划分上，本节结合了世界银行对于中高等收入国家的划分，以及国际货币基金组织、明晟公司、富时罗素指数对于新兴市场国家的划分②，最终选取了65个国家作为研究对象，具体样本国家见表3-1。

表3-1　　　　　　　　　**本节选取的新兴市场国家样本**

阿尔巴尼亚	智利	格鲁吉亚	黎巴嫩
阿尔及利亚	哥伦比亚	希腊	马来西亚
安哥拉	哥斯达黎加	格林纳达	马尔代夫
阿根廷	克罗地亚	危地马拉	毛里求斯
亚美尼亚	捷克共和国	匈牙利	墨西哥
阿塞拜疆	多米尼克	印度	摩洛哥
白俄罗斯	多米尼加共和国	印度尼西亚	纳米比亚
伯利兹	厄瓜多尔	伊朗	北马其顿
波斯尼亚和黑塞哥维那	埃及	牙买加	阿曼
博茨瓦纳	赤道几内亚	约旦	巴基斯坦

---

① 在研究金融开放的金融稳定效应时，因为股市和汇市波动是被解释变量，因此不再考虑它们的异质性对金融开放效应的影响。

② 国际货币基金组织定义了中等收入和新兴市场经济体，将中等收入国家和新兴市场经济体放到了一起。借鉴该做法，本节将世界银行中高等收入国家也纳入样本。

续表

巴西	斐济	哈萨克斯坦	巴拉圭
保加利亚	加蓬	科威特	秘鲁
乌克兰	阿拉伯联合酋长国	乌拉圭	委内瑞拉玻利瓦尔共和国
菲律宾	圣卢西亚	圣文森特和格林纳丁斯	土库曼斯坦
波兰	沙特阿拉伯	苏里南	卡塔尔
南非	泰国	俄罗斯联邦	斯里兰卡
土耳其			

注：由于本章主要是借鉴国际经验，所以样本不包括中国。

在历史开放水平的度量上，本节以 Chinn 和 Ito（2006）提出的标准化后的 KAOPEN 指标衡量各个国家的金融开放水平。国际货币基金组织发布的外汇安排和外汇限制年报（AREAER）中包含衡量资本管制强度及广泛程度的各个指标。而 KAOPEN 指标则是根据 AREAER 中的各个指标构造的二元哑变量进行编制的。其中涉及的变量包含表示是否存在多种汇率的二元哑变量，是否对经常账户进行限制的二元哑变量，是否有资本账户限制的二元哑变量的五年窗口平均，以及代表是否有出口收益上缴要求的二元哑变量。KAOPEN 指标则是以上四个变量的第一个标准化主成分。在数值上，KAOPEN 指标越大代表金融开放水平越高。本节采用的是标准化后的 KAOPEN 指标。该指标处于 0 ~ 1，金融开放水平最高的国家标准化后的 KAOPEN 指标为 1，而金融开放水平最低的国家标准化后的 KAOPEN 指标为 0。该指标的主要优势在于其较为全面地衡量了各个国家在政策层面的金融开放程度，并且其覆盖国家范围广，数据可获得性高。

不同新兴市场国家的金融开放程度有所不同，如卡塔尔、阿拉伯联合酋长国持续维持着较高的开放水平，苏里南共和国则采取了更加封闭的金融政策。根据各个国家的开放程度，将国家按照开放程度的三等分位数分为"金融开放水平较高的国家""中等金融开放水平的国家""金融开放水平较低的国家"三组。该三组国家的具体分类情况见表 3 - 2。

表 3 - 2　　　　　　　　对新兴市场国家按照金融开放水平分组

金融开放水平较低的国家	中等金融开放水平的国家	金融开放水平较高的国家
苏里南	哥伦比亚	秘鲁
土库曼斯坦	波兰	阿拉伯联合酋长国
伯利兹	墨西哥	亚美尼亚
乌克兰	圣卢西亚	沙特阿拉伯
摩洛哥	斯里兰卡	捷克共和国
赤道几内亚	黎巴嫩	乌拉圭
巴基斯坦	俄罗斯联邦	马尔代夫
斐济	克罗地亚	科威特
伊朗	阿塞拜疆	约旦
泰国	埃及	牙买加
印度	印度尼西亚	匈牙利
哈萨克斯坦	马来西亚	危地马拉
圣文森特和格林纳丁斯	厄瓜多尔	哥斯达黎加
纳米比亚	多米尼克	格鲁吉亚
土耳其	巴西	阿曼
格林纳达	多米尼加共和国	希腊
南非	巴拉圭	智利
白俄罗斯	阿尔巴尼亚	毛里求斯
加蓬	菲律宾	保加利亚
委内瑞拉玻利瓦尔共和国	波斯尼亚和黑塞哥维那	卡塔尔
阿尔及利亚	北马其顿	博茨瓦纳
安哥拉	阿根廷	

资料来源：笔者整理。

我们对各组国家的金融开放水平求平均值。图 3 - 1 描绘了低开放、中等开放和高开放国家平均开放水平随时间的变化。

图 3 - 1 中，新兴市场国家的平均开放水平是所有新兴市场国家每年的

KAOPEN 指标的平均值，新兴市场国家的平均开放水平从 1996 年的 0.39 逐渐上升至 2008 年的 0.56，之后又逐年下降至 0.49。金融开放水平较高的国家的 KAOPEN 平均值在 2007 年之前具有较快的平均增长速度。该组国家的平均开放水平由 1996 年的 0.60 上升到 2007 年的 0.94，年化增长率约为4.2%。而在 2007 年之后，该组国家的平均开放水平出现下降趋势，到 2018年该组国家的平均开放水平下降至 0.86。类似地，中等金融开放水平的国家的平均金融开放水平也在 2008 年之前具有缓慢的上升趋势，而之后则出现了下降。以上两组国家的平均金融开放水平均出现先上升再下降的趋势变动，可能是由于 2007 年到 2008 年席卷全球的金融危机使得一些选择了相对开放金融政策的新兴市场国家受到了影响，所以在此次危机之后这些国家对于金融开放的态度变得更加谨慎，进而加强了资本管制，降低了本国的金融开放水平。金融开放水平较低的国家平均金融开放水平在 1996 年到 2017 年间一直较为稳定，从 1996 年到 2007 年该组国家的平均金融开放水平维持在 0.18左右，2007 年到 2018 年之间该组国家的平均金融开放水平缓慢下降至 0.13。金融开放水平较低的一组国家一直以来都保持着较为严格的资本管制，并且还具有资本管制不断加强的趋势。

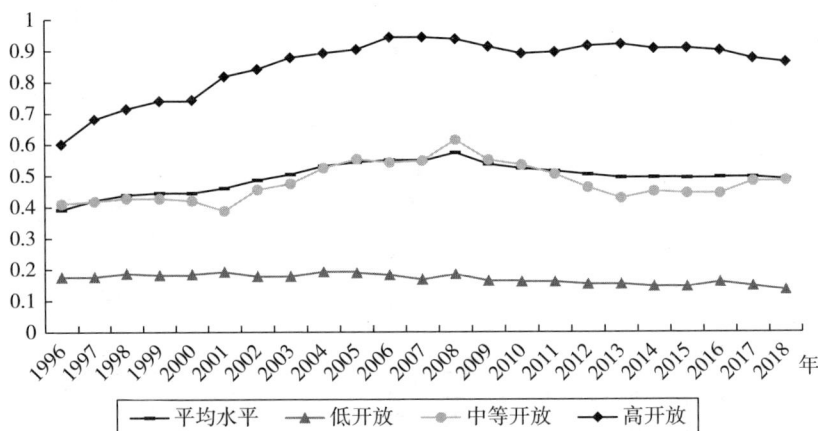

图 3-1 按金融开放水平分组的各组国家的平均金融开放水平

（数据来源：采用 Chinn - Ito 网站数据计算）

接下来，我们将这些国家按照金融开放水平年化增长率的三等分位数分为"金融开放较快的国家""金融开放速度处于中间水平的国家""金融开放较慢的国家"三组，该三组国家的具体分类情况见表3－3。

表3－3　　　　　对新兴市场国家按照金融开放水平年化增长率分组

金融开放较快的国家	金融开放速度处于中间水平的国家		金融开放较慢的国家
秘鲁	阿尔巴尼亚	捷克共和国	阿塞拜疆
约旦	阿尔及利亚	厄瓜多尔	保加利亚
埃及	安哥拉	博茨瓦纳	俄罗斯联邦
马尔代夫	巴基斯坦	圣卢西亚	白俄罗斯
巴拉圭	巴西	格鲁吉亚	苏里南
亚美尼亚	伯利兹	土耳其	波兰
墨西哥	赤道几内亚		多米尼克
牙买加	菲律宾		多米尼加共和国
科威特	斐济		智利
危地马拉	格林纳达		哥伦比亚
希腊	哈萨克斯坦		北马其顿
毛里求斯	加蓬		土库曼斯坦
哥斯达黎加	马来西亚		伊朗
乌拉圭	摩洛哥		
黎巴嫩	纳米比亚		
阿拉伯联合酋长国	南非		
波斯尼亚和黑塞哥维那	圣文森特和格林纳丁斯		
印度尼西亚	斯里兰卡		
阿曼	泰国		
卡塔尔	乌克兰		
阿根廷	印度		
委内瑞拉玻利瓦尔共和国	匈牙利		
沙特阿拉伯	克罗地亚		

资料来源：笔者整理。

图 3 - 2 展示了金融开放速度不同的三组国家平均金融开放水平随时间的变化。

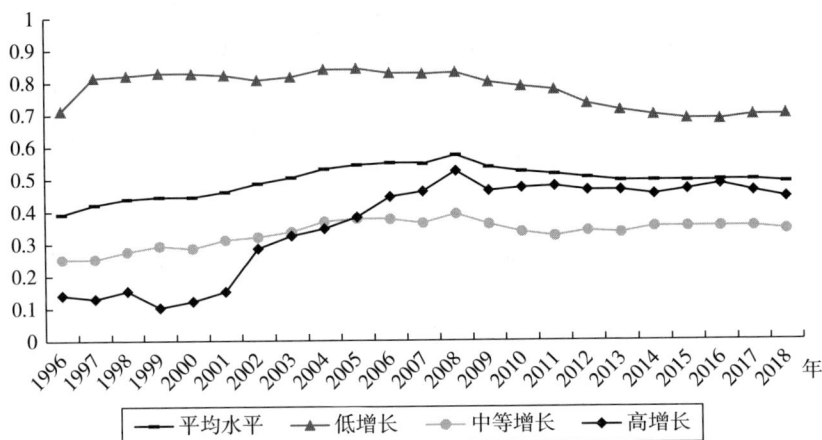

图 3 - 2　按金融开放水平增长率分组的各组国家的平均金融开放水平

（数据来源：采用 Chinn - Ito 网站数据计算）

总体而言，除去金融开放速度较慢的一组国家之外，其他两组国家的金融开放水平增长主要集中在 2008 年国际金融危机之前，而在金融危机之后开放较慢和较快的国家金融开放水平有下降的趋势；而具有低开放速度的一组国家，平均金融开放水平持续较高。具体来说，具有较高金融开放增长率的一组国家在 1996 年具有最低的金融开放水平，为 0.14。该组国家的平均开放水平在 1996 年到 2008 年期间的年化增长率为 11.6%，其平均开放水平在 2008 年达到峰值，为 0.52，之后则缓慢下降。具有中等增长率的一组国家的平均金融开放水平则在 0.30 上下波动，没有明显的趋势。而具有较低金融开放增长率的一组国家，在 2008 年之前平均开放水平基本保持稳定，2008 年后呈下降趋势，金融开放年化增长率为 - 1.7%。

3.1.2　开放的步骤与条件

大量学者对于金融开放的顺序进行过讨论。McKinnon（1973）认为金融开放应当遵循一定的顺序，以确保一国可以从金融自由化中获利。McKinnon

（1997）又指出，金融机构自由化之前应首先确保本国财政状况稳定，并以本国财政、经济状况的稳定为基础进行金融开放，而资本流动管制的放松则应该在金融系统自由化之后进行。Chinn（2006）以亚洲国家为研究样本，指出金融开放只有达到了一个法律综合发展水平的门槛值之后，才能起到刺激一国股票市场发展的作用，尤其是在新兴市场国家；而在贸易开放与金融开放的顺序上，贸易开放是通过资本账户自由化促进金融发展的前提条件。但是也有学者认为金融开放的顺序取决于每一个经济体的性质和基本情况，可以因国而异。但是总体而言，大量研究认为金融开放的顺序为财政状况及经济状况的稳定、外汇及利率政策的改革、贸易开放，最后才是资本流动的放松管制。基于此，本节针对新兴市场国家的金融开放水平与本国经济、金融发展水平，贸易开放水平，金融账户各个子账户开放水平，世界外部环境的相关关系进行了研究。

3.1.2.1　金融开放与金融发展水平、经济发展水平

理论上，金融开放对于金融发展水平、经济发展水平的作用并不明确。金融开放对一国金融发展有着正负两方面的潜在影响。一方面，金融开放可以促使一国金融市场与国际金融市场的联系更加紧密，国外资金的流入也有助于本国金融市场充分竞争，更好地发挥调节资源配置的作用，改善市场结构；另一方面，国际热钱的进入也可能会让本国金融市场更加不稳定，产生资源错配并进一步扭曲金融市场。接下来本节对新兴市场国家金融开放与金融发展水平、经济发展水平的相关关系进行初步研究，用人均实际 GDP 水平衡量经济发展水平，以信贷规模与实际 GDP 比值、股票市场总市值与实际 GDP 比例衡量金融发展水平。

我们首先针对新兴市场国家的金融市场开放程度与其人均实际 GDP 水平、信贷规模与实际 GDP 比例、股票市场总市值与实际 GDP 比例计算简单相关系数矩阵。其中，金融开放水平与就业人均实际 GDP 相关系数约为0.33，与信贷规模占实际 GDP 比例相关系数约为 0.04，与股票市场总市值占实际 GDP 比例的相关系数约为 −0.1（见表 3 − 4）。金融开放水平与就业人均实际 GDP 显著正相关，与股票市场总市值占实际 GDP 比例显著负相关。

表 3 - 4   各国金融开放水平与经济、金融发展水平的相关系数

变量名称	金融开放水平	就业人均实际 GDP	信贷规模占实际 GDP 比例	股票市场总市值占实际 GDP 比例
开放水平	1.0000			
就业人均实际 GDP	0.3306 (0.0000)	1.0000		
信贷规模占实际 GDP 比例	0.0364 (0.2514)	0.1356 (0.0020)	1.0000	
股票市场总市值占实际 GDP 比例	-0.1003 (0.0001)	-0.0824 (0.0015)	0.6672 (0.0000)	1.0000

注：括号内为 p 值。

数据来源：Chinn - Ito 网站及世界银行 WDI 数据库。

接下来我们考察横截面上各国金融市场开放程度与其实际 GDP 水平、实际 GDP 增长率、信贷规模与实际 GDP 比例、股票市场总市值与实际 GDP 比例的相关系数，表 3 - 5 计算了样本内各年横截面相关系数的平均值、标准差和最大值、最小值。

表 3 - 5   各国金融开放水平与经济、金融发展水平的横截面相关系数

变量名称	平均值	标准差	最小值	最大值
金融开放水平与就业人均实际 GDP 的相关系数	0.334	0.033	0.270	0.405
金融开放水平与信贷规模的相关系数	-0.018	0.051	-0.091	0.097
金融开放水平与股票市场总市值的相关系数	-0.096	0.053	-0.190	0.006

资料来源：Chinn - Ito 网站、佩恩表、世界银行 WDI 数据库。

首先，在横截面层面上，各国的金融开放水平与各国人均实际 GDP 在 1996 年到 2017 年相关系数平均约为 0.3，说明就业人均实际 GDP 更小的国家本身更倾向于放松资本管制，但这种趋势并不显著。金融开放水平的国别差异与金融发展水平的相关性也不显著。

其次，为考虑国别差异，本节分国家计算了金融市场开放程度与其人均实际 GDP 水平、信贷规模与实际 GDP 比例、股票市场总市值与实际 GDP 比例的相关系数，各统计量的平均值、标准差、最小值、最大值见表 3 - 6。

表 3 - 6　　各国金融开放水平与经济、金融发展水平的时间序列相关系数

变量名称	平均值	标准差	最小值	最大值
金融开放水平与就业人均实际 GDP 的相关系数	0.132	0.593	- 0.900	0.889
金融开放水平与信贷规模的相关系数	0.131	0.530	- 0.879	0.873
金融开放水平与股票市场总市值的相关系数	0.0595	0.533	- 0.854	0.881

数据来源：Chinn - Ito 网站、佩恩表、世界银行 WDI 数据库。

一国金融开放程度与该国人均实际 GDP 水平、信贷规模与实际 GDP 比例、股票市场总市值与实际 GDP 比例的相关系数的变化范围较大。金融开放程度与本国就业人均实际 GDP、信贷规模与实际 GDP 比例、股票市场总市值与实际 GDP 比例的相关系数的最大值均在 0.8 以上，最小值均小于 - 0.8，相关性水平差异大，说明一国金融开放水平与本国经济发展水平及金融发展水平的相关性可能具有较强的国别差异。金融开放对于不同国家经济、金融发展的关系可能具有异质性。而这种异质性是否真的存在，以及异质性的可能的来源将是本节在之后小节中重点讨论的内容。

3.1.2.2　金融开放的外部环境

近年来，世界经济在波动中逐步上行，世界总实际 GDP 从 1985 年的约 32.6 万亿美元增长至 2019 年的 126 万亿美元（见图 3 - 3），而人均实际 GDP 从 1985 年的 7 286 美元增长至 2019 年的 16 572 美元（本小节中美元均为 2017 年美元水平）（见图 3 - 4），并且人均实际 GDP 年化增长率也达到了

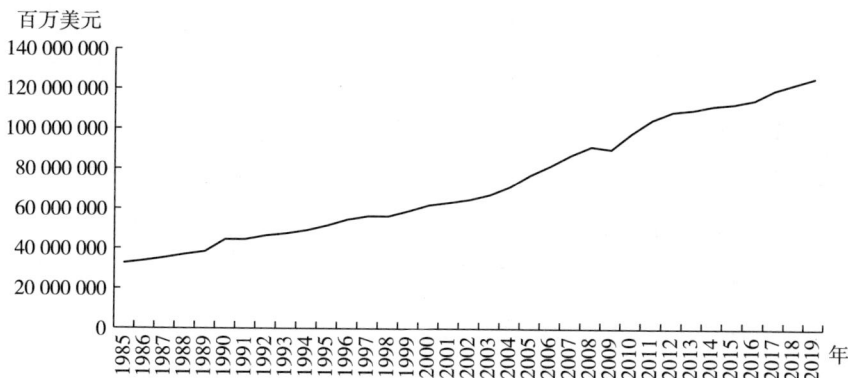

图 3 - 3　世界实际 GDP 变动

（数据来源：佩恩表）

2.45%。一方面，世界经济在长期中不断地增长和发展，为各个国家的金融开放提供了良好的外部环境。另一方面，经济全球化、金融一体化不断加深，经济全球化使得各国经济的依存度、跨国商品与服务交易总量、各国之间的技术传播以及国际间资本流动规模和形式增加，世界经济与国际贸易的快速发展成为了金融开放的推动力量。

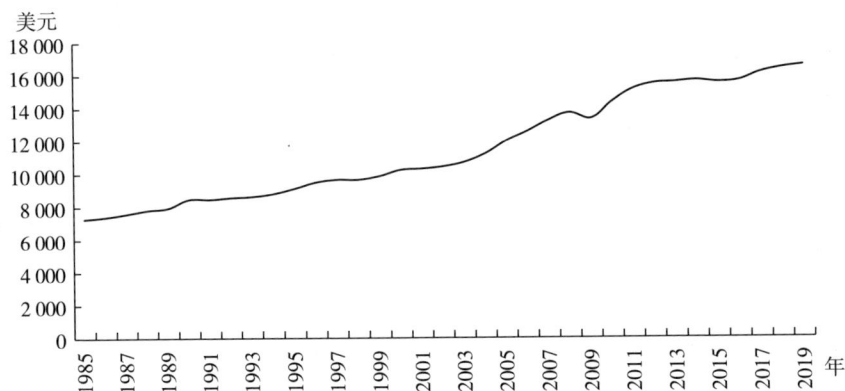

图 3 - 4　世界人均 GDP 变动

（数据来源：佩恩表）

各国金融市场的完善和发展也为本国的金融开放提供了机遇。根据国际清算银行提供的数据，在进行 HP 滤波分析后，世界各国信贷总量占本国 GDP 的比值的趋势成分的中位数在 1985 年到 2018 年间具有缓慢上升的趋势（见图 3 -5），各国信贷水平总体上处于缓慢增长中。但是可以看出各国信贷总量占本国 GDP 的比值趋势成分的极差也在逐年扩大，这表明世界各国信贷市场规模不断分化。此外，1985 年到 2019 年间，股票市场总市值以及总信贷水平也出现上升趋势。股票市场总市值由 1985 年的 117 万亿美元增长至 543 万亿美元（见图 3 -6），年化增长率达到 4.6%，股票市场的规模占 GDP 的比重也在不断扩张之中（见图 3 -7）。

除此之外，信息技术以及金融科技的创新为金融开放提供了技术层面的支持，而相对较为友好的国际政治环境，以及部分发展中国家和发达国家对于金融管制的放松，也同样为各国的金融开放提供了良好的契机。

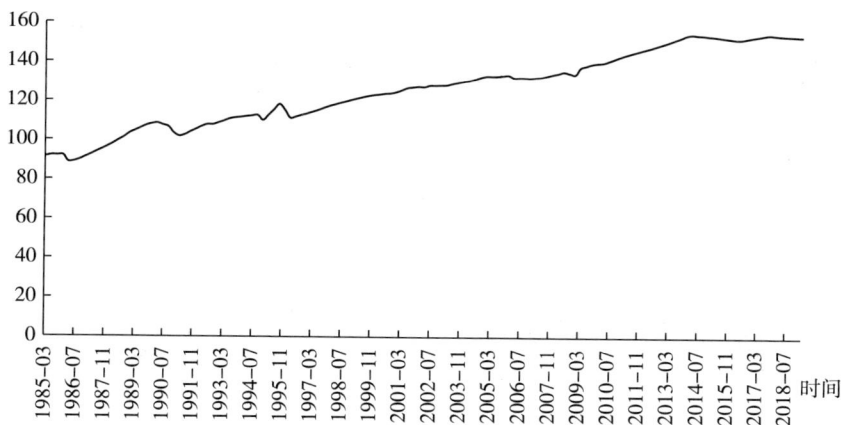

图 3 − 5　各国信贷总量占本国 GDP 的比值

（数据来源：佩恩表、世界银行 WDI 数据库）

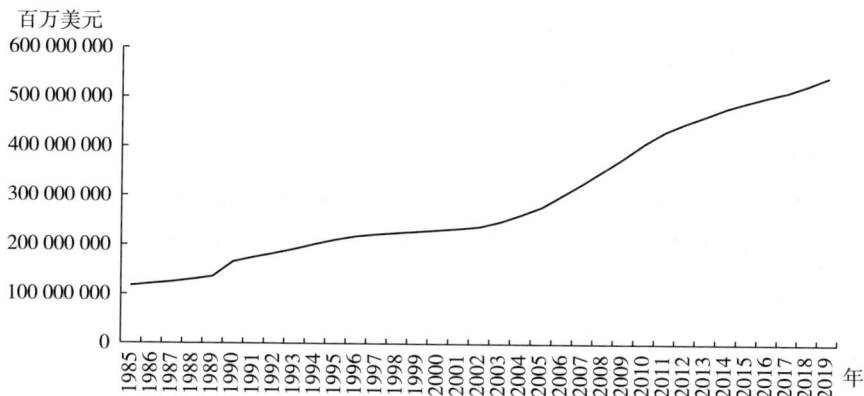

图 3 − 6　股票市场总市值

（数据来源：佩恩表、世界银行 WDI 数据库）

3.1.2.3　贸易与金融的开放顺序

大量的文献指出，一国的金融开放与贸易开放都可以促进一国的经济增长。同时，也有部分文献讨论了二者的政策开放顺序以及二者的互动关系。

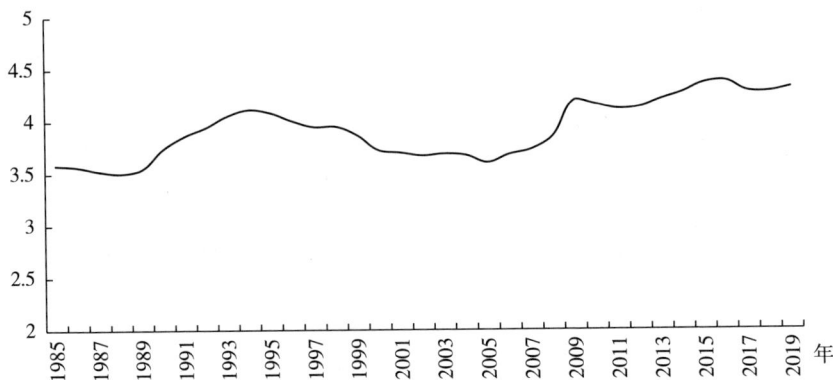

图 3 - 7 股票市场总市值与世界 GDP 比值

（数据来源：佩恩表、世界银行 WDI 数据库）

在金融开放以及贸易开放的顺序上，部分理论指出贸易开放应当先于金融开放，如 McKinnon 的"金融自由化次序理论"。McKinnon（1991）认为一国的贸易开放必须先于金融开放的进程。Ito（2005）则指出在贸易开放与金融开放的顺序上，贸易开放是通过资本账户自由化促进金融发展的前提条件。Hauner 等（2008）则通过对 43 个新兴市场国家的金融开放与贸易开放数据进行实证检验，认为贸易自由化事实上是一国金融自由化的一个重要标志，并且贸易自由化得先于金融的开放，其实证结果符合 McKinnon 的"金融自由化次序理论"。但是也有学者认为金融开放的顺序取决于每一个经济体的性质和基本情况，可以因国而异。

在二者的相互作用上，大量文献指出金融开放与贸易开放之间存在着单向且不可逆的相互作用关系。其中，金融开放对贸易开放的影响途径主要包括了金融开放通过外商直接投资（FDI）流动和纵向一体化、风险规避、专业化生产，以及出口信贷支持等对贸易开放发挥作用。而关于贸易开放对金融开放的影响，学者们普遍发现贸易开放是通过进出口伪报、增加资本监管成本、金融服务贸易等来影响金融开放。大量的实证检验基本上得到较为一致的结论，即一国金融开放与贸易开放之间存在正向的互动性。

本节用一国出口总额与进口总额的加总对贸易的开放水平进行度量，进口总额与出口总额的和越大，代表一国的贸易开放水平越高。该种对贸易开放水平的度量方法是一种目前被普遍使用的方法。为了考察样本国家贸易和金融开放的关系，本节首先计算了一国贸易开放与金融开放度量指标的相关关系，并进一步初步估计了各国金融开放与贸易开放的相关顺序。单单从二者的相关系数考虑，二者具有较弱的正相关性，相关系数为 0.143。同时，本节粗略估计了新兴市场国家金融开放时点以及贸易开放时点，计算方法如下：对于一国的贸易开放水平，首先计算每年世界范围内贸易开放指数的中位数，将贸易开放指数大于中位数的国家定义为在当年处于贸易相对开放状态的国家；其次，在定义开放时点时，为了减少结果的偶然性，将连续三年处于贸易相对开放状态的国家确认为贸易开放国家，确定贸易开放的时点为这三年中的第一年。而对于金融开放的年份也采取同样的计算方法。比较各国贸易开放以及金融开放的时点，进行假设检验。假设检验的备择假设为金融开放晚于贸易开放时点，其 P 值为 0.0105，在 0.05 的水平上可以拒绝原假设（结果见表 3－7）。在新兴市场国家中，贸易开放时点更多的早于金融开放时点，与贸易开放、金融开放顺序的理论相符。

表 3－7　　　　　　　　对于金融开放和贸易开放时点的假设检验

变量名称	备择假设	P 值
贸易开放	金融开放时间晚于贸易开放时间	0.0105

数据来源：Chinn Ito 网站及 WDI 数据库。

3.1.2.4 金融账户各子项目的开放顺序

由于世界范围内部分国家数据不易获得，本节用所有新兴市场国家的各个金融子项目中位数作为子项目开放水平衡量的参考，并利用与讨论金融与贸易开放顺序中类似的定义方法定义金融账户各个子项目的开放时点。以国外直接投资流入加流出的总额占 GDP 比值对一国 FDI 账户开放水平进行衡量，以证券投资资产加负债的总额占 GDP 比值对一国证券投资账户开放水平进行衡量。在计算 FDI 账户开放时点时，首先计算每年所有新兴市场国家国外直接投资占 GDP 比值的中位数，将该指数大于中位数的国家定义为在当年处于 FDI 账户相对开放状态的国家。仍然将连续三年处于 FDI 账户相对开放状态的国家确认为 FDI 账户开放国家，确定 FDI 账户开放时点为这三年中的第一年。而对于金融开放的年份、证券投资账户的年份也采取同样的计算方法。

通过比较金融账户中国外直接投资以及证券投资的开放时点与金融开放指标处于开放状态的时点的先后，讨论金融账户子账户的开放顺序，结果见表 3 – 8。

表 3 – 8　　　　　　　　对于金融账户各子账户开放时点的假设检验

变量名称	备择假设	P 值
FDI（总额，占 GDP 比重）	金融开放时点不等于 FDI 账户开放时点	0.2279
证券投资（总额，占 GDP 比重）	FDI 账户开放早于证券投资开放时点	0.0001

数据来源：世界银行 WDI 数据库、Philips Lane 网站。

国外直接投资总额占 GDP 比值并非显著不等于金融政策整体处于开放的时点，其假设检验的 P 值是 0.2279，金融整体的开放时点与 FDI 账户的开放时点的关系并不确定。同时，FDI 账户开放时点在 0.01 的显著性水平下早于证券投资总额处于开放的时点。

3.1.3　金融开放与本国经济特征的关系

参考 Durlauf 等（2008）对于经济增长相关变量的实证研究，本节采用实际 GDP 及其增长率、人口及就业相关数据、股票市场总市值占 GDP 比重、信贷总额占 GDP 比重、全要素生产率、投资占 GDP 比重、政府购买占 GDP 比重、家庭消费占 GDP 比重、通货膨胀率综合描述一国经济特征。其中新兴市场国家人力资本指数与一国金融开放水平存在弱正相关关系，相关系数为 0.201，而全要素生产率与金融开放在 0.216 的水平上呈现正相关关系。这说明一国的金融开放可能为该国带来技术的引进以及人力资本的提升，或者人力资本水平更高的国家更加倾向于选择金融开放的政策。金融开放水平与实际 GDP、人口数量在约为 0.1 的水平上负相关，但是实际 GDP 增长率在 0.066 的水平上与金融开放正相关。这似乎说明了实际 GDP 更加低的国家更容易选择金融开放的政策，金融开放对 GDP 增长率可能存在正向的影响。除此之外，金融开放还与新兴市场国家的就业率呈现 0.186 的正相关关系，投资占 GDP 的比重也与金融开放水平存在 0.091 的正相关关系，这说明金融开放水平的提高可能对于一国提高投资比例与就业率存在一定促进作用，或者就业率较高及家庭投资意愿较高的国家更加倾向于选择金融开放的政策吸引国际资本进行投资。下一节我们将对这些国家的本国经济特征与金融开放之间的关系展开系统性的实证检验。

表 3 - 9   金融开放水平与本国经济特征的相关系数表

变量名称	与金融开放的相关系数
实际 GDP	- 0.105
人口	- 0.158
就业率	0.142
人力资本指数	0.201
股票市场总市值占 GDP 的比重	- 0.100
信贷总额占 GDP 的比重	- 0.018
全要素生产率	0.216
投资占 GDP 的比重	0.091
政府购买占 GDP 的比重	- 0.215
家庭消费占 GDP 的比重	- 0.021
实际 GDP 增长率	0.066
人口增长率	0.145
通货膨胀率	- 0.023

数据来源：佩恩表、世界银行 WDI 数据库。

3.2 新兴市场国家金融开放的影响

在上一节中，我们对新兴市场国家金融开放的历史和背景进行了简要的描述，并对国别特征与金融开放绩效指标的关系做了一些简单的相关分析。然而，简单相关分析的问题是一方面没有控制除了金融开放之外的其他因素对经济绩效的影响，另一方面没有控制经济绩效对金融开放的内生影响。本节我们采用计量模型对新兴市场国家金融开放的经济效应展开更加严谨的实证分析。

本节采用固定效应面板数据模型研究金融开放与经济绩效的关系。我们考虑四个方面的经济绩效指标：经济增长、经济波动、金融发展和金融稳定。经济增长用实际 GDP 增长率（*growth*）度量。经济波动用三年滚动实际 GDP 经济增长率标准差（*flu*）度量。金融发展[①]用股票总市值占 GDP 的比重（*stock_gdp*）和对私人部门信贷占 GDP 的比重（*credit_gdp*）度量。虽然股市收益率的高低并不充分反映金融发展，但我们也考察了金融开放与股市收益率（*stock_re*）的关系。金融稳定指标包括股市波动率（三年滚动股市收益率标准差 *stock_vol*）和汇市波动率（三年滚动兑美元汇率变化率标准差 *xr_vol*）。具体模型如下：

$$y_{it} = \alpha_0 + \alpha_1 fo_{it} + \alpha_2 control_{it} + \lambda_i + f_t + \mu_{it}$$

其中，*y* 为被解释变量，在回归中依次设为经济增长、经济波动、金融发展、金融波动。*fo* 为金融开放水平（*ka_open*）。*control* 为控制变量，控制国别异质性的干扰。*i* 代表不同国家，*t* 代表不同年份。λ_i 为国家固定效应，用以控制不随时间变化的国别因素对经济绩效的影响；f_t 为时间固定效应，用以控制全球性的经济金融冲击对经济绩效的影响。建模数据采用 2004—2017 年 65 个新兴市场国家和被世界银行列为中等收入国家的时间序列数据。

考虑到经济绩效与金融开放之间存在相互影响，从而产生内生性问题，本节使用核心解释变量金融开放、金融发展指标，以及金融开放指标与其他经济特征交互项的滞后一期值作为工具变量，用工具变量法进行回归分析。

控制变量参照 Durlauf 等（2007）选取，包括人口、宏观政策、地理环境、国家治理等指标。另外，除研究金融开放对金融发展影响的模型之外，我们控制金融发展指标对经济绩效的影响。

理论上讲，一国人口规模影响经济发展所需的人力投入对经济增长影响颇深。本节采取人口总量的自然对数（lnpop）与人口增长率（*pop_growth*），

---

① 数据说明：世界银行全球金融发展数据库（gfdd）最新版本为 2019 年 10 月，更新了截至 2017 年的数据。

作为人口相关的控制变量。同时我们也控制人力资本水平，用佩恩表中 *hc* 指数度量，该指数越高，人力资本水平越高。

宏观经济环境包括资本形成总额占 GDP 的比重（*csh_i*）、政府公共支出占 GDP 比重（*csh_g*）、通货膨胀率（*inflation*）等因素。资本占比部分反映一国的经济增长模式，政府公共支出占 GDP 的比重和通货膨胀率反映一国的财政货币状况。

国家治理指标采用世界银行的世界治理指标，包括话语权与问责制（*vae*）、法治程度（*rle*）、政局稳定性（*pve*）、腐败管控（*cce*）、政府效率（*gee*）以及监管质量（*rqe*）6 个子指标估计值，取值区间为 [−2.5, 2.5]，2.5 为水平最高。通常认为良好的制度环境有利于经济金融发展。但在本国市场发展受到严重限制的情况下，较弱的政府治理也可能为私人部门创新和发展提供更多的空间。因此，政府治理对经济金融绩效的影响是不确定的。

此外，本节还控制贸易开放度（*trade_open*）、前一期的 TFP 增长率（*tfp-growth*）和汇率变化率（*xr_ch*）。在地理环境方面，本节控制农业用地与适宜耕种土地占比。

3.2.1　金融开放对经济增长的影响

关于金融开放对经济的作用和传导机制，已有的研究结论可归结为以下几点：第一，金融账户下对国际直接投资的开放可以通过引进先进的外国技术、管理技能和其他专门知识来促进经济增长；第二，金融开放也可以通过国际竞争促进国内的改革和创新来促进增长；第三，金融开放可以调动全球储蓄来支撑本国的资本积累和经济增长（Estrada et al. ，2015）；第四，金融开放可以进一步吸引外资金融机构和境外投资者进入，降低资本成本，增加资本配置效率；第五，金融开放也可能增加金融传染病发生的可能性，增加一国的系统性金融风险，阻碍金融发展和经济发展。从理论上来讲，金融开放对经济增长的作用既可能是正向的，也可能是负向的。其净效应可能与金融开放时一国的其他状态有关。换言之，金融开放的经济效应可能在国家之间存在异质性。

表 3−10 总结了计量分析得到的金融开放对经济增长影响的实证结果。

表 3 - 10　　金融开放对经济增长的回归结果

变量	(1) growth	(2) growth	(3) growth	(4) growth	(5) growth	(6) growth	(7) growth	(8) growth	(9) growth	(10) growth
ka_open	0.00377 (0.0262)	0.0188 (0.0219)	0.00837 (0.106)	0.230 (0.173)	0.171 (0.124)	0.0307 (0.0267)	-0.00865 (0.0295)	0.222* (0.130)	0.0196 (0.0289)	0.0162 (0.0248)
kopen_tradeopen			-0.133 (1.277)							
kopen_gdp				-0.0167 (0.0137)						
kopen_gdpper					$-8.94e-06^{**}$ (4.24e-06)					
kopen_stock						-0.000299 (0.000391)				
kopen_credit							0.000549 (0.000466)			
kopen_hc								-0.0747 (0.0479)		
kopen_stockvol									0.000271 (0.00105)	
kopen_xrvol										-0.000391 (0.000272)
stock_gdp		0.000223 (0.000203)	0.000228 (0.000226)	0.000201 (0.000204)	0.00156 (0.00105)	0.000441 (0.000324)	0.000265 (0.000199)	0.000163 (0.000212)	0.000192 (0.000201)	0.000193 (0.000220)

续表

变量	(1) growth	(2) growth	(3) growth	(4) growth	(5) growth	(6) growth	(7) growth	(8) growth	(9) growth	(10) growth
credit_gdp		-0.000478* (0.000253)	-0.000496* (0.000298)	-0.000500** (0.000249)	-0.000306 (0.00191)	-0.000497* (0.000256)	-0.000671** (0.000303)	-0.000592** (0.000264)	-0.000434 (0.000334)	-0.000376 (0.000281)
tfpgrowth		1.352*** (0.299)	1.315** (0.626)	1.304*** (0.296)	1.170*** (0.225)	1.363*** (0.305)	1.288*** (0.285)	1.378*** (0.301)	1.479*** (0.221)	1.219*** (0.304)
csh_i		0.226*** (0.0781)	0.210 (0.168)	0.220*** (0.0769)	0.220 (0.327)	0.233*** (0.0791)	0.225*** (0.0766)	0.226*** (0.0793)	0.204** (0.0890)	0.298*** (0.103)
csh_g		0.0160 (0.115)	-0.0182 (0.385)	-0.00506 (0.115)	-0.682 (0.960)	0.0234 (0.117)	-0.00163 (0.112)	-0.00438 (0.118)	0.0192 (0.164)	-0.0273 (0.130)
vae		-0.0210 (0.0184)	-0.0189 (0.0332)	-0.0214 (0.0182)	0.155 (0.105)	-0.0212 (0.0186)	-0.0203 (0.0180)	-0.0219 (0.0187)	-0.0136 (0.0188)	-0.0149 (0.0226)
pve		0.00355 (0.00877)	0.00301 (0.0117)	0.00354 (0.00865)	-0.0823 (0.0721)	0.00324 (0.00878)	0.00246 (0.00854)	0.00348 (0.00890)	0.00389 (0.00854)	0.00661 (0.00953)
gee		-0.0177 (0.0216)	-0.0179 (0.0222)	-0.0159 (0.0214)	0.0294 (0.0850)	-0.0150 (0.0226)	-0.0236 (0.0212)	-0.0192 (0.0220)	-0.0183 (0.0215)	-0.0206 (0.0236)
rqe		0.0626*** (0.0177)	0.0637*** (0.0228)	0.0729*** (0.0194)	0.111 (0.0786)	0.0606*** (0.0183)	0.0662*** (0.0174)	0.0639*** (0.0181)	0.0531*** (0.0186)	0.0484** (0.0207)
rle		-0.0279 (0.0203)	-0.0281 (0.0204)	-0.0308 (0.0201)	-0.00800 (0.117)	-0.0282 (0.0204)	-0.0293 (0.0199)	-0.0279 (0.0206)	-0.0264 (0.0214)	-0.0231 (0.0233)
cce		0.00466 (0.0154)	0.00376 (0.0165)	0.00426 (0.0152)	-0.0735 (0.0529)	0.00426 (0.0155)	0.00705 (0.0152)	0.00669 (0.0156)	0.00948 (0.0174)	0.00769 (0.0170)

续表

变量	(1) growth	(2) growth	(3) growth	(4) growth	(5) growth	(6) growth	(7) growth	(8) growth	(9) growth	(10) growth
lnpop		-0.0633 (0.0424)	-0.0647 (0.0486)	-0.0567 (0.0419)	-0.970** (0.463)	-0.0695 (0.0424)	-0.0654 (0.0414)	-0.0647 (0.0432)	-0.0639 (0.0655)	-0.0728 (0.0498)
pop_growth		1.340*** (0.299)	1.347*** (0.284)	1.343*** (0.294)	-2.962 (2.141)	1.311*** (0.299)	1.404*** (0.302)	1.222*** (0.320)	0.725 (0.447)	1.259*** (0.359)
trade_open		0.0539 (0.112)	0.153 (1.041)	0.0720 (0.111)	0.0169 (0.314)	0.0515 (0.113)	0.0860 (0.108)	0.0360 (0.112)	0.0310 (0.102)	0.129 (0.123)
xr_ch		0.0462 (0.0685)	0.0385 (0.127)	0.0318 (0.0687)	0.115 (0.192)	0.0546 (0.0719)	0.0377 (0.0664)	0.0440 (0.0697)	0.0805 (0.0664)	0.0407 (0.0725)
agri_land		-0.00137 (0.00117)	-0.00151 (0.00162)	-0.00159 (0.00117)	0.0101 (0.00714)	-0.00128 (0.00118)	-0.00119 (0.00115)	-0.00164 (0.00120)	-0.00104 (0.00137)	-0.00119 (0.00135)
hc		0.0611 (0.0384)	0.0548 (0.0802)	0.0551 (0.0382)	-0.127 (0.144)	0.0603 (0.0385)	0.0641* (0.0379)	0.104** (0.0462)	0.0515 (0.0405)	0.0362 (0.0458)
inflation		0.134* (0.0732)	0.123 (0.167)	0.121* (0.0729)	0.210 (0.205)	0.139* (0.0752)	0.127* (0.0710)	0.132* (0.0745)	0.166** (0.0736)	0.127 (0.0787)
Constant	0.0574*** (0.0157)	0.0715 (0.171)	0.114 (0.508)	0.0744 (0.169)	2.867* (1.519)	0.0773 (0.171)	0.0742 (0.167)	-0.0157 (0.174)	0.0991 (0.216)	0.144 (0.205)
Observations	975	443	443	443	103	443	443	443	402	410
Number of iso	65	39	39	39	37	39	39	39	36	39

注：* 表示10%水平显著，** 表示5%水平显著，*** 表示1%水平显著。括号内为标准误。

表 3 – 10 中第（1）列至第（2）列显示了无交互项的全部样本国家的回归结果。第（1）列无控制变量，第（2）列加入了控制变量。回归结果表明，平均而言，金融开放对经济增长的影响不显著。

第（3）列至第（10）列分别加入了不同的交互项。我们分别考虑不同国家贸易开放度不同（用 $kopen\_tradeopen$ 表示金融开放与贸易开放度的交互项）、经济规模的不同 [用 $kopen\_gdp$ 表示金融开放与经济规模（GDP）的交互项]、经济发展水平不同 [用 $kopen\_gdpper$ 表示金融开放与经济发展水平（人均 GDP）的交互项]、金融发展水平不同（用 $kopen\_stock$ 和 $kopen\_credit$ 分别表示金融开放与股市和信贷市场发展水平的交互项）、人力资本水平不同（用 $kopen\_hc$ 表示金融开放与人力资本水平的交互项）和金融稳定水平不同（用 $kopen\_stockvol$ 和 $kopen\_stockvol$ 分别表示金融开放与股市和汇市波动性的交互项）是否对金融开放的经济增长效应产生异质性影响。我们看到其中绝大部分的国家特征对于金融开放的经济增长效应没有显著影响。但是人均GDP，即经济发展水平对金融开放的经济增长效应有显著影响。具体而言，人均 GDP 上升会削弱金融开放对新兴市场国家经济增长的促进作用，这与新古典的增长理论是一致的。随着经济发展接近成熟市场经济状态，资本对长期经济增长的作用是递减的。这种情况下，金融开放通过调动全球储蓄拉动当地投资与经济增长的作用被显著削弱。

3.2.2 金融开放对经济波动的影响

金融开放一方面提供了国际风险分担的渠道，使得一国的家庭和企业从总体上可以平滑其消费和投资，减小经济冲击对经济周期的影响。另一方面，金融开放增加了一国经济对世界经济金融冲击的风险敞口。因此，从理论上讲，金融开放对经济波动的影响是不确定的。

表 3 – 11 总结了我们对金融开放经济稳定效应的实证分析结果。这些结果显示，在 2005—2017 年金融开放对新兴市场经济国家的宏观经济波动并没有产生显著影响。

表3-11 金融开放对经济波动的回归结果

变量	(1) flu	(2) flu	(3) flu	(4) flu	(5) flu	(6) flu	(7) flu	(8) flu	(9) flu	(10) flu
ka_open	2.732 (23.03)	-7.311 (8.698)	-60.53 (72.37)	47.00 (77.21)	-0.543 (8.170)	-1.556 (10.71)	-10.02 (11.87)	56.47 (52.67)	-1.366 (11.17)	-7.837 (8.941)
kopen_tradeopen			-657.9 (838.5)							
kopen_gdp				-4.266 (6.075)						
kopen_gdpper					-2.75e-05 (0.000300)					
kopen_stock						-0.134 (0.151)				
kopen_credit							0.0537 (0.192)			
kopen_hc								-23.76 (20.00)		
kopen_stockvol									-0.600 (0.411)	
kopen_xrvol										-0.0514 (0.0980)
stock_gdp		-0.0281 (0.0762)	-0.0437 (0.122)	-0.0395 (0.0816)	-0.107 (0.0731)	0.0640 (0.121)	-0.0243 (0.0772)	-0.0508 (0.0787)	0.00270 (0.0765)	-0.0387 (0.0793)

变量	(1) flu	(2) flu	(3) flu	(4) flu	(5) flu	(6) flu	(7) flu	(8) flu	(9) flu	(10) flu
credit_gdp		0.0124 (0.100)	-0.0758 (0.202)	0.00753 (0.102)	0.0989 (0.113)	0.0109 (0.0987)	-0.00785 (0.129)	-0.0178 (0.100)	0.176 (0.129)	0.0148 (0.101)
tfpgrowth		-189.0* (108.2)	-363.0 (394.5)	-198.9* (112.7)	10.82 (14.22)	-181.5* (109.2)	-194.9* (105.9)	-185.0* (106.0)	-148.7* (81.01)	-190.0* (109.3)
csh_i		42.86 (31.10)	-27.10 (101.8)	44.14 (32.07)	88.18*** (23.05)	48.76 (31.23)	42.73 (31.58)	45.15 (30.94)	36.91 (33.01)	53.04 (37.07)
csh_g		-60.52 (46.40)	-255.6 (290.5)	-66.14 (48.56)	-17.16 (59.92)	-55.60 (46.67)	-62.42 (46.52)	-68.15 (47.09)	-82.10 (64.39)	-60.19 (46.78)
vae		8.043 (8.007)	18.73 (23.54)	7.877 (8.198)	-0.838 (7.886)	7.908 (7.918)	8.128 (8.087)	8.017 (7.895)	3.316 (7.441)	8.510 (8.145)
pve		-5.694* (3.397)	-7.919 (7.349)	-5.675 (3.480)	-3.945 (4.368)	-5.930* (3.331)	-5.770* (3.422)	-5.927* (3.378)	-4.799 (3.222)	-5.536 (3.429)
gee		-7.062 (8.341)	-7.813 (14.74)	-6.801 (8.552)	-0.488 (5.803)	-5.653 (8.609)	-7.661 (8.434)	-7.438 (8.265)	-6.459 (7.970)	-7.538 (8.483)
rqe		1.744 (7.298)	8.611 (17.49)	4.578 (8.572)	-14.48** (6.614)	0.500 (7.466)	2.083 (7.381)	2.305 (7.257)	-1.201 (7.228)	1.075 (7.443)
rle		-0.255 (7.980)	1.275 (13.59)	-0.800 (8.208)	8.660 (8.979)	-0.411 (7.858)	-0.227 (8.097)	-0.236 (7.872)	1.439 (8.125)	0.823 (8.378)
cce		0.435 (6.027)	-7.148 (14.43)	0.269 (6.187)	-0.0787 (3.604)	0.310 (5.943)	0.547 (6.147)	1.373 (5.948)	-0.592 (6.530)	0.167 (6.117)

续表

变量	(1) flu	(2) flu	(3) flu	(4) flu	(5) flu	(6) flu	(7) flu	(8) flu	(9) flu	(10) flu
lnpop		-29.47* (17.41)	-38.15 (34.83)	-28.93 (17.78)	6.880 (34.09)	-33.58* (17.31)	-29.53* (17.64)	-31.56* (17.61)	13.50 (28.64)	-31.08* (17.93)
pop_growth		-191.0 (122.2)	-148.4 (206.4)	-197.9 (126.3)	-68.01 (162.4)	-216.6* (122.2)	-183.1 (129.0)	-241.1* (132.6)	55.43 (181.0)	-210.2 (129.2)
trade_open		99.08** (41.96)	586.7 (676.4)	104.1** (44.06)	35.82 (21.96)	98.47** (41.52)	102.1** (41.31)	95.47** (40.84)	105.0*** (38.48)	104.8** (44.27)
xr_ch		-31.39 (25.84)	-65.12 (78.20)	-34.13 (26.99)	-10.88 (12.08)	-27.54 (26.59)	-32.19 (25.80)	-32.32 (25.65)	-30.76 (24.17)	-29.91 (26.09)
agri_land		0.379 (0.480)	-0.421 (1.280)	0.316 (0.497)	0.372 (0.474)	0.445 (0.477)	0.393 (0.489)	0.311 (0.475)	0.0127 (0.520)	0.405 (0.486)
hc		-21.46 (14.79)	-54.13 (53.26)	-22.90 (15.36)	-15.02 (12.30)	-22.67 (14.56)	-21.09 (15.18)	-8.423 (17.50)	-24.84 (15.49)	-24.91 (16.48)
inflation		-33.01 (28.06)	-86.62 (105.6)	-35.45 (29.15)	2.627 (14.19)	-31.06 (28.15)	-33.65 (28.09)	-34.00 (27.84)	-36.37 (27.33)	-31.34 (28.33)
Constant	-0.847 (12.13)	140.8** (67.88)	371.9 (358.8)	145.0** (70.41)	-7.033 (120.8)	147.9** (66.46)	140.8** (68.92)	119.4* (65.39)	27.54 (94.78)	153.4** (73.78)
Observations	845	410	410	410	95	410	410	410	374	410
Number of iso	65	39	39	39	35	39	39	39	36	39

注：* 表示 10% 水平显著，** 表示 5% 水平显著，*** 表示 1% 水平显著。括号内为标准误。

3.2.3 金融开放对金融发展的影响

金融开放可能从正反两方面影响金融发展。一方面金融开放可以扩大金融机构的经营规模和范围，通过规模经济和范围经济降低成本、提高效率；还可以通过分散投资提高金融机构风险管理和资产管理的能力；开放产生的竞争效应也可能通过促进金融创新提高效率，促进金融体系的发展。但是另一方面，开放也可能扰乱本国金融秩序，增加金融传染病的可能性，进而阻碍金融发展。

表3-12总结了回归分析发现的金融开放对股市发展水平的影响。首先，可以看到经济规模削弱了金融开放对股市发展的正向作用。这可能是因为更高的GDP水平在相同储蓄率下带来了更高的本国储蓄水平，使得外国储蓄对本国金融发展的边际贡献下降。其次，更高的人力资本水平也削弱了金融开放对本国股市发展的正向作用，可能是因为更高的人力资本水平使得本国投资者有更强的能力进行全球资本配置，在金融开放的背景下，削弱了本国资本市场的发展。最后，更高的股市波动率增强了金融开放对本国股市规模的正向作用。这可能是高波动性产生的投机性需求的作用。

表 3 – 12　　　　　　　　金融开放对股票市值的回归结果

变量	(1) stock_gdp	(2) stock_gdp	(3) stock_gdp	(4) stock_gdp	(5) stock_gdp	(6) stock_gdp	(7) stock_gdp	(8) stock_gdp
ka_open	18.80 ** (8.094)	– 8.574 (9.667)	– 22.23 (31.16)	399.2 *** (77.53)	– 34.51 (35.67)	266.9 *** (50.95)	– 28.79 ** (13.85)	– 7.605 (10.33)
kopen_ tradeopen			– 176.8 (354.5)					
kopen_gdp				– 32.25 *** (6.172)				
kopen_gdpper					0.00180 (0.00110)			
kopen_hc						– 101.7 *** (19.09)		

续表

变量	(1) stock_gdp	(2) stock_gdp	(3) stock_gdp	(4) stock_gdp	(5) stock_gdp	(6) stock_gdp	(7) stock_gdp	(8) stock_gdp
kopen_ stockvol							1.282**	
							(0.499)	
kopen_xrvol								−0.126
								(0.114)
tfpgrowth		−43.96	−80.75	−124.1	−55.44	−30.27	−123.4	−16.30
		(123.6)	(193.3)	(131.4)	(73.72)	(117.7)	(104.5)	(114.3)
csh_i		215.7***	200.4***	195.5***	169.4*	197.6***	226.6***	231.2***
		(33.68)	(38.23)	(34.73)	(90.72)	(32.03)	(37.60)	(38.85)
csh_g		−8.946	−46.06	−47.29	404.4**	−48.90	−42.31	−5.117
		(49.55)	(102.4)	(52.28)	(191.9)	(49.02)	(74.52)	(51.93)
vae		11.09	13.53	8.610	−4.913	9.222	13.23	14.30
		(7.775)	(10.91)	(8.008)	(32.48)	(7.410)	(8.626)	(9.287)
pve		−0.493	−1.119	−0.133	33.09**	−0.905	−0.994	0.400
		(3.810)	(4.459)	(3.932)	(16.81)	(3.662)	(3.960)	(3.893)
gee		12.12	11.94	15.17	−1.448	7.829	12.67	10.13
		(9.019)	(9.404)	(9.285)	(25.80)	(8.802)	(9.560)	(9.360)
rqe		9.823	9.916	28.53***	16.74	11.07	9.962	3.954
		(7.716)	(7.966)	(8.947)	(24.15)	(7.424)	(8.776)	(8.075)
rle		4.051	4.928	−0.603	−52.96*	2.037	−2.854	2.751
		(8.859)	(9.173)	(9.179)	(30.22)	(8.490)	(9.801)	(9.689)
cce		−12.82*	−13.33**	−11.51*	−2.927	−7.104	−11.68	−9.563
		(6.663)	(6.780)	(6.890)	(15.84)	(6.496)	(8.015)	(7.032)
lnpop		−116.3***	−116.6***	−91.72***	207.4*	−103.5***	−133.3***	−158.1***
		(15.51)	(16.28)	(16.17)	(119.1)	(14.58)	(25.01)	(19.52)
pop_growth		−457.7***	−443.0***	−386.8***	734.7	−547.1***	−526.8***	−831.2***
		(119.0)	(117.7)	(122.9)	(586.1)	(117.0)	(183.7)	(143.0)
trade_open		68.27	198.3	93.52*	85.09	49.84	89.29*	57.82
		(46.96)	(297.1)	(49.52)	(97.86)	(44.18)	(46.79)	(47.62)
xr_ch		−54.47*	−60.79	−75.40**	−32.99	−55.28*	−66.28**	−39.43
		(30.58)	(40.26)	(32.38)	(59.07)	(29.34)	(31.57)	(28.72)

变量	（1）stock_gdp	（2）stock_gdp	（3）stock_gdp	（4）stock_gdp	（5）stock_gdp	（6）stock_gdp	（7）stock_gdp	（8）stock_gdp
agri_land		1.078 **	0.878	0.608	−0.00256	0.718	2.247 ***	1.487 ***
		(0.505)	(0.605)	(0.527)	(2.182)	(0.486)	(0.615)	(0.551)
hc		17.87	8.425	7.842	−17.09	71.24 ***	16.29	−8.046
		(16.35)	(27.78)	(17.11)	(43.38)	(17.81)	(17.88)	(18.83)
inflation		−58.77 *	−69.85	−76.39 **	−19.21	−57.78 *	−56.04	−40.05
		(32.65)	(50.47)	(34.37)	(61.57)	(31.24)	(35.26)	(31.22)
Constant	35.49 ***	264.3 ***	316.2 **	230.7 ***	−652.9 *	110.5 *	299.0 ***	452.5 ***
	(4.825)	(67.27)	(150.5)	(68.97)	(396.5)	(64.88)	(96.71)	(85.03)
Observations	615	452	452	452	103	452	404	414
Number of iso	47	39	39	39	37	39	36	39

注：* 表示 10% 水平显著，** 表示 5% 水平显著，*** 表示 1% 水平显著。括号内为标准误。

表 3 – 13 总结了回归分析发现的金融开放对信贷规模的影响。第（1）列和第（2）列的结果显示，平均来讲金融开放促进了信贷市场的发展。第（5）列的结果显示，经济发展水平提高降低了金融开放对信贷规模扩张的正向作用。这反映出随着经济发展水平的提高，资产质量提升，信息不对称程度减弱，一国经济对间接融资的依赖下降。第（7）列的结果显示，股市波动促进了金融开放对信贷市场发展的正向作用。

表 3 – 13　　　　　　金融开放对私人信贷增长的回归结果

变量	（1）credit_gdp	（2）credit_gdp	（3）credit_gdp	（4）credit_gdp	（5）credit_gdp	（6）credit_gdp	（7）credit_gdp	（8）credit_gdp
ka_open	4.274	16.32 *	59.53	−77.51	39.61 ***	33.41	3.235	21.75 **
	(4.485)	(9.396)	(57.04)	(75.38)	(12.07)	(47.34)	(6.796)	(9.727)
kopen_tradeopen			583.0					
			(645.0)					
kopen_gdp				7.540				
				(6.239)				
kopen_gdpper					−0.000774 **			
					(0.000331)			

续表

变量	(1) credit_gdp	(2) credit_gdp	(3) credit_gdp	(4) credit_gdp	(5) credit_gdp	(6) credit_gdp	(7) credit_gdp	(8) credit_gdp
kopen_hc						−6.346		
						(18.15)		
kopen_ stockvol							0.808 ***	
							(0.212)	
kopen_xrvol								−0.0642
								(0.0519)
tfpgrowth		278.6 *	502.6	299.5 *	21.91	279.4 *	64.17	224.3 *
		(159.9)	(517.1)	(177.5)	(43.90)	(159.4)	(60.47)	(129.5)
csh_i		54.84 **	150.9	58.03 **	14.57	54.68 **	25.86	52.04 **
		(26.26)	(130.8)	(28.34)	(35.87)	(26.38)	(17.64)	(25.33)
csh_g		114.9 **	261.1	121.7 **	265.4 ***	112.8 **	86.22 **	101.4 **
		(52.40)	(231.8)	(57.49)	(71.23)	(54.37)	(38.06)	(49.11)
vae		−5.757	−8.768	−4.391	−11.94	−5.890	−7.291	−3.278
		(6.663)	(13.43)	(6.931)	(10.78)	(6.642)	(4.547)	(7.341)
pve		2.158	3.135	1.984	5.250	2.174	3.094 *	3.347
		(2.797)	(5.371)	(2.936)	(5.663)	(2.798)	(1.780)	(2.615)
gee		8.773	21.82	8.698	7.065	8.526	5.519	7.542
		(9.384)	(28.20)	(9.879)	(8.961)	(9.603)	(5.131)	(8.747)
rqe		−6.855	−13.44	−11.36	0.870	−6.717	1.332	−4.312
		(9.123)	(21.65)	(11.43)	(9.863)	(9.250)	(4.838)	(8.460)
rle		1.192	−6.974	0.969	25.46 ***	1.113	3.564	−3.210
		(7.480)	(17.75)	(7.919)	(9.138)	(7.473)	(4.776)	(7.426)
cce		−10.96 *	−14.64	−11.97 *	−9.834	−10.65 *	−4.180	−6.427
		(6.084)	(12.72)	(6.585)	(6.425)	(6.237)	(4.214)	(5.731)
lnpop		14.26	30.13	10.70	−26.46	15.13	−32.73 ***	6.954
		(20.50)	(51.34)	(20.60)	(29.05)	(19.91)	(11.02)	(21.16)
pop_growth		−103.5	−131.3	−114.4	−53.76	−108.1	−346.4 ***	−130.8
		(112.1)	(194.2)	(117.0)	(160.9)	(114.9)	(96.57)	(118.2)
trade_open		−56.31 *	−436.0	−64.49 *	−27.49	−56.28 *	−58.22 ***	−51.03 **
		(31.17)	(463.5)	(36.18)	(40.75)	(31.26)	(18.53)	(25.52)

续表

变量	(1) credit_gdp	(2) credit_gdp	(3) credit_gdp	(4) credit_gdp	(5) credit_gdp	(6) credit_gdp	(7) credit_gdp	(8) credit_gdp
xr_ch		37.43 (33.32)	65.29 (85.69)	41.34 (36.62)	−7.776 (20.79)	37.36 (33.45)	−7.728 (14.80)	25.79 (29.35)
agri_land		−0.144 (0.382)	0.289 (0.865)	−0.0295 (0.418)	0.881 * (0.506)	−0.164 (0.389)	−0.147 (0.268)	−0.0464 (0.384)
hc		5.174 (13.28)	31.54 (35.69)	7.269 (14.02)	−19.77 (16.42)	8.561 (16.73)	25.60 *** (8.889)	9.175 (13.23)
inflation		31.46 (38.41)	76.07 (111.7)	35.09 (41.88)	−35.17 (22.93)	31.55 (38.41)	−7.345 (17.77)	25.74 (33.98)
Constant	45.28 *** (2.588)	−53.35 (76.58)	−254.3 (333.6)	−52.11 (80.39)	74.90 (93.05)	−63.52 (73.31)	56.38 (41.80)	−44.11 (78.53)
Observations	806	549	549	549	130	549	436	508
Number of iso	57	44	44	44	41	44	36	44

注：* 表示 10% 水平显著，** 表示 5% 水平显著，*** 表示 1% 水平显著。括号内为标准误。

表 3-14 显示人力资本较高的国家，金融开放对股市收益率的作用更加负面。这和前面人力资本对金融开放、对股市规模作用的影响是一致的。

表 3-14　　　　　　　　金融开放对股市回报率的回归结果

变量	(1) stock_re	(2) stock_re	(3) stock_re	(4) stock_re	(5) stock_re	(6) stock_re	(7) stock_re	(8) stock_re	(9) stock_re
ka_open	−33.44 ** (15.97)	−14.16 (22.16)	287.6 (698.7)	182.4 (182.2)	−6.741 (27.86)	1.156 (32.93)	410.6 *** (131.9)	−14.94 (26.31)	−2.345 (25.29)
kopen_ tradeopen			3 910 (8 840)						
kopen_gdp				−15.54 (14.43)					
kopen_stock					−0.181 (0.408)				
kopen_credit						−0.317 (0.561)			

续表

变量	(1) stock_re	(2) stock_re	(3) stock_re	(4) stock_re	(5) stock_re	(6) stock_re	(7) stock_re	(8) stock_re	(9) stock_re
kopen_hc							-156.2*** (48.85)		
kopen_stockvol								-0.0761 (0.959)	
kopen_xrvol									0.0726 (0.254)
stock_gdp		-0.611*** (0.194)	-0.805 (0.859)	-0.632*** (0.195)	-0.479 (0.329)	-0.631*** (0.201)	-0.730*** (0.205)	-0.532*** (0.183)	-0.626*** (0.213)
credit_gdp		0.275 (0.269)	1.024 (1.746)	0.263 (0.265)	0.256 (0.274)	0.395 (0.356)	0.0368 (0.281)	0.311 (0.305)	0.166 (0.293)
tfpgrowth		371.8 (301.5)	1 709 (3 827)	329.8 (299.0)	378.3 (306.9)	404.6 (306.0)	420.0 (306.9)	192.7 (201.3)	404.3 (312.6)
csh_i		149.9* (82.02)	574.2 (979.7)	146.1* (80.78)	155.4* (82.81)	150.9* (83.57)	152.6* (84.01)	159.4** (81.08)	126.4 (102.5)
csh_g		-110.4 (127.8)	956.0 (2 577)	-139.3 (129.1)	-111.2 (127.7)	-94.52 (131.3)	-132.8 (131.5)	-110.6 (149.0)	-118.1 (151.3)
vae		1.426 (18.51)	-25.14 (93.18)	-0.190 (18.35)	1.693 (18.46)	2.531 (19.01)	0.703 (18.93)	5.750 (17.13)	0.944 (21.72)
pve		17.56** (8.509)	29.91 (42.42)	18.02** (8.412)	17.37** (8.482)	17.92** (8.650)	16.97* (8.719)	14.27* (7.779)	23.85*** (9.248)
gee		28.91 (22.03)	33.70 (69.37)	31.85 (22.04)	30.93 (23.37)	32.03 (22.85)	25.34 (22.62)	21.59 (19.55)	26.45 (23.93)
rqe		-36.43* (19.39)	-87.41 (147.9)	-26.96 (20.99)	-37.85* (20.17)	-39.89** (20.34)	-36.32* (19.84)	-32.36* (16.98)	-33.11 (22.70)
rle		-45.72** (21.13)	-28.50 (80.40)	-48.66** (20.95)	-45.91** (21.10)	-44.12** (21.71)	-44.30** (21.62)	-50.02** (19.52)	-63.71*** (23.53)
cce		6.579 (15.75)	36.66 (77.21)	5.461 (15.63)	6.162 (15.84)	4.465 (16.54)	8.974 (16.11)	15.19 (15.82)	12.97 (17.46)
lnpop		-79.23* (45.76)	-54.72 (149.5)	-67.32 (45.81)	-83.07* (46.03)	-82.37* (47.19)	-93.55** (47.50)	-91.93 (59.70)	-83.65 (56.71)

续表

变量	(1) stock_re	(2) stock_re	(3) stock_re	(4) stock_re	(5) stock_re	(6) stock_re	(7) stock_re	(8) stock_re	(9) stock_re
pop_growth		-342.9	-1 463	-319.6	-360.5	-399.6	-612.8*	-668.0	-374.5
		(297.1)	(2 707)	(293.1)	(300.4)	(320.6)	(319.3)	(407.4)	(373.8)
trade_open		-80.81	-3 026	-63.43	-82.08	-97.20	-116.3	-24.90	-134.4
		(109.8)	(6 901)	(109.5)	(110.7)	(112.4)	(111.4)	(92.90)	(120.2)
xr_ch		89.90	368.5	77.94	96.16	95.34	83.52	63.39	105.5
		(70.94)	(776.3)	(70.87)	(75.57)	(71.98)	(72.85)	(60.50)	(74.96)
agri_land		1.772	5.852	1.505	1.816	1.639	1.210	1.809	1.897
		(1.228)	(9.379)	(1.232)	(1.226)	(1.267)	(1.261)	(1.247)	(1.378)
hc		69.94*	241.3	66.21*	70.18*	65.55	153.4***	59.79	96.93**
		(38.26)	(426.7)	(37.94)	(38.33)	(40.01)	(46.14)	(36.92)	(45.93)
inflation		141.2*	572.2	130.6*	145.8*	146.8*	135.7*	110.0	169.2**
		(79.33)	(1 142)	(78.83)	(82.55)	(80.44)	(81.40)	(67.08)	(85.07)
Constant	35.52***	50.55	-1 120	35.11	54.12	69.11	-83.03	120.5	-7.591
	(9.484)	(175.8)	(2 819)	(173.5)	(175.5)	(184.3)	(180.2)	(197.1)	(220.4)
Observations	599	414	414	414	414	414	414	402	384
Number of iso	42	36	36	36	36	36	36	36	36

注：*表示 10%水平显著，**表示 5%水平显著，***表示 1%水平显著。括号内为标准误。

3.2.4 金融开放对金融稳定的影响

前面已经提到金融开放一方面增加了风险分担的渠道，另一方面增加了金融传染病的风险，因此，其对金融稳定的影响是不确定的。本节通过实证分析探讨金融开放对金融稳定的净影响。

表 3-15 总结了回归分析得到的关于金融开放对股市波动影响的结果。首先，第（2）列的结果显示，平均而言，金融开放降低了新兴市场国家的股市波动。因此，平均而言，前面提到的金融开放对金融风险的抑制作用大于放大作用。然而，这种抑制作用存在明显的异质性。第（7）列的结果显示，信贷市场发展水平较高的国家，金融开放对股市波动性的抑制作用较弱。

179

这可能是因为信贷市场较发达的国家，信贷市场与资本市场的互动提高了杠杆率，进而放大了股市波动。

表 3 – 15　　　　　　　　　　金融开放对股市波动的回归结果

变量	（1）stock_vol	（2）stock_vol	（3）stock_vol	（4）stock_vol	（5）stock_vol	（6）stock_vol	（7）stock_vol	（8）stock_vol
ka_open	2.653	− 6.953 **	1.895	42.61	11.13	− 5.493	− 18.64 ***	7.095
	(3.320)	(3.483)	(17.20)	(27.86)	(18.44)	(4.463)	(5.078)	(19.81)
kopen_tradeopen			115.3					
			(207.0)					
kopen_gdp				− 3.918 *				
				(2.202)				
kopen_gdpper					− 0.000466			
					(0.000669)			
kopen_stock						− 0.0351		
						(0.0634)		
kopen_credit							0.236 ***	
							(0.0841)	
kopen_hc								− 5.154
								(7.296)
stock_gdp		0.0767 ***	0.0734 **	0.0711 **	0.0894	0.103 **	0.0892 ***	0.0730 **
		(0.0284)	(0.0336)	(0.0288)	(0.131)	(0.0507)	(0.0285)	(0.0296)
credit_gdp		0.117 ***	0.137 ***	0.114 ***	0.0720	0.113 ***	0.0318	0.109 **
		(0.0422)	(0.0519)	(0.0415)	(0.287)	(0.0434)	(0.0523)	(0.0432)
tfpgrowth		20.28	49.85	10.65	− 40.28	20.75	2.807	21.02
		(38.47)	(91.45)	(37.92)	(30.32)	(39.01)	(37.95)	(38.40)
csh_i		− 34.73 ***	− 23.66	− 35.04 ***	31.62	− 33.73 ***	− 35.60 ***	− 34.61 ***
		(12.80)	(23.42)	(12.60)	(51.26)	(12.95)	(12.56)	(12.82)
csh_g		46.93 **	84.37	37.73 *	25.55	47.18 **	31.20	46.65 **
		(22.83)	(82.67)	(22.93)	(122.6)	(23.06)	(22.85)	(22.85)
vae		2.558	2.119	2.058	18.23	2.630	1.610	2.549
		(2.756)	(3.280)	(2.731)	(17.07)	(2.758)	(2.723)	(2.755)

续表

变量	(1) stock_vol	(2) stock_vol	(3) stock_vol	(4) stock_vol	(5) stock_vol	(6) stock_vol	(7) stock_vol	(8) stock_vol
pve		1.723	1.763	1.891	−14.69	1.667	1.695	1.675
		(1.247)	(1.356)	(1.232)	(9.344)	(1.253)	(1.221)	(1.251)
gee		−5.673*	−6.081*	−4.948	9.264	−5.336	−7.417**	−5.864*
		(3.120)	(3.142)	(3.122)	(11.53)	(3.302)	(3.121)	(3.133)
rqe		0.666	0.195	2.847	8.092	0.472	2.612	0.748
		(2.745)	(3.247)	(2.961)	(14.60)	(2.818)	(2.768)	(2.751)
rle		−5.439*	−5.798*	−5.977*	1.446	−5.541*	−6.152**	−5.454*
		(3.133)	(3.370)	(3.091)	(16.33)	(3.143)	(3.088)	(3.132)
cce		1.272	3.093	0.838	7.655	1.247	2.272	1.426
		(2.488)	(4.487)	(2.468)	(8.717)	(2.501)	(2.477)	(2.486)
lnpop		−0.971	−5.418	3.097	−54.51	−2.094	5.145	−1.887
		(8.231)	(13.73)	(8.217)	(79.20)	(8.764)	(8.394)	(8.398)
pop_growth		−23.45	−90.90	−10.98	−17.30	−29.15	41.96	−35.15
		(57.39)	(157.8)	(56.43)	(361.6)	(60.37)	(60.93)	(59.95)
trade_open		−18.18	−102.0	−13.98	103.6**	−18.33	−6.724	−19.21
		(16.01)	(163.1)	(15.87)	(48.76)	(16.18)	(16.02)	(15.96)
xr_ch		20.66**	27.45	17.90*	77.01***	21.81**	17.23*	20.37**
		(10.22)	(20.57)	(10.15)	(27.88)	(10.97)	(10.03)	(10.26)
agri_land		−0.936***	−0.789**	−1.007***	−0.391	−0.926***	−0.852***	−0.952***
		(0.185)	(0.321)	(0.186)	(1.113)	(0.187)	(0.184)	(0.186)
hc		2.080	6.547	1.234	3.097	2.097	5.673	4.798
		(5.727)	(10.85)	(5.658)	(19.93)	(5.761)	(5.777)	(6.835)
inflation		16.35	27.11	13.93	75.66***	17.14	13.06	16.06
		(11.30)	(28.44)	(11.17)	(28.48)	(11.81)	(11.08)	(11.33)
Constant	18.91***	54.91*	37.12	47.64*	171.5	56.80**	29.25	51.89*
	(1.955)	(28.10)	(39.89)	(27.66)	(268.6)	(28.73)	(29.32)	(28.17)
Observations	587	407	407	407	92	407	407	407
Number of iso	42	36	36	36	34	36	36	36

注：*表示10%水平显著，**表示5%水平显著，***表示1%水平显著。括号内为标准误。

表 3 - 16 显示了汇市波动与金融开放的关系。首先，第（1）列和第（2）列的结果显示，平均而言，金融开放降低了汇市波动。其次，金融开放对汇市波动性的影响有明显的异质性。第（4）列的回归结果显示，经济规模较大的国家金融开放对汇市波动性的抑制作用较强。这可能反映出经济规模较大的国家本身市场规模和深度较大，抗冲击能力强。另外，人力资本水平较高的国家的金融开放放大了汇市波动。这可能反映出在经济遭受负面冲击的时候，在金融开放的背景下，人力资本水平较高的国家资本外逃更严重。

表 3 - 16 金融开放对汇市波动的回归结果

变量	（1）xr_vol	（2）xr_vol	（3）xr_vol	（4）xr_vol	（5）xr_vol	（6）xr_vol	（7）xr_vol	（8）xr_vol
ka_open	− 285.2 ** (112.1)	− 79.73 * (43.35)	− 141.3 (215.3)	618.4 * (345.4)	− 37.03 (116.5)	− 104.2 ** (52.80)	− 125.7 ** (59.80)	− 668.4 *** (252.4)
kopen_tradeopen			− 788.7 (2 599)					
kopen_gdp				− 55.13 ** (27.31)				
kopen_gdpper					0.000251 (0.00397)			
kopen_stock						0.615 (0.773)		
kopen_credit							0.920 (0.944)	
kopen_hc								216.2 ** (93.31)
stock_gdp		− 0.468 (0.402)	− 0.443 (0.459)	− 0.541 (0.406)	− 0.339 (0.985)	− 0.915 (0.640)	− 0.399 (0.403)	− 0.295 (0.412)
credit_gdp		0.0142 (0.502)	− 0.0867 (0.606)	− 0.0582 (0.497)	− 0.438 (1.790)	0.0523 (0.505)	− 0.308 (0.613)	0.343 (0.513)
tfpgrowth		39.36 (591.7)	− 176.4 (1 274)	− 119.7 (591.3)	− 258.8 (210.5)	16.68 (601.8)	− 67.54 (577.6)	− 35.36 (585.4)
csh_i		797.5 *** (154.8)	704.1 ** (341.9)	778.2 *** (153.4)	126.0 (306.1)	782.2 *** (156.2)	796.1 *** (155.0)	795.7 *** (154.4)
csh_g		248.0 (227.7)	45.39 (782.8)	178.3 (229.1)	20.71 (898.4)	233.0 (231.0)	218.4 (226.6)	307.2 (230.5)

续表

变量	(1) xr_vol	(2) xr_vol	(3) xr_vol	(4) xr_vol	(5) xr_vol	(6) xr_vol	(7) xr_vol	(8) xr_vol
vae		8.063 (36.55)	20.72 (67.54)	6.733 (36.31)	−14.47 (98.47)	8.367 (36.71)	9.314 (36.46)	10.51 (36.35)
pve		14.57 (17.37)	11.35 (23.89)	14.56 (17.25)	29.75 (67.51)	15.21 (17.34)	12.74 (17.28)	14.78 (17.32)
gee		−53.38 (42.80)	−54.33 (45.25)	−47.26 (42.74)	−48.50 (79.58)	−58.92 (44.62)	−63.30 (42.88)	−49.13 (42.82)
rqe		−8.117 (35.12)	−1.875 (46.49)	25.76 (38.64)	16.66 (73.59)	−3.947 (36.13)	−2.180 (35.20)	−11.62 (35.14)
rle		85.08 ** (40.21)	84.20 ** (41.50)	75.72 * (40.10)	35.22 (109.1)	85.61 ** (40.26)	82.81 ** (40.28)	84.96 ** (40.07)
cce		19.97 (30.43)	14.65 (33.64)	18.67 (30.25)	−56.26 (49.55)	20.77 (30.58)	23.97 (30.71)	14.06 (30.38)
lnpop		−49.95 (84.04)	−58.03 (98.83)	−28.13 (83.48)	19.16 (433.5)	−37.23 (83.79)	−53.43 (83.73)	−46.00 (84.04)
pop_growth		−1 043 * (591.6)	−996.0 * (578.2)	−1 030 * (587.4)	−93.46 (2 005)	−983.2 * (591.3)	−933.9 (612.1)	−703.1 (622.1)
trade_open		437.6 ** (221.8)	1 027 (2 118)	497.3 ** (222.3)	304.4 (294.1)	442.6 ** (223.9)	491.3 ** (217.6)	489.5 ** (218.7)
xr_ch		121.6 (135.8)	75.98 (259.4)	74.14 (137.0)	−48.64 (180.0)	104.3 (142.0)	107.4 (134.3)	128.0 (135.8)
agri_land		0.215 (2.326)	−0.602 (3.292)	−0.489 (2.330)	3.536 (6.681)	0.0250 (2.329)	0.528 (2.338)	0.997 (2.327)
hc		−279.0 *** (75.99)	−316.1 * (163.2)	−298.7 *** (76.14)	−117.9 (134.8)	−277.4 *** (76.06)	−274.0 *** (76.69)	−402.9 *** (89.93)
inflation		113.0 (145.1)	44.33 (340.3)	70.42 (145.5)	−35.59 (192.3)	102.9 (148.5)	101.6 (143.7)	120.5 (145.0)
Constant	199.0 *** (59.18)	750.0 ** (339.0)	1 001 (1 034)	759.7 ** (337.0)	139.2 (1 422)	738.1 ** (338.3)	754.5 ** (338.6)	1 002 *** (338.3)
Observations	910	443	443	443	103	443	443	443
Number of iso	65	39	39	39	37	39	39	39

注：* 表示10%水平显著，** 表示5%水平显著，*** 表示1%水平显著。括号内为标准误。

3.3 新兴市场国家金融开放与宏观经济政策

本节研究不同国家宏观政策的差异对金融开放经济效应的异质性影响。我们用一国的政府支出占 GDP 的比重度量财政政策、用广义货币增长率度量货币政策、用国际货币基金组织综合宏观审慎措施历史数据库（iMaPP）宏观审慎政策指数度量宏观审慎政策。前两个指标越高代表财政、货币政策越宽松，最后一个指标越高代表宏观审慎政策越紧。

3.3.1 新兴市场国家不同金融开放阶段的宏观政策环境

本节继续以金融开放指标三分位数为划分标准将新兴市场国家分为"金融开放水平较高的国家"、"中等金融开放水平的国家"和"金融开放水平较低的国家"三组，探究在不同的金融开放阶段新兴市场国家宏观政策的差别。

按照平均金融开放水平三等分，探究不同开放度的国家宏观调控政策的差异。我们分别考虑三种宏观调控政策，即以政府公共支出（csh_g）为代理变量的财政政策指标、以广义货币供给增长率（m_2）为代理变量的货币政策指标、以宏观审慎政策施行的量化指标（$macropru$）。[①]

首先，对总体数据运用描述统计加以分析。结果如表 3 - 17 所示，金融开放水平较低的国家财政政策指标平均值为 0.21，较其余两类国家更高；货币政策指标在组间随金融开放水平升高而降低；宏观审慎政策为 0.22，偏低，标准差组间差异不大，因此金融开放水平较低的国家三类政策都更宽松。相比较而言，金融开放水平较高的国家货币政策指标为 41.55，偏高，宏观审慎政策指标值为 0.31，偏低，表示其货币政策、宏观审慎政策从紧。

---

① 数据说明：国际货币基金组织 iMaPP 最新版本为 2019 年 3 月，更新了截至 2016 年 12 月的数据。

表 3 – 17 不同金融开放水平国家宏观政策描述统计

宏观政策	金融开放水平较低	金融开放水平中等	金融开放水平较高
财政政策指标平均值	0.21	0.18	0.18
财政政策指标标准差	0.08	0.07	0.07
货币政策指标平均值	49.42	46.52	41.55
货币政策指标标准差	290.14	229.61	391.81
宏观审慎指标平均值	0.22	0.22	0.31
宏观审慎指标标准差	1.00	1.20	1.02

其次，计算每年各组国家的财政指标、m_2 增长率平均值、宏观审慎政策量化指标平均值。在财政政策上，在三组国家中，金融开放水平较低的一组国家的财政政策相比于其他两组更为宽松。从时间上看，各组国家财政政策在 2008 年之后都开始趋于扩张。在货币政策上，金融开放较低的一组国家 M_2 的增长率在 2000 年以前具有较大的波动并且相比于其他两组国家更为宽松。除此之外，各国的货币政策也不断趋于紧缩。在宏观审慎政策上，各组国家的平均宏观审慎政策量化指标处于剧烈的波动之中，但在整体上具有不断紧缩的趋势。

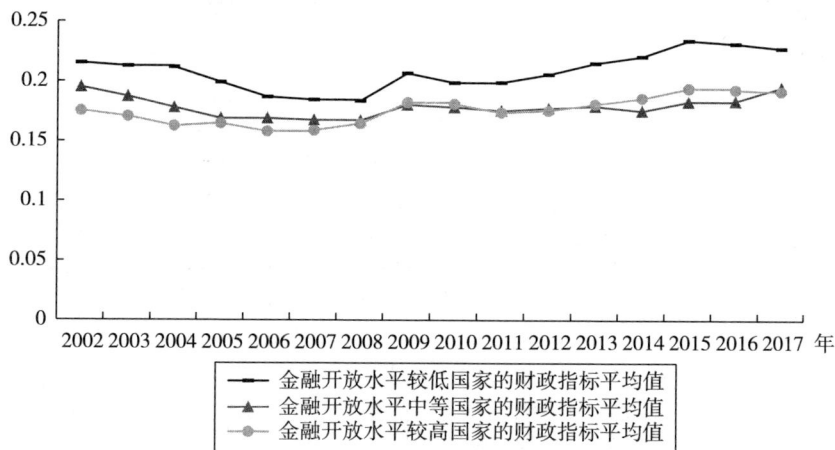

图 3 – 8 不同金融开放水平国家宏观政策折线图

3.3.2 宏观政策环境对金融开放经济效应的影响

表 3 – 18 总结了宏观政策环境对金融开放经济效应的影响。

表 3 - 18   宏观政策对金融开

变量	(1) growth	(2) growth	(3) growth	(4) flu	(5) flu	(6) flu	(7) stock_gdp	(8) stock_gdp	(9) stock_gdp
ka_open	-0.0807 (0.0702)	-0.00449 (0.249)	0.0553 (0.0858)	-28.14 (28.63)	-86.67 (93.81)	-27.75 (34.67)	43.72 (27.32)	40.45 (72.79)	-41.33 (81.92)
kopen_cshg	0.512 (0.332)			110.1 (140.4)			-275.3** (130.2)		
kopen_m_2		0.00670 (0.00902)			2.978 (2.451)			-2.020 (5.822)	
kopen_ macropru			0.0295 (0.0885)			-21.87 (28.97)			-44.88 (138.6)
stock_gdp	0.000260 (0.000211)	-0.000242 (0.00227)	0.000300 (0.000326)	-0.0221 (0.0810)	-0.583 (0.800)	-0.132 (0.174)			
credit_gdp	-0.000348 (0.000262)	-0.00274 (0.00237)	-0.000444 (0.000870)	0.0384 (0.105)	0.108 (0.519)	-0.199 (0.378)			
tfpgrowth	1.309*** (0.311)	2.018** (1.019)	1.801* (1.002)	-197.2* (116.0)	247.9 (244.6)	-307.9 (297.6)	-32.94 (124.6)	15.32 (219.4)	-504.7 (1 423)
csh_i	0.234*** (0.0781)	0.775 (0.799)	0.100 (0.182)	45.70 (32.05)	202.7 (236.8)	86.86 (84.16)	204.1*** (34.51)	197.8 (163.2)	297.2 (238.4)
csh_g	-0.288 (0.244)	1.168 (1.310)	-0.0226 (0.175)	-126.0 (103.8)	219.0 (292.6)	-40.10 (94.63)	145.7 (91.85)	-37.02 (244.1)	18.57 (170.3)
vae	-0.0224 (0.0183)	-0.0514 (0.190)	0.00110 (0.0325)	7.383 (8.069)	-59.03 (73.72)	2.073 (15.18)	12.14 (7.714)	79.15 (115.9)	9.949 (30.59)
pve	0.00237 (0.00892)	-0.0373 (0.0635)	0.00437 (0.0136)	-5.894* (3.542)	-22.81 (21.22)	-8.061 (8.116)	-0.0954 (3.820)	-2.604 (10.71)	-6.084 (15.87)
gee	-0.0178 (0.0216)	0.0439 (0.155)	-0.0370 (0.0564)	-7.291 (8.644)	49.10 (50.18)	9.786 (23.89)	11.58 (8.966)	15.84 (29.56)	35.32 (79.57)
rqe	0.0603*** (0.0175)	0.0266 (0.136)	0.0583 (0.0354)	1.270 (7.409)	37.52 (43.73)	9.881 (19.15)	11.17 (7.667)	19.53 (37.85)	12.29 (26.67)

放影响的实证结果

(10) credit_gdp	(11) credit_gdp	(12) credit_gdp	(13) stock_re	(14) stock_re	(15) stock_re	(16) stock_vol	(17) stock_vol	(18) stock_vol	(19) xr_vol	(20) xr_vol	(21) xr_vol
21.66	57.18	28.99	83.39	468.7	−49.08	−22.50 *	−119.2	2.191	−197.3	546.7	−37.97
(24.34)	(59.83)	(127.7)	(93.93)	(810.8)	(115.0)	(12.30)	(130.5)	(29.04)	(139.3)	(1 195)	(176.7)
−28.50			−518.2			82.51			605.5		
(106.9)			(466.8)			(60.37)			(659.0)		
	−0.524			−14.78			2.269			−39.70	
	(2.232)			(31.88)			(5.134)			(56.20)	
		34.45			−28.25			11.76			75.38
		(284.0)			(105.2)			(25.14)			(182.4)
			−0.659 ***	−3.636	−0.531 **	0.0839 ***	0.453	0.121	−0.425	0.912	−0.281
			(0.218)	(5.733)	(0.247)	(0.0304)	(0.923)	(0.0845)	(0.419)	(8.061)	(0.671)
			0.250	0.585	−0.476	0.122 ***	0.538	0.203	0.168	−2.664	0.794
			(0.279)	(3.451)	(1.161)	(0.0429)	(0.556)	(0.251)	(0.520)	(8.158)	(1.792)
281.0 *	115.6	845.1	413.0	−277.4	−86.50	15.08	52.24	96.17	−11.61	−210.5	576.0
(165.8)	(170.6)	(3 877)	(332.2)	(1 771)	(1 120)	(40.51)	(285.1)	(222.1)	(616.7)	(3 475)	(2 064)
54.40 **	176.8 **	40.71	141.2 *	−321.5	178.3	−33.71 ***	10.73	−63.67	807.5 ***	3 024	770.9 **
(26.17)	(85.45)	(81.95)	(84.66)	(1 351)	(284.9)	(12.97)	(217.6)	(62.37)	(155.0)	(3 032)	(374.0)
131.1	159.6 *	228.5	206.3	−1 270	−123.3	−3.263	166.5	44.33	−111.9	−607.5	239.5
(93.83)	(82.72)	(824.4)	(341.8)	(3 508)	(177.9)	(47.67)	(564.9)	(61.27)	(485.2)	(4 504)	(361.4)
−5.796	33.61	11.32	1.888	256.8	6.117	2.521	−68.46	4.063	6.447	853.5	33.17
(6.742)	(69.11)	(94.63)	(18.94)	(621.2)	(38.72)	(2.783)	(100.0)	(7.955)	(36.23)	(1 282)	(67.04)
2.471	−2.280	0.360	19.30 **	60.64	3.933	1.501	−14.83	2.459	13.18	18.39	12.21
(3.185)	(5.219)	(10.56)	(9.179)	(153.1)	(20.64)	(1.281)	(24.65)	(3.339)	(17.71)	(219.7)	(27.95)
8.595	−15.16	−6.243	27.61	143.5	29.09	−5.336 *	−5.840	−19.00	−53.49	−325.2	−98.40
(9.242)	(17.00)	(100.1)	(22.27)	(250.6)	(98.68)	(3.119)	(40.36)	(27.66)	(42.84)	(528.4)	(116.3)
−6.789	−8.403	−18.02	−35.47 *	170.8	−6.847	0.469	−11.28	2.469	−10.89	−523.4	−43.65
(9.109)	(26.18)	(71.35)	(19.70)	(360.4)	(25.76)	(2.765)	(58.04)	(7.330)	(34.81)	(498.3)	(73.01)

变量	(1) growth	(2) growth	(3) growth	(4) flu	(5) flu	(6) flu	(7) stock_gdp	(8) stock_gdp	(9) stock_gdp
rle	-0.0216	0.0602	-0.0272	1.447	37.40	-10.72	-0.671	-0.613	-25.04
	(0.0204)	(0.148)	(0.0427)	(8.387)	(55.88)	(22.74)	(9.110)	(30.96)	(64.40)
cce	0.00279	-0.0722	-0.00703	-0.239	-39.33	7.626	-11.28 *	-18.63	16.78
	(0.0153)	(0.139)	(0.0371)	(6.262)	(40.39)	(15.72)	(6.664)	(31.03)	(80.89)
lnpop	-0.0601	-1.204	0.0463	-29.07	-418.7	-67.65	-115.9 ***	-38.48	-235.6
	(0.0421)	(1.150)	(0.229)	(17.83)	(355.6)	(89.09)	(15.49)	(244.2)	(221.9)
pop_growth	1.360 ***	-10.96	0.167	-185.7	-4 199	-229.0	-459.5 ***	2 339	500.7
	(0.297)	(11.81)	(1.478)	(125.2)	(3 652)	(852.9)	(118.6)	(4 518)	(1 394)
trade_open	0.0912	-0.347	-0.0151	107.3 **	-158.9	89.58	52.09	74.04	136.4
	(0.122)	(0.846)	(0.169)	(47.79)	(159.4)	(83.49)	(48.91)	(361.9)	(254.3)
xr_ch	0.0333	0.225	0.151	-34.01	3.864	-84.05	-47.65	-33.61	-238.6
	(0.0713)	(0.396)	(0.349)	(27.69)	(93.59)	(98.02)	(31.19)	(97.23)	(574.2)
agri_land	-0.00151	-0.00652	-0.000870	0.349	-0.292	-0.159	1.197 **	0.0862	0.801
	(0.00117)	(0.00973)	(0.00215)	(0.495)	(3.124)	(1.168)	(0.504)	(2.068)	(2.309)
hc	0.0640 *	0.188	0.0914	-20.32	2.217	-21.84	14.19	48.94	-5.777
	(0.0381)	(0.272)	(0.0605)	(15.12)	(74.49)	(31.54)	(16.29)	(56.98)	(112.1)
inflation	0.122	0.315	0.258	-35.68	11.55	-82.95	-51.43	-13.30	-245.5
	(0.0757)	(0.435)	(0.375)	(30.04)	(113.1)	(101.8)	(33.33)	(98.08)	(587.7)
Constant	0.113	3.436	-0.369	148.8 **	1 340	305.7	239.1 ***	-49.34	731.4
	(0.179)	(3.699)	(0.912)	(72.12)	(1 133)	(347.1)	(69.76)	(832.0)	(1 088)
Observations	443	94	402	410	88	371	452	96	408
Number of iso	39	32	35	39	32	35	39	32	35

续表

(10)	(11)	(12)	(13)	(14)	(15)	(16)	(17)	(18)	(19)	(20)	(21)
credit_gdp	credit_gdp	credit_gdp	stock_re	stock_re	stock_re	stock_vol	stock_vol	stock_vol	xr_vol	xr_vol	xr_vol
0.722	21.38	11.45	−50.77**	−53.61	−78.07***	−4.633	2.185	−5.751	92.63**	381.6	121.7
(7.964)	(23.26)	(129.9)	(21.46)	(218.7)	(25.83)	(3.202)	(35.21)	(7.671)	(40.55)	(505.3)	(88.01)
−10.74*	−26.93	−28.32	8.105	164.9	32.51	0.945	−8.885	0.432	17.76	296.8	−1.258
(6.057)	(36.04)	(164.4)	(16.15)	(207.5)	(25.19)	(2.541)	(33.41)	(6.270)	(30.40)	(481.8)	(76.37)
14.73	−58.46	92.28	−72.41	256.5	−115.9	−1.676	−145.1	33.83	−46.11	1 651	116.9
(21.48)	(35.95)	(505.7)	(47.87)	(2 273)	(174.0)	(8.254)	(365.9)	(45.54)	(83.49)	(4 243)	(471.2)
−100.6	167.8	541.4	−404.0	14 531	−83.05	−11.24	−4 144	−746.1	−1 019*	30 385	−1 874
(115.5)	(2 135)	(3 262)	(312.0)	(38 429)	(1 115)	(60.43)	(6 188)	(925.2)	(589.1)	(61 636)	(3 046)
−57.10*	−40.34	−99.98	−112.7	305.3	−14.00	−13.39	−47.44	−9.158	481.7**	2 621	477.7
(32.81)	(130.3)	(228.8)	(128.8)	(1 660)	(236.9)	(17.59)	(267.4)	(42.04)	(242.6)	(3 627)	(347.5)
37.69	3.363	178.8	100.1	−921.3	−51.37	19.09*	165.0	71.31	106.5	501.3	352.8
(34.02)	(59.94)	(1 095)	(76.99)	(1 668)	(425.0)	(10.68)	(268.6)	(99.86)	(141.4)	(1 396)	(720.0)
−0.142	−0.926	−0.0449	1.848	48.07	1.139	−0.951***	−6.038	−0.570	0.0577	−7.294	1.302
(0.385)	(1.172)	(2.363)	(1.258)	(62.17)	(3.706)	(0.188)	(10.01)	(0.980)	(2.324)	(33.73)	(4.437)
5.075	47.62	18.22	62.40	783.1	104.7**	3.304	−151.5	5.487	−275.6***	−335.3	−289.5**
(13.40)	(32.44)	(113.6)	(38.89)	(1 248)	(49.02)	(5.797)	(200.9)	(14.24)	(75.57)	(1 006)	(124.6)
32.09	−10.60	167.4	150.7*	−693.4	−50.92	14.99	137.0	61.96	99.23	199.7	360.4
(39.80)	(62.28)	(1 155)	(85.45)	(1 483)	(443.2)	(11.73)	(238.8)	(101.2)	(150.3)	(1 523)	(773.1)
−57.64	30.92	−376.3	−9.395	−4 765	160.6	63.35**	1 159	−83.24	798.8**	−4 618	148.7
(85.02)	(173.7)	(2 276)	(196.5)	(11 625)	(838.9)	(28.55)	(1 872)	(209.3)	(354.2)	(14 169)	(1 880)
549	115	483	414	87	376	407	87	369	443	94	402
44	39	38	36	29	32	36	29	32	39	32	35

表 3–18 的第 （1）、（4）、（7）、（10）、（13）、（16）、（19）列分别展示了财政政策对金融开放（用 *kopen_cshg* 表示财政政策与金融开放的交互项）的经济增长效应（*growth*）、经济波动效应（*flu*）、股市发展效应（*stock_gdp*）、信贷市场发展效应（*credit_gdp*）、股市收益率效应（*stock_re*）、股市波动效应（*stock_vol*）和汇市波动效应（*xr_vol*）的影响。可以看到，财政政策越宽松，金融开放对股市发展的促进作用越小。这反映出新兴市场国家财政扩张对股市资金的挤出效应。

表 3–18 的第 （2）、（5）、（8）、（11）、（14）、（17）、（20）列分别展示了货币政策对金融开放（用 *kopen_m*$_2$ 表示货币政策与金融开放的交互项）的经济增长效应（*growth*）、经济波动效应（*flu*）、股市发展效应（*stock_gdp*）、信贷市场发展效应（*credit_gdp*）、股市收益率效应（*stock_re*）、股市波动效应（*stock_vol*）和汇市波动效应（*xr_vol*）的影响。可以看到货币政策的异质性对金融开放的经济效应没有显著影响。

表 3–18 的第 （3）、（6）、（9）、（12）、（15）、（18）、（21）列分别展示了宏观审慎政策对金融开放（用 *kopen_macropru* 表示宏观审慎政策与金融开放的交互项）的经济增长效应（*growth*）、经济波动效应（*flu*）、股市发展效应（*stock_gdp*）、信贷市场发展效应（*credit_gdp*）、股市收益率效应（*stock_re*）、股市波动效应（*stock_vol*）和汇市波动效应（*xr_vol*）的影响。可以看到宏观审慎政策的异质性对金融开放的经济效应没有显著影响。

3.4 新兴市场国家金融开放的案例研究

我们计算了所有样本国家金融开放对其经济增长影响的边际影响，并找出了其中边际影响最大的国家和最小的国家。其中乌克兰在 2004—2017 年的 15 年间金融开放对经济增长的正向作用最强，阿塞拜疆负向作用最强。因此，我们在本节详细比较这两个国家与其他新兴市场国家特征上的差别。表 3–19 的第 （3）—（6）列展示了全样本在各种国家特征上的平均数、标准差、最小值和最大值。第 （7）、第 （8）列展示了乌克兰的时间序列平均数和该平均数与样本最小值的距离（通过除以最大值和最小值的差，标准化到 0~1，在表中用 distance 表示）。第（9）、第（10）列分别展示了阿塞拜疆各项指标的时间序列平均数和该数值与样本最小值的距离。

表 3-19 乌克兰和阿塞拜疆与新兴市场国家特征的比较

变量	Obs	全样本				乌克兰		阿塞拜疆	
		Mean	Std. Dev.	Min	Max	Mean	distance	Mean	distance
agri_land	845	38.667	21.014	0.449	84.745	71.394	0.362222	57.634	0.538462
rgdpe	1 040	522 000	992 000	621.057	8 950 000	468 000	0.582222	125 562	0.659039
pop	1 040	49.482	158.93	0.07	1 366.418	45.552	0.483401	9.227	0.486554
hc	816	2.631	0.478	1.344	3.674	3.226	0.532847	—	—
csh_i	1 040	0.233	0.078	-0.03	0.585	0.122	0.486239	0.164	0.204778
csh_g	1 040	0.189	0.064	0.045	0.473	0.25	0.502591	0.155	0.490323
ka_open	975	0.288	1.454	-1.92	2.334	-1.686	0.333809	-0.372	0.580137
vae	1 040	-0.156	0.835	-2.259	1.293	-0.105	0.742782	-1.358	0.405138
pve	1 040	-0.146	0.81	-2.81	1.224	-0.806	0.553783	-0.665	0.52081
gee	1 040	-0.061	0.608	-1.697	1.51	-0.592	0.450652	-0.523	0.401697
rqe	1 040	-0.042	0.696	-2.364	1.539	-0.491	0.372973	-0.376	0.589532
rle	1 040	-0.181	0.668	-2.322	1.433	-0.763	0.405797	-0.755	0.371658
cce	1 040	-0.197	0.681	-1.826	1.582	-0.908	0.530806	-1.04	0.491566
credit_gdp	1 004	44.916	30.367	1.166	160.125	53.109	0.327	16.143	0.094
stock_gdp	768	42.779	44.932	0.057	328.361	19.460	0.059	0.074	0.000
stock_vol	686	21.414	11.135	3.378	95.463	34.435	0.337	—	—
growth	975	0.044	0.105	-1.674	0.402	0.034	0.676157	0.1150	0.541534
tfpgrowth	675	0.002	0.081	-0.852	0.351	0.019	0.56872	—	—
lnpop	1 040	2.171	2.002	-2.654	7.22	3.819	0.492958	2.221	0.50289
pop_growth	975	0.014	0.02	-0.018	0.175	-0.005	0.666667	0.012	0.666667
trade_open	1 040	-0.051	0.199	-0.836	0.758	-0.031	0.430233	0.169	0.17507
inflation	975	0.026	0.148	-0.381	3.197	0.025	0.64133	0.013	0.445969
m_2	986	13.499	12.417	-20.01	121.239	19.554	0.418478	25.447	0.309128
xr_vol	910	48 635.17	1 460 000	0	4.40e+07	1.71	0.237868	0.085	0.201923

注："—"代表缺失数据。

首先，乌克兰和阿塞拜疆的农业用地占比（*agri_land*）相对于其他新兴市场国家都较高，其实际 GDP 水平（*rdgpe*）、人口规模（*pop*）、人口增长率（*pop_growth*）、资本形成占 GDP 的比重、汇率波动（*xr_vol*）都较低，政府治理指数（*pve, gee, rqe, rle, cce*）和经济增长水平（*growth*）与新兴市场国家相比都处于中间水平。这意味着这些因素都不是使得金融开放的增长效应在这两个国家截然相反的主要原因。另外，这两个国家的贸易开放度（*trade_open*）、平均通胀水平（*inflation*）和 M_2 增长率（m_2）在样本国家中的位置也比较接近。这意味着这些因素也不是这两个国家金融开放增长效应差异的来源。

乌克兰比较明显的特征是本身的金融开放水平（-1.686）较低，其与样本最小金融开放水平的标准化距离为 0.33，而阿塞拜疆的金融开放水平与样本最小金融开放水平的标准化距离为 0.58。这表明乌克兰金融开放的较强效应可能是因为其从极端不开放到相对开放的跳跃产生了较大正向作用，但这并不能证明较低金融开放水平的增长效应更强。因为阿塞拜疆的金融开放水平（-0.372）也是低于样本平均数（0.288）的。与全样本相比，阿塞拜疆对政府的问责制（*vae*）较弱，可能是导致其金融开放难以达到较好效果的原因。与全样本相比，乌克兰的另一个特点是人力资本水平（*hc*）较高。另外，乌克兰的 TFP 增长率水平（*tfpgrowth*）高于样本平均数。总体而言，与阿塞拜疆相比，乌克兰在人力资本（*hc*）、政府支出（*csh_g*）、政府治理水平（*pve, gee, rqe, rle, cce*）、经济增长（*growth*）、人口规模（*pop*）、贸易开放（*trade_open*）等方面，在全样本中都处于中等偏上水平（根据与最小值的标准化距离判断）。这可能意味着平衡发展的经济贸易条件对于金融开放的经济增长效应有正向作用。尽管在上面这些单个指标上，阿塞拜疆与乌克兰并无显著差距，但其在平衡发展方面，显著要差。看单个指标，乌克兰没有一项是新兴市场国家中最强的，但其平衡性较好，这可能反映了计量分析中所遗漏的重要信息，即经济贸易条件在较高水平上的平衡发展有利于金融开放发挥正向的作用。

3.5 结 论

本章研究了 65 个新兴市场国家 1996—2017 年金融开放的历史经验，发现 2008 年以前新兴市场国家金融开放水平总体上不断提高，2008 年以后金融开放水平呈现下降趋势。而金融开放的进程在高开放、中等开放和低开放国家之间呈现出较大的异质性。高金融开放国家较高的金融开放水平是由 1996—2008 年间较高的开放速度产生的。低金融开放国家则从 20 世纪 90 年代末开始金融开放水平总体上呈下降趋势。以超过样本中位数作为开放的标准，新兴市场国家贸易开放和金融开放并无明显的先后顺序。以超过样本中位数为开放的标准，这些新兴市场国家证券市场开放的时间早于 FDI 开放的时间。平均而言，这些新兴市场国家的金融开放并未对经济增长和经济稳定产生显著影响，但对信贷市场发展有显著的促进作用，对股市和汇市的波动性有抑制作用。不同国家金融开放条件的异质性对金融开放的经济效应产生了显著的影响。金融开放对经济增长的促进作用在经济落后国家更强。较高的经济规模和人力资本水平削弱了金融开放对股市发展的正向作用。股市波动增强了金融开放对股市发展的正向作用。金融开放对信贷市场发展的促进作用在经济落后国家较强，股市波动增强了金融开放对信贷市场发展的正向作用。发达的信贷市场在金融开放的背景下加剧了股市的波动。经济规模较大的国家金融开放对汇市波动的抑制作用更强。较高的人力资本削弱了金融开放对汇市波动的抑制作用。扩张性的财政政策削弱了金融开放对股市发展的促进作用。本章的案例研究表明，金融开放对经济发展积极作用的发挥还有赖于各方面经济金融条件的协调配合。

参考文献

［1］邓敏．发展中国家金融开放的时机抉择及政策选择［D］．上海：华东师范大学，2013.

［2］李泽昆．金融开放的经济增长效应研究［D］．商务部国际贸易经济合作研究

院，2019.

　　［3］聂圣平. 后金融危机时代新自由主义政府观与我国政治安全研究［D］. 南京：南京航空航天大学，2018.

　　［4］谈儒勇. 中国金融开放的时机选择［J］. 经济研究参考，2000（13）：40 - 44.

　　［5］叶辅靖. 金融开放与金融安全［J］. 国际政治科学，2006（4）：27 - 53 + 4.

　　［6］张支南. 东欧及前苏联转型国家中金融发展与经济增长的关系——兼论俄罗斯的金融部门改革［J］. 长春理工大学学报，2010，5（11）：32 - 33.

　　［7］Bofinger，Peter，1991. "Options for a New Monetary Framework for the Area of the Soviet Union," CEPR Discussion Papers 604，C. E. P. R. Discussion Papers.

　　［8］Chinn，Menzie D. and Hiro Ito（2006）. "What Matters for Financial Development? Capital Controls，Institutions，and Interactions," *Journal of Development Economics*，Volume 81，Issue 1，Pages 163 - 192（October）.

　　［9］D. Quinn，A. M. Toyoda Does Capital Account Liberalization Lead to Economic Growth? An Empirical Investigation.

　　［10］D. Rodrik Who Needs Capital Account Convertibility?

　　［11］E. Han Kim & VijaySingal，1997. "Are Open Markets Good for Foreign Investors and Emerging Nations?," *Journal of Applied Corporate Finance*，Morgan Stanley，vol. 10（3），pages 18 - 32，September.

　　［12］Feal - Zubimendi，Soledad，2009. "Financial Development and Trade Openness：A Survey," MPRA Paper 63341，University Library of Munich，Germany.

　　［13］Fry，M. J.（1997），In Favour of Financial Liberalisation. The Economic Journal，107：754 - 770.

　　［14］Geert Bekaert & Campbell R. Harvey & Christian Lundblad，2009. "Financial Openness and Productivity," NBER Working Papers 14843，National Bureau of Economic Research，Inc.

　　［15］Gossel，Sean & Biekpe，Nicholas.（2015）. Push - Pull Effects on South Africa's Capital Inflows. *Journal of International Development*. 10. 1002/jid. 3099.

　　［16］Hauner，David & Prati，Alessandro & Bircan，Cagatay.（2013）. The Interest Group Theory of Financial Development：Evidence from Regulation. *Journal of Banking & Finance*. 37. 895 - 906. 10. 1016/j. jbankfin. 2012. 10. 008.

［17］Hauner, David & Prati, Alessandro. （2008）. Openness and Domestic Financial Liberalization: Which Comes First?. *SSRN Electronic Journal*. 10. 2139/ssrn. 1089989.

［18］Herwartz, Helmut & Walle, Yabibal M. , 2014. "Openness and the Finance – Growth Nexus," *Journal of Banking & Finance*, *Elsevier*, vol. 48 （C）, pages 235 – 247.

［19］Journal of International Money and Finance, 28 （4） （2009）, pp. 554 – 580.

［20］M. Kose, E. Prasad, M. Terrones Does Openness to International Flows Raise Productivity Growth?

［21］Marcin Kolasa & Giovanni Lombardo, 2011. "Financial Frictions and Optimal Monetary Policy in an Open Economy," NBP Working Papers 91, Narodowy Bank Polski, Economic Research Department.

［22］McKinnon, R. I. （1973）. Money and Capital in Economic Development. Washington, DC: Brookings Institution.

［23］McKinnon, R. I. （1991）. The Order of Economic Liberalization: Financial Control in the Transition to a Market Economy. Baltimore: Johns Hopkins University Press.

［24］Nursini Nursini, 2017. "Effect of Fiscal Policy and Trade Openness on Economic Growth in Indonesia: 1990 – 2015," *International Journal of Economics and Financial Issues*, Econjournals, Vol. 7 （1）, pages 358 – 364.

［25］Princeton Essays in International Finance, 207 （1998）, pp. 1 – 10.

［26］Review of Financial Studies, 21 （3） （2008）, pp. 1403 – 1449.

［27］Rodriguez, Cesar M. , 2017. "The Growth Effects of Financial Openness and Exchange Rates," *International Review of Economics & Finance*, *Elsevier*, Vol. 48 （C）, pages 492 – 512.

［28］Sayyed Mahdi Ziaei, 2017. "Effects of Financial Soundness and Openness on Financial Development," Review of Pacific Basin Financial Markets and Policies （RPBFMP）, World Scientific Publishing Co. Pte. Ltd. , Vol. 20 （04）, pages 1 – 14, December.

［29］Steven N. Durlauf & Andros KOURTELLOS & Chih Ming Tan, 2007. "Are Any Growth Theories Robust?", Discussion Papers Series, Department of Economics, Tufts University 0703, Department of Economics, Tufts University.

［30］Stiglitz, J. （2010）. Risk and Global Economic Architecture: Why Full Financial Integration May Be Undesirable? NBER Working Paper.

［31］Theo Eicher & Leslie Hull, 2001. "Financial Liberalization, Openness and Convergence," *The Journal of International Trade & Economic Development*, Taylor & Francis Journals, Vol. 13 (4), pages 443 – 459.

［32］Wei Huang, 2006. "Emerging Markets, Financial Openness and Financial Development," Bristol Economics Discussion Papers 06/588, Department of Economics, University of Bristol, UK.

4　中国金融开放：
多目标下的均衡选择

摘　要

金融开放是金融改革和发展的必要手段和内在要求。通过金融开放，在短期内拓宽外资金融机构对中国金融市场的参与度，提升资本跨境流动，形成市场化的汇率形成机制，推动金融资源配置效率，以更好地服务经济高质量发展。从长期的角度来看，金融的开放要实现中国金融体系的市场化和国际化，确立国际金融中心的地位，在国际金融市场发挥重要的建设性作用和引领作用，并最终完成中国从金融大国向金融强国的转变。金融开放的过程其实也是多目标选择的过程。在这一过程中，我们既要考虑到风险与稳定的平衡，也要考虑到成本与收益的平衡，同时还要考虑到发展与监管之间的平衡。只有这样，中国的金融开放才能稳妥地、坚定不移地向既定目标推进。

4.1　中国金融开放的目标

金融的开放是宏观经济开放的一个重要组成部分。然而，与大刀阔斧的宏观经济开放相比，中国在金融领域的开放无疑谨慎很多。当然，这种谨慎也不是完全没有理由的。1997 年爆发的亚洲金融危机、2007 年爆发的美国次贷危机和 2008 年爆发的国际金融危机、2015 年中国国内爆发的股市大幅下跌，都在提醒我们金融风险可能会给经济造成重大创伤。与此同时，作为新兴市场经济大国，中国的金融开放也有其特殊性。这种特殊性的一个重要体现在于金融开放的多目标性。与小国经济体的开放或者完全市场化国家的开放不同，中国的金融开放需要兼顾短期和长期，兼顾市场化与政府主导，兼顾本土发展与国际影响。这导致了中国金融开放的复杂性、艰巨性和长期性。也正因为如此，我国对金融的全面开放秉持的是非常谨慎的态度，采取的是渐进式的改革，但是开放的趋势是不可阻挡的。

4.1.1　短期目标

从短期来看，中国金融市场开放的目标是进一步提升市场在金融资源配置中的决定性作用，更好地服务经济的高质量发展。具体来说，金融开放的短期目标包括四个层次。第一，通过进一步加快金融服务业的开放、放宽境外金融机构和投资机构的准入限制和业务经营范围，不断提高和拓宽外资机构对中国金融的参与度，在市场主体方面增强广泛性和国际性。第二，进一步拓宽和提升资本市场双向开放机制，提升跨境资本流动便利度和效率，不断提高资本市场的国际化程度。第三，进一步深化人民币汇率制度改革，建立市场化汇率形成机制，充分发挥市场供求机制的引导作用，为市场主体提供真实的信息和稳定的预期。第四，通过实施高效率的货币政策和金融监管，维护人民币币值的合理稳定，抵御各种非理性的冲击，守住不发生系统性金融风险的底线。在这一过程中，完成中国金融业从被动适应现有国际金融规则和国际金融体系到积极参与国际金融规则和体系建设的角色转变。

4.1.1.1　金融服务业的开放

金融服务业的开放是一国金融开放的基本要求，它包括金融机构的开放和金融市场的开放。我们可以从境外金融机构的准入限制和业务范围、金融监管的透明度、利率市场化程度、境外金融机构或投资者参与证券市场交易的制度安排、信用评估体系的完善程度以及其他阻碍金融领域公平竞争的因素等角度对金融服务业开放程度进行评估。

党的十九大以来，中国金融服务业的开放迈入一个新阶段。2018年4月，易纲在博鳌亚洲论坛上公布了进一步扩大金融业对外开放的11条具体措施和时间表；2019年5月，郭树清阐述了银保监会将出台的12条对外开放新政策；2019年7月，国务院金融稳定发展委员会发布《关于进一步扩大金融业对外开放的有关举措》，确定实施 11 条金融业的对外开放安排。这三组政策在更大程度上放宽了境外金融机构的准入限制和业务范围，并且对证券市场"互联互通"机制和信用评估体系进行完善。

在准入限制方面。允许境外银行业和保险业金融机构在中国设立法人机构或分支机构，取消总资产和经营年限的要求；外资银行可以同时设立分行和子行，在中国的经营没有地域限制；将证券公司、基金管理公司、期货公司、人身保险公司的外资持股比例上限放宽至 51%，至 2020 年取消持股比例限制；按照内外资一致原则，同时取消单家中资银行和外资银行对中资商业银行的持股比例上限；允许中外合资证券公司的境内股东不是证券公司，允许中外合资银行的中方唯一或主要股东可以不是金融机构；消费金融公司、理财公司、保险资产管理公司和货币经纪公司等准入要求也进一步放宽。

在业务范围方面。取消外资银行开办人民币业务审批，允许外资银行开业时即可经营人民币业务和代理收付款项（收付信托）业务；允许符合条件的外国投资者经营保险代理业务和公估业务；外资保险经纪公司以及中外合资证券公司业务范围与中资机构一致；鼓励在信托、金融租赁、汽车金融、货币经纪、消费金融等领域引入外资。

在证券市场交易和信用评估体系方面。完善合格境外机构投资者（QFII）制度和人民币合格境外机构投资者（RQFII）制度，取消 QFIL/RQFII 投资额度限制；完善中国内地证券市场和香港市场的"互联互通"机制，沪股通和深股通的每日人民币额度从 130 亿元调整为 520 亿元，港股通每日额度从 105 亿元调整为 420 亿元；2019 年 2 月开始，"债券通"一级市场信息平台和二级市场北向通交易稳步运行，香港金融管理局和中国人民银行合作的"债券通"南向通方案也在 2020 年 12 月进入研究阶段。2019 年 7 月 20 日开始，债券市场开放程度更高，允许 QFII 在银行间债券市场发行人民币债券或进行投资，外资评级机构可以对银行间债券市场和交易所债券市场的所有种类债券评级。

2020 年初，全球性的新冠肺炎疫情蔓延加剧了世界政治经济的不确定性。但是，在中国共产党的全面领导下，中国率先实现经济运行的重启和逆势增长，出口贸易繁荣，金融开放全面高质量推进。4 月 1 日，伴随着证券公司、基金管理公司、期货公司等金融机构的外资股比限制提前取消，中国金融服务业的开放基本完成。

总体来看，中国金融业开放程度在 1997—2019 年期间大幅提高（见表 4-1）。经历了 20 多年的发展，金融服务业 FDI 限制指数从 1997 年的 0.625 下降到 2019 年的 0.244。但是，相较于欧美主要发达国家、日本和韩国，中国金融的开放程度还存在一定的差距。

表 4-1　　　　　　　　　金融服务业开放程度的国际比较

年份	中国	美国	英国	法国	德国	日本	韩国	OECD 平均
1997	0.625	0.089	0.081	0.055	0.030	0.079	0.532	0.127
2003	0.577	0.089	0.059	0.055	0.030	0.064	0.148	0.098
2006	0.468	0.089	0.056	0.045	0.030	0.057	0.143	0.082
2010	0.435	0.089	0.040	0.045	0.023	0.052	0.143	0.066
2011	0.435	0.089	0.040	0.045	0.023	0.052	0.143	0.065
2012	0.431	0.089	0.040	0.045	0.023	0.052	0.143	0.065
2013	0.431	0.089	0.040	0.045	0.023	0.052	0.135	0.064
2014	0.431	0.089	0.040	0.045	0.023	0.052	0.135	0.064
2015	0.393	0.089	0.040	0.045	0.023	0.052	0.135	0.064
2016	0.343	0.089	0.040	0.045	0.023	0.052	0.135	0.064
2017	0.326	0.089	0.040	0.045	0.023	0.052	0.135	0.064
2018	0.260	0.089	0.040	0.045	0.023	0.052	0.135	0.064
2019	0.244	0.089	0.040	0.045	0.023	0.052	0.135	0.064

注：金融服务业 FDI 限制指数的取值在 0 和 1 之间，数值越小说明开放程度越高。

数据来源：https://data.oecd.org/fdi/fdi-restrictiveness.htm.

4.1.1.2 资本市场双向开放与国际化

资本市场双向开放和金融服务业的开放相辅相成。从世界各国的发展经验看，一国货币在全球的影响力以及其在全球市场的比重，是一个国家软实力的最重要标志，而本币的自由交易则是大国金融开放的起点和基础。作为一个开放的、全球性的大国，如果人民币是一个相对封闭、不可自由交易的货币，就无法实现其在国际市场上进行计价、结算和储备的功能。因此，金融业的真正开放必然是双向的开放，这就要求资本账户基本实现可兑换，资本能够自由进出，具体包括：本国居民可以按照意愿自由兑换外币；本国金融机构或投资者可以从事外汇市场交易和国外证券市场的投资，在法律的规定范围内向海外汇出一定数量的资金；境外金融机构和投资者可以直接在中国资本市场发行、投资证券，并将所得利润汇出等。

当前，中国在信贷业务、直接投资、直接投资清盘和不动产交易项目的开放程度较高。2017 年 1 月，我国已允许境内机构办理境外放款业务，本币境外放款余额与外币境外放款余额合计最高不得超过其上年度经审计财务报表中所有者权益的 30%；执行直接投资外汇利润汇出管理政策，为境内机构办理等值 5 万美元以上（不含）利润汇出业务。在资本市场工具、货币市场工具和衍生工具方面，国内合格机构投资者被允许在境外发行和交易不同期限的有价证券，但金融衍生品仅允许交易而不能发行。境外金融机构或投资者可以在中国从事各类有价证券和金融衍生品的交易，相关准入限制、结算要求和投资额度限制正在逐步放开。

然而，迄今为止，我们对个人资本交易的开放程度仍相对较低，没有明确的法律允许贷款子项目的可兑换性，国内个人投资者在境外投资还受到严格限制。中国金融业的开放要更加注重金融基础设施建设，增强市场的透明度和金融监管的有效性；完善经济金融法律体系，提高法律的执行力和有效性；强化信用评估体系建设，弘扬契约精神；疏通市场化利率的传导机制，完善利率体系。进而推动和建立中国证券市场和欧美发达国家金融市场之间的"互联互通"机制，逐步提升金融市场国际化水平。

4.1.1.3 汇率水平的相对稳定与市场化汇率形成机制的建立

作为全球第二大经济体，维持人民币汇率水平（名义有效汇率）相对稳定，对于建设和完善人民币跨境支付结算系统，维护人民币的国际地位具有重要意义。因此，中国金融在开放的同时也必须高度关注汇率水平的相对稳定以及市场化汇率形成机制的建立。2015 年 8 月 11 日，中国人民银行调整美元兑人民币汇率的中间价报价机制（即"8·11 汇改"）。其后，稳定人民币汇率的目标转向名义有效汇率，也就是中国外汇交易中心（CFETS）人民币汇率指数、国际清算银行（BIS）货币篮子人民币汇率指数和 SDR 货币篮子人民币汇率指数的稳定。

图 4-1 给出了 2015 年 11 月至 2020 年 11 月期间，上述三种人民币汇率指数的时变趋势图。从图 4-1 中可以看出，2015 年 11 月至 2018 年 6 月，人民币汇率运行先降后升，呈正 U 形；2018 年 7 月至 2020 年 11 月，人民币汇率指数在震荡中维持币值基本稳定。人民币汇率运行既经历了反复震荡，又在制度创新中迎来了企稳反弹。重视货币政策和汇率政策的协调，实现内外部均衡，发挥利率的价格杠杆作用，促使人民币汇率富有弹性，实现人民币名义汇率在合理均衡水平上的基本稳定会成为未来中国货币政策和汇率政策的重要目标。

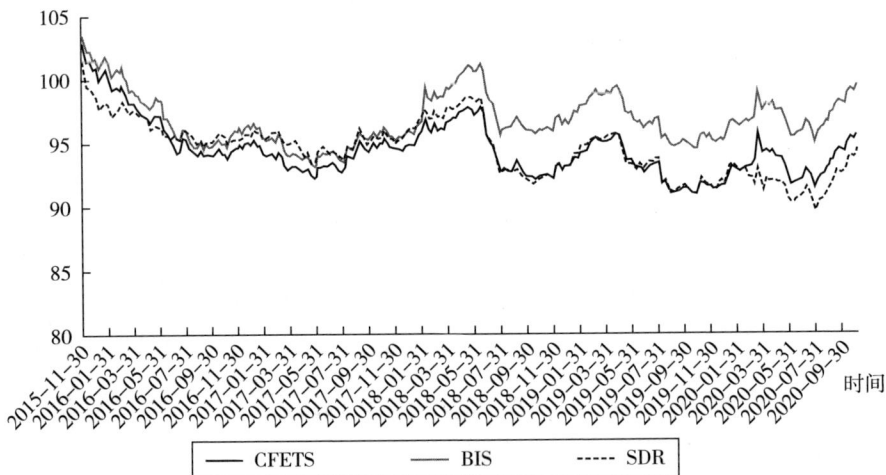

图 4-1　人民币有效汇率指数

（数据来源：中国外汇交易中心/中国银行间同业拆借中心）

与维持人民币汇率水平基本稳定的目标同样艰巨的另外一个任务是人民币市场化汇率形成机制的建立。中国的汇率市场化改革历程已经有 30 多年。其间经历了 1994 年的调剂汇率同官方汇率并轨，2005 年从盯住美元到开始管理浮动转变，2015 年 "8·11 汇改" 又进一步完善了美元兑人民币中间价形成机制。然而汇率市场化机制的建立，意味着要形成一个国际化的人民币交易支付结算市场，汇率完全由市场上供给需求关系来决定。

实现这一目标，涉及几个关键环节：第一，人民币可以自由兑换成主要国家的货币；第二，人民币在离岸金融市场和国际支付结算中被广泛使用；第三，中国人民银行不以干预外汇市场为主要政策目标。2018 年 5 月，中国人民银行发布《关于进一步完善跨境资金流动管理支持金融市场开放有关事宜的通知》，将港澳人民币业务清算行存放人民银行清算账户人民币存款的准备金率调整为零；明确 "沪港通" 和 "深港通" 境外投资者可通过香港结算行办理外汇资金兑换和外汇风险对冲业务，并纳入人民币购售业务管理。

"十四五" 时期，在统筹 "新发展格局" 和国内国际 "双循环" 战略布局的基础上，中国应该进一步优化跨境人民币业务政策，完善人民币跨境支付结算系统，坚持系统观念，有序推进高水平资本项目开放，拓宽人民币在离岸金融市场上的使用范围和比重；优化资本市场双向开放的结构，继续放宽 QFII/RQFII 的准入限制，同时推动 RQDII（人民币合格境内机构投资者，2014 年）业务的健康发展，完善 "沪港通" 和 "深港通" 的交易机制，进一步放开日交易限额和适用互联互通类的股票范围，提升跨境贸易投资自由化便利化水平。同时，中国人民银行应保持人民币汇率弹性，发挥汇率调节宏观经济和国际收支 "自动稳定器" 的作用；采取宏观审慎政策，创新调控工具，引导和稳定市场预期；强化信息基础设施建设，发挥市场的决定性作用，改革创新与新发展格局下高水平双向开放相适应的外汇管理体制机制，最终完成汇率市场化机制的建立。

4.1.2　长期目标

从长期看，伴随着金融基础设施的日益完善和经济金融实力的不断增强，中国金融要通过开放，逐渐形成市场化和国际化的金融体系，确立主要国际金融中心的地位，完成从金融大国向金融强国的转变。在这一过程中，中国将在国际金融领域发挥越来越重要的建设性作用和引领作用。

4.1.2.1 国际化金融体系的形成

国际化金融系统包括金融机构国际化、人民币国际化、金融监管国际化三个方面。其中，金融机构国际化一方面体现为金融机构区域分布的国际化，另一方面体现为服务产品的国际化。金融机构国际化的发展，是推动金融业务国际化的重要力量，同时，也会加快国际资本的流动，形成灵敏的国际信息网络，有力地促进国际贸易和世界经济的发展。目前，金融机构国际化中主要存在网点布局不合理、区域覆盖有限、业务种类单一、缺乏协同机制等问题。要实现金融机构国际化，需要在现有的基础上，优化金融机构在海外的网点布局，提高金融服务覆盖区域；鼓励多元化的金融机构参与，构建有效的业务协同机制。逐步形成广覆盖、深业务的市场格局，深化与本地机构的合作，加强金融业态的本地化创新，在金融产品及服务供应上，对标国外金融机构业务，拓展产品服务的种类。

人民币国际化是中国金融开放的逻辑起点，一个封闭的、不可自由交易的货币与中国改革开放的战略目标是不匹配的。众所周知，货币的本质是可交易的信用，人民币国际化是将这种可交易的信用拓展到国际市场。在这一过程中，货币自由交易程度不断提升，并使得人民币成为国际上普遍认可的计价、结算及储备货币。因此，短期看人民币国际化的重点在人民币信用可交易上，长期看人民币国际化要切实提升以上四个功能的国际化水平。

金融监管国际化是金融开放的必要条件。随着中国金融业对外开放步伐的加快，外资保险公司、外资银行在境内业务的限制逐渐取消。与此同时，国内企业也越来越多地在国际金融市场融资。在这种情况下，市场金融结构的多样性、金融的创新性、金融工具的复杂性和金融规则的国际性都会增加投资的风险以及金融体系的不稳定。加强金融监管，完善金融监管体系尤为重要。这一方面要稳定对外开放后的资本市场，尤其是预防国外不确定性事件对于资本市场的过度冲击；另一方面，也能有效阻止各类机构钻监管漏洞，以免造成国内资本严重外流。

4.1.2.2 国际金融中心的建立

构建新的国际金融中心是现代金融体系建设的重要目标。新的国际金融中心主要是以人民币计价资产的交易中心和全球财富管理中心。这就要求资本市场上的资产是要有成长性的。围绕激发实体经济活力、提高资本市场资产质量、完善上市公司信息披露制度、加强信用评估体系建设等一系列改革建设，仍然需要时间的积淀。

当前，上海、深圳、北京是我国主要的国际金融中心建设城市和试点城市。2020年9月25日，由中国（深圳）综合开发研究院与英国智库 Z/Yen 集团共同编制的第28期"全球金融中心指数报告（GFCI 28）"在中国深圳和韩国首尔同时发布。这一指数自2007年3月正式问世以来，每半年从营商环境、人力资源、基础设施、金融业发展水平和国际声誉等五个维度对全球金融中心竞争力进行综合评价，跟踪全球金融中心发展状况。在新一期的全球金融中心指数排名中，上海、香港、北京、深圳分别位列第三、第五、第七、第九名。从GFCI的评价指标来看，上海与亚洲其他几个主要的金融中心在金融业发展水平、人力资本和声誉及综合方面的差距不大，差距主要体现在营商环境和基础设施方面。例如，在营商环境指标中，香港排名全球第三，新加坡排名全球第六，北京和上海分列全球第八、第九。从新国际金融中心建设的角度看，我们在社会层面和法律层面的系统改革依然有较大改进的空间。

表4－2 全球前30大金融中心

大洲	欧洲	北美洲	亚洲	大洋洲
金融中心	伦敦（2） 苏黎世（10） 卢森堡（12） 爱丁堡（13） 日内瓦（14） 法兰克福（16） 巴黎（18） 阿姆斯特丹（22） 斯德哥尔摩（23） 马德里（28） 汉堡（29） 布鲁塞尔（30）	纽约（1） 旧金山（8） 洛杉矶（11） 波士顿（15） 华盛顿（19） 芝加哥（20） 温哥华（24） 蒙特利尔（26）	上海（3） 东京（4） 香港（5） 新加坡（6） 北京（7） 深圳（9） 迪拜（17） 广州（21） 首尔（25）	墨尔本（27）

4.1.2.3 参与国际金融体系构建

全球金融体系涵盖了各国货币在计价、支付、结算、转移等多个方面的内容，是国际间货币关系的总反映。积极参加国际金融体系的构建是中国金融开放的重要内容。第一，推动现有国际金融体系改革。现有的国际金融体系背后是大国力量的博弈，中国的国际地位和国际话语权仍在不断提升中，我们可以通过组织、协调、联合其他发展中国家，推动现有国际金融体系向有利于发展中国家的方向发展。第二，对基本运行规则进行创新，提高发展中国家的发言权和投票权，提高现有国际组织的透明、平等、开放程度。第三，参与构建新型国际金融组织。近年来，中国提出"一带一路"倡议、参与建立金砖国家开发银行、创设亚洲基础设施投资银行，这些组织对于开展多边贷款、弥补 IMF 在金融救助上的不及时和低效率、提升新兴国家话语权发挥了重要作用。配合人民币国际化稳步推进、人民币国际地位提升，改革当前国际货币金融体系，最终提升中国在国际金融体系中的影响力，实现维护发展中国家根本利益和国际金融新秩序的根本目标。

4.2 金融开放目标选择的依据

中国金融开放的目标具有双重性，不同阶段下的目标选择将根据发展程度略有不同。中国金融开放目标选择的依据主要包括经济发展规模和市场化程度，以及整体的国际化水平。

4.2.1 经济发展规模与国际化程度

中国经济发展规模位于世界前列，国际化程度不断提高。2010 年中国 GDP 总量超越日本跃居全球第二，且之后 GDP 增速依然维持在中高水平，没有出现大幅下降。

4.2.1.1 经济发展规模

如图 4 - 2 所示，2011 年，我国 GDP 总额为 48.79 万亿元，此后四年 GDP 增速一直维持在 7% 以上。2015 年之后，经济增长速度虽然有所放缓，但考虑到当前中国经济体量，从全世界范围来看，这仍然是一个极具竞争力的经济增长速度（见图4-3）。受全球新冠肺炎疫情影响，2020年我国GDP增速在第一季度出现大幅下滑，但随着疫情快速得到控制和各行各业复工复产，全年GDP增速达到2.30%，也是当年全球唯一实现经济正增长的主要经济体。截至2020年，我国GDP总量已经达到14.724万亿美元，约为美国GDP总量的70%，日本GDP总量（5.052万亿美元）的2.91倍。

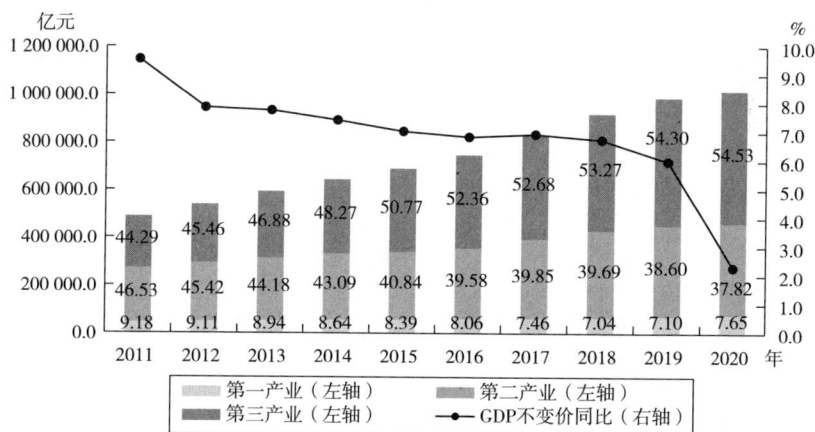

图4-2　中国2011—2020年各产业生产总值及GDP增速

（数据来源：Wind资讯）

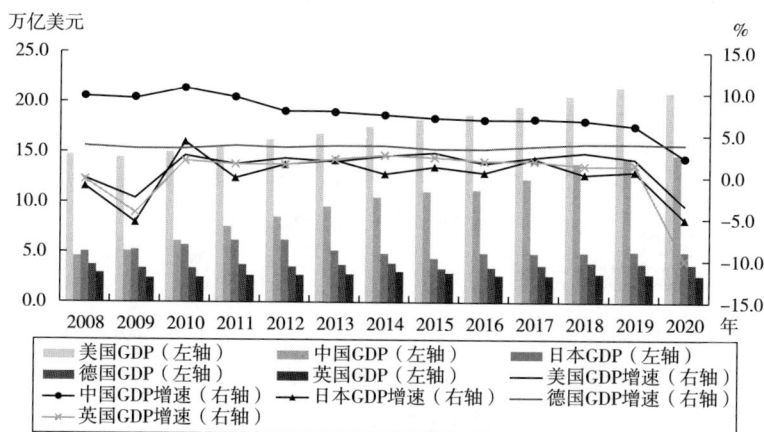

图4-3　2008—2020年美中日德英五国的GDP及其增长率对比

（数据来源：世界银行）

在经济保持中高速增长的同时，经济发展质量也在不断提升，产业结构不断优化。近年来，第三产业占比逐年上升，由 2011 年的 44.29% 上升到 2019 年的 54.30%。第三产业对 GDP 增长的贡献率，由 2011 年的 43.89% 上升到 2019 年的 63.50%。与此同时，第一产业和第二产业的比例则分别由 2011 年的 9.18% 和 46.53% 下降到 2019 年的 7.10% 和 38.60%。第一产业和第二产业对 GDP 增长的贡献率由 2011 年的 56.12% 下降到 2019 年的 36.50%（见图 4－4）。中国经济结构向着"质量更好、结构更优"的方向迈进。受全球新冠肺炎疫情影响，2020 年我国第三产业受到的冲击比第一、第二产业更大，第一产业和第二产业对 GDP 增长的贡献率明显上升，达到 52.80%，而第三产业对 GDP 增长的贡献率降为 47.30%。

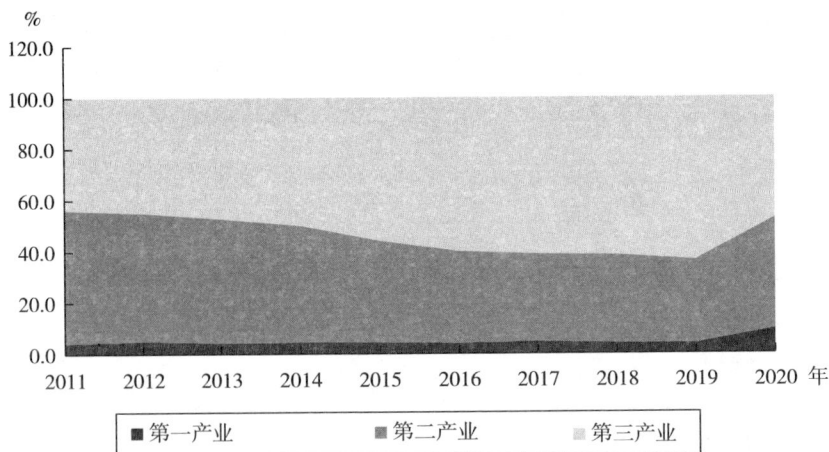

图 4－4　2011—2020 年 GDP 增长三次产业贡献率

（数据来源：Wind 资讯）

4.2.1.2　国际贸易规模

总体来看，我国国际贸易规模呈现增长态势，但波动幅度明显加大（见图 4－5）。与 2011 年相比，2020 年中国进出口总额累计增长了 27.58%，达到 4.65 万亿美元。其中出口总额累计增长 36.47%，达到 2.59 万亿美元；进口总额累计增长 17.90%，达到 2.06 万亿美元。但是，在这一过程中，国际贸易规模并非一直处于增长态势。2015 年，我国进出口贸易总额较 2014 年下降

8.10%，其中出口总额和进口总额分别下降2.94%和14.27%。2016年，国际贸易的严峻形势依然未能出现好转，进出口贸易总额进一步下降6.77%至3.69万亿美元，而出口总额和进口总额仍然呈双降态势。

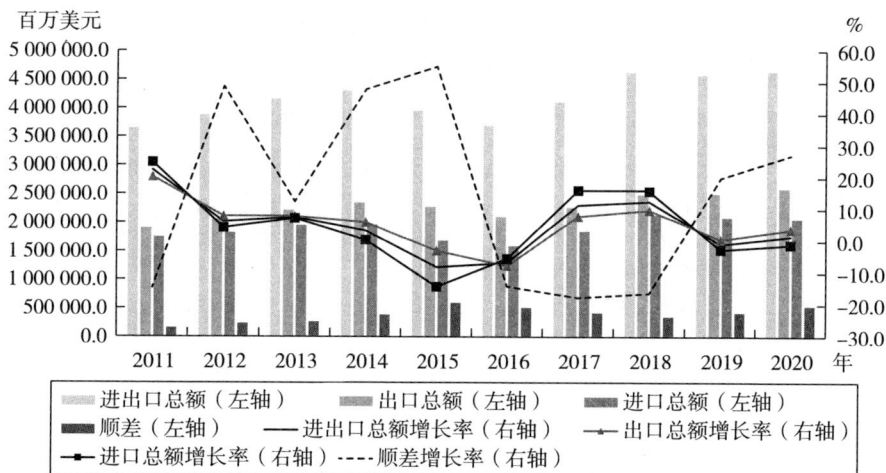

图4-5 我国2011—2020年进出口总额及增长率

（数据来源：国家统计局）

究其原因，出口总额出现下降主要是因为2008年以来的国际金融危机破坏了世界经济增长动力，国际经济总体复苏乏力，导致全球贸易进入深度调整期，外需低迷，进而抑制了我国的出口增长。而进口总额出现下降主要是受国际大宗商品价格大幅下跌的影响和我国经济发展进入新常态之后面临的下行压力所导致的大宗商品进口量增速放缓。

就服务贸易而言，我国一直处于逆差的状态（见图4-6）。2011年，我国服务贸易逆差为467.97亿美元；截至2016年，这一数据扩大到2 395亿美元。但是，2017年之后服务出口增长率小于服务进口增长率的局面得到扭转，并连续三年维持反超趋势。

4.2.1.3 国际直接投资

随着全球经济往来日益密切，资本的跨国运营变得越发频繁。从全球范围来看，2010—2020年之间，全球FDI波动主要受到发达经济体的国际直接

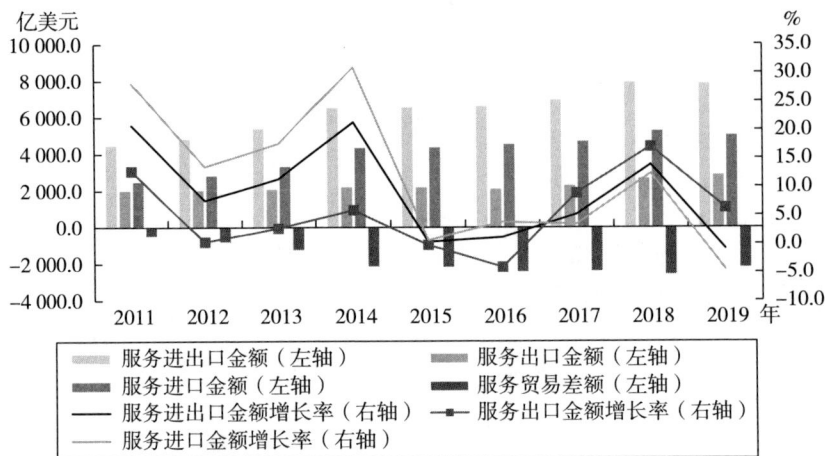

图 4 - 6　我国 2011—2019 年服务进出口金额及增长率

（数据来源：Wind 资讯）

投资波动的驱动（见图 4 - 7）。2020 年，在疫情冲击影响下，全球 FDI 下滑明显，但中国表现优异。联合国贸易和发展会议在 2020 年 6 月发布《2020年世界投资报告》称，在疫情危机冲击下，全球 FDI 大幅下滑，预计 2020 年全球 FDI 流量将比 2019 年的 1.54 万亿美元下降 40%，疫情的影响在不同地

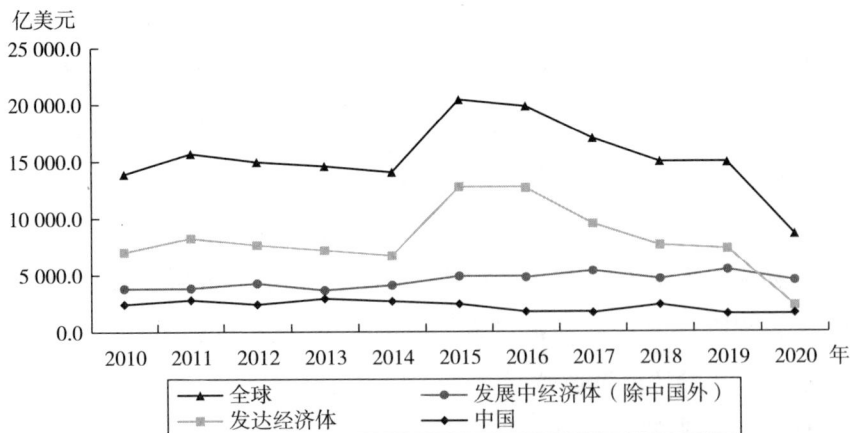

图 4 - 7　2010—2020 年全球 FDI 情况

（数据来源：联合国贸易和发展会议）

区存在差异，预计发展中经济体 FDI 下降幅度最大，因为其对全球价值链（GVC）密集型和采掘业的投资依赖度更高，这些产业受到严重打击，而且发展中经济体无法采取与发达经济体相同的经济支持措施。2020 年中国 FDI 逆势上涨，流入增幅 4%，达到 1 630 亿美元左右，反超美国、欧盟和东盟，成为全球第一大 FDI 流入目的地。

自 2010 年以来，随着我国对外开放程度的不断提升，外商直接投资利用金额以及投资数量整体稳步上升（见图 4-8），至 2019 年我国实际使用外商直接投资金额为 9 415 亿元，折合 1 381 亿美元。外商直接投资带动了先进技术的引进，强化了市场竞争，优化了产业结构，从多个维度促进了中国生产力水平的提升。

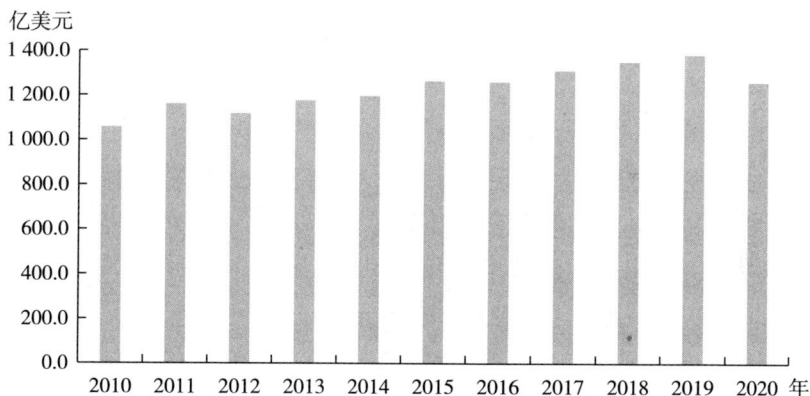

图 4-8　2010—2020 年我国外商直接投资使用情况

（数据来源：国家统计局）

4.2.1.4　资本市场规模

1990 年 12 月 19 日，上海证券交易所成立，飞乐音响与上海申华电工联合公司等 7 家公司股票，成为新中国资本市场首批进入交易所交易的 8 只股票。经过 30 年的发展，中国资本市场上市公司数量已经超过 4 100 家，上市公司市值从几十亿元增长到近 80 万亿元，开户投资者数量从几十万增长到1.7 亿。资本市场自身发展取得了巨大的成就，也极大地支持了产业的发展和科技的进步，成为国民经济的重要组成部分。与此同时，我国也不断尝试构建多层次资本市场体系。除了上海证券交易所主板市场之外，中小板、创业板、科创板相继于 2004 年、2009 年和 2019 年开板交易，而区域股权市场和新三板在 2018 年分别实现融资 1 783 亿元和 604 亿元，已成为我国多层次资本市场不可或缺的环节。可以说，中国资本市场在过去 30 年取得了卓越的成就。然而从世界范围来看，我们还有很长一段路要走。从图 4 – 9 可以看出，虽然我国资本市场的规模已经超过英国和日本，但与美国仍有巨大差距。更重要的是，中国资本市场法律制度的完善、信息效率水平的提升还有很长的路要走。

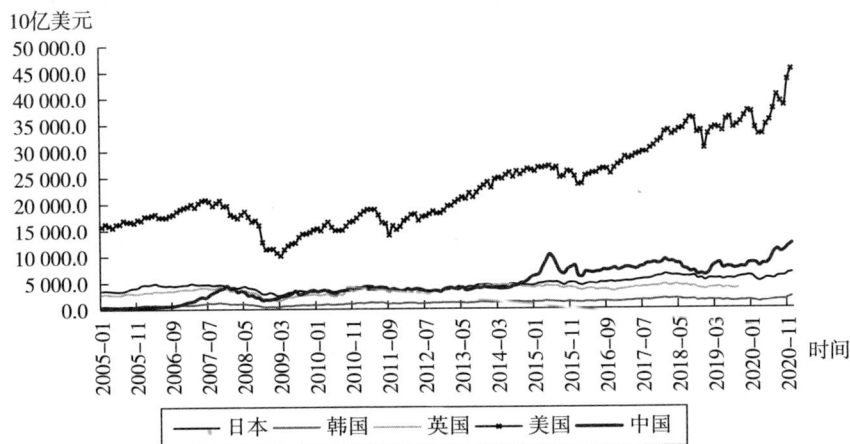

注：此处数据系各国证券交易所市值加总所得，其中中国包括上海证券交易所和深圳证券交易所，美国包括纳斯达克 – OMX 集团和纽约泛欧（美国）证券交易所集团。

图 4 – 9　各国交易所股票市值

（数据来源：世界交易所联合会）

4.2.1.5　人民币国际化程度

2008 年以来，按照尊重市场需求、服务实体经济、确保风险可控的原则，中国人民银行开始有序推动人民币国际化。整体看，人民币国际化程度在以下几个方面取得了长足进步。

第一，跨境人民币业务政策框架基本建立，基础设施逐步完善，人民币国际使用稳步发展。随着人民币加入 SDR，国际货币地位初步奠定，资本项目可兑换有序推进，金融市场开放成效显著。根据《2020年人民币国际化报告》，人民币已成为全球第五大支付货币、第三大贸易融资货币、第八大外汇交易货币和第五大储备货币。全球已有60多个央行或货币当局将人民币纳入外汇储备，2020年第一季度IMF公布的人民币外汇储备份额达2.02%，为2016年人民币加入SDR货币篮子以来的最高水平。人民币作为支付货币功能不断增强，作为投融资和交易货币功能持续深化，作为计价货币功能有所突破，作为储备货币功能逐渐显现。

第二，周边国家对人民币的使用范围日益扩大。2019年全年经常项下跨境贸易人民币结算业务①累计发生6.04万亿元，较2018年增加9 300亿元，同比增长18.2%；跨境贸易人民币结算占中国货物及服务贸易总额的19.1%，较2018年底增加了4.3个百分点。贸易和投资跨境人民币结算量占跨境人民币收付总量的比重达40%以上。目前，人民银行已在6个周边国家建立了人民币清算机制。2008年以来，中国人民银行已经与39个国家和地区的中央银行或货币当局签署了双边本币互换协议，协议总规模达3.69万亿元。截至2019年底，人民币货币互换的有效协议为30份，总金额3.46万亿元。人民币在周边国家的使用有利于促进中国与周边国家的经贸往来，将中国发展成果更多惠及周边，推动形成中国全面开放的新格局。

第三，人民币国际化提升空间巨大。环球银行金融电信协会（SWIFT）公布的数据显示，2015年以来，人民币在全球支付货币使用排名上始终徘徊在五六名间，在全球交易和支付结算中的占比维持在2%以下，与美元和欧元差距明显，亦不及同处SDR篮子且权重低于人民币的日元和英镑。2015年人民币出现大幅波动之后，企业对使用人民币作为贸易结算货币的信心还有待进一步恢复。总体而言，人民币国际化取得的成就是辉煌的，但是还要将政策的重点放在为人民币国际化创造必要的条件上，构建透明、稳健的货币政策框架与汇率体制，从正面清单管理向负面清单管理转变，构建合理的金融市场与金融机构体系，并进一步加强人民币计价功能。

---

① 包括以人民币进行结算的跨境货物贸易、服务贸易及其他经常项目。

4.2.2　经济活动的市场化水平

4.2.2.1　经济活动主体的市场化

1978 年改革开放以来，尤其是 1992 年社会主义市场经济体制确立以来，中国经济以及经济活动主体的市场化水平都有了长足的发展。第四次全国经济普查结果显示，截至 2018 年底，全国共有从事第二产业和第三产业活动的法人单位 2 178.9 万个，相比 2013 年增加 1 093.2 万个，增幅达 100.7%；产业活动单位 2 455.0 万个，相比 2013 年增加 1 151.5 万个，增幅达 88.3%；个体经营户 6 295.9 万个。从新兴产业的发展情况来看，2018 年末，全国从事战略性新兴产业生产的规模以上工业企业法人单位 66 214 个，占规模以上工业企业法人单位的 17.7%；全国共有规模以上高技术制造业企业法人单位 33 573 个，比 2013 年末增长 24.8%。市场化经济主体规模不断壮大。

4.2.2.2　价格形成机制的市场化

随着我国经济体制改革不断步入深水区，价格形成机制的市场化进程也不断向前推进，这其中不仅包括一般意义上的实际商品的价格，还包括了利率、汇率等货币价格的市场化。

1. 利率市场化。我国利率市场化改革启动略晚于其他发达经济体。参考海外经验，我国的利率市场化进程也是遵循渐进的改革方式，遵循"先外币、后本币；先贷款、后存款；先长期、大额，后短期、小额"的总体思路，大致可划分为三个阶段。

阶段一：提出设想，稳扎稳打，小步推进（1993—2007 年）。

表 4 – 3　　　　　　　　　1993—2007 年间利率市场化

时间	政策
1993 年	提出利率改革设想，其长远目标是：建立以市场资金供求为基础，以中央银行基准利率为调控和核心，以市场资金供求决定各种利率的市场利率管理体系
1996 年 4 月	国债发行价格按招标方式发行，国债利率市场化
1996 年 6 月	人民银行放开了银行间同业拆借利率，银行间利率管制被取消
1997 年 6 月	银行间债券市场启动，放开银行间债券回购利率和现货交易利率

续表

时间	政策
1998 年	国家开发银行在银行间债券市场首次进行了市场化发债。人民银行改革了贴现利率生成机制，贴现利率和转贴现利率在再贴现利率的基础上加点生成，在不超过同期贷款利率（含浮动）的前提下由商业银行自主决定
1999 年 9 月	国债在银行间债券市场以利率招标方式发行
1999 年 10 月	进行大额长期存款利率市场化尝试，人民银行批准中资商业银行法人对中资保险公司法人试办由双方协商确定利率的大额定期存款，最低起存金额 3 000 万元，期限在 5 年以上（不含 5 年）
2000 年 9 月	外币贷款及 300 万美元（含）以上大额外币存款利率放开
2002 年	人民银行按照市场化利率发行中央银行票据。2004 年，人民银行推出短期融资券，其利率也完全由市场决定
2003 年 7 月	放开英镑、瑞士法郎和加拿大元的小额外币存款利率下限
2003 年 8—11 月	改革邮政储蓄转存款利率，新增存款转存人民银行部分按金融机构准备金存款利率计息；商业银行和农村信用社可办理邮政储蓄协议存款；对美元、日元、港元、欧元小额存款利率上限管理、下限放开
2004 年 11 月	1 年期以上小额外币存款利率全部放开
2003 年 12 月 21 日	人民银行改革准备金利率制度，对金融机构法人的法定准备金存款和超额准备金存款在一个账户中，实行两种利率的方式分别计息，利率基准分别为 1.62% 和 0.72%
2004 年 1 月 1 日	人民银行再次扩大金融机构贷款利率浮动区间，扩大商业银行自主定价权，提高贷款利率市场化程度，企业贷款利率最高上浮幅度扩大到 70%，下浮幅度保持 10% 不变
2004 年 10 月 29 日	人民银行宣布商业银行人民币贷款利率上限放开，城乡信用社贷款利率浮动上限扩大到基准利率的 2.3 倍，实行人民币存款利率下浮制度（下限放开），利率市场化进程迈出非常关键的一步
2005 年 5 月	全国银行间债券市场债券远期管理规定发布并于 5 月 16 日上市交易
2005 年 7 月 21 日	实行以市场供求为基础、参考一篮子货币进行调节、有管理的浮动汇率制度，利率衍生工具兴起
2006 年 2 月	人民币利率互换交易试点开始，2 月 9 日，国家开发银行与光大银行完成首笔人民币利率互换交易

1993—2007 年间，我国利率市场化水平稳步提高。1998 年和 1999 年，人民银行连续三次扩大金融机构贷款利率浮动幅度。2005 年之后，开始设立利率衍生工具。此阶段内，除本币市场化之外，境内外币利率市场化也在同步进行，甚至快于本币市场化。

阶段二：应对金融危机，市场化进程放缓（2008—2012 年）。

受国际金融危机影响，我国利率市场化改革进程有所放缓。2008—2012 年期间，货币政策主要以调整存款准备金率、存贷款基准利率为主，反观利率市场化改革方面并未出台重大政策调整，主要是完善中央银行利率体系、培育货币市场基准利率、放开替代性金融产品价格等几个方面，重在探索未来利率市场化改革的有效途径。

阶段三：存贷款利率管制全面放开，利率"两轨并一轨"（2013—2019 年）。

表 4 - 4　　　　　　　　　　2013—2015 年间利率市场化

时间	政策
2013 年 7 月 20 日	人民银行决定全面放开金融机构贷款利率管制。取消票据贴现利率管制，改变贴现利率在再贴现利率基础上加点确定的方式，改为金融机构自主决定。个人住房贷款利率浮动区间暂不作调整
2013 年 10 月 25 日	市场利率定价自律机制发布《贷款基础利率集中报价和发布规则》，推出贷款基础利率（Loan Prime Rate，LPR）
2013 年 12 月 7 日	人民银行发布《同业存单管理暂行办法》，当月，国家开发银行、5 家大型银行、浦发银行、兴业银行、中信银行、招商银行试水发行同业存单
2015 年 5—6 月	人民银行决定金融机构存款利率浮动区间的上限由存款基准利率的 1.3 倍调整为 1.5 倍，并发布《大额存单管理暂行办法》（《中国人民银行公告〔2015〕第 13 号》）。根据该公告，市场利率定价自律机制制定了《大额存单管理实施细则》，经人民银行备案同意后，商业银行大额存单开始发行
2015 年 8 月 26 日	人民银行决定放开一年期以上（不含一年）定期存款的利率浮动上限，其中，一年以上整存整取、零存整取、整存零取、存本取息定期存款利率可由金融机构参考对应期限定期存款基准利率自主确定；其余期限品种存款利率浮动上限仍为基准利率的 1.5 倍
2015 年 10 月 24 日	人民银行决定放开商业银行、农村合作金融机构、村镇银行、财务公司、金融租赁公司、汽车金融公司等金融机构活期存款、一年以内（含一年）定期存款、协定存款、通知存款利率上限

　　2013—2015 年间我国存贷款利率限制不断放开，至 2015 年 10 月 24 日，无论是贷款利率还是存款利率都不再从法律层面进行管制。与此同时，人民银行通过频繁的市场化手段来调控货币市场利率，并致力于疏通利率传导机制、完善利率走廊机制、健全市场利率定价自律机制，推动基准利率和市场利率"两轨并一轨"，建立起贷款基础利率（LPR）等市场化报价机制，不断推动贷款利率市场化改革进程。随着 2019 年 LPR 形成机制的改革完善以及 2020 年的进一步深入推行，企业融资成本明显下降，2020 年 12 月企业贷款利率为 4.61%，较 2019 年 12 月下降 0.51 个百分点。同时 LPR 运用得到进一步深化，截至 2020 年 8 月末，存量贷款定价基准转换率达 92.4%，并有效促进了银行将 LPR 嵌入内部转移定价（FTP）体系，切实打破贷款利率隐性下限，引导金融资源更多配置至小微、民营企业，降低贷款实际利率水平。

　　2. 汇率市场化水平。汇率作为一种基础的要素价格信号，在外汇资源配置中的作用至关重要。改革开放以来，人民币汇率市场化形成机制的发展历史，就是一部从官定汇率走向市场决定，从固定汇率走向有管理浮动、汇率弹性不断增加的历史（管涛，2017）。① 如图 4 - 10 所示，我国汇率制度经历了三次重大的改革。

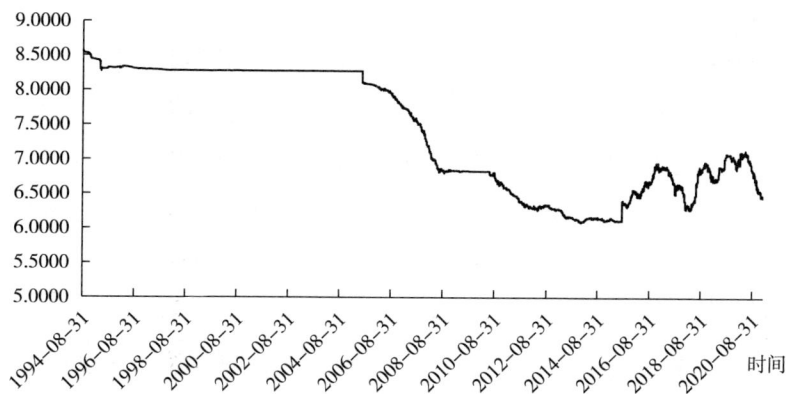

图 4 - 10　美元兑人民币汇率中间价

---

　　① 网易新闻. 管涛：人民币汇率形成机制改革应包括放松外汇管制 [EB/OL]. （2017 - 11 - 14）[2020 - 02 - 19]. https://www.163.com/dy/article/D377M4UH0516DR63.html.

第一次为 1994 年 1 月 1 日，人民币官方汇率与外汇调剂价格正式并轨，我国开始实行以市场供求为基础的、单一的、有管理的浮动汇率制。此后，我国形成了让市场供求在汇率形成中发挥越来越大作用的人民币汇率形成机制改革方向。但是 1997 年亚洲金融危机，为了降低金融危机的冲击，中国临时采用人民币单一盯住美元的汇率制度，从图 4 - 10 中可以看出，2005 年之前，我国汇率几乎呈一条水平直线。

第二次为 2005 年 7 月 21 日，人民银行宣布开始实行以市场供求为基础、参考一篮子货币进行调节、有管理的浮动汇率制度。这意味着，亚洲金融危机时期采取的人民币单一盯住美元的临时性政策结束，人民币汇率重归 1994 年汇率并轨之后确立的有管理浮动安排（管涛，2019）。在随后近 10 年时间内，在我国经济高速发展的背景下，人民币形成了稳定的升值预期，汇率水平也不断提高。2008 年次贷危机扩散至全球，使得人民币再一次盯住美元，直到 2010 年 6 月才重启 2005 年的汇率改革。在次贷危机期间，我国的汇率水平也呈一条水平直线。2010 年 6 月后，人民币仍然维持了强劲的升值趋势。但是随着美国 QE 政策的退出，美元强势周期回归，导致了资本大幅度外流，2014 年开始我国外汇储备大幅度减少，人民币开始出现贬值预期。这时，我国启动了第三次汇率机制改革。

2015 年 8 月 11 日，人民银行宣布调整人民币对美元汇率中间价报价机制，人民币汇率形成市场化又迈出了关键一步。我国汇率制度自"8·11 汇改"之后波动较大，叠加不久前国内股市异动的影响，中国遭遇了一波较大规模的资本集中流出，人民币处于贬值状态。在此情况下，中国仍然选择了有管理的浮动，坚持让人民币汇率参考一篮子货币进行调节，随美元波动而反向波动。

在全球经济一体化的大背景下，人民币汇率市场化水平的提升为中国对外经贸往来的持续发展提供了良好的制度基础，也为中国经济发展方式转变和全面协调可持续发展提供了良好的外部环境。

金融价格的市场化是要素市场化的重要内容。虽然我国从 20 世纪 80 年代就开始推动价格体制改革，但是对于要素市场而言，价格扭曲始终存在，市场化程度依然有较大的提升空间。根据樊纲的测算，2016 年中国要素市场发育程度指数为 5.94 分（满分 10 分），金融业竞争度指数和信贷资金分配市场化指数虽然有大幅提升，但整体水平依然偏低。此外，市场准入门槛过高，企业优胜劣汰机制尚未建立，要素市场的交易和管理制度均有待进一步完善。

4.2.2.3　监管手段的市场化

监管是政府职能的重要体现，然而，如何理顺监管与市场之间的关系，同时发挥好政府这只"有形的手"和市场这只"无形的手"的作用，进而有效激发市场主体创造力，实现重点领域和关键环节改革的不断突破，这是社会主义市场经济发展过程中不断探索的重大问题。监管手段市场化程度的加深和监管质量的提升具体体现在以下几个方面。

第一，以简政放权为代表的"政府主动让位"。简政放权是近年来监管领域力度最大、涉及面最广的改革之一。党的十九届三中全会审议通过的《中共中央关于深化党和国家机构改革的决定》指出，要深入推进简政放权，提高资源配置效率和公平性，大幅降低制度性交易成本，营造良好营商环境。简政放权改善了政府与市场在资源配置作用上的矛盾关系，是使市场在资源配置中起决定性作用、更好发挥政府作用的内在要求。2014 年 6 月，银监会发布《关于推进简政放权改进市场准入工作有关事项的通知》，对市场准入工作的简政放权和行政审批规范进行了统筹并提出具体要求。截至 2018 年 4 月，国务院部门行政审批事项削减 44%，非行政许可审批彻底终结，中央政府层面核准的企业投资项目减少 90%，中央政府定价项目缩减 80%，商事制度发生根本性变革。而关于金融开放领域的简政放权也在如火如荼地进行，比如为持续推进银行业对外开放，加强外资银行监管，2019 年 11 月，中国银保监会正式起草《中国银保监会外资银行行政许可事项实施办法（征求意见稿）》，将外资银行部分任职资格核准和分行开业审批的层级进一步下放或调整，取消外国银行来华设立营业性机构需满足的总资产要求，取消管理型支行行长任职资格核准审批，缩短两级审批事项的审批时限，缩减部分许可事项的材料要求。简政放权已经取得的成果和持续推进的坚定决心标志着政府监管手段的市场化水平已经迈出重大步伐并将在这一道路上持续向前迈进。

此外，为了加强行业自律管理，完善评级机构评价体系，促进市场激励约束机制的有效发挥，中国银行间市场交易商协会于 2021 年 1 月 29 日明确债务融资工具注册环节取消信用评级报告的要件要求，即在超短期融资券、短期融资券、中期票据等产品注册环节，企业可不提供信用评级报告，从而将企业评级选择权交予市场决定。这是"政府主动让位"在债券市场的重要体现。

第二，以注册制改革与深交所主板和中小板合并为代表的"市场地位加强"。2019 年 1 月 30 日，证监会发布《关于在上海证券交易所设立科创板并试点注册制的实施意见》。这一制度的启动是在发行体制和市场准入方面的变革，是政府向市场放权的标志性成果，是监管手段市场化尤其是在市场准入方面的监管手段的市场化的重大进展。科创板的设立和注册制的试行标志着我国的资本市场准入正在由以证监会为主体的行政性发行审核向更加依赖信息披露质量等市场监管职能转变，为发行上市环节的监管注入更多的市场化因素。2021 年 2 月 5 日证监会发布消息称，证监会批准深圳证券交易所主板和中小板合并。合并后，深圳证券交易所将形成以主板、创业板为主体的市场格局，结构更简洁、特色更鲜明、定位更清晰，有利于厘清不同板块的功能定位，夯实市场基础，提升市场质效，从总体上提升资本市场的活力和韧性，有利于深入贯彻创新驱动发展战略，进一步突出创业板市场定位；有利于充分发挥深市市场功能，促进完善资本要素市场化配置体制机制，更好地服务粤港澳大湾区、中国特色社会主义先行示范区建设和国家战略发展全局。

第三，以人工智能监管为代表的监管方式创新。2017 年，中国人民银行成立金融科技（FinTech）委员会，旨在加强金融科技工作的研究规划和统筹协调。中国人民银行表示，将强化监管科技应用实践，积极利用大数据、人工智能、云计算等技术丰富金融监管手段，提升跨行业、跨市场交叉性金融风险的甄别、防范和化解能力。随着人工智能的理论和应用技术的日益完善，人工智能逐渐渗透到金融监管领域，其固有价值逐渐被人们发掘。人工智能通过机器学习实现知识体系的实时更新，可以创建标准化数据报告，也可以发出风险预警信号，从而提高监管能力，降低合规风险。人工智能在金融监管中的应用改变了现行金融监管范式，为解决监管滞后探索了新的路径。

4.2.3　制度的国际化水平

4.2.3.1　会计和审计制度的国际化

1992 年 11 月 30 日《企业会计准则》的颁布标志着我国会计准则的正式诞生。该准则配合了我国经济制度从计划经济向市场经济的转变和资本市场的建立，意味着我国开始引入符合市场经济和资本市场发展需要的国际主流形式的会计制度，也成为我国会计制度演进道路上的重要里程碑。2005 年，财政部在全面总结多年会计改革经验的基础上，完成了企业会计准则体系的修订，并于 2007 年 1 月 1 日起在所有上市公司、部分非上市金融企业和中央国有企业实施。新的会计准则对于规范企业会计行为，提升会计信息质量，促进资本市场完善和发展，起到了十分重要的作用。2009 年 10 月，世界银行就中国会计准则国际趋同和有效实施情况发布评估报告，明确指出"中国改进会计准则和实务质量的战略已成为良好典范，并可供其他国家仿效"。

由于国家政治经济体制和治理模式的差异，各国国家审计制度模式也各具特色。中国的审计机关属于政府组成部门，是党和国家监督体系的重要组成部分，又是国务院领导下的行政机关，并受政府委托向全国人大报告工作。[①] 1982 年，中国审计署在组建筹备期间加入世界审计组织。在随后近 40 年的时间里，中国审计部门在世界审计组织和亚洲审计组织中发挥着越来越重要的作用。当前，中国审计署是世界审计组织理事会成员、四大战略目标委员会成员，还担任世界审计组织大数据工作组主席，并加入了世界审计组织框架内的多个工作组。中国审计署在各专项领域体现出积极态度和专业水准，为世界审计组织的机制完善、话题内容的丰富和各项动议的落实作出了重要贡献。[②]

---

① http：//www. audit. gov. cn/n6/n37/c132890/content. html.

② http：//www. audit. gov. cn/n6/n37/c132897/content. html.

党的十八大以来，审计署的涉外审计工作也取得了显著成效。审计署认真履行国外贷援款公证审计职责，高质量完成贷援款公证审计任务；创新审计模式，逐步扩大涉外审计覆盖面，持续推动大数据审计在涉外领域的运用；高质量完成联合国审计和受托国际组织审计任务，扩大了中国审计在国际审计领域的影响力。① 中国在国际审计领域的不断融入不仅向世界展现了中国审计形象，更推动了中国审计制度和技术的国际认可程度和国际化进程。

4.2.3.2　监管制度的国际化

2018 年 4 月 8 日上午，中国银行保险监督管理委员会正式挂牌，这意味着，中国的金融监管告别"一行三会"的格局进入"一行两会"的新时代，同时也标志着中国金融监管已开始逐步迈向混业金融监管模式。这是我国金融监管体制向着更高阶段迈出实质性步伐的必然要求，同时也迎合了 21 世纪以来世界范围内从分业监管到混业监管的金融监管趋势。

中国银保监会的成立有利于整合原银监会、保监会力量，消除两者之间形成的监管"壁垒"，形成强大的金融监管合力，进一步加强监管部门间的沟通协调，使金融监管更加精准。更为重要的是，从分业监管到功能监管的转变既可以极大地消除金融创新带来的"监管真空"，又可以减少监管标准不统一导致的"监管套利"，促进市场公平竞争。总而言之，银监会和保监会的合并标志着我国监管制度的国际化水平大幅提高。

除此之外，近年来我国金融监管领域推出多项创新手段或规定，在提高监管效率的同时也切实提升了我国金融监管的国际化水平。例如，自 2013 年1 月 1 日起正式实施的《商业银行资本管理办法（试行）》（以下简称《资本管理办法》）核准了工商银行等 6 家商业银行实施资本管理高级办法。《资本管理办法》整合了巴塞尔资本协议Ⅱ和巴塞尔资本协议Ⅲ，形成了中国版的巴塞尔协议。《资本管理办法》对高级方法的内涵做了规范，包括了信用风险评级法、市场风险内部模型法和操作风险高级计量法。新方法的实施有利

---

① http://www.audit.gov.cn/n6/n37/c131578/content.html.

于提高中国银行业风险管理水平，让银行通过内部模型这把统一的"尺子"去量化风险，使银行风险管理更加系统化、一致化、精细化，全面推动我国银行业风险管理从定性为主转变为定性与定量相结合，切实提升经营管理水平。

4.3 金融开放目标的比较与平衡

中国金融开放的目标要依据经济金融发展水平进行设定，但是不同阶段下的多重目标还要依据风险和收益来进行平衡。传统的"三元悖论"涉及目标中国该如何选择，短期目标与长期目标如何衔接，以及各种目标选择下风险和收益的平衡都是亟待解决的问题。

4.3.1 多种目标的比较

4.3.1.1 "三元悖论"与短期目标的比较

"三元悖论"（the impossible trinity）由美国经济学家保罗·克鲁格曼提出，它认为本国货币政策的独立性、汇率的稳定性、资本的完全流动性三个政策目标最多只能同时实现两个，而无法同时实现。过去十几年间，中国确实面临"三元悖论"的现实矛盾，"三元悖论"也为中国的宏观经济政策制定起到了指导作用。中国执行宏观经济政策的优先程度依次为汇率稳定、货币政策独立、资本自由流动，首要平滑汇率波动，对资本流动实行一定程度的管制。然而，随着中国对金融开放的客观需求日益增大，实际经济运行态势已发生转变，加之纯粹的"三元悖论"并未考虑大国情境，该理论难以全然适用于新形势下的中国。早期，易纲等（2001）就放开了"三元悖论"角点解的限制，提出部分的汇率制度弹性、部分的资本流动性和部分的货币政策自主性的有机结合可以达成平衡。Aizenman（2011）提出扩展的"三元悖论"，认为新兴经济体通过积累外汇储备可以缓冲"三元冲突"。杨艳林（2012）通过测算"三元悖论"政策目标指数，并通过模型拟合三个政策目标变量之间的内在关系，得出我国过度追求人民币名义汇率的稳定存在弊端，金融开放将在一定程度上和这种弊端互相抵消。HeleneRey（2013）对"三元悖论"提出质疑，她指出，受美国货币政策对全球的影响，各国的货币政策独立性丧失，出现全球金融周期现象。各国无论选取多大程度的浮动汇率，都不会对货币政策有效性产生影响，"二元悖论"取代"三元悖论"，即各国只能在资本自由流动和货币政策独立性两个宏观开发目标中选择一个。随着"三元悖论"理论的变迁，以及全球经济形势的恶化，中国已从"三元选二"转变为"三元选一"的局面（丁志杰，2016）。这意味着我国的宏观金融对外开放政策，不能再单纯借鉴"三元悖论"的三大目标，而是要建立中国特色的目标体系。

短期目标是"三元悖论"非角点解的具体阐释，实现短期目标是化解"不可能三角"的动态平衡。核心在于，短期目标的实现过程中，应遵循更为细致的阶段划分原则，以期达成在每一阶段内的动态平衡。举例而言，先以微小的幅度进行利率、汇率市场化改革，再顺序调整资本项目开放程度，与此同时货币政策也跟进变动，最终达到开放任务的动态平衡点。多个类似的平衡点在"不可能三角"的范围内游走（曹远征等，2018），并在理想情况下无限逼近"不可能三角"的角点解，实现金融开放的最终目标。"三元悖论"对单一目标的实现，往往幅度过大，周期过长，相应的背离其他经济目标的程度也越大。短期目标在每一阶段内遵循多种目标的择时、顺序原则，在每一阶段末全面实现所有目标，结合特定的发展阶段，以及特定发展阶段企业实际金融需求，动态推进金融开放进程，放弃传统"先内后外"或"先外后内"的单线逻辑，体现出金融开放过程中的"一体化推进"理念，这既符合中国目前国情，也能走出中国金融开放自己的道路。

回望"十三五"期间，丰硕的金融开放成果，展示了金融业对外开放与资本项目开放、汇率形成机制改革的相互配合、共同推进。金融机构开放层面，从2019年全面取消在华外资银行、证券公司、基金管理公司等金融机构业务范围限制，到2020年彻底取消证券公司、证券投资基金管理公司、期货公司、寿险公司外资持股比例不超过51%的限制。近年来，中国银保监会共批准外资银行和保险公司来华设立近100家各类机构，其中包括外资独资或控股的保险公司和理财公司：瑞士银行实现对瑞银证券绝对控股；安联（中国）保险成为我国首家外资保险控股公司；美国标普公司获准进入我国信用评级市场；外资金融机构进入中国市场"引进来"取得明显进展。资本市场开放层面，从深港通、沪港通、沪伦通，再到 QFII、RQFII 投资额度限制全面取消，我国资本市场双向开放稳步推进。2018 年 6 月，我国 A 股纳入MSCI指数；2018 年 9 月，富时罗素将 A 股纳入其指数体系；2019 年 4 月，彭博公司将中国债券纳入彭博巴克莱债券指数。① 2020 年 9 月，富时罗素公司宣布，将于 2021 年 10 月起，将中国国债纳入富时世界国债指数。金融机构开放和资本市场开放齐头并进，步子迈得大、走得快。

　　汇率市场化和资本自由流动与汇率水平基本稳定会产生冲突。2020 年上半年，人民币对美元汇率曾再次破"7"，达到 7.18 水平，放眼于 2020 年全球金融市场大幅震荡的大背景，人民币汇率相较于其他主要国家货币仍较为稳健，汇率弹性持续增强。现状表明，人民币汇率基本稳定与稳步推进我国资本项目开放并不矛盾，不仅从长期看是一致的，短期内两个目标同样能够在动态平衡中一致推进发展，改变了过去此消彼长的局面。人民币汇率形成机制改革不断深化，人民银行已基本退出对人民币外汇市场的干预，汇率双向浮动弹性不断增强，逐步发挥"自动稳定器"作用，市场对汇率浮动保持平稳预期，人民币的短期汇率波动趋于正常，外汇储备保持 3 万亿美元以上的规模，形成汇率保持长期平稳的基础。与金融服务业开放不同，针对汇率和资本流动开放目标，我国应坚持小步子、走得稳、找准路的方针，在匹配金融服务业开放程度的基础上，以更加审慎严谨的态度制定阶段性开放目标。新的阶段，我国有能力、有基础且必须要实现金融开放短期目标的动态规划，为实现长期目标打下坚实的金融市场化基础。

4.3.1.2 短期目标与长期目标的比较

　　短期来看，中国主要从开放金融机构着手，放宽市场准入、促进资本项

---

　　① 数据来源：中国人民银行. 继续扩大金融业开放推动经济高质量发展——中国人民银行行长易纲在中国发展高层论坛的讲话 [EB/OL]. （2019 - 03 - 24） [2020 - 02 - 19]. http://www. pbc. gov. cn/goutongjiaoliu/113456/113469/3792841/index. html.

目双向流动，增强金融服务实体经济的能力，满足国内企业和居民跨境资产配置的需求，并让境外投资者也能共享中国发展的机遇。长期来看，中国金融的战略目标是人民币融入国际货币体系，实现人民币的国际化，将中国金融市场发展成国际金融中心，从而获得在国际金融体系中与中国经济地位相匹配的金融话语权，并进一步承担大国责任，深入参与全球经济治理，参与决定国际金融重大问题，推动经济金融全球化发展。

1. 长期目标坚持有序推动原则。在现行国际货币体系下，中国的国际金融地位是脆弱的。一方面，这种脆弱性与美元作为国际储备货币的统治地位有直接的关系。因此，提升中国国际金融地位、实现人民币国际化、推动国际金融中心建设任务对于实现短期金融开放目标而言是必不可少的。另一方面，如果短期金融开放的四大目标推进缓慢，人民币国际化的长期目标也很难取得相应进展。从国际贸易角度而言，尽管中国的贸易总额规模巨大，但贸易过程中并无结算币种的谈判优势，人民币尚未成为我国对外贸易的主要结算货币，很难通过国际贸易推动人民币国际化。此外，人民币国际化有赖于建立开放的金融市场，以及资本账户下可自由兑换的先决条件。在上述二者尚未实现的情况下，人民币国际化的推进面临重重困难。因此，对待人民币国际化等长期目标，不应过分执着于政策的引导，而是应该放眼当前的资本项目开放和金融基础设施调整，培育人民币国际化的土壤，满足人民币国际化的条件，引导人民币国际化自然而然地发展。从这个角度而言，金融开放的长期目标与短期目标之间是相辅相成的。

2. 长期目标优化国际资源配置。在对外开放的起步与探索阶段，中国金融业更多的是"引进来"。不难发现，我国金融开放的短期目标率先发力于金融机构，这与我国一贯的银行主导的金融结构有关。开放金融服务业是水到渠成的。通过对金融机构及市场的开放，引进外国先进的机构、产品、管理经验，能够产生"鲇鱼效应"，激发国内金融机构的竞争动力。通过对外开放，短期先让各国机构进入中国的市场，丰富中国市场的多样性，增强我国金融市场的韧性，扩大我国金融机构的容量，为日后更好地"走出去"奠定基础。

长期金融开放的目标，是为我国在国际市场上实现更有效的资源配置。这方面，尤其重要的是建立人民币国际市场，建立中国的国际金融中心。冯德连和葛文静（2004）构建了"轮式模型"来解释国际金融中心成长机制。吴念鲁（2008）提到，建设国际金融中心应具备几个条件：便利的交通与发达的基础设施；优越的地理与时区位置；国内或区域内稳定的政治局面、发达的经济水平及广阔的市场前景；货币的可兑换性；完善的市场结构，相对开放、自由的市场体系；有利于创新又不失规范的监管体系；有活力的金融企业和良好的金融基础设施；能够凝聚一流国际金融人才的吸引力和机制。打造国际金融中心，本身就是对国内资源配置的不断优化，是对国内金融行业及需金融支持行业的产业升级，通过与国际最高标准的接轨，改善国内落后的生产经营效率，淘汰低能产业。同时，成为国际金融中心意味着国内储蓄将以更低的成本投资于国际市场，改善国内资本市场的流动性；有效减轻资金投资的信息不对称，提升信息的有效性；使居民储蓄能够获得丰富的投资渠道，形成资源高效配置的微观基础。

4.3.2 多种影响的平衡

4.3.2.1 风险与稳定的平衡

1. 贬值风险与预期稳定的平衡。2015 年的经验表明，主动贬值会动摇市场信心，继而影响金融市场稳定，致使风险加倍扩大和传染。2021 年以来，我国强化了稳定经济预期的宏观指导思想。预期驱动资产价格的波动，即使宏观经济状态向好，但预期受到情绪因素的影响仍然会产生波动，进而动摇经济的平衡状态。稳定预期，尤其是极力避免人民币形成贬值预期，对于实现人民币汇率稳定，进而从根本上有效抑制中国资本外逃非常重要。疏散贬值压力，必须要强调政府及相关部门的作用，加强"窗口指导"，给予市场信号，强化信息传递，保持充分的沟通是重点。2019 年 11 月 28 日，郭树清提出，中国人民银行将通过"放管结合"，对金融市场加强监管，使用货币政策"放"，活用更多货币政策工具，调节市场流动性，应对外部资本冲击，让市场预期更稳定。受全球疫情以及中美关系等因素影响，2020 年全年，人民币汇率"先贬后升"，累计升值幅度近 7%。在新的国际环境的挑战下，2021 年中国人民银行工作会议指出，应通过深化人民币汇率市场化改革，加强宏观审慎管理，从而引导市场预期，保持人民币汇率在合理均衡水平上的基本稳定。

2. 外汇储备风险与缓和"三元冲突"的平衡。充足的外汇储备是"不可能三角"之"三元冲突"的润滑剂，但是，外汇储备的规模必须和本国对外的经济交易规模、外债规模以及国际收支状况等情况相匹配。外汇储备过高将会导致资产价格贬值、持有成本上升、国内通胀加剧等风险。近几年，面对资本外逃困境，我国通过动用外汇储备控制了汇率的相对稳定，但是这种对外汇储备的"挥霍"又引发了人们对外汇储备下降的担忧。随着我国"一带一路"建设对外汇储备大量使用，外汇储备的适度持有规模、外汇储备的合理使用方式、通过人民币国际化等手段防范外汇储备风险等问题都需要进一步的探讨。

3. 系统性风险和宏观审慎政策的平衡。金融业开放本身并不是金融风险产生的根源，但开放过程可能提高金融风险防范的复杂性，因此需要不断完善与开放相适应的金融风险防控体系（易纲，2019）。[1] 系统性风险也与金融不够开放有一定关系。在市场不开放的情况下，市场的纪律不能很好地执行，就会出现诸如预算软约束、刚性兑付、地方政府和国有企业一些扭曲市场的行为等（黄益平，2017）。[2]

正确处理系统性风险和宏观审慎政策的平衡，其核心是"过度恐惧风险"与"过度依赖政府"两种心态的平衡。从金融市场运行规律来说，金融不可能没有波动。但目前往往存在对风险的过度恐惧，把社会稳定压倒一切的思维延展到金融领域（张承惠，2017）。[3] 其次，过度相信行政管控的力量（张承惠，2017），过分依赖宏观审慎政策，不仅难以培育市场的自发调节机制，并且会导致政策滥用，致使政策敏感度降低，导致在底线危机时需要更

---

[1] 中国人民银行．继续扩大金融业开放推动经济高质量发展——中国人民银行行长易纲在中国发展高层论坛的讲话［EB/OL］．（2019 – 03 – 24）［2020 – 02 – 19］．http：//www. pbc. gov. cn/goutongjiaoliu/113456/113469/3792841/index. html.

[2] 澎湃新闻．专访黄益平：我们担心的系统性风险与金融不够开放有一定关系［EB/OL］．（2017 – 11 – 01）［2020 – 02 – 19］．https：//www. thepaper. cn/newsDetail_forward_1838042.

[3] 《径山报告》课题组．中国金融开放的下半场［M］．百度阅读版．北京：中信出版社，2019.

强有力的政策，相当于推高了系统性金融风险暴露的危机程度，金融开放必然难以推进。

风险与政策之间存在动态平衡关系。防控系统性风险，要首先守住不发生系统性金融风险这一底线。但是，在完全封闭的环境下彻底消除系统性风险也是荒谬的。通过对外开放，强化市场纪律，对于帮助分散甚至防控系统性金融风险有积极的作用。因此，在实际操作中需要找到风险和政策之间的平衡点，不能顾此失彼。

4.3.2.2 成本与收益的平衡

1. 金融开放的经济成本。金融服务业的对外开放过程中，虽然从最终目标来看，会增强我国金融机构的竞争，提升我国金融机构的效益，但短期来看，放开外资持股比例，外资金融机构扩张，仍将挤占内地金融机构的业务市场。尽管我国金融产业已经取得了长足的发展，但当前格局仍然是分业经营，以银行业为主导，相比于多以混业经营为主的外资机构，业务多样性不足，金融服务创新程度不够，对优质客户和大客户的吸引力有限。因此，在开放过程中有可能引发外资机构的"撇脂"效应（张林，2018）。应对这一局面，首先，需要推动国内金融机构革新，促进金融产品创新，加强与国外金融机构的竞争能力；其次，要出台相关的金融法制制度，避免金融企业的恶意逐利行为；最后，应该引导国内金融市场的发展，早日建立完善的信用评级机制，减轻市场的信息不对称，最大限度地开发金融开放带来的融资便捷，支持金融服务实体经济。

2. 金融开放的监管成本。随着金融开放程度的日益加强，为应对金融开放中的资本外逃、套汇套利等现象，相应的金融监管措施也必须升级加固。金融开放后，金融产品、金融服务及金融活动的数量、规模、范围、种类都将大大提升与拓展，监管跨境金融活动具有识别复杂、落实困难、滞后效应等特点。从监管的直接成本来看，多样的金融活动需要更大的监管队伍，人力成本上升。从监管的间接成本来看，监管不足或监管过度都会引发各种问题——监管不足容易被国际投机资本"钻空子"，破坏金融环境的稳定性；而监管过度不仅会加大直接监管成本，也会释放负面的投资信号，影响金融开放进程，甚至使金融开放进程倒退、走回头路。

因此，在监管过程中，我们应该创新监管机制，理顺监管路线，提升监管效率，避免不必要的冗余成本。从收益角度，应切实考虑居民、企业、外国投资者的金融需要，放宽微观层面的过度干预，保证微观交易平稳自由进行，制定监管政策必须考虑对微观经济主体的影响。金融监管既要守好防范系统性金融风险的底线，又要避免成为金融市场发展的路障。

3. 金融开放的基础设施成本。完善金融发展的基础设施建设是当前金融开放的重点和难点。首先，由于我国和西方主流经济体存在法律差异（我国是大陆法系），法律差异造成的障碍制约了我国成为世界经济交流的中心。并且，我国法律建设起步较晚，例如在《物权法》《担保法》《破产法》等法律中部分条款规定也没有体现金融交易的特殊性（徐忠，2018）[①]，无疑给金融开放带来不确定因素。此外，当前我国信用体系建设不完善，道德风险频发，亟须填补相关法律的空白领域。除此之外，相关的会计准则、支付体系、结算体系，都需要打造以中国为主导的一套使用标准。

4.4　不同发展阶段下金融开放目标选择

4.4.1　国际金融体系的接受者

中国在全球化进程中通过努力使自身发生了巨大的变化，对于我们内部而言需要接受和适应这样的变化。中国金融业在某些领域相对已经很发达，但与发达国家相比，我们仍然有巨大的改进空间。从宏观角度看，这包括金融制度、市场培育、法律体系、国际化程度加强等；从微观角度看，我们需要在结算方式、货币、金融产品、投资者结构、投资者教育、机构专业度等方面进一步提升。

---

① 新京报财讯. 徐忠：金融开放的同时必须大力推进国有企业、中央地方财税体系等其他领域深层次改革［EB/OL］.（2018-08-12）［2020-02-19］. https://baijiahao.baidu.com/s? id = 1608556915508429693&wfr = spider&for = pc.

全球化演进的过程，可以分为四个不同发展阶段：全球化预热阶段、西方国家全球殖民阶段、资本全球化阶段、以中国为代表的新兴全球化阶段，四个阶段具有不同的特点和趋势。

第一阶段：由于技术的欠缺，经济发展不同，世界格局还处于碎片化，以几个文明中心为主的国家以自身为圆心向周边扩散和传播，这种方式既会有触及不到的区域，也会有重叠的部分。随后的地理大发现和资产阶级革命的陆续发生使得全球化有了最初的萌芽和积累。直到产业革命的出现和全球殖民泛滥，西方使用暴力将全球化用军事侵占的方式进行推动。此时，西方人作为领导者已经开始了粗放的全球化，但是和中国文化并不相同，中国未参与其中，也未形成所谓的国际金融体系。

第二阶段：殖民化趋势替代了传统的文明多边辐射的方式，西方国家通过殖民将世界格局变为殖民地和宗主国的二元格局。二战结束后西方国家通过"马歇尔计划"进行了整合，世界则进入了以不同政治意识形态出现的两大格局，而冷战代表殖民方式全球化的告一段落。此时中国处于社会主义阵营，属于跟随者。

第三阶段：苏联解体打破了之前的格局，西方国家又开始运用经济方式重新架构世界格局，此阶段是和平的全球化过程，但是其实是资本进行疯狂投资"跑马圈地"的时代。前一阶段如果说是以欧洲为领导者的阶段，那么这一阶段则是以美国为领导者的阶段。事实上，世界格局已经不再像过去一样由一国可主宰，随着布雷顿森林体系的崩塌，国际金融再度陷入暂无体系的状态。中国依然是跟随者，但是开始逐步崭露头角。

第四阶段：以中国改革开放为标志，中国在参与美国的全球化过程中，作为低端制造业的"全球工厂"不仅成为西方国家依赖的"微笑曲线"低端部分，同时也发展了经济，积累了参与国际金融体系的基础，迅速成为国际金融体系内潜在的、不可小觑的新兴经济体。与此同时，以第三世界国家为代表的金砖五国也成为新国际金融体系的接受者和未来建设者。

从上述全球化和国际金融体系交织变化的不同阶段，我们会发现西方国家、中国、其他国家在整个过程中的逐步演变。各国的角色在最后一个阶段都开始发生变化。这种变化是西方世界预料之外，却在事物发展意料之中的结果。中国必须接受这样的转变，而其他国家也必须面对和包容这样的转变，只有以如此的态度才能使国际金融新格局成为当前维护世界和平、经济稳定的体系。

4.4.2　国际金融体系的建设者

建设就是一种能力和付出。中国的经济和贸易体量已经向世界展示了应有的贡献度，在全球经济发展中具有相当的比重，那么从逻辑上说，国际金融体系应该有中国的一席之地，中国在全球金融体系中应该扮演参与建设的角色。

首先，由于中国的经济和贸易总量在全球经济中占有相当的比重，因此中国是具备建设者所具有的背景和实力的。中国作为国际金融体系的建设者，不是代表发达国家，而是代表发展中国家和新兴市场的，现代的国际金融体系不应是少数发达国家的"金字塔"和"自留地"，而应是可以代表全球大部分人口和种族的，否则无法称之为国际金融体系。其次，作为合格的国际金融体系建设者，本国的金融需要足够的开放，那么就需要明确开放目标。在"三元悖论"的基础上，汲取中国长期曲折的经济发展历程和开放的经验，同时借鉴国外失败和成功的真实案例，应将对外开放的短期目标与长期目标相结合，进而选择合理的手段实现这些目标。最后，除了在自身市场的金融基础设施建设之外，中国一直在积极参加和推动国际事务合作。比如：推动与中国经济体量相匹配的国际货币地位，推动人民币国际化就是在进行体系的建设。"一带一路"的建设就是在帮助国际金融体系探索和找寻创新模式，是中国作为建设者进行的中国实践和尝试。在体系建设的过程中，沟通是关键能力，尤其在国际事务的沟通上，不仅要具有中国特色的风格，更需要有国际的规范和风格，彰显我国的软实力。作为一个国际金融体系合格的建设者，自身的市场应足够开放，但是前提是自身不发生任何风险，因此适当的管理，审慎地逐步开放是负责任的参与方式。

4.4.3　国际金融体系的引领者

引领就是一种精神和期望。中国应该成为国际金融体系建设的引领者，这不仅是现实需求，更是思维创新和主观能动的需要。

4.4.3.1　现实需求

世界各国在全球化的大环境下，国际金融体系在近百年中一直在发生变化，从布雷顿森林体系建立到崩溃，从世界银行和 IMF 的制度安排规范金融秩序到 2008 年国际金融危机，再到新兴市场的快速发展，国际金融体系并不是稳定一成不变的状态。正是由于整个金融体系从稳定到崩溃，从重生到危机，无论是过去的领导者还是现在的跟随者都应进行深刻的分析和反思，而这个过程恰恰需要各国之间采取更积极、更有效的沟通和协调方式，以及统一而又具有各自特色的监管方法来避免全球性危机的发生。

1979 年，布朗芬布伦纳提出了"国际宏观经济中的火车头理论"，"火车头"并不是指哪一个唯一的国家，世界经济也不是一个国家凭一己之力就可以带动的，而是以多个大引擎和若干个小引擎共同作用向一个方向前进的结果。无论是美国，还是中国，欧洲还是亚洲，每个国家都在贡献着自己的力量。随着经济规模总量的不断增大，中国自然而然会成为众多引擎中的引领者之一。我们需要在历史的时间和空间上给予自己明确的定位，扮演好自己应该扮演的角色，承担一部分应该在该阶段承担的全球化的责任。在世界格局发生巨大变化的情况下，国际金融体系也应当进行合理的重塑，各国的话语权也应重新分配，而这种重新架构的过程必须是基于相互理解、相互支持，在政治博弈后对全球发展有利的必经过程。

4.4.3.2　思维创新

在全球发展格局演变的大趋势下，不仅因为现实需要中国扮演引领者的角色，更重要的是引领者角色应内化，成为中国继续发展和前进的动力。过去尽管出现了以世界银行和 IMF 为外部治理的主导力量进行了及时补救和积极的干预，但局部国家和地区乃至全球金融危机在近一个世纪的时间内仍不断地重复出现，这就需要世界各国对原有的治理模式和体系进行深刻的反思。

当前的时代不应当是某一国可以以绝对领导者的地位主宰世界经济发展方向的时代，应该是多个国家共同参与作为引领者的时代。在不替代和颠覆原有利益的情况下，整个重塑体系的过程不仅需要过去经济"火车头"的思想转变，同时需要我们自身有一种发自内部的勇于担当、思维创新的自我觉醒。国际金融体系不应该是一个一元的体系，应该是多层次、多元化，可以尽可能满足各种体制和各个国家需求的、服务人类未来发展的、包容并蓄的、复杂而目标一致的、真正意义上的国际化金融体系。

但是要想作为国际金融体系的引领者，就要确保自身是稳定的、风险可控的，就要确保自身处于开放程度较高的状态。中国目前面临的最紧迫的问题就是关于金融开放的平衡与发展，我们既要在金融开放目标下对"三元悖论"与短期目标进行比较，还要在短期目标与长期目标之间找到平衡点。同时，要权衡风险与稳定的关系，把握好成本与收益的关系。只有处理好开放目标之间的关系，协调好开放与引领的节奏，中国才可以为全球经济发展贡献中国力量，才可以成为国际金融体系的引领者之一。

综上所述，国际金融体系的接受者、建设者、引领者三者之间相互独立而又相互联系、相互促进，三者应该形成良性循环的有机整体，如图4－11所示。从心态上，自我和他国应当接受并积极参与，参与过程当中应当发挥自身价值、承担应有责任，扮演好引领者之一的角色又会得到自我的肯定和国际的认可，外界的评价和自我的经历又会增强我们作为国际金融体系接受者的信心和为之而继续努力的动力，如此迭代往复形成一个积极的、可持续的、公平公正的国际金融生态系统。在过去，我们更多的角色是被动接受者、跟随者，甚至没有真正意义上进入所谓的国际金融体系中，而现在我们的自身发展、所处的地位和外部环境都不同了，就需要我们在思想意识上、专业能力上、价值体现上都应相匹配。只有对自身有更高的要求，有更高质量的发展标准，才能代表其中一部分新兴的经济体，共同维护世界经济的发展和稳定。

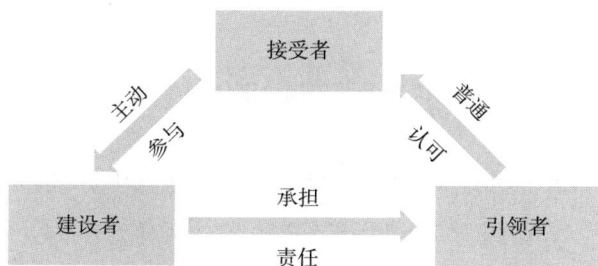

图 4 - 11　国际金融体系接受者、建设者、引领者三者关系

参考文献

［1］曹远征，陈世波，林晖．三元悖论非角点解与人民币国际化路径选择——理论与实证［J］．国际金融研究，2018，371（3）：3 - 13.

［2］丁志杰，严灏，丁玥．人民币汇率市场化改革四十年：进程、经验与展望［J］．管理世界，2018（10）：24 - 32.

［3］冯德连，葛文静．国际金融中心成长机制新说：轮式模型［J］．财贸研究，2004（1）：80 - 85 + 120.

［4］管涛．"一波三折"的人民币汇率形成机制改革［J］．中国经济周刊，2019（18）：132 - 133.

［5］金灿荣，金君达．中国与国际金融体系：从参与到重塑［J］．人民论坛·学术前沿，2015（16）：8 - 17.

［6］金立群．中国在国际金融体系中的角色及其外交策略［J］．中国金融家，2014（1）：47 - 48.

［7］靳玉英，周兵．新兴市场国家三元悖论框架选择为何中间化？——基于经济增长和金融稳定视角的分析［J］．国际金融研究，2014（9）：34 - 44.

［8］《径山报告》课题组．中国金融开放的下半场［M］．百度阅读版．北京：中信出版社，2019：461.

［9］刘粮，陈雷．外部冲击、汇率制度与跨境资本流动［J］．国际金融研究，2018（5）：45 - 54.

［10］刘敏，李颖．"三元悖论"与人民币汇率制度改革浅析［J］．国际金融研究，2008（6）：70 - 76.

[11] 刘韬，李博．我国货币政策决策环境分析——基于三元悖论视角 [J]．广东广播电视大学学报，2011 (5)．

[12] 钱水土．"国际金融体系重构与中国金融体制改革"研讨会综述 [J]．财贸经济，2009 (12)：138 – 140.

[13] 任晓．中国和 G20：从参与者到引领者 [J]．浙江社会科学，2016 (10)．

[14] 石艾馨．三元悖论框架下中国资本市场开放的政策选择 [J]．北方经济，2013 (14)：74 – 75 + 91.

[15] 石建勋．国际金融体系改革与中国的战略选择 [J]．中国金融，2009 (8)：37 – 38.

[16] 唐琳，谈正达，胡海鸥．基于 MS – VAR 的"三元悖论"约束及对经济影响研究 [J]．国际金融研究，2015，399 (9)：35 – 44.

[17] 陶昌盛．次贷危机下的国际金融体系改革及中国的角色 [J]．经济与管理研究，2009 (4)：60 – 65.

[18] 天大研究院课题组．后金融危机时代国际金融体系改革——中国的战略与抉择 [J]．经济研究参考，2010 (9)：4 – 34 + 53.

[19] 王楠，蔡晓辉．"蒙代尔三角"对人民币汇率制度选择的启示 [J]．学理论，2012 (20)：151 – 152.

[20] 王松．"三元悖论"的再认识与人民币汇率制度改革 [J]．北方金融，2016 (9)：3 – 6.

[21] 温健纯，范祚军，赵慧．基于金融安全视角的人民币资本账户开放现状评估及其推进策略研究 [J]．广西大学学报（哲学社会科学版），2019 (1)：97 – 106.

[22] 吴念鲁，杨海平．关于打造中国国际金融中心的评析与思考 [J]．金融研究，2008 (8)：166 – 176.

[23] 杨艳林．中国的"三元悖论"政策目标组合选择及其影响 [J]．经济评论，2012 (4)：120 – 128.

[24] 叶辅靖，原倩．我国金融开放的历程、现状、经验和未来方向 [J]．宏观经济管理，2019 (1)：21 – 27.

[25] 易纲，汤弦．汇率制度"角点解假设"的一个理论基础 [J]．金融研究，2001 (8)：5 – 17.

[26] 禹钟华，祁洞之．共同体模式与霸权模式："'一带一路'计划"与"马歇尔

计划"的本质区别——兼论基于中国文化理念的国际金融体系构建纲领与原则［J］. 国际金融，2016（10）：61－70.

［27］张荔，田岗，侯利英. 外汇储备、外汇交易量与 CHIBOR 利率的 VAR 模型（2000—2004）——兼论"三元悖论"下冲销干预与货币政策的独立性［J］. 国际金融研究，2006（10）：55－63.

［28］张林. 金融市场开放的风险与应对［J］. 民主与科学，2018（5）：47－48.

［29］张明. 论次贷危机对国际金融体系、国际格局和中国经济的影响［J］. 国际经济评论，2008（2）：7－8＋13.

［30］赵蓓文. 从"蒙代尔三角"看人民币汇率制度的选择［J］. 世界经济研究，2004（7）：31－35.

［31］邹新月，扈震. 货币政策、资本流动与汇率稳定"三元悖论"的修正及其检验［J］.金融论坛，2015（9）：20－29.

［32］Aizenman J . The Impossible Trinity－from the Policy Trilemma to the Policy Quadrilemma［J］. *Santa Cruz Department of Economics*，Working Paper Series，2011，2（1）.

［33］Beck H ，Prinz A . The trilemma of a monetary union：Another impossible trinity［J］. *Intereconomics*，2012，47（1）：39－43.

［34］Rey，Hélène，Dilemma not Trilemma：The Global Financial Cycle and Monetary Policy Independence，Federal Reserve Bank of Kansas City Economic Policy Symposium ，2013.

［35］IMF，2018，"Annual Report on Exchange Arrangements and Exchange Restrictions".

［36］Kaltenbrunner A ，Painceira J P . The Impossible Trinity：Inflation Targeting，Exchange Rate Management and Open Capital Accounts in Emerging Economies［J］. *Development and Change*，2017，48（3）：452－480.

5　中国金融开放：基础条件分析

摘　要

中国金融开放后人民币的"锚"由软实力和硬实力两方面组成。金融的基础设施构成了金融软实力，是我国实现金融开放的基础条件。为金融开放做好制度和经济上的准备，不仅意味着要提高金融监管能力，处理好金融科技、金融创新与金融监管之间的关系，还意味着要增强整体的法治能力和法治水平，培育具有良好契约精神和信用能力的市场环境。政府则要秉持竞争中性的原则，平等对待民企和国企、内资和外资，加快健全市场机制。金融开放的步伐还要与风险管理能力相匹配。完善的金融体系应该为实体经济提供风险管理服务，建立起分散和吸收风险的风险配置机制、国际风险分散和对冲机制以及风险筛选和进化机制。实证研究进一步提供了中国的银行国际化带来的贸易促进效应证据，并分析了中国金融开放中的资本市场开放进程。

5.1　金融开放的制度准备与经济基础

航船安全要依靠船锚。中国要实现金融开放，实现人民币的国际化并构建全球金融中心，也必须要思考中国金融开放后人民币的"锚"。"锚"的力量来自软实力和硬实力两个方面。我国在技术创新和经济的市场竞争力方面的硬实力较强，但是在金融的基础设施方面的软实力相对较弱。

在当今的全球竞争格局下，贸易保护主义抬头，中美贸易摩擦也逐渐发展为科技战和金融战。其中，金融能力尤其体现了国家的长期竞争力，最终会体现为全球资源配置的竞争力和在全球分散风险的能力。通过资金的融通，金融体系成为了涵盖全国甚至全球的神经系统。金融体系的波动会给经济社会造成极大的影响，也因此对金融开放的基础设施建设提出了更高的要求。我国金融改革采取的是渐进式的试错式探索，很大一部分原因在于基础设施对金融市场全面开放的制约。要实现金融开放先需补上基础设施的短板。对中国金融开放的基础条件的分析从制度准备与经济基础的多方面展开。

5.1.1　契约精神和信用体系

5.1.1.1　契约精神

培养符合金融开放要求的契约精神，不仅要在制度层面上改革法律体系，而且要增强法治水平和政府的公信力，最终形成一个获得广泛认可的社会秩序。契约精神是市场预期和信心形成的关键，能够极大地影响金融开放的效应。

1. 完善金融法律体系在内的国家法律体系。近年来我国的法律体系不断完善，但是距离建设国际金融中心的要求仍然相去甚远。法律结构上的完善意味着法律体系与风险能够对照。随着资本市场的发展，我国的金融体系从以单一的信用风险为主的时代过渡到信用和市场风险并存的时代，但是法律体系的改革却相对滞后。"科创板＋注册制"实现了我国资本市场的制度性革命，将监管的重点转变至最大限度确保信息披露充分。这种转变体现了未来的发展趋势，法律规则应该及时适应和调整。

2. 提高国家的法治能力和法治水平。法治能力和法治水平是社会文明的重要因素，有着推动社会发展前行的巨大作用。但是即使具备健全的法律体系，执法能力的欠缺也会直接制约法律的效力。例如，对于虚假信息披露的处罚力度不到位就极大地削弱了法律的威严，挫伤了市场信心。提高法治能力和水平必须坚持有法必依、执法必严，捍卫法律的力量与权威。

3. 保持政策的连续性和可预期性。投资者信心反映了市场基于政策和未来预期的判断。如果政策导向不明确，甚至朝令夕改，投资者难以对未来市场趋势形成明确统一的预期，就会"用脚投票"。市场信心不足将直接表现为投资额的下降。因此，保持政策的连续性和可预期性对于培育市场信心、增强我国金融市场的吸引力至关重要。

5.1.1.2 信用体系

在我国，国有银行一度垄断金融市场的历史原因导致有效的风险定价机制长期缺位，市场信用体系发展落后。虽然目前已有数量众多的信用评级机构，但是并没有很好地解决发行人付费模式带来的评级机构与发行人的共同利益问题。在我国还没有诞生一个真正意义上得到公认的、具有较强公信力的信用评级机构。信用评级结论并没有得到市场的认可，也没有影响企业的债务成本（寇宗来等，2015）。

提高市场信用体系和信用能力，培育客观、独立、公允的中介机构是实现金融开放的必备条件。首先，要对信用评级机构的收益模式进行改革，避免出现评级机构与发行人的利益捆绑现象，增强评级机构的独立性。其次，要统筹信用评级监管的制度设计，解决信用评级资质认定制度"政出多门"的问题。最后，要发展完善金融中介体系，提高法律、会计、审计、评级等专业性金融服务的供给能力，增强金融体系对于信用风险的识别能力。

5.1.2 金融监管能力建设

5.1.2.1 中国金融监管改革

改革开放后，中国金融监管体系大致经历了三个阶段的渐进式改革。基于不同时期金融业态的特征，监管体系架构做了相应的动态演化，具体可分为集中统一监管、分业监管和双柱动能监管三个阶段。

1992 年之前，我国初步形成了以中国人民银行为主导的金融监管体系。中国人民银行负责制定金融宏观决策、加强信贷资金管理和维护人民币币值稳定，也对专业银行和其他金融机构实行集中统一监管。然而，随着金融市场的发展，银行和非银行金融机构业务交叉，混业经营乱象频发，中央银行和金融监管角色重合的矛盾显现，亟须分离人民银行的双重职能并实行分业监管。1992 年中国证监会的成立、1998 年中国保监会的成立和 2003 年中国银监会的成立标志着我国金融业监管职责逐渐分离和细化。人民银行则继续履行中央银行的职责，负责金融宏观调控，构成以"一行三会"为主导的分业监管体系。近年来，金融业态和金融风险结构发生了显著变化，分业监管受到了层出不穷的混业经营的挑战，呼唤着新一轮的金融监管改革。2017年，全国金融工作会议上宣布设立国务院金融稳定发展委员会，负责统筹协调金融稳定和改革发展重大问题。2018年3月颁布的《深化党和国家机构改革方案》要求整合银监会和保监会的职责并组建中国银行保险监督管理委员会（以下简称中国银保监会），形成了我国当前以"一委一行两会"为主导的双柱动能监管体系，进一步结合并加强了宏观审慎监管和微观功能监管。

5.1.2.2　中国金融监管体制的发展现状与问题

深化金融监管体制改革的目标是构建一个符合现代金融特征、智能而有效的金融监管架构。这对未来中国的金融监管体制提出了多方面要求，包括符合现代金融发展趋势，灵活应对金融创新和有效地管控风险，等等。改革开放后，我国金融市场开放度逐渐提高，功能日臻完善，也涌现出全新的金融业态。然而，相比之下，金融监管体制改革滞后于市场发展，还没有能够针对现存及未来可能发生的问题提供完善的解决方案。金融监管架构要能够把握金融未来、体现现代金融特征，必须考虑以下几个方面的问题。

1. 监管重心应随金融体系结构变化而调整。随着中国经济金融化程度不断提升，社会金融资产结构正悄然发生着变化。具体表现为证券化金融资产的比例逐年攀升，银行信贷资产占比则呈下降趋势。居民金融资产结构也从单一的储蓄存款发展为多样化的资产组合。不同金融业态的风险基因存在区别，传统的以商业银行为代表的金融业态主要面临资本不足风险，资本市场则面临信息披露的透明度风险。新兴的互联网金融的风险基因与资本市场相近，但是风险类型更加多样和复合。

金融体系的结构化变革意味着监管重心也应做相应调整。我国银行业发展起步早，规模占比长期领先，因此现行的金融监管体系的基石仍是银行业监管，重点是以资本充足率为核心的资本监管。近年涌现出的许多金融创新却通过表外业务等形式绕开资本监管指标。虽然《商业银行资本管理办法（试行）》通过引入风险系数转换机制以抵御资本风险，但是并没有从根本上考虑到金融创新所蕴含的风险特征的转变，容易引发"一管就死，一放就乱"的问题。因此，未来的金融监管思路不能只停留在资本监管，而是更应该强化和扩展透明度监管。

2. 金融监管的组织结构改革还需进一步推进。基于资本不足风险和透明度风险的异质性，我国将银监会和保监会合并，成立中国银保监会。然而，目前的改革仍是不完全和不彻底的，未能完全解决不同产品和市场之间的监管空白问题，也未能建立起具备前瞻性的逆周期风险调节机制。长期以来，我国金融市场存在着过度解读风险的误区，试图通过金融监管完全掌控风险。这不仅不符合现代金融基于不确定性的基本逻辑，而且扭曲了市场价格信号，不利于提高金融市场效率。

组织结构的改革并不是原有机构的简单合并。理想的中国金融监管模式应当朝着以中国人民银行和金融监管委员会为"双峰"的形态演进，健全宏观和微观审慎监管的内在链接机制（吴晓求，2017）。宏观和微观审慎监管的主体上彼此分离，但是功能上相互协调。其中，中国人民银行负责宏观审慎监管，重点防范跨市场和系统性金融风险；金融监管委员会负责微观审慎监管，统筹协调不同产品和市场的监管。一方面应该注重风险免疫能力和风险分散能力，另一方面也要为金融创新预留一定的制度弹性。

3. 智能化趋势下监管方法和理念亟待变革。科技的迅猛发展正在重构中国金融业态。智能化不仅是未来金融业态的发展趋势，也应该是金融监管的改革方向。

由于缺少信息系统的支持，传统的监管方法以静态的目标管理为主，难以实现实时的动态监管。未来的金融监管体制则不能固守传统的监管方法，而是应该积极拥抱科技，建设智能化、信息化的金融基础设施。未来可运用大数据、云计算和区块链等技术搭建中国金融信息系统，实时观察金融市场的运行状态、监控风险指标的动态变化。金融监管理念也应当更具有主动性和前瞻性。不仅要做好持续性监管，更要做好事前的风险监测预警体系和早期干预机制，通过智能监管增强防范金融风险的能力。

5.1.2.3 金融科技与新兴互联网金融对金融监管的挑战

技术创新催生了以互联网为平台的新兴金融业态，形成一种具有金融功能链和独立生存空间的投融资运行结构（吴晓求，2014）。继资本市场削弱了商业银行等金融中介的作用、完成了金融第一次"脱媒"之后，互联网金融正在推动着金融进行第二次"脱媒"，成为以商业银行为代表的间接融资和以资本市场为代表的直接融资以外的第三金融业态（吴晓求，2015）。

金融业态的多元化不可避免地引起了金融风险结构的变化，也对金融监管提出了更高的要求。虽然互联网金融实现了类似商业银行的功能，但是其风险点更趋近于资本市场，具体表现为借款人的信息透明度风险。第三方支付、网络借贷、众筹融资、财富管理等不同的互联网金融业务的风险表现形式也有一定差异（许荣等，2014）。因此，当务之急是打破当前不同产品和市场间监管割裂的局面，解决监管体系中存在的监管职责模糊问题。

互联网金融提供了灵活丰富、门槛更低的金融服务。这在一方面加强了金融的普惠性，推进了金融的深度改革；但在另一方面，广泛的参与群体和层出不穷的业务模式也增加了监管难度。作为一种去中心化的金融服务模式，互联网金融不再适用传统的监管理念（杨东，2018）。未来的金融监管应该走向智能化，及时更新技术手段，实现微观层面的实时监管。只有提高监管的能力和效率，才能更好地包容不断发展的金融创新。

5.1.3 市场经济基本原则与竞争中性

5.1.3.1 浅析竞争中性原则

2019 年《政府工作报告》明确提出要遵循竞争中性原则，加快完善市场机制。所谓"竞争中性"主要是政府在市场竞争中保持中性的角色，平等对待不同类型的市场竞争主体，消除可能造成市场主体竞争优势差异的歧视性政府措施，维护公正有序的国内市场秩序。

第一，竞争中性意味着要深化市场经济体制改革，给予不同所有制企业平等的待遇。我国实行以公有制为主体、多种所有制并存的基本经济制度。多种所有制并存是市场经济体制的重要特征，但是过度的政府干预却会扭曲市场资源配置，违背自由竞争的精神。政府不仅要为民营企业和国有企业提供公正平等的市场竞争环境，也要对内资和外资一视同仁，推动我国经济的发展与开放。

第二，中国金融开放的目标为竞争中性原则赋予了更多的含义。建设具有吸引力和竞争力的金融市场，就必须为市场参与者提供公开透明的融资渠道。目前我国的金融体系仍然以风险保守型的银行为主导，间接和直接融资体系之间存在"二元割裂"的困局，未能有效支持新兴行业的融资需求（张杰，2019）。因此，必须进一步推进金融结构性改革。对于国有金融机构，既要减轻不必要的政策性负担，也要通过推进利率市场化加强其竞争和变革意识。此外，也要允许更多的民营力量加入金融业，丰富我国金融市场的结构层次，更好地满足中小微企业的外部融资需求。

5.1.3.2 竞争中性与国企改革

在竞争中性原则的指导下，我国开展了国有企业的混合所有制改革和国有资产管理体制改革，逐渐厘清了国有企业和国家的关系。现行的改革推行政企分离、政资分离，在一定程度上提高了国有企业的经营效率，减轻了预算软约束问题。可是，改革不能只流于股权结构的形式，更应该重视国有企业的运营和管理方法的变革。通过完善公司治理体系、健全现代企业制度，让国有企业真正成为独立自主的市场竞争主体。

此外，需要注意的是，对国有企业的改革不能矫枉过正。市场经济没有一个统一的形式。由于各国经济结构的差异，市场经济的发展模式不可能千篇一律。竞争中性原则也并不意味着终结国有企业，而是强调国有企业和其他类型企业应平等参与市场竞争（刘戒骄，2019）。具体针对我国而言，国有企业对于推动经济发展的贡献有目共睹，并且仍然会在未来的经济体制中扮演核心角色。因此，在鼓励其他经济力量发展的同时，也要为国有企业松绑，减轻国有企业的社会负担，增强国有企业作为市场主体的独立性，充分发挥国有企业的优势。

5.1.4 风险管理视角下的金融开放

5.1.4.1 开放金融体系应对风险的三大机制

1. 内部分散和吸收风险的风险配置机制。市场化的金融体系强调以自有资本为风险承担的底线和边界，并由此产生自上而下的风险管理驱动力。基于市场化运行的开放金融体系在面临外部风险因素冲击时，各类金融机构、非金融企业乃至个人都会根据其特定的风险偏好、资本实力以及风险管理能力承担相应的外部冲击风险。一个有效的金融体系可以通过这种市场化机制将外部的风险冲击分散配置到上述各类经济和金融活动的参与主体。尽管部分经济主体可能会由此破产和倒闭，但有效的金融体系会在总体上承受住外部冲击的影响，并在风险分散过程中迅速地进行相应调整和恢复，从而让市场经济体系具有所谓的经济韧性或抗风险能力。

2. 国际风险分散和对冲机制。经济全球化的一个重要好处就是风险的全球分散和对冲，开放的金融体系为此提供了前提条件和基本工具。面对中美贸易摩擦的风险冲击，我国不少贸易企业已经成功利用这一机制有效管控了风险。开放的金融体系不仅可以更好地支持贸易风险的国际分散和对冲，其本身也有更加便捷、灵活和低成本的分散和对冲工具方法。"东边不亮西边亮""不要把所有的鸡蛋放在一个篮子里"，在开放金融体系中更有用武之地和更加重要的是国际风险管理机制。

3. 基于风险的定价补偿、绩效调整和优胜劣汰的风险筛选和进化机制。在市场经济的风险法则中，承担风险、风险回报补偿、风险绩效调整乃至优胜劣汰的破产机制都是相辅相成的统一整体。在金融市场上，基于风险的定价法则要求对风险的承担予以溢价回报和补偿；在金融机构内部，对于承担风险所获取的收益和绩效则要进行相应的折价调整（如所谓 RAROC）。这些风险规则使得市场经济的参与者不断面临风险经营管理能力的筛选和进化驱动。开放的金融体系不仅带来国际风险和不确定性的冲击考验，同时也因为全球同台竞技带来国际化的风险标准和风险筛选进化机制，这有利于我国金融体系乃至整个经济体系运行质量在开放中不断提升和进化。

5.1.4.2　应对金融开放中的控制权风险和市场波动风险

关于金融开放带来的风险有两个比较突出的关注点：一是对金融机构控制权乃至金融主权的影响；二是对市场波动加大和国际投机的担心。金融机构控制权争夺本质上是实力和竞争力的较量，基于市场化机制的控制权争夺也是优胜劣汰的正常市场现象和金融机构风险经营管理能力的进化路径。40多年改革开放和发展已经让我们的经济金融实力有了很大的提升，也有了更大的信心应对金融开放带来的控制权风险。从风险管理的角度看，国际资本参与中资金融机构对于我国金融机构风险管理能力和核心竞争力的提升是有帮助的，即便一部分机构被控股，并不意味着我们会丧失金融主权（核心是货币调控和金融监管权）。

任何关于市场投机的讨论，我们首先都要区分是中国传统商业文化背景下的投机还是现代市场经济背景下的投机，前者是指违法违规获取不公平的利益的行为，后者是市场经济中基于市场价格预测低买高卖的交易行为，两者是完全不同的两码事。在有效监管的前提下，我们所担心的对外开放带来市场波动和投机交易主要属于后者。其实，后者所指的投机（speculation）是任何市场经济都会存在的正常现象。即便是以索罗斯为代表的市场投机者也是市场的正常参与者，都必须遵循正常的市场规律，也需要承担同样的市场风险。只是他们可能拥有更大的风险偏好（胃口）以及更加精明和丰富的现代风险交易和经营管理能力，的确是我们在金融开放中参与全球市场竞争中更加强大的对手。但与他们同台竞技显然也是我们学习和进步的推动力。

金融开放是我国金融体系进一步发展的方向，对我们的现实影响主要取决于开放的进取性和审慎性的合理平衡。平衡的关键在于确保金融开放的程度和步伐要与我们的风险管理能力相匹配，包括金融机构风险管理能力、金融市场风险交易和配置能力以及我们以风险为本的金融监管能力。凡事皆有度，金融开放对控制权和市场波动的影响也是如此。超过一定限度的过度影响，就需要我们的金融主权发挥作用，从系统性风险防范和管理的视角，开展适度的货币调控和金融监管。

金融供给侧结构性改革是我国在坚持改革开放和继续追求发展的新时期发起的新一轮金融体系改革，其根本目标是服务实体经济，基本特征是结构化改革，其核心内容应该是有效供给能力的建设。金融体系向实体经济提供的金融产品和服务不仅限于各种形式的资金，更重要的是风险管理，包括通过金融产品提供的与实体经济共担风险的服务，也包括在这种金融产品提供的过程中向实体经济提供的风险管理标准，如银行等金融机构在融资过程中向实体企业提出的客户准入标准、风险限额标准和风险定价标准等。因此，有效的金融供给能力不仅是金融体系自身的风险管理能力，也是金融体系引导整个经济体系在优化资源配置过程中不断加强管理来自内部和外部风险和不确定性的能力。对外金融开放将有利于这些风险标准和有效供给能力的提升和国际化，帮助我们的金融体系更好地服务实体经济，在全球经济的竞争与合作中行稳致远。

5.2 金融开放进程中的银行国际化研究

5.2.1 银行国际化与贸易往来：基本关系分析

熊彼特（1912）提出高效率的金融体系有助于经济增长的基本判断，后续一系列研究为此提供了经验证据（如 King 和 Levine，1993a，1993b；Levine 和 Zervos，1996；Rajan 和 Zingales，1998；Beck 等，2000），在达成这一共识的基础上，近年来的研究更加集中于探讨金融体系形成经济增长的具体路径。已有研究围绕着美国各州之间的银行管制放松形成的类似自然实验的研究机会，发现这一金融体系的变革通过形成银行间的竞争从而带来经济增长（Jayaratne 和 Strahan，1996），具体表现为新设企业的增加（Black 和 Strahan，2010）以及小企业贷款的显著增加等（Rice 和 Strahan，2010）。Cetorelli 和 Strahan（2006）切入行业内部的视角，发现在各州间银行放松管制下行业内新设企业数量和小企业比例也都呈现出显著增加；Kerr 和 Nanda（2009）则进一步补充了银行管制放松不仅增加了行业中的新进入者，也形成了行业中潜在威胁者高退出的经验证据。

从理论上看，银行国际化的重要表现是母国银行在东道国设立代表处、开设海外分支机构以及并购当地银行等，那么银行国际化活动是否以及究竟如何反向作用于贸易往来呢？本书认为可能存在着如下两方面的影响路径。一是银行国际化有助于直接降低东道国企业的融资成本，从而提高该企业在母国与东道国贸易往来中的竞争力。商业银行是包括跨国公司在内的各类企业融资需求的主要提供方，而企业从事国际贸易活动对于外部融资会产生双重影响（De Bonis 等，2008）。一方面，企业开始国际化发展通常面临着承担更多的沉没成本（Mipman 等，2003），客观上会形成对外部融资需求的增加；而另一方面，由于沉没成本的存在，公司资产对于外部投资者特别是债权人银行来说变得相对更不透明，此时银行承担的信用风险相对更高，企业获得外部融资的难度增加。此时，如果母国银行在东道国设有分支机构从事融资业务，相较于未在该东道国设立分支机构的银行，由于存在地理距离和信息获取方面的明显优势，跨国银行内部的信息处理以及资源的合理配置就能够带来节约成本的优势，比如客户所在地区的平均违约率和违约损失率信息等的搜寻成本更为低廉，因而开展业务的固定成本和变动成本都相对更低，从而在东道国企业的融资难度和成本都显现出优势。已有文献也为此提供了经验证据，比如较高的金融发展水平可以降低企业的融资难度，进而提高国家出口的规模，并且这一效应在重资产型的行业中更为突出（Becker 和 Greenberg，2005），对阿根廷公司的大样本问卷调查表明当公司更容易融资时，其成为出口商的可能性会明显上升等（Espanol，2007）。

二是国际化金融机构具有相对较高的整合母国与东道国之间金融信息与商业信息的能力，从而有助于促进贸易增长。国际化金融机构能够满足的金融服务需求非常广泛，比如企业申请长期贷款、流动资金贷款、开设信用证或申请授信额度等。由于国际化金融机构在该东道国从事实际经营业务，生产出关系东道国宏观经济状况、中观行业发展以及微观个体经营特别是业务、绩效和风险等方面的专有信息（specific information），这些专有信息实现了该跨国金融机构内部的交流和共享，提高了该机构的金融服务与商业整合的能力，因而促进了贸易往来。Michalski 和 Ors（2012）的研究表明，放松各州之间的银行进入管制促进了银行体系内部的信息流动以及金融与贸易之间的联结。从经济意义上看，和金融与贸易未联结的地区相比，金融与贸易相联结的地区其贸易往来金额占全美国贸易往来总额的比例 10 年间提高了 14%，这说明当银行扩张到新市场时，会促进银行总部所在地区与新进入市场之间的贸易往来，金融与经济连接降低了银行贸易过程中的信息不对称问题，从而形成了金融体系内部信息与贸易之间的整合效应，从而使得相应地理区域间的贸易往来金额在总额增长的同时产生增长结构上的有利变化。据此本章提出研究假设如下：

保持其他条件不变，中资银行国际化与母国和东道国之间的贸易往来水平呈正相关关系。

5.2.2　研究设计

5.2.2.1　数据来源

本章考察中资银行国际化对中国与东道国之间双边贸易形成的经济后果，样本共包含 174 个东道国（地区），样本区间为 1998—2016 年，中资银行国际化的数据来源于手工收集，主要通过各大上市银行年度报告、官方网站以及《2016 中资银行国际化报告——对标国际一流》等进行手工收集，并与银行公开信息逐一进行校对。贸易数据来源于联合国贸易和发展会议数据库（UNCTADstat）[①]，截至 2016 年末，我国累计共与美国、英国、法国、中国香港、新加坡、巴基斯坦、阿联酋、南非、瑞士以及俄罗斯等 174 个国家或地区发生了单边或双边贸易往来。

5.2.2.2　变量设定

1. 因变量：贸易往来。本章通过三个维度刻画中国与东道国（地区）之间的贸易往来：一是我国与东道国（地区）之间各年份货物和服务的出口贸易额（export）取自然对数；二是我国与东道国（地区）之间各年份货物和服务的进口贸易额（import）取自然对数；三是我国与东道国（地区）之间的进出口贸易总额（biport）取自然对数。

2. 解释变量：中资银行国际化。本章采用两个维度刻画中资银行国际化。首先设置虚拟变量刻画是否发生了中资银行国际化，我们把中资银行在东道国（地区）开设代表处、海外分支机构以及并购当地银行的当年及后续

---

①　数据来源：http：//unctadstat. unctad. org/wds/ReportFolders/reportFolders. aspx。

年份设定为1，之前年份设定为0，记为overseas。① 其次，为了考察中资银行国际化的渐进和动态特征，我们进一步设计了指标"中资银行国际化密集度"，用中资银行在东道国（地区）开设代表处、海外分支机构以及并购当地银行的当年累计数量表示，记为branches。

3. 控制变量。根据现有文献，母国经济发展水平、东道国（地区）经济发展水平及关税程度以及地理距离等因素均对母国与东道国（地区）之间的贸易往来产生重要影响。借鉴Hagendorff等（2008）、Acharya等（2011）和Houston等（2012），我们在模型中控制如下因素：（1）东道国（地区）的经济发展水平、贸易依存度、关税税率和汇率水平；（2）东道国（地区）的劳动力成本；（3）母国的经济发展水平；（4）母国与东道国（地区）的地理距离等。相关变量的定义参见表5–1。

表5–1　　　　　　　　　　　　主要变量定义表

变量类别	变量名	符号	变量定义
被解释变量	出口贸易额	export	中国对东道国（地区）当年的货物和服务出口额
	进口贸易额	import	中国对东道国（地区）当年的货物和服务进口额
	进出口贸易总额	biport	中国对东道国（地区）当年的货物和服务进出口总额
解释变量	中资银行国际化时点	overseas	中资银行在东道国（地区）开设代表处、海外分支机构或并购当地银行的年份及以后为1，否则取0
	中资银行国际化密集度	branches	中资银行在东道国（地区）开设代表处、海外分支机构或并购当地银行的当年累计数量
控制变量	东道国（地区）经济发展水平	hostgdp	东道国（地区）当年人均国内生产总值（以美元计）
	东道国（地区）贸易依存度	trdepend	东道国（地区）历年对外贸易额进出口总值在国民生产总值或国内生产总值中所占比重
	东道国（地区）关税水平	customs	东道国（地区）关税及其他进口税占税收收入的百分比
	东道国（地区）汇率水平	exchange	东道国（地区）货币当年以美元为标准的汇率水平

① 在稳健性检验中，我们对中资银行国际化样本做了净化处理，删除了中资银行开设代表处和并购当地银行两类，仅包含中资银行在海外开设分支机构，回归结果保持稳健，限于篇幅留存备索。

变量类别	变量名	符号	变量定义
控制变量	东道国（地区）劳动力成本	wage	东道国（地区）当年人均工资水平（以美元计）
	母国经济发展水平	homegdp	中国当年人均国内生产总值（以美元计）
	母国与东道国（地区）地理距离	distance	中国首都北京到东道国（地区）首都（行政中心）的地理距离取自然对数

5.2.2.3　回归模型

为了检验中资银行国际化对母国与东道国（地区）之间贸易往来的作用，一种比较简单的方法是考察母国与东道国（地区）的贸易往来在中资银行国际化之前和之后的差异，以此判断中资银行国际化行为的经济后果，也即常用的单差法。但是单差法得出的结论可能是不准确的，原因在于：一是从横向层面看，同一时期的个体经济发展水平等许多个体差异影响母国与东道国的贸易往来；二是从纵向层面看，即便未发生中资银行国际化，时间推移形成的自然增长也影响着母国与东道国（地区）的贸易往来。因此，考虑到单差法可能存在的不足，本章采用相对更加合理的双重差分方法考察中资银行国际化的经济后果。

在本章研究样本包含的 174 个国家（地区）中，截至 2016 年末，中资银行共计在 50 个东道国（地区）发生了国际化行为，其余 124 个东道国（地区）未发生国际化行为，这为研究提供了一个良好的"准自然实验"机会。具体来说，本章把这 50 个东道国（地区）作为处理组，剩余 124 个东道国（地区）作为对照组。同时，中资银行国际化是一个渐进和动态发展的过程，本章根据中资银行在各东道国（地区）成立国际化分支机构的时间，设置虚拟变量 overseas，东道国（地区）在中资银行国际化当年及以后年份取值为 1，否则为 0，由此构造双向固定效应计量模型进行双重差分，检验中资银行国际化对母国与东道国（地区）贸易往来的净效应。回归模型如下：

$$Y_{it} = \beta_0 + \beta_1 overseas + \beta_2 X_{it} + \gamma_t + \mu_i + \varepsilon_{it}$$

其中，Y_{it} 为被解释变量，本章选取了母国与东道国（地区）的出口贸易额

（export）、进口贸易额（import）以及进出口贸易额（biport）三个变量衡量，下标 i 和 t 分别表示第 i 个东道国（地区）和第 t 年；γ_t 代表时间固定效应；μ_i 代表各东道国（地区）的个体固定效应。X_{it} 为其他控制变量，包括东道国（地区）经济发展水平、东道国（地区）贸易依存度、东道国（地区）关税税率和汇率水平、母国经济发展水平以及母国与东道国（地区）的地理距离等。变量 overseas 系数 β_1 的估计值是我们关心的重点，它度量了中资银行国际化对母国与东道国（地区）贸易往来的净影响，如果中资银行国际化推动了两国（地区）间贸易往来，预期 β_1 符号为正并且显著。

5.2.3　实证结果分析

表 5 − 2 列示了中资银行国际化与出口贸易的回归结果。列（1）仅考察中资银行国际化（overseas）一个变量，回归结果在 1% 的显著性水平下正相关。列（2）在列（1）的基础上加入了国家（地区）固定效应（country）和年份固定效应（year），可以看到出口贸易额与中资银行国际化也在 5% 显著性水平下呈现出正相关关系。由于出口贸易受到多方面因素影响，在列（3）中根据已有文献把主要因素予以控制，但未控制国家（地区）固定效应（country）和年份固定效应（year），此时中资银行国际化（overseas）依然在 1% 的显著性水平下为正。同时东道国（地区）经济发展水平（hostgdp）、贸易依存度（trdepend）、关税水平（customs）和汇率水平（exchange）等因素，以及母国的经济发展水平（homegdp）、母国与东道国（地区）的地理距离（distance）等因素也均显著影响了出口贸易水平。列（4）把自变量中资银行国际化（overseas）、相关控制变量、国家（地区）固定效应（country）和年份固定效应（year）一并考虑，此时衡量模型解释力的 R^2 提高到 87.3%，考察的主要变量中资银行国际化（overseas）的系数为 0.187，并在 1% 的水平下显著为正，这说明在控制了主要变量以及国家（地区）效应和年份效应后，可以观察到中资银行在东道国（地区）开设国际化机构之后，母国与东道国（地区）之间的出口贸易水平显著增加。其他控制变量与已有文献保持一致，以东道国（地区）关税水平（customs）为例，相关系数为 −0.006 且在 1% 水平下显著为负，

这意味着如果东道国（地区）的关税水平提高 1 个百分点，母国与东道国（地区）之间的出口贸易额将减少 0.59 个百分点。

表 5-2　　　　　　　　中资银行国际化与出口贸易往来的回归结果

因变量：export	（1）	（2）	（3）	（4）
overseas	3.588 ***	0.216 **	2.468 ***	0.187 **
	(35.81)	(2.45)	(25.50)	(2.12)
hostgdp			0.000 ***	0.000 ***
			(4.40)	(2.93)
trdepend			−0.007 ***	0.002 **
			(−9.81)	(2.30)
customs			−0.017 ***	−0.006 ***
			(−6.16)	(−2.74)
exchange			0.000 ***	−0.000
			(4.59)	(−0.04)
wage			0.000 *	0.000 ***
			(1.81)	(3.87)
homegdp			0.000 ***	0.000 ***
			(23.03)	(22.63)
distance			−0.000 ***	−0.001 ***
			(−6.76)	(−11.56)
country	N	Y	N	Y
year	N	Y	N	Y
N	3 306	3 306	3 306	3 306
R^2_a	0.279	0.872	0.450	0.873

注：*** 、** 、* 分别表示在 1%、5%、10% 的水平下显著。

表 5-3 列示了中资银行国际化与进口贸易的回归结果。与表 5-2 类似，列（1）、列（2）仅考察中资银行国际化（overseas）单个变量和控制国家（地区）固定效应（country）和年份固定效应（year）后的结果，列（3）加入了其他控制变量，列（4）则同时加入了控制变量以及国家（地区）层面和时间层面的固定效应。从列（4）的回归结果看，自变量中资银行国际化（overseas）在 5% 的显著性水平下与进口贸易水平正相关，其他控制变量的

系数方向与显著性水平也符合预期。表5-4进一步列示了中资银行国际化与进出口总额的回归结果，列（4）显示中资银行国际化（overseas）的相关系数为0.174且显著为正，这为前文假设提供了初步的证据支持。

表5-3　　　　　　　中资银行国际化与进口贸易往来的回归结果

因变量：import	（1）	（2）	（3）	（4）
overseas	4.624 ***	0.383 **	3.227 ***	0.357 **
	（31.59）	（2.24）	（21.69）	（2.09）
hostgdp			0.000 ***	0.000 ***
			（6.45）	（2.74）
trdepend			−0.009 ***	0.004 ***
			（−7.88）	（2.61）
customs			−0.030 ***	−0.011 **
			（−7.02）	（−2.44）
exchange			0.000 ***	0.000
			（5.15）	（1.22）
wage			−0.000	0.000 **
			（−0.28）	（2.05）
homegdp			0.000 ***	0.000 ***
			（11.07）	（9.55）
distance			−0.000 ***	−0.001 **
			（−4.87）	（−2.38）
country	N	Y	N	Y
year	N	Y	N	Y
N	3 306	3 306	3 306	3 306
R^2_a	0.232	0.761	0.351	0.763

注：***、**、*分别表示在1%、5%、10%的水平下显著。

表5-4　　　　　　　中资银行国际化与进出口贸易往来的回归结果

因变量：biport	（1）	（2）	（3）	（4）
overseas	3.773 ***	0.196 **	2.611 ***	0.174 *
	（36.40）	（2.14）	（25.89）	（1.92）
hostgdp			0.000 ***	0.000 ***
			（6.00）	（3.41）
trdepend			−0.007 ***	0.005 ***
			（−8.61）	（5.67）

续表

因变量：biport	（1）	（2）	（3）	（4）
customs			-0.018^{***}	-0.007^{***}
			（-6.28）	（-2.87）
exchange			0.000^{***}	0.000
			（4.77）	（0.03）
wage			0.000	0.000^{***}
			（0.55）	（3.00）
homegdp			0.000^{***}	0.000^{***}
			（20.90）	（21.72）
distance			-0.000^{***}	-0.001^{***}
			（-6.27）	（-8.85）
country	N	Y	N	Y
year	N	Y	N	Y
N	3 306	3 306	3 306	3 306
R^2_a	0.286	0.873	0.448	0.876

注：***、**、*分别表示在1%、5%、10%的水平下显著。

5.3 金融开放进程中的资本市场国际化进程

5.3.1 中国资本市场制度建设与功能升级

与发达国家特别是美国自下而上建立的资本市场体制不同，中国的资本市场是在政府的推动下自上而下建立起来的。由于历史的局限性和特殊性，早期中国资本市场被定位于国有企业资金纾困的平台和机制，且在相当长的时间里都没有深刻认识到中国为什么要发展资本市场，由此中国资本市场长期在一种混沌的环境中运行。随着中国经济的快速发展，整个社会对资本市场的认识也在与时俱进。特别是2005年开启的股权分置改革重构了中国资本市场的运行机制，从制度层面"再造"了中国资本市场。2019年开始的注册制改革，更是开启了中国资本市场市场化发展的新篇章。近年来，中国 A 股市场先后成功纳入 MSCI、富时罗素及标普道琼斯指数三大指数，既说明了我国资本市场在不断走向成熟，也说明了中国资本市场的改革和发展越来越被世界投资者与主流市场所认可。

5.3.1.1　中国资本市场制度建设与功能变迁

1. 新股发行制度。我国新股发行制度主要可以分为审批制和核准制两大类，具体又可以分为四个阶段。（1）1993—1995 年的额度管理制度阶段。此时，我国正处于资本市场建立初期，尚未完全确立相应的市场法律法规，股票发行额度由国务院决定，上市企业须通过两级审批。（2）1996—2000 年的指标管理制度阶段。证监会在两级审批的基础上增加了企业事前审核的流程，只有指标内的企业才有推荐资格。（3）2001—2004 年的通道制阶段。2001 年证监会宣布取消审批制，开始采取核准制，由证监会将上市额度下分至券商，再由券商来进行二次分配。（4）2005 年至今的保荐制阶段。由保荐机构来推荐高质量的公司进行上市，强调保荐机构的连带责任，希望以此来保证上市公司质量。

从历史变革来看，我国一直在努力向更完善的新股发行制度靠近，但在现行的核准保荐制下，由于保荐机构的精力主要集中在应付证监会的审核而并非对企业的价值判断上，上市公司的质量并没有得到很好的保证。再加上监管机构审核能力有限而造成的上市申请拥堵和中国现行的退市难等问题，导致资本市场内的上市公司更新效率低，许多僵化的企业难以被出清，新生企业又难以入市，共同拖累了我国资本市场的进一步发展。

为了从根本上改善我国资本市场股票发行的各种问题，需要推动新股发行从核准制向注册制转变，注册制完全依靠市场的资源配置作用，受供需规则的制约，股票能否成功发行、以何种水平的价格发行完全取决于资本市场需求。若核准制是"政府的手"在调控着新股发行，那么注册制就是"市场的无形之手"在进行着自我调节。核准制在我国资本市场发展初期起到了保护投资者并稳定市场的重要作用，但从我国资本市场的功能和定位来看，向注册制转变已成为必然趋势。

2. 新股定价制度。我国新股定价制度可以被具体分为四个阶段。（1）1991—

1999 年的行政定价阶段，新股发行价值由一个相对固定的市盈率来确定（市盈率通常被定在 12～15 倍），该方法基本是行政命令，与市场严重脱节。（2）1999—2001 年的放宽发行市盈率定价阶段。虽然市盈率的行政管制被放开了，但证监会仍掌握着新股定价的控制权，引入了法人配售机制和上网定价发售机制。（3）2001—2005 年的管制发行市盈率定价阶段。为了应对国有股减持造成的股市下挫，证监会规定了市盈率不超过 20 倍。（4）2005 年至今的询价阶段。询价制度是我国在新股市场化定价上迈出的重要一步，提高了 IPO 定价的市场化和合理性，2014 年沪深两市在询价机制的基础上又对发行股数和发行金额进行了限制，导致了定价效率降低。

在讨论我国的新股定价制度之前，需要先认清上市企业发行股票筹集资金的背后原因和具体用途，而不是仅仅讨论发行价格高低的表面问题。无论是 IPO 抑价问题带来的融资不足问题，还是新股定价过高带来的超募问题，都不会动摇企业为项目投资募投的根本目的。有效合理地配置资金才是资本市场最重要的功能，新股定价只是其功能的一部分显现而已，只有让融资需求旺盛的企业募集到所需的资金，资本市场才算真正发挥出了其原本的价值。但是主板市场严苛的上市条件，往往使得资金无法向处于孵化期的高成长性企业流动，资金分配严重不合理才是我国资本市场功能升级着眼的重点。只有深化市场化改革，为高新企业有条件地降低门槛，才能实现投资需求与融资需求的合理配置。

3. 再融资制度与并购重组制度。资源配置是资本市场的一大重要功能，其中股权再融资是企业融资的重要方式，而并购重组则是企业在资本市场实现资源配置的重要途径，分析我国再融资和并购重组制度的变迁历史，可以从侧面看出我国资本市场发展和扩张的趋势。

在我国资本市场发展早期，并购重组依据的是 1993 年国务院颁布的《股票发行与交易暂行管理条例》，再融资则依据 1993 年颁布的《关于上市公司送配股的暂行规定》，主要通过配股的方式进行再融资。随着资本市场的进一步发展，2001 年监管部门发布《关于上市公司重大购买、出售、置换资产若干问题的通知》，对企业进行并购重组的具体程序进行了规定，鼓励陷入困境的公司通过并购重组来化解退市危机，而 2002 年后，公司主流的再融资方式也从配股转移为公开增发。2005 年证监会发布《关于上市公司股权分置改革试点有关问题的通知》，随着股权分置改革的推进和 2006 年《上市公司证券发行管理办法》的实施，定向增发成为了公司融资的首选渠道，2008 年监管部门发布的多个重大资产重组的修订规则也进一步规范了并购重组的相关制度。随后我国又多次对再融资制度和并购重组制度进行修订，证监会于 2019 年 10 月 18 日颁布修订《上市公司重大资产重组管理办法》，于 2020 年 2 月 14 日颁布修订《上市公司证券发行管理办法》、《创业板上市公司证券发行管理暂行办法》以及《上市公司非公开发行股票实施细则》等再融资规则。

此次再融资新规的出台，是对主板和创业板上市企业再融资的大松绑，再融资门槛被明显降低，调高了上市公司的融资效率和股权融资比重，有利于激发资本市场活力，无形之中缓解了企业融资难、融资贵的窘境，高效利用了资本市场的资源配置功能。而此次并购重组新规的出台，则是为了支持高新技术企业的发展，放宽再融资制度也为企业的并购重组提供了便利。并购重组新规放松了对"壳"的管制，大大简化了重组上市的标准，降低了高新技术企业的上市门槛，缩短了上市时间。本轮政策修改其实是为了对先前过紧的监管要求进行修正，2015 年之前企业并购重组的繁荣发展和再融资的盛行，在活跃了我国资本市场的同时也助推了市场泡沫的形成，2015 年股市大幅下跌使得监管机构开始重视对再融资和并购重组的制度监管，先后推出多个严格的监管制度，在对市场乱象进行清理和整顿的同时，也大大影响了上市企业的正常融资渠道，影响了资本市场资源配置功能的发挥。

4. 退市制度。1994 年 7 月《公司法》的推出最早明确了我国资本市场的退市制度，但由于没有明确的退市标准而不具有操作价值。2001 年，证监会出台的《亏损上市公司暂停上市和终止上市实施办法》使得被动退市的改革曙光真正照进了资本市场。但同时，我国对"借壳上市"这一非正式制度的默许又极大地削弱了退市处罚的威慑力。之后，2012 年、2014 年、2018 年、2020 年证监会先后四次对退市制度进行重大改革，其中就提到"创业板公司退市后将不支持上市公司通过'借壳'的手段恢复上市"，第一次对"借壳上市"这一非正式制度作出了正面回应。

　　然而，即使"借壳上市"问题得到初步解决，我国的退市制度仍存在相当多的漏洞。其中就包括暂停上市、恢复上市、重新上市的中国特色"退市缓冲"流程，中国给上市企业所留出的这些后路使得那些严重亏损的企业仍可以继续挂牌，甚至在停止上市后仍可以进行资产重组。这种制度上的缺陷导致了我国虽然先后经历了多次退市改革，但退市效率依然低下，从中国资本市场建立至今真正退市的企业寥寥无几，远远低于海外资本市场的退市率。我国早在1998年3月就推出了ST制度，以期起到警示投资者的作用，但是被ST风险警示的上市公司大多没有被暂停上市，说明我国退市制度并没有起到其应有的优胜劣汰的作用，无法被出清的僵尸企业极大地危害了我国资本市场的健康发展。

　　若将退市难、借壳上市的问题剖开来看，其实可以发现根本性的问题仍是"上市难"的问题，也就是所谓"壳"的稀缺性问题。正是因为我国的IPO审核周期长、上市门槛高、隐性收益巨大，上市企业若是被退市，想要再次上市的时间成本极大，在此背景之下出于机会主义动机，"借壳上市"就成了各企业上市的快速通道。因此，要想从根源上解决"退市难"的问题，除了要加强退市的执行力度，还需从"上市难"的问题入手，形成有进有出、出入有序的良性循环。

　　从上文的分析中可以看出，企业上市困难是中国资本市场一个亟待解决的问题，事实上中国为此也做出过许多努力，但是效果却均不理想。为了能够帮助中小企业改善上市难的窘境，2004年5月中小企业板在深圳证券交易所正式成立，希望通过多层次资本市场的结构构建为中小企业提供融资便利，但是总体来看中小板与主板对上市企业的要求大体相同，不存在明显的区别或是优惠政策，并未在根本上为中小企业提供有效援助。借鉴了中小板的经验，我国于2009年10月又开设了创业板，降低了上市门槛以期为高新科技型企业服务，但遗憾的是由于发行条件并无创新，模式的同质性不仅没有为相应的科技型企业提供便利，反而引致了原本符合主板上市条件的公司出于机会主义动机选择在创业板上市，挤占了原本应提供给科技创新型企业的资源，背离了创业板开设的初衷。

在这个中国资本市场发展的瓶颈期，科创板应运而生，并在新股发行制度、新股定价制度、退市制度上等都有所创新，是我国资本市场功能升级和制度尝试的一次重大措施。

5.3.1.2 中国资本市场的"试验田"——科创板

2018 年 11 月 5 日，习近平主席于首届中国国际进口博览会上宣布，在上海证券交易所设立科创板并试点注册制。2019 年 1 月 30 日，中国证监会发布《关于在上海证券交易所设立科创板并试点注册制的实施意见》。从中国资本市场发展的整个历史脉络来看，在科创板中试行注册制无疑是我国资本市场制度建设中的一次重大突破，是我国资本市场尝试向成熟的资本市场迈进的重要一步。2019 年 6 月 13 日，在上海举行的第十一届陆家嘴论坛上，上海证券交易所科创板宣布正式开板，而科创板从提出到开板，仅仅用时 221 天，这也从侧面反映出国家对科创板、对中国资本市场的殷切期望和改革效率。

科创板的一大重要制度创新就是注册制。注册制是一种不同于审批制、核准制的证券发行监管制度，它的基本特点是以信息披露为中心，通过要求证券发行人真实、准确、完整地披露公司信息，使投资者可以获得必要的信息对证券价值进行判断并作出投资决策，证券监管机构对证券的价值好坏、价格高低不作实质性判断。因此，证监会原则上对科创板的申请企业不再承担审核职责，只对审核工作起到监督作用，并承担企业的发行注册工作。换句话说，想要在科创板上市的企业，不再需要通过监管机构的审核，而是直接将相关的经营信息上报给上海证券交易所，并由上海证券交易所进行问询式的审核。所谓问询式审核，就是上市企业与保荐机构作为被询问人需要对交易提出的问题进行回答，问询过程中的问题会不断深入，直到上市企业的相关经营信息被完整地向公众披露。因此，施行问询制虽然不像核准制有监管部门审核的环节，但事实上对企业的上市要求反而更高，监管权力只是从机构转移到了公众的手中，并且提出了更为严格的信息披露要求。

科创板在制度上的另一变革是在新股定价上以市场为导向，采取市场化询价的机制。2019 年 5 月，《科创板首次公开发行股票承销业务规范》与

《科创板首次公开发行股票网下投资者管理细则》正式发布，规定对科创板所有新股均全面采用市场化询价制度，具体流程简述为"确认询价对象—向网下投资者询价—确认发行价格"。但与 A 股市场不同的是，科创板的询价对象只有机构投资者，个体散户则不被包括在内，鉴于机构投资者投资经验更为丰富，在投资时也会更为谨慎，这种规定更符合科创板对投资者风险承受能力的高要求。首次公开发行询价对象限定在证券公司、基金公司等七类专业机构，向网下投资者询价既可通过初步询价确定发行价格，也可初步询价确定发行价格区间后，通过累计投标询价确定发行价格。

科创板在退市制度上也有着严格的要求，科创板要求触及终止上市标准的企业直接终止上市，不再给企业提供暂停上市、恢复上市、重新上市的机会。若是被退市的企业想要再次在科创板上市，在满足科创板上市条件的前提下可以向科创板再次提出申请并接受审核，但是因重大违法被强制退市的企业无权再次提出新的申请，只能永久退市。此外，科创板尤其关注"空心化"企业，并要求丧失持续经营能力、主要营业收入与主营业务无关或者不具备商业实质的关联交易收入的企业，按照相应的规定程序强制退市。综合来看，简化的退市环节有利于压缩退市时间，严格的退市要求也有利于资本市场的长期健康发展。

除了退市制度，科创板在上市制度上也有所改进。相较于主板、创业板等，科创板的上市条件更为灵活，具有多元化包容的特点，共有 5 套差异化上市标准，结合"市值、收入、净利润、现金流、核心技术"等多重指标实现差异化评定。具有更优异的经营成果或是更高的经营确定性的企业，科创板对其市值的要求门槛就越低，相当于为科创类企业开设了一个快速上市通道。除此之外，科创板还允许尚未盈利甚至存在累计未弥补亏损的优质企业在科创板上市，不再对无形资产占比进行限制。对于高新技术企业来讲，这意味着直接融资比例的上升，有利于处于萌芽期的企业稳定发展。过去我国企业面临的一大困难就是无法在最需要资金投入的时候在资本市场上获得充足的融资，通常而言，企业在前期的产品研发阶段和技术投入阶段很难产生足够的收入以抵消其投入成本，其投入收益往往要在后期才得以显现，这种收益与投入的时间错配导致企业出现暂时性的亏损，而此时又常常是企业融资需求最高的阶段，但是主板市场的严苛要求使得这些企业难以上市，无法从资本市场中获取直接的融资支持，而科创板的设立则完美地弥补了这一点。科创板创新性的上市制度给予了中国的高新技术企业一个全新的选择方向，资本市场的长期融资也与高新技术企业投资周期长、收益慢的结构特征相匹配，对完善中国的多层次资本市场构建具有重大意义。

5.3.2 境外资本的引入与境内投资的国际化

2002 年证监会发布了《合格境外机构投资者境内证券投资管理暂行办法》，确立了合格境外机构投资者（QFII）制度，并在 2006 年又接着发布了《商业银行开办代客境外理财业务管理暂行办法》，开始实施合格境内机构投资者（QDII）制度，从而有限度有条件地尝试对我国的资本市场进行开放。在我国资本市场开放的早期，QFII 制度与 QDII 制度共同组成了资本流动的双向渠道，将中国与国际资本市场联系在了一起。这种温和的开放手段和措施，在满足了境外资本流入和境内投资需要的同时，也有效降低了海外成熟资本市场波动对我国资本市场的危害，取得了较大的成功，这是我国国情和不完善的市场体制环境所共同选择的结果。2011 年，证监会发布了《基金管理公司、证券公司人民币合格境外机构投资者境内证券投资试点办法》，在 QFII业务的基础上又进一步实施了人民币合格境外机构投资者（RQFII）制度，为境外投资者提供了多层次的投资选择，同时也支持了香港建设离岸人民币业务中心，有利于对人民币进行回流引导。但是随着经济发展和市场化程度的加深，原本用于保护国内资本市场而设定的各种交易限制如今却渐渐显示出弊端，严厉的审批机制降低了 QFII 的总体规模和对外资的吸引力，为了顺应全球化市场潮流，尽快与国际市场接轨，需要对现行的制度进行改革。

2016 年至 2018 年，国家外汇管理局对 QFII 制度相关外汇管理进行了重大改革，先后取消了汇出比例限制以及有关锁定期要求，并允许 QFII 持有的证券资产在境内开展外汇套期保值等。2017 年 7 月，RQFII 额度扩大至 5 000亿元人民币。2019 年 1 月，国家外汇管理局将 QFII 总额度由 1 500 亿美元增加至 3 000 亿美元。鉴于我国 A 股市场在国际间的影响力越来越大，这种变革和制度的"松绑"是必然的选择，同时也体现出了我国资本市场对外开放的决心与信心。2019 年 9 月，国家外汇管理局宣布取消合格境外投资者（QFII/RQFII）投资额度限制，这意味着从今往后符合资格的境外机构投资者，只需进行登记即可自主汇入资金并开展符合规定的证券投资，这大大提升了境外投资者参与国内资本市场交易的便利性，提高了境外资本的流入效率。此外还有一点值得注意的是，这次取消合格境外投资者投资额度限制时，同时也取消了 RQFII 试点国家和地区的限制，极大地鼓励了境外投资者参与我国的资本市场，拓宽了境外资本的流入渠道，加速了我国资本市场的开放进程。2020 年 9 月 25 日，中国证监会、中国人民银行、国家外汇管理局发布的《合格境外机构投资者和人民币合格境外机构投资者境内证券期货投资管理办法》进一步降低了外资准入门槛，鼓励使用来自境外的人民币资金进行境内证券期货投资。该新规还扩大了 QFII/RQFII 的可投资范围，允许投资新三板挂牌公司、金融期货、商品期货、期权等。国外理性机构投资者参与度的提升也有利于引导国内投资者进行理性投资，降低我国资本市场的换手率和投机型氛围。

在 QFII 和 QDII 制度的基础上，2019 年 6 月 25 日，中日交易型开放式指数基金（以下简称中日 ETF）互通正式开通。中日 ETF 互通是在中日两国的约定下，以对方市场的 ETF 作为投资标的的基金，具体是由中日两国基金公司分别通过现行 QFII 和 QDII 机制设立跨境基金，并将全部或大部分基金资产投资于对方市场具有代表性的 ETF 产品。从交易的功能形式上来看，与"沪港通"和"深港通"的互联互通功能相似，因此也有人称中日 ETF 互通其实就是"沪日通"，但是二者只是功能相似而已，不同的是中日 ETF 主要是投资对方市场上的 ETF 基金而非股票，并且通过 QFII 和 QDII 渠道进行操作也是一个代表性的创新点，因此也激发了 QFII 和 QDII 的新活力，尤其可以促进我国 QDII 的规模发展和投资种类扩充，推进境内投资的国际化。中日 ETF 的落地是我国资本市场对外开放的又一里程碑事件，进一步拓宽了境外资本的流入渠道，也丰富了境内投资者对外投资的选择范围，加深了中日两地资本市场的合作联系。

中日 ETF 互通机制就像一艘连通两地资本市场的轮船一样，政府负责监控轮船的质量，而主要的掌舵人是机构投资者，个人投资者则像搭乘轮船的乘客。虽然个人投资者作为乘客无法把控轮船的行驶方向，导致自由度降低，但同时也能享受到由投资经验丰富的机构投资者管理使得投资风险减小、成本降低的好处。

深入分析中日两国的 ETF 市场发展现状，可以发现我国的 ETF 市场尚处于萌芽阶段，不够成熟的同时也具有巨大的发展潜力，而日本的 ETF 市场已然趋于成熟，现已成为亚洲最大的 ETF 市场，市场制度完善且产品种类繁多，因此中日 ETF 互通机制有利于帮助中国借鉴日本 ETF 市场的建设经验，在开放的过程中逐渐走向成熟。

除了中日 ETF 互通机制以外，在 QFII 和 QDII 制度的基础上，我国还于 2011 年实行了合格境外有限合伙人（QFLP）制度，2012 年启动了合格境内有限合伙人（QDLP）制度，2014 年推出了合格境内投资者境外投资（QDIE）制度等，均是我国在资本市场开放中所做的重要尝试，用多种方式构造了多元化的境外境内投资渠道。

5.3.3 中国资本市场国际化的新尝试："沪港通"、"深港通"和 "沪伦通"

5.3.3.1 "沪港通"与"深港通"

2014 年 4 月 10 日，中国证监会和香港证券及期货事务监察委员会发布联合公告，批准香港联合交易所与上海证券交易所开展两地股票市场互联互通机制试点工作（以下简称"沪港通"）。之后，两地的证监会以及上海证券交易所分别陆续出台了"沪港通"相关业务规则和操作指引，经过各方机构多月的基础设施建设和市场准备，"沪港通"于 2014 年 11 月 17 日正式开通，标志着上海和香港证券市场互联互通新模式的成功开启，也是我国资本市场国际化进程中的里程碑事件。"沪港通"包括"沪股通"和"港股通"两部分，指的是上海证券交易所和香港联合交易所允许两地投资者通过当地证券公司（或经纪商）买卖规定范围内的对方交易所上市的股票。"沪港通"的交易范围包含了内地最具有市场代表性和新兴的蓝筹股，以及香港的大型股和中型股，在一定程度上是相互对应的。

2014年8月，中国证监会出台了支持深圳资本市场改革创新的15条意见，意见指出，将利用"沪港通"实施的成功经验，支持深圳证券交易所与香港联合交易所研究探索新的合作形式。之后，李克强总理在2016年8月16日的国务院常务会议上明确表示，"深港通"（深港股市交易互联互通机制的简称）有关准备工作已基本完成。在经过多年筹备和成功完成运营场景模拟测试后，在2016年12月5日"深港通"正式启动，如果说"沪港通"是开展互联互通的第一步，那么"深港通"的启动就是深化互联互通的第二步。

"沪港通"和"深港通"的实施标志着中国资本市场对外开放的开始，也是向国际化迈出的重要一步。作为推动上海和香港股市双向开放的先锋，"沪港通"为双方的资金双向流动搭建了桥梁，提升了中国资本市场的综合竞争实力，巩固了上海和香港两大金融中心的地位，极大地促进了人民币国际化，增强了对外国投资者和海外基金的吸引力。而"深港通"在一定程度上比"沪港通"具有更大的意义："深港通"吸收了"沪港通"的实施经验，进一步完善了相关交易制度和体制，加速了我国的资本市场建设和产业结构优化。此外，"深港通"又做出了不设总额度限制的创新，加强了上海、深圳及香港三地股市的互联互通，三大资本市场的总市值已近70万亿元人民币，几乎可以与美国资本市场相抗衡。2018年5月，"沪港通"与"深港通"每日额度从130亿元人民币放宽至520亿元人民币。"沪港通"和"深港通"的落地意味着我国已经做好了向个人境外投资者打开大门的准备。

"沪港通"和"深港通"的开通，促进了上海、深圳及香港三地股市的一体化进程和国内资本流动，有助于推动我国资本市场的健康发展，发挥三地市场间的互利互惠作用。

5.3.3.2 "沪伦通"

2018年10月12日，中国证监会正式发布《关于上海证券交易所与伦敦证券交易所互联互通存托凭证业务的监管规定（试行）》，自公布之日起施行。

2019 年 6 月 17 日，"沪伦通" 在伦敦证券交易所举行揭牌仪式。"沪伦通" 是让海外买家通过存托凭证（DRs）工具间接持有对方市场股票，是上海证券交易所与伦敦证券交易所的互联互通机制。"沪伦通" 允许上海证券交易所的上市公司通过在伦敦发行全球存托凭证（GDR）来筹集新资金，也可以转换原有的存量股票；而伦敦证券交易所上市公司仅限于向沪市投资者出售以现有股票为基础的中国存托凭证（CDR）。CDR 是指由存托人签发、以境外证券为基础在中国境内发行、代表境外基础证券权益的证券。CDR 持有人享有相应上市公司基础证券的权益，但其投票、表决等股东权利需要通过存托人行使。

"沪港通" 与 "深港通" 的开通无疑为 "沪伦通" 的施行奠定了基础，正是因为存在着前者在不断探索中形成的经验教训作为指导，才会产生 "沪伦通" 的初步构想并逐步落实。鉴于 "沪港通"、"深港通" 与 "沪伦通" 有着相似的功能机制，在建设 "沪伦通" 并完善相关制度的过程中，都具有一定的借鉴价值。但是 "沪伦通" 在借鉴的过程中也需注意不同市场地域的差异，由于中国香港与英国伦敦的时差问题，"沪伦通" 在连接两地市场的同时也无法避免交易时间不匹配而带来的流动性较差的问题，正是因为存在这种 "时滞" 的特殊因素，"沪伦通" 需要设定一系列具体的交易机制以满足两地投资者的需要，相关的制度法规的制定也需要具体情况具体分析，不可一味地复制 "沪港通" 的模式。

如果说 "沪港通" 与 "深港通" 是我国资本市场对外开放的尝试，那么 "沪伦通" 就是我国资本市场正式走向世界的第一步。在 "沪伦通" 开通之前，我国主要通过 QFII 制度、RQFII 制度以及 QDII 制度作为连通国内资本市场与海外资本市场的桥梁，随着市场化进程的发展，我国也逐步地放宽了投资额度、范围等相关限制，也为全球的投资者提供了更为丰富的投资种类。尽管二者在功能上有所重叠，但这并非表示二者是绝对的替代关系，尤其在 "沪伦通" 的施行初期，境外投资者想要通过 "沪伦通" 参与 A 股市场的交易尚存在诸多的交易限制，因此从长期来看二者其实可以起到相互补充的作用，为境外投资者提供更多的投资选择，吸引更多外资流入。随着 "沪伦通" 交易机制的逐渐成熟，对中国的资本市场迈向其他国际市场也具有示范价值，只有走稳第一步，第二步与第三步才好落到实处。

"沪伦通"除了起到吸引境外资本流入的作用以外，还具有引导离岸人民币回流的功能。现如今随着人民币国际化的推进，人民币外循环受阻一直以来是个亟待解决的难题，而"沪伦通"的落地将中国香港与英国伦敦的资本市场真正串联在了一起，借由投资者通过沪股、伦股的相互交易，人民币得以形成一个闭合的流动回路，留存的资金可以原路返回，打破了人民币的输出回流问题。此外，"沪伦通"连接了伦敦成熟的资本市场，这也必定会对我国的 A 股市场造成一定的冲击，需要及时调整制度以应对国际市场波动带来的危机，有利于我国资本市场的进一步改革和完善，为未来资本市场的进一步开放做好准备。

参考文献

[1] 曹凤岐．中国资本市场的改革、创新与风险防范 [J]．金融论坛，2018（9）：3 – 8．

[2] 崔凡，赵忠秀．当前国际投资体制的新特点与中国的战略 [J]．国际经济评论，2013（2）：108 – 117．

[3] 何迎新．我国 QFII 和 QDII 制度实施现状及政策建议 [J]．金融会计，2011（2）：30 – 33．

[4] 贾祥功，张丽丽．经济新常态下中资银行的国际化经营策略 [J]．现代管理科学，2016（6）：39 – 41．

[5] 姜建清．大型银行的国际化进程——中国工商银行的实践 [J]．中国金融，2010（Z1）：55 – 58．

[6] 寇宗来，盘宇章，刘学悦．中国的信用评级真的影响发债成本吗？[J]．金融研究，2015（10）：81 – 98．

[7] 中国商务部，国家统计局，国家外汇管理局．2016 年度中国对外直接投资统计公报 [M]．北京：中国统计出版社，2017．

[8] 李永森．多层次资本市场制度建设 [J]．中国金融，2017（2）：43 – 45．

[9] 李永森．资本市场的制度创新和突破 [J]．中国金融，2019（2）：47 – 49．

[10] 刘辉，孙乾坤．中资银行国际化经营初期的挑战与应对 [J]．现代管理科学，

2016（4）：54-56.

[11] 刘戒骄. 竞争中性的理论脉络与实践逻辑 [J]. 中国工业经济，2019（6）：5-21.

[12] 卢进勇，冯涌. 国际直接投资便利化的动因、形式与效益分析 [J]. 国际贸易，2006（9）：41-45.

[13] 宋玉臣，张晗. 资本市场制度建设的非理性演变与未来取向 [J]. 经济体制改革，2019（5）：143-148.

[14] 吴晓求. 互联网金融：成长的逻辑 [J]. 财贸经济，2015（2）：5-15.

[15] 吴晓求. 中国金融的深度变革与互联网金融 [J]. 财贸经济，2014，1（35）：14-23.

[16] 吴晓求. 中国金融监管改革：逻辑与选择 [J]. 财贸经济，2017，38（7）：33-48.

[17] 许荣，刘洋，文武健，等. 互联网金融的潜在风险研究 [J]. 金融监管研究，2014（3）：40-56.

[18] 杨东. 监管科技：金融科技的监管挑战与维度建构 [J]. 中国社会科学，2018（5）：69-91.

[19] 张红军. 外资银行：进入与监管研究——理论及基于中国市场的实证 [M]. 北京：社会科学文献出版社，2009：98.

[20] 张杰. 中国金融结构性改革的逻辑起点与实施路径 [J]. 探索与争鸣，2019（7）：125-135.

[21] 张育军. 我国资本市场制度设计与制度建设研究 [J]. 证券市场导报，2006（9）：4-15.

[22] 钟昌标，王玲玲，梁振. 中资银行国际化对企业境外投资的影响分析 [J]. 昆明理工大学学报（社会科学版），2017，17（1）：51-65.

[23] Aleksynska M, Havrylchyk O. FDI from the south: The Role of Institutional Distance and Natural Resources [J]. *European Journal of Political Economy*, 2013, 29 (284): 38-53.

[24] Aliber R Z. International Banking: A Survey [J]. *Journal of Money Credit & Banking*, 1984, 16 (4): 661-678.

[25] Buckley P J, Liu X. The Determinants of Chinese Outward Foreign Direct Investment [J]. *Journal of International Business Studies*, 2007, 38 (4): 499-518.

6 中国金融开放：外部环境的影响

摘 要

中国金融开放进程受到外部环境的影响，具体而言是国际金融体系的长期发展趋势和国际经济周期的影响。它们既是中国金融开放的挑战因素，又是中国金融开放的推动力量。

国际金融市场复杂度和风险水平的提升、世界各主要央行货币政策不确定性的提高、新冠肺炎疫情和单边主义与贸易保护主义倾向是中国金融开放的主要挑战。欲应对国际金融市场规模与复杂度提升的挑战，最重要的措施就是培育稳定成熟的国内金融体系和国际金融市场参与者，而推动人民币国际化水平、逐步构建中国的国际金融中心也是应对挑战的有效举措。欲应对世界经济金融环境不确定性的挑战，需要合理地把握中国金融开放的进程，以开放促稳定，并加强与更多国家的联系，进行风险的分散化。

国际资本配置需求和国际金融一体化则是中国金融开放进程的主要推动力量。国际资本希望投资中国金融市场，以双赢的方式推动了中国金融开放的进程。国际金融一体化改变了传统的政策组合的有效性情况，这要求中国加快金融开放进程。

6.1 国际金融形势：国际金融体系的变化特征

中国金融开放的进程不仅受到内部经济金融发展状况和发展要求的驱动，还不可避免地受到外部环境的影响。国际金融体系的长期发展趋势和国际经济周期的影响构成了中国金融开放的外部环境，成为了中国金融开放的挑战因素或推动力量。

随着金融科技的发展和全球市场的形成，当代国际金融体系呈现出重要的变化特征，这些特征包括：信息科技和金融科技不断更新、外汇市场交易规模扩大、交易手段现代化、衍生市场扩张的发展趋势、20世纪80年代中期开始的金融自由化浪潮和20世纪90年代开始的全球金融一体化进程。这些变化特征的基础是科技的变革和市场的发展，而金融科技的迭代和市场规模的扩大与经济周期无关，因而是不可逆的变化，是以当代国际金融体系为背景的中国金融开放无可回避的外部背景。

6.1.1　当代国际金融市场的发展趋势

6.1.1.1　金融科技的迭代

近几十年来，尤其是20世纪90年代之后，第三次科技革命的科技进步被逐步引入国际金融领域，世界金融科技的发展速度加快。以计算机和互联网为主要代表的通信技术和信息技术的不断发展，加强了世界各个金融市场的联系，逐渐推动了一体化的国际金融市场的形成与发展。

通信技术的发展是当代国际金融市场运转的重要前提条件，而以计算机终端、电话终端、光纤电缆和卫星接收站等要素构成的交易系统则是通信技术手段发展的典型代表。20世纪频繁出现在影视作品中的交易员聚在一起看着黑板上的手写价格叫喊着进行交易、书面确定交易结果的传统交易方式，正向电话交易乃至于计算机自动交易方式演变。通信技术的革新使得国际金融市场的信息收集和信息传递越发高效，降低了市场信息垄断和市场分割的可能性；而电子化的交易手段，降低了国际金融市场尤其是外汇市场的交易成本，也为跨国金融机构的发展提供了必要条件。

以程序化交易为代表的信息技术的发展则是国际金融市场飞速发展的另一先决条件。计算机技术的进步推动了国际金融市场中的定价速度和成交速度，根据设定程序进行既定交易的交易方式突破了人类反应速度的生理极限，甚至将高频交易的竞争推向了纳秒级别。这类信息技术的飞速发展一方面极大地提高了国际金融市场的价格发现和信息挖掘的速度，更加整合了全球金融市场，促进了金融市场发挥为交易者提供投融资和风险对冲手段的作用。但是另一方面，这类信息技术手段也使得金融交易的速度过快，既定的指令性或程序化的潜在问题可能使得金融市场更加脆弱，容易在短时间内引起市场暴跌。电脑算法和高频定量交易可能出现技术面超卖、指数基金清盘、跌幅由程序化交易放大等现象，最终导致出现短时间内不合理的价格迅速下跌的现象。例如 2018 年 2 月 5 日美股在经济基本面没有较大波动的情况下出现"闪崩"，标普 500 指数和道琼斯指数分别下跌 4.10% 和 4.61%，均创下 2011 年以来最大单日跌幅，这一恐慌随之蔓延至亚太市场，亚太市场内的主要指数均下跌 3% ~ 5%。

6.1.1.2 外汇市场交易规模和国际资本流动规模的扩大

近几十年来，随着各国经济的货币化和国际化程度的加深，国际金融市场在时空和交易量上迅速扩大。现代科技进步和诸多国家转向开放市场经济，推动了全球金融市场的迅猛发展，国际金融市场的规模不断扩大，而最直观且重要的表现之一就是外汇市场在时空维度和交易资金维度上的规模迅速扩大。外汇市场开市由惠灵顿、悉尼等市场开始，经过东京、香港、新加坡再到欧洲，最后在美国开市，就此全球外汇市场形成了 24 小时连续交易的闭环（见表 6 – 1），极大地促进了国际金融交易。这一连续交易的闭环中，以伦敦外汇市场的交易量最大、交易品种最多，而以纽约外汇市场波动幅度为最。

表 6 – 1 　　　　　　　　全球主要外汇市场交易时间表

地区	市场	开市时间	收市时间
大洋洲	惠灵顿	4：00	12：00
	悉尼	6：00	14：00
亚洲	东京	8：00	14：30
	香港	9：00	16：00
	新加坡	9：30	16：30
欧洲	苏黎世/法兰克福/巴黎	15：00	22：00
	伦敦	16：30	23：30
北美洲	纽约	20：00	3：00
	芝加哥	21：00	4：00

注：作者整理，按照夏令时计，时间均折算为北京时间。

国际外汇市场在时空上的覆盖为外汇交易量的迅猛增加提供了基础。如图 6-1 所示，1989 年国际外汇市场平均每天交易 6 500 亿美元，而根据国际清算银行的调查报告，国际外汇市场 2019 年和 2020 年的日均交易额均已超过 6.6 万亿美元，该数值超过了日本和德国 2019 年全年的国民生产总值（分别为 5.08 万亿美元和 3.85 万亿美元，位列全球第三和第四位）。

万亿美元

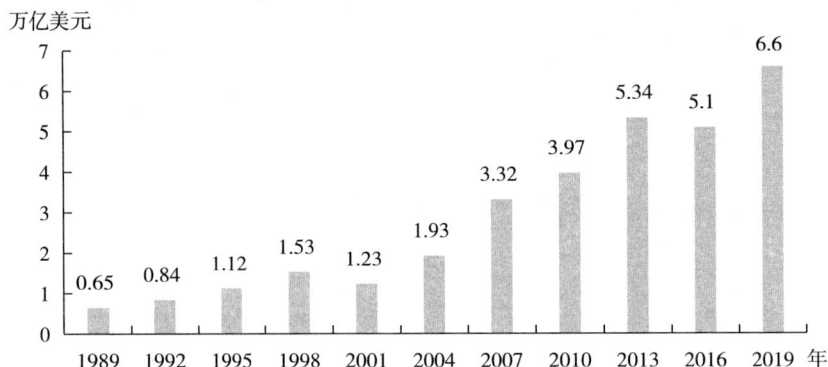

图 6-1 全球外汇市场日均交易额

（数据来源：国际清算银行的报告，报告发布周期为 3 年）

如此庞大的外汇交易，远远超过世界国际贸易和世界总产出的规模。全球货物贸易日均额与外汇交易的日均额的比值极小，据 WTO 统计，2018 年和 2019 年全球货物贸易总额分别为 19.5 万亿美元和 18.9 万亿美元，日均贸易额不足日均外汇交易额的 1%。这意味着外汇市场中的价格波动有着对全球经济造成巨大影响的可能。而全球国际资本流动的规模同样不小，2018 年全球资本流动总规模约 1.4 万亿美元（但 2019—2020 年连续两年下降），虽然未达到国际金融危机之前的水平，但是数额同样较大，能够对各国尤其是新兴经济体的金融环境产生根本性影响。

6.1.1.3 衍生品市场的发展与金融市场的复杂化趋势

金融衍生品的交易不是针对基础金融资产本身的交易，而是针对与外汇买卖有关的时间、价格和权利的交易。随着金融科技的进步，金融工具的创新也逐渐增多，金融衍生品的交易规模和交易种类逐渐发展至规模庞大而复杂多变的程度，形成了较大的市场风险。

以外汇市场为例，1986 年外汇市场的交易以现汇交易为主（占据73％的份额），而当代全球外汇市场的交易中衍生品交易已经占据主导地位。例如，2019 年全球外汇市场只有约30％是现汇交易，而外汇掉期的市场份额占据总交易量近半。

金融衍生品市场的参与者积极推进金融衍生品交易的原因显而易见：相比基础金融资产而言，金融衍生品具有降低交易成本、防范金融风险和规避金融管制的功能特性。然而，金融衍生品交易往往有着更强的投机性，且常伴随着极高的杠杆比率和金融监管缺位的状态，较容易形成潜在的风险。

6.1.2 全球金融周期

20 世纪90 年代开始的全球金融一体化使得各国金融形势的联动性逐渐提升，形成了全球性的金融领域同频共振的态势。这一"全球金融周期"的存在已经成为世界金融体系的背景曲调，中国的金融开放自然受到这方面的影响。

6.1.2.1 全球金融周期的实证证据

全球的金融中心国家（主要指美国）的金融市场状况和货币政策选择将明显影响世界其他所有国家的金融市场情况和国内货币环境，使世界金融市场同处一个周期中，Rey（2013）将这一周期称为"全球金融周期"。

这一全球金融周期的存在受到多个方面的典型事实的支持。第一，不同资产形式（信贷、债券和股权）的全球资本流动与全球金融市场的投资者情绪或者说恐慌指数（VIX）密切相关。当投资者风险规避程度和资产的波动率水平上升时，资产的跨境交易量减少（Rey，2013；Passari 和 Rey，2015）。第二，市场恐慌指数（如 VIX、VSTOXX、VFTSE 等）与信贷和杠杆率增长呈现负相关（Bruno 和 Shin，2015）。第三，全球风险资产的价格被一个全球性因子所驱动，而该全球性因子与 VIX 呈现强负相关关系，如图 6 - 2 所示。实际上，全球因子的形成就与全球金融风险的同频共振休戚相关。

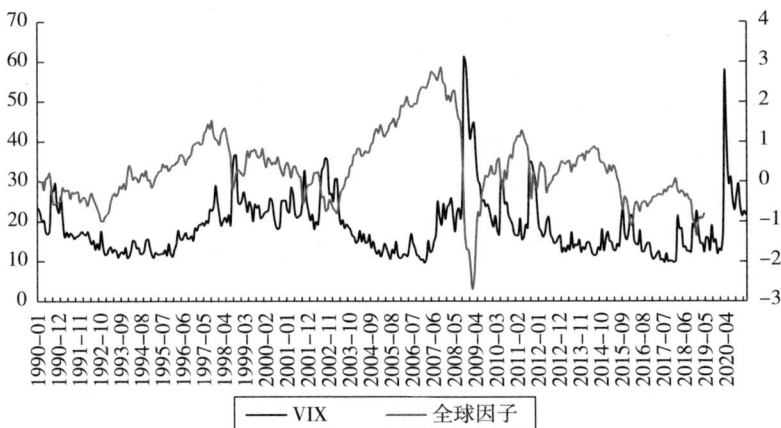

图 6 - 2   恐慌指数与全球因子的相关性

[数据来源：VIX 数据来源于芝加哥期权交易所，全球因子计算方法详见

Miranda Agrippino 和 Rey（2012），全球因子数据来自

Miranda Agrippino 的学术中心网页（http：//silviamirandaagrippino. com/）]

实证文献中如 Passari 和 Rey（2015）检验了美国金融市场投资者情绪（VIX）影响各国股票市场回报和国内信贷产出比的影响，发现系数均显著，说明美国的金融市场状况明显影响各国国内金融市场形势。

6.1.2.2   全球金融一体化的理论分析

最直观的理论上，金融一体化能够提高资源配置的效率，分散全球经济金融风险，并促进金融增长。但是 Coeurdacier 等（2015）建立的理论模型的框架证明，对于某一国家而言，金融一体化未必会带来该国的福利提升，是否能够改善该国福利依赖于经济发展阶段等环境变量。这一结果与实证证据一致（Eichengree，2002；Henry，2003）。

本部分主要讨论全球金融一体化造成的更深刻的影响：全球金融一体化环境下世界各国的政策组合选择模式需要重新考虑。经典理论"三元悖论"认为，一国无法同时实现资本自由流动、货币政策独立和汇率稳定三大目标，而舍弃其中之一即可达成另外两个目标。该理论是国际金融领域的经典理论，被各国当局奉为货币政策、汇率政策和资本管制政策的重要理论依据。但是，在全球金融一体化的背景之下，"三元悖论"理论受到新的理论的挑战。

由于近年来国际贸易和资本流动的规模迅速扩大，全球金融领域的同步性周期变化的事实越发明显，因此各国政策组合选择面临着新的问题。20 世纪 90 年代至 21 世纪初全球金融周期已得到学界的论证（如 Calvo 等，1996；Reinhart 和 Reinhart，2008；等等），而 Rey（2013）指出，资本流动、资产价格等方面存在全球金融周期，而且资本项目开放的国家的货币政策独立性因为美国货币政策影响资本流动和信贷情况而丧失（无论何种汇率制度）。这一命题被命名为"二元悖论"，即各国只能从资本账户开放和保持货币政策独立性二者之中进行选择。

在世界金融一体化的背景下，美国货币政策的改变和世界金融市场投资者情绪的变化影响着世界各国的资本流动和货币政策环境，单纯依靠浮动汇率以维持货币政策独立性的政策组合选择的效果遭到削弱。正如 Gourinchas 等（2012）和 Obstfeld（2012）等文献所指出的，中心国（美国）的货币政策会影响世界各国的货币宽松环境。金融周期的传导在理论上有两种途径：第一种是美国的货币政策通过资本流动和信贷投放向世界各国传递（如 Filardo 等，2014；Bruno 和 Shin，2015；Jordo 等，2015）；第二种是通过对风险溢价和期限溢价的影响向世界各国传递（如 Passari 和 Rey，2015；Morais 等，2015）。

尽管学界对于货币、汇率和资本管制的政策组合选择尚且没有达成一致意见，"三元悖论"和"二元悖论"的拥护者仍然持有不同的论点，但是可以确定的是，全球金融周期的存在或多或少地削弱了资本管制的效力，使得浮动汇率所能起到的保护作用不能完全保证货币政策的独立性。Passari 和 Rey（2015）的实证结果显示，汇率制度不会实质性地影响金融周期向各国的传递，即股票市场价格或信贷增长与 VIX 之间的相关性不受到汇率制度选择的显著影响。作为"三元悖论"的坚定支持者们，Obstfeld 等（2018）使用 40 个新兴市场国家为样本进行实证检验，发现更浮动的汇率制度确实有助于减小金融和经济变量（包括国内私人信贷、风险资产价格、银行系统杠杆率、私人资本流动占 GDP 之比）受到 VIX 影响的程度。但是值得注意的是，Obstfeld 等（2018）的实证结果表明政策组合选择仅能减轻而非彻底消除全球金融周期对国内经济金融形势的影响。

6.2 国际经济形势：国际经济与政策的变化特点

整体而言，近年来国际经济增长乏力，发达国家和发展中经济体均呈现出不同程度的缺乏发展动力、经济结构不合理等问题，这些经济发展的动力和结构问题还衍生出世界主要央行货币政策不确定性以及单边主义、贸易保护主义抬头等问题。而因为 2020 年全球新冠肺炎疫情对经济金融的冲击，国际经济形势和世界各国金融系统面临着更加严峻的挑战。

这些问题在短期内对中国经济发展已经造成了巨大影响，而且将对中国金融开放产生明显的影响。当下欲推动中国金融开放，应当正确应对世界经济形势的影响，妥善处理世界经济政治状况带来的可能变化的挑战。

6.2.1 世界经济增长乏力

世界经济增长乏力的势头在 2019 年就已经十分严重，多个国家陷入经济衰退的泥潭，经济增长率下滑至多年的最低点，而由于 2020 年新冠肺炎疫情的冲击，世界经济更是进入了 20 世纪 30 年代"大萧条"以来最严重的经济衰退中。

在 2018—2019 年间，多个国际知名组织业已给出对世界经济增长的悲观预测：国际货币基金组织（IMF）将 2019 年的全球经济增长预期下调到 3%，该数据是 2009 年以来的最低增长率；世界贸易组织（WTO）公布的 2019 年全球贸易景气指数创下 2010 年以来的新低；世界银行（WB）表示全球经济前景正在恶化。2019 年 10 月，国际货币基金组织发表《世界经济展望》，该报告将 2019 年世界经济增速下调为 3%（实际值更低，为 2.9%），预计发达经济体在 2019 年的经济增速均放缓至 1.7%（同实际值）。国际货币基金组织《世界经济展望》认为造成世界经济增长整体乏力的主要原因是制造业活动的弱化和全球贸易的急剧恶化、关税和贸易政策不确定性抑制了投资和对资本品的需求。

2020 年全球新冠肺炎疫情带来的冲击，更使国际经济形势雪上加霜。全球供应链受到严峻挑战，工业生产能力被冲击，失业率大幅上升，而消费加剧下滑。从图6-3中可以发现2020年上半年全球的GDP总量断崖式下跌。

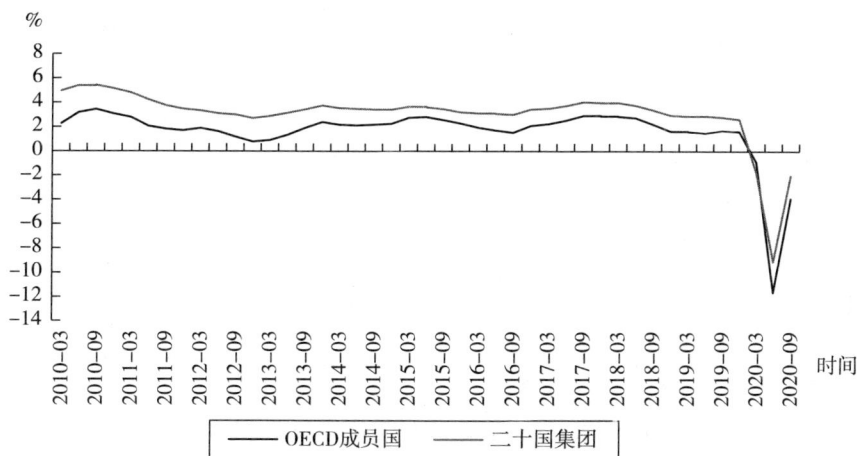

图6-3　OECD成员国和二十国集团GDP增长率

（数据来源：中经网）

6.2.1.1　欧美发达国家

从总体数据来看，欧美发达国家的经济形势尽显疲态（见图6-4）。就GDP增长率而言，2017年至2019年，欧美发达国家的经济增长率就已经出现了明显的下滑，作为欧盟最重要成员国之一的德国的经济下挫尤为严重，由2017年第四季度开始从3%迅速下滑至低于1%。

2011年至2019年间，欧美国家经济不振某种程度上仍然与国际金融危机的影响有关。国际金融危机之后，OECD国家仍然没有彻底走出严重产出缺口的阴影（见图6-5）。

仅与其他发达国家相对比，在2011—2019年之间，美国的经济水平复苏尚属较快，但是2019年美国经济的一系列表现均不及预期，暗示着经济衰退的风险。就经济总体增长而言，在新冠肺炎疫情出现之前，多家机构认为美国的前景就已不容乐观。例如，2019年9月30日，标普将未来12个月美国经济陷入衰退的风险从此前的25%~30%上调至30%~35%。金融市场对美国国债的定价也体现出同一预期：2019年8月14日，美国2年期和10年期

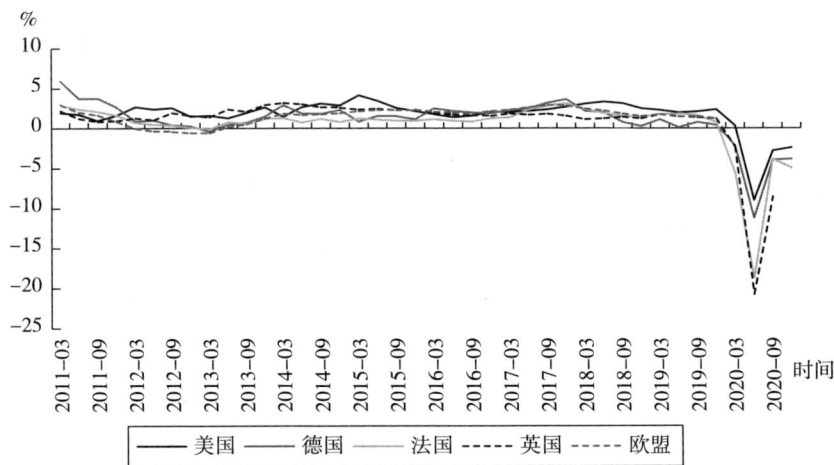

图 6 - 4　欧美发达国家 GDP 增长率走势

（数据来源：中经网）

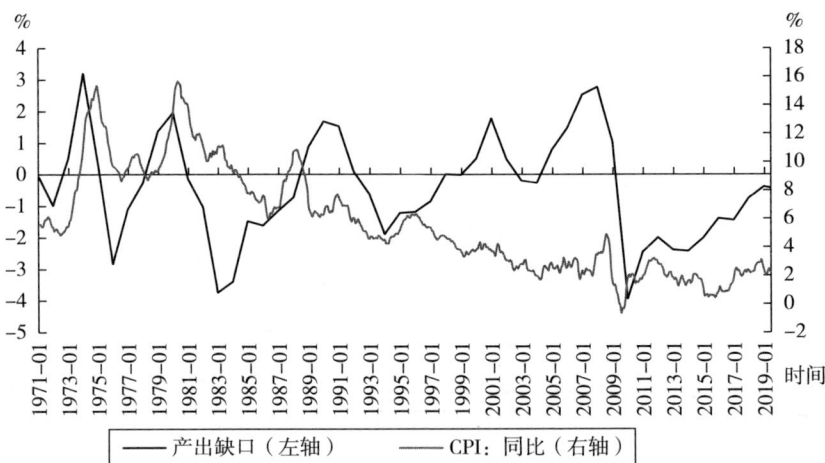

图 6 - 5　OECD 国家产出缺口与通胀率

国债收益率曲线自 2007 年以来首次出现倒挂，这被视为美国经济可能将出现严重衰退的信号（1976 年以来经济衰退平均出现在美债倒挂的近两年以后）。美国制造业的数据也均低于市场预期，2019 年 9 月美国制造业采购经理人指数（PMI）仅为 47.8，新出口订单指数仅为 41%，均创下国际金融危机以来的十年新低。

这些经济不和谐信号的重要原因之一就是美国逐渐拉大的收入差距。国际金融危机的爆发，不仅没有成为美国收入差距缩小的契机，反而成为了贫富差距呈现逐渐扩大的助力。收入水平处于最低 20% 的美国家庭在 2010 年之后收入占比由 3.4% 继续下降（见图 6-6）。低收入群体收入的进一步降低抑制了美国的消费潜力，影响了美国的总需求。

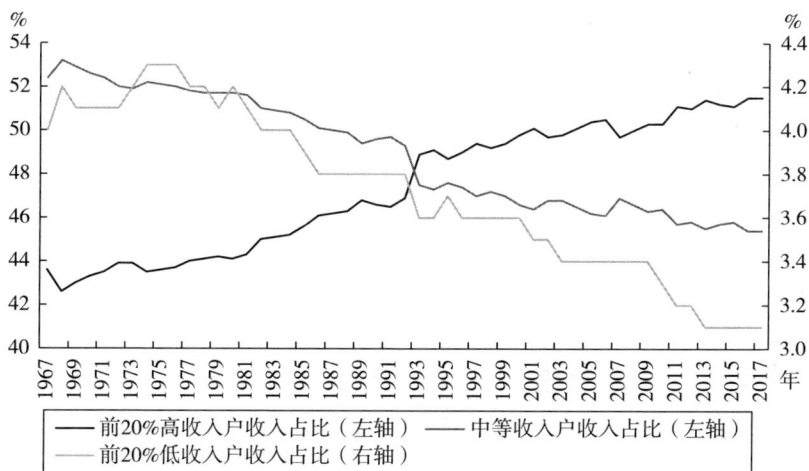

图 6-6 美国收入差距逐渐拉大

欧洲的经济情势则更为不容乐观。欧元区 2019 年的 GDP 增速为 1.2%，其中 2019 年第四季度的经济增速更是维持在低位（同比 1%，环比 0.1%）。被誉为欧洲经济增长引擎的德国，2019 年的 GDP 增速为 0.6%，其中 2019 年第四季度德国经济零增长，是 2013 年以来最差的表现。2019 年 10 月 7 日，欧央行表示欧元区半数大型银行面临极度资金短缺，短期内可能有多达数十家银行破产的风险。

在发达国家内外交困的环境下，新冠肺炎疫情更是让发达国家的经济发展受到全面的影响，疫情同时对生产端企业的生产经营状况和消费端居民的消费能力形成打击。时至今日（2021 年 2 月），欧美发达国家的新增确诊人数已经暂停增长，掉头向下，但是仍然处于日增数万或近万的水平，新冠肺炎疫情仍然没有得到有效控制，而疫情对于生产的冲击仍然没有结束。

6.2.1.2 新兴市场国家

在新冠肺炎疫情出现之前，新兴市场国家整体的经济增长现状尚可。就2019年上半年的经济增长率而言，巴西、俄罗斯、南非等国家相对于2015—2016年来说已经转好，而印度和印度尼西亚虽然略有降低，但仍然维持在较高水平（见图6-7）。

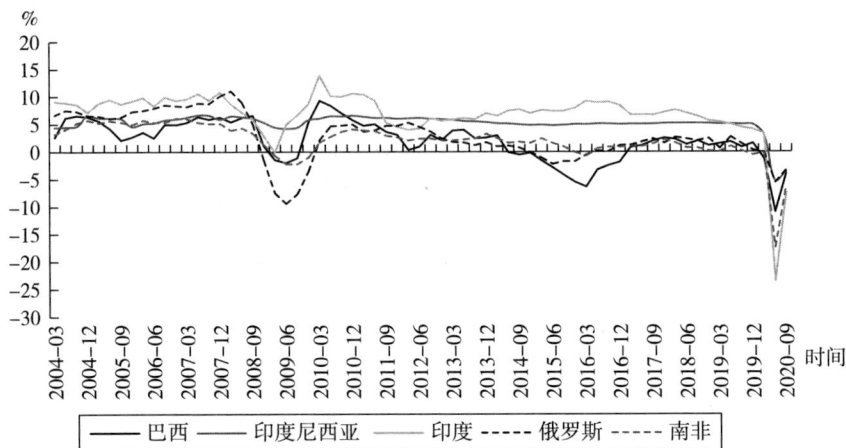

图6-7　世界部分发展中国家的 GDP 增长率

（数据来源：中经网数据库）

尽管在2019年之前未见经济的明显下滑，但是由于世界经济风险的积聚，发展中国家的经济金融系统已经不容乐观。2019年11月，世界银行（WB）警告新兴市场经济体，称其目前在应对全球经济急速下滑的准备不如国际金融危机爆发之前，迫切需要增加防御。由于新兴市场国家债务和融资方面常承受压力、部分新兴市场国家较为依赖大宗商品出口，因此新兴市场国家比发达国家更容易受到外部冲击。

在2020年全球新冠肺炎疫情中，发展中国家受到的影响尤为严重。在2015—2019年经济增速表现较为优秀的印度，2020年第二季度的 GDP 增速滑落至 -23.47%，是新兴市场国家脆弱性的典例。

该现象至少有如下两方面的原因：一方面，发展中国家的政府治理水平和医疗技术水平都较低，导致对新冠肺炎疫情的早期控制不力，而经济基础又不足以支持其快速获取足够的疫苗，这导致在中长期视角下发展中国家的新冠肺炎疫情更加严重；另一方面，发展中国家本身的经济脆弱性使得其更易受到全球经济金融冲击的影响，在衰退中受到更明显的影响。

6.2.2 政策的变化特征

世界主要发达经济体采取的货币政策将对中国国内的信贷环境以及金融市场环境产生影响，宽松的货币政策可能加大中国通胀压力以及带来热钱的冲击，紧缩的货币政策可能使得资本迅速流出和人民币贬值等，而货币政策的不确定性又会给中国金融市场带来额外的负面影响。

国际金融危机爆发之后，世界主要发达经济体采取低利率的政策以刺激经济并度过危机时期（见图6-8），而低利率政策逐渐面临零利率下限（zero lower bound）的问题，使得货币政策空间受到制约。随着经济恢复，美联储和英格兰银行逐渐加息，但是2020年新冠肺炎疫情又迫使央行利率急转直下，回到零附近。

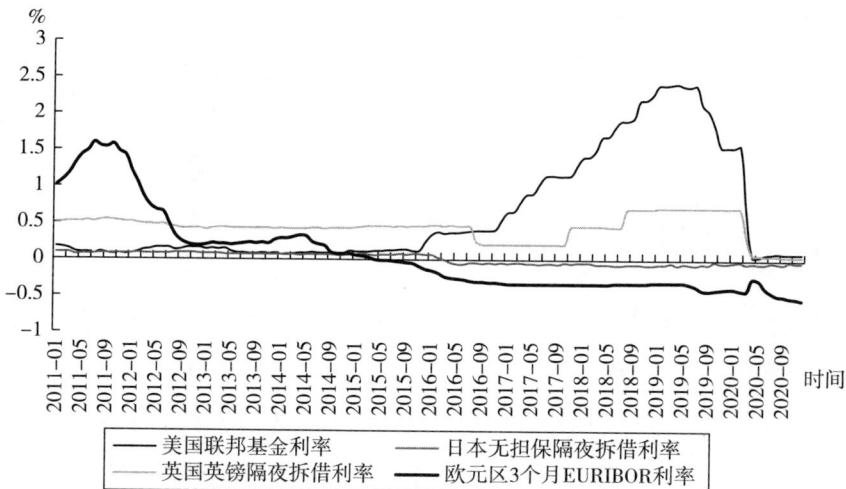

图6-8 主要发达经济体央行基准利率

（数据来源：中经网数据库）

无论是发达国家央行采取大水漫灌的对策，还是在经济恢复之后进行加息，都会对中国国内的金融市场形成威胁，同时对中国国内的货币政策决策形成挑战。

6.2.2.1 美联储

美联储从 2008 年至 2014 年共实施了三轮量化宽松。2008 年 11 月至 2010 年 4 月，美联储实施第一轮量化宽松，购买 1.725 万亿美元的资产，挽救了众多濒临倒闭的金融机构；2010 年 11 月至 2011 年 6 月美联储的第二轮量化宽松，采购 0.6 万亿美元资产；2012 年 9 月至 2014 年 10 月，美联储的第三轮量化宽松每月购买 400 亿美元住房抵押贷款支持债券（MBS）（2013 年每月增加购买 450 亿美元长期国债）。从 2008 年 11 月到 2014 年 10 月，美联储的资产负债表从 0.9 万亿美元增加至约 4.5 万亿美元，为金融市场注入了大量流动性。

由于量化宽松的举措，美国较早地走出了国际金融危机的直接阴影，并开始了加息与缩表的进程。2015 年 12 月美联储加息，2017 年 10 月美联储开始逐步缩减资产负债表，此后美联储开始逐步加息。直至 2019 年上半年，美联储仍然表示对于缩表进程的下一步调整会保持足够耐心，美联储内部大部分声音都支持比 2019 年下半年更晚的时间结束缩表。

经济形势的急转直下使得美联储的政策风向迅速变化。在 2019 年 7 月和 9 月美联储降息两次，而 2019 年 10 月美联储宣布购入美国短期国债以扩张资产负债表，这都表示美联储对美国经济的未来走势有较大程度的忧虑。考虑到美联储货币政策的快速变化以及内部的分歧，美联储未来的货币政策不确定性迅速提升。

在 2020 年全球新冠肺炎疫情的背景下，美联储采取了诸多紧急措施。2020 年 3 月 3 日和 3 月 16 日，美联储分别紧急降息 50 个和 100 个基点。2020 年 3 月 16 日，美联储宣布启动 7 000 亿美元的量化宽松计划，而在一周之后的 3 月 23 日，由于经济预期的迅速下滑，美联储宣布进行无限量的量化宽松。2020 年 6 月 11 日，美联储承诺"至少以当前的速度"购买国债和住房抵押贷款支持债券，目标是每月购买 800 亿美元国债及 400 亿美元住房抵押贷款支持债券。

在美联储的一系列举措下，美股由 2020 年 3 月四次熔断的衰飒景象，变为 2020 年全年与 2021 年前两个月屡创新高的情况。

6.2.2.2 欧央行

在 2019 年，欧央行的政策利率也已经处于低位，甚至实施了负利率政策这一相对强效的手段。欧央行创造的低利率环境有助于减弱债务危机的冲击，但是也透支了货币政策空间，使得货币政策应对 2020 年新冠肺炎疫情乏力。

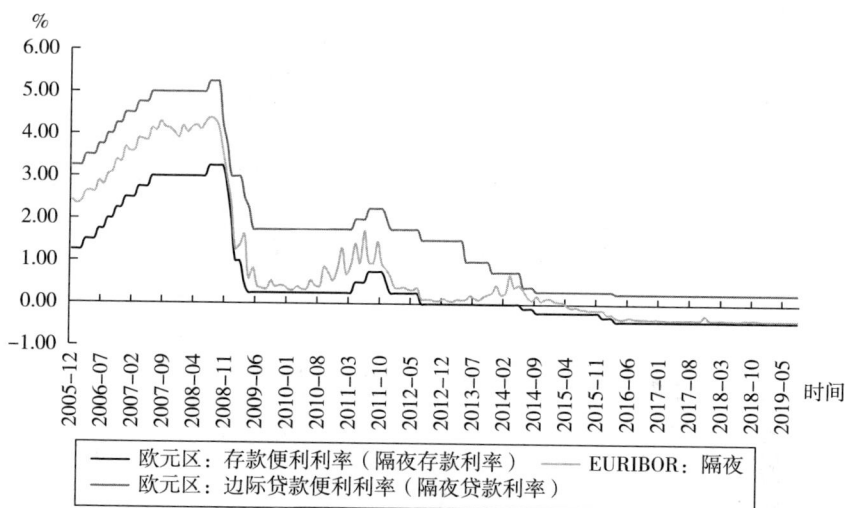

图 6-9 欧元区货币政策

（数据来源：中经网数据库）

欧央行的货币政策从时间维度上呈现出极为明显的不确定性。欧央行从 2015 年开始正式实施量化宽松，直至 2019 年初才退出量化宽松。但是相对于美国，欧元区的经济复苏不尽如人意，因此欧央行的货币政策出现了迅速的反复。由于经济形势的进一步恶化，欧央行在 2019 年 9 月重启量化宽松。2019 年时欧央行内部对货币政策的方案同样有着较大的分歧，可能影响短期内欧央行的货币政策选择。2019 年 9 月欧央行的货币政策纪要表明，赞成大幅降息的成员认为欧央行需要更大力度的降息举措，而德国、法国、荷兰等国代表反对重启量化宽松的经济刺激举措。某种程度上，欧央行内部的分歧说明了欧元区内部经济和财政状况不均衡的状况。

在 2020 年，由于新冠肺炎疫情的蔓延对经济形势的冲击，欧央行继续提高量化宽松规模。尽管欧央行的货币政策空间不足，但是量化宽松举措仍然是应对新冠肺炎疫情的重要经济手段。

表 6-2　　　　　欧央行实施量化宽松（QE）的重要时间节点

阶段	时间	量化宽松政策	总规模（欧元）
量化宽松实施	2015 年 1 月 22 日	宣布实施	
量化宽松增长期	2015 年 3 月至 2016 年 3 月	每月购买 600 亿欧元资产	0.78 万亿
	2016 年 4 月至 2017 年 3 月	每月购买 800 亿欧元资产	1.74 万亿
量化宽松减量退出期	2017 年 4 月至 2017 年 12 月	每月购买 600 亿欧元资产	2.28 万亿
	2018 年 1 月至 2018 年 9 月	每月购买 300 亿欧元资产	2.55 万亿
	2018 年 10 月至 2018 年 12 月	每月购买 150 亿欧元资产	2.595 万亿
	2019 年初	停止净买入	
量化宽松重启	2019 年 9 月 12 日	宣布重启资产购买计划	
	2019 年 11 月 1 日起	每月购买 200 亿欧元	
（新冠纾困）	2020 年 3 月 12 日至年底	额外 1 200 亿欧元资产购买	
	2020 年 3 月 18 日至年底	额外 7 500 亿欧元资产购买	

资料来源：网络新闻。

6.2.3　单边主义与贸易保护主义

国际金融危机以后，世界多国掀起了单边主义和贸易保护主义的思潮，在短期内成为了经济逆全球化对全球化浪潮的一次反扑。这一情势自 2016 年 6 月 23 日英国脱欧公投以来浮出水面，并表现为持续至今的中美贸易摩擦。尽管世界大多数国家与中国一道，坚决地反对单边主义和贸易保护主义，但是极少数国家仍然奉行这一信条，而且部分国家可能在经济增长乏力等因素的作用下有着单边主义和贸易保护主义的可能倾向。尽管中国不卑不亢地应对这一现象，但是中国金融开放的过程中必须考虑单边主义和贸易保护主义带来的挑战。

6.2.3.1　英国脱欧后的单边主义倾向

英国脱欧无疑是标志性的事件，这一事件不仅是欧洲区域一体化的重大挫折，也是全球化进程中的一次曲折。

英国脱欧的原因是多方面的：历史和文化方面的原因是，英国从"光荣孤立"到著名的撒切尔夫人时代，多对欧洲一体化有着否定倾向；政治方面的原因是，为了防止难民进入英国引发社会矛盾，以及扩大在欧盟内时远不及德法两国的话语权；经济方面的部分原因是脱欧有利于英国避免高额的欧盟会费等费用，并且脱欧后英国可以自主制定对外政策。

英国脱欧的直接结果是英国经济发展预期的下降。2018 年 11 月，英国财政部公布了英国脱欧经济分析报告，估计有协议脱欧的情况下英国未来 15 年的 GDP 将比留欧低 2.5% ~ 3.9%，按照加拿大模式处理与欧盟关系 GDP 将降低 6.7%，无协议脱欧情况下将低至 9.3%。尽管不排除疫情因素的影响，2021 年 1 月英国对欧盟出口量同比下降 68%，英国经济活动明显受制约。尽管英国可能因为通胀目标制等方法减缓脱欧带来的负面冲击，但是仍然会受到明显的负面影响，其中无协议情况下脱欧的影响程度将十分严重。英国脱欧自然也对欧盟的经济产生了严重的冲击，欧盟的经济体量和影响力将明显下滑，与英国贸易的额外成本也将会对欧盟其他国家的 GDP 产生负面影响。

英国脱欧这一事件本身就对中国金融开放产生了严重影响。短期内的冲击称得上是立竿见影：英国脱欧会造成国际金融市场的波动，中国资本因避险需要而外流，人民币对美元的贬值压力立即增加。就长期来看，英国脱欧后可能的单边主义倾向更是对中国金融开放影响深重。早在英国脱欧之前，伦敦就在推进人民币离岸市场的建设，已经成为香港之后的第二大人民币离岸结算中心。如果英国单边主义倾向更加明显，那么可能影响中国推动人民币国际化的努力。英国脱欧公投之后可能具有的单边主义倾向也将影响中国金融开放进程。

2020 年 1 月 30 日，欧盟正式批准英国脱欧。诚然英国脱欧被新冠肺炎疫情这一全球事件所掩盖，但英国脱欧后是否将采取单边主义措施的不确定性依然存在。随着新冠肺炎疫情所引发的全球化退潮，单边主义情绪愈演愈烈，可预见的将来仍然会对中国金融开放的布局产生巨大的影响。

6.2.3.2 中美贸易摩擦的影响

中美贸易摩擦的起因是美国针对中国商品采取不合理的针对措施（"301

条款"调查中国是否侵犯美国知识产权），自此美国对中国商品加征关税的程度持续加深，具体发展过程参见表 6 – 3。时至今日（2021 年 2 月底），中美贸易摩擦仍然没有得到彻底的妥善解决。中美双方就贸易摩擦问题进行了多轮谈判，签署了第一阶段的经贸协议，遗憾的是由于未能达成根本性的一致，总体形势出现了多次反复。注意到在美国第 45 任总统特朗普的任期内，美方加征关税的重要信息的发布常由特朗普的推特完成，这种非官方途径具有较强的随意性，也暗示了美方的霸权主义和单边主义倾向，以及美国的举措有着对美国国内政治（尤其是选举）形势的相当程度的考虑。

表 6 – 3 　　　　　　　　　　　　中美贸易摩擦中的重要事件

时间	事件
2017 年 8 月 14 日	特朗普下令依据美国贸易法 "301 条款" 调查中国是否侵犯美国知识产权
2018 年 1 月 17 日	接受采访时，特朗普威胁要针对中国所谓 "侵犯知识产权" 行为征收巨额罚款
2018 年 1 月 22 日	特朗普批准对所有进口洗衣机和太阳能电池板征收关税
2018 年 3 月 8 日	特朗普签署命令对美国进口的所有钢铁和铝分别征收 25% 和 10% 的关税
2018 年 4 月 2 日	中国对美国 128 种产品征收 25% 的关税作为回应
2018 年 3 月 23 日	特朗普宣布将有可能对从中国进口的 600 亿美元商品加征关税
2018 年 4 月 16 日	美国商务部下令禁止美国公司向中兴出口电信零部件产品
2018 年 5 月 29 日	美国声称仍将对从中国进口的 500 亿美元的商品征收 25% 的关税，具体商品清单将在 6 月 15 日公布
2018 年 6 月 15 日	美国政府发布了加征关税的商品清单，将对从中国进口的约 500 亿美元商品加征 25% 的关税。中国宣布对 340 亿美元的美国商品加征关税作为反制
2018 年 6 月 19 日	美国总统特朗普要求美国政府制定商品清单，对价值 2 000 亿美元的中国进口商品加征 10% 的关税
2018 年 7 月 6 日	中国作为反制的 340 亿美元商品 25% 的关税落地
2018 年 7 月 10 日	美国公布了对 2 000 亿美元中国商品征收 10% 关税的计划
2018 年 8 月 2 日	美国贸易代表声明称拟将 2 000 亿美元商品加征税率由 10% 提高至 25%
2018 年 8 月 7 日	美国公布计划征收 25% 关税的中国商品价值 160 亿美元。中国公布对等额美国商品征收 25% 的关税
2018 年 8 月 23 日	中美双方对 160 亿美元商品征收的 25% 关税落地

时间	事件
2018 年 9 月 24 日	美国对 2 000 亿美元的中国商品征收 10% 关税落地。中国决定对 600 亿美元美国商品征收关税作为回击
2018 年 12 月 1 日	中美同意停止加征新的关税 90 天。美方推迟上调关税
2019 年 1 月 7 日	中美贸易谈判
2019 年 2 月 24 日	特朗普推迟上调中国商品关税的日期
2019 年 3 月 29 日	路透社报道中美双方贸易谈判取得进展
2019 年 5 月 5 日	特朗普发布推特称计划 5 月 10 日将对 2 000 亿美元的中国商品关税从 10% 提高到 25%
2019 年 5 月 10 日	2 000 亿美元商品 25% 关税落地
2019 年 8 月 2 日	特朗普发布推特称 9 月 1 日起美国对 3 000 亿美元的中国商品加征 10% 的关税
2019 年 8 月 15 日	美方宣布对自中国进口的约 3 000 亿美元商品加收 10% 关税，分两批，分别自 2019 年 9 月 1 日、12 月 5 日起实施
2019 年 8 月 23 日	美方宣布对约 5 500 亿美元的中国进口商品进一步提高 5% 的关税
2019 年 9 月 1 日	美国正式对中国 3 000 亿美元商品加收 15% 的关税
2019 年 9 月 11 日	2 500 亿美元商品关税从 25% 提升到 30%，时间从 10 月 1 日推迟到 10 月 15 日
2019 年 10 月 11 日	经过中美磋商，美国终止对 2 500 亿美元商品的关税上调
2020 年 1 月 15 日	中美第一阶段经贸协议签署仪式举行。美国宣布将从 2020 年 2 月 14 日开始将 3 000 亿美元商品加征关税从 15% 降低至 7.5%。自此，中美两国按照第一阶段经贸协议，逐步调整原加征关税的举措，美国分批公布加征关税商品清单项下的产品排除公告，中国逐步不再加征以反制为目的的关税
2020 年 2 月 10 日	美国无端指控华为公司及孟晚舟侵犯他人知识产权
2020 年 4 月 9 日	美国威胁吊销中国电信在美经营许可
2020 年 5 月 15 日	美国下发对华芯片管制升级令
2020 年 5 月 25 日	美国借题发挥，将与新疆有关的多所大学或企业列入所谓"实体清单"
2020 年 6 月 29 日	美国终止美产国防设备对华出口，取消对香港的特殊相关待遇
2020 年 7 月 21 日	美国要求中国在 72 小时内关闭驻休斯敦总领事馆。中国于 3 日后要求美国驻成都总领事馆在 72 小时内关闭
2020 年 8 月 14 日	美国要求字节跳动及其子公司关联公司及中国股东，在 11 月 12 日前，剥离在美运营 TikTok 的资产与数据

续表

时间	事件
2020 年 8 月 23 日	字节跳动发布声明，将于 8 月 25 日起诉美国政府。8 月 25 日，字节跳动起诉美国联邦政府无端干涉企业合法经营
2020 年 8 月 28 日	中国发布《中国禁止出口限制出口技术目录》。2 天后，字节跳动公司表示将严格遵守
2020 年 9 月 15 日	对华为芯片管制升级令正式生效。受此影响，5 家芯片供应商不再向华为供货
2020 年 9 月 27 日	美国哥伦比亚特区法院裁决，暂缓实施美国政府关于将 TikTok 从美国移动应用商店下架的行政命令
2020 年 10 月 18 日	中国正式通过《出口管制法》，自 12 月 1 日起实行，这是中国对等反击滥用出口管制的国家的法律依据
2020 年 11 月 12 日	美国禁止本国投资者对中国军方拥有的企业进行投资。将于 2021 年 1 月 11 日生效
2020 年 12 月 3 日	美国将中芯国际等四家中国企业增加到其"中国军方企业"黑名单
2020 年 12 月 18 日	美国增加近 60 个中国实体进入"实体清单"
2020 年 12 月 31 日	纽约证券交易所声明将会对中国移动、中国电信和中国联通（香港）三家公司退市处理
2021 年 1 月 14 日	美国又将 9 家中国企业列入所谓"中国军方企业"黑名单

资料来源：网络新闻，经作者整理。

中美贸易摩擦对世界经济形势产生了明显的负面作用。现在中美经济占全球经济总量比重也接近40%，中美双边贸易规模占中美各自贸易总量的比重约为20%，中美经济关系自然是重要的一对关系。国际货币基金组织（IMF）2019 年《世界经济展望》认为，贸易壁垒增加和地缘政治紧张局势的加剧进一步影响了经济增长，据估计至2020 年中美贸易摩擦将使全球 GDP 增速累计下降0.8%（当然，2020 年突如其来的新冠肺炎疫情使得这一预测无从检验）。

在 2019 年末，中美贸易摩擦短期内略显缓和，但是寄希望于一蹴而就地完成中美贸易谈判、解决中美贸易摩擦是不现实的。2020 年，美国采取政治手段打压中国的科技企业，并罗织所谓的"中国军方企业"黑名单，对中美的经济联系产生了不和谐的影响。

尽管在新冠肺炎疫情面前，2020 年中美贸易摩擦明显地暂时淡化，但这一缓和的态势也不是永恒的，中美经贸关系前景仍然有着巨大的不确定性，中国仍然需要防范金融摩擦等中美关系继续恶化情况的出现。

中美贸易摩擦对中国金融开放进程的影响主要有两个方面。第一个方面是中美贸易摩擦对中国外汇储备的影响。当前状态下，中国的外汇储备是维持人民币币值信心的"锚"，而且"一带一路"建设等具有重要意义的投资项目多需要大量资金，因此外汇储备的重要性不言而喻。多年来中国对外贸易持续顺差，而贸易顺差构成了中国国际收支顺差的主要原因（新冠肺炎疫情期间中国强大的组织动员能力也是重要原因之一）。但是由于中美贸易摩擦的影响，疫情结束之后，中国对外贸易的顺差有转为逆差的可能，这带来了外汇储备乃至人民币币值受到冲击的风险。第二个方面是中美贸易摩擦可能升级成为更严重的金融摩擦，美国可能出于霸权主义的考虑干预中国金融对外开放的进程，这无疑可能对中国独立自主地进行金融对外开放形成压力。

6.3 外部环境的挑战：如何应对？

6.3.1 国际金融市场规模与复杂度的挑战

6.3.1.1 国际金融市场规模与市场风险的增加

国际金融市场的风险在绝对意义上和相对意义上都随着其规模扩大而增加。一方面，国际金融市场本身的风险因为交易规模的扩大、交易频率的提高和衍生品的广泛运用而增加。较高的汇率波动、巨大的货币流动量、较高的杠杆水平和实力雄厚的投机色彩资金，无不体现着国际金融体系产生市场风险的速度与日俱增。

另一方面，国际金融市场的交易规模的迅速扩大、交易时间的逐渐延伸和交易频率的不断提高、国际金融市场的市场自发力量迅速壮大，无疑削弱了中国现有的应对风险的防范举措的控制能力，进而增加了中国金融开放所面临的风险。中国外汇储备在 2021 年 1 月末是 3.2 万亿美元，而根据国际清算银行的调查报告，2019 年和 2020 年平均每日全球外汇市场的交易规模达到 6.6 万亿美元。这意味着用于维持人民币汇率信心、支付清偿国际收支的外汇储备，在面对规模庞大的外汇市场交易额时相对规模明显缩小了，那么其稳定汇率等功能的效力也同时降低。

在中国金融逐步开放的背景下，维持中国经济体系和金融体系整体稳定是在国外投资者支持中国国内融资角度上亟须考虑的重要内容，而国际金融市场交易规模的扩大和市场风险的增加，是构成挑战中国金融稳定的长期趋势成分中的主要因素。国际金融市场交易规模的扩大和市场风险的增加意味着有限的应对措施和潜在金融危机的严重。资本管制逐步放开后，投机资金对人民币汇率的攻击和热钱的流入流出，形成了对人民币汇率稳定和中国金融系统稳定的挑战。

6.3.1.2 国际金融体系复杂度升高

随着金融科技的迅速发展和衍生品的广泛应用，国际金融体系的复杂程度增加，信息的挖掘越发困难，这对中国国内的投资者构成了较大的挑战。中国国内的投资者面临着两种选择：一是投资于以美国国债为代表的安全资产以规避风险；二是投资于风险资产以争取收益。

时至今日，中国国内的投资者主要的选择是第一种。Gorton 和 Pennacchi（1990）的理论模型认为，安全资产存在的意义在于给不具有足够信息的投资者提供投资选择，这些投资者因此不必要和拥有信息的交易者交易而蒙受损失，而是可以选择无风险资产。对应于国际投资情景，中国国内投资者相对于发达国家的跨国机构，拥有的关于金融资产的信息较少，为避免蒙受损失，会主要选择美国国债等安全资产作为主要的投资标的。这与现实相符，中国对外投资以稳健的储备资产运用为主，但是利用外资的主要部分是成本较高的外商直接投资。

正是因为中国的对外投资以安全资产为主，中国作为第二大对外净债权国，对外投资净收益常年为负（见图 6-10）。国家外汇管理局发布的《2018年中国国际收支报告》显示，2019 年中国国际投资收益差额延续逆差，2019年对外投资收益率为 2.9%，而来华投资收益率为 4.7%。这一情况持续已久，2005—2018 年我国对外金融资产年平均投资收益率为 3.3%，而对外负债年平均收益率为 6.0%。反观美国，美国作为第一大对外净债务国，投资收益却常年为正。这是因为利用外资的成本低，对外投资多以对外直接投资和证券投资为主，而这两类的收益率相对较高。

亿美元

年份	对外投资收益	对外负债收益支出
2010	1 288	1 699
2011	1 277	2 130
2012	1 500	1 851
2013	1 662	2 607
2014	2 095	2 219
2015	1 893	2 584
2016	1 984	2 634
2017	2 652	2 906
2018	2 146	2 760
2019	2 198	2 570

图 6－10   中国对外投资净收益情况

（数据来源：国家外汇管理局）

中国力图建设新的国际金融中心，需要培育有着良好的管理风险、充分地挖掘信息和合理地配置资源能力的市场参与者，而一味地固守"安全资产"的藩篱意味着在国际金融市场中处于信息缺失的被动地位，这样难以让中国资本市场的建设驶向彼岸。因此中国金融开放的要求意味着配置全球资产的中国投资者需要合理地分配相当的资金投资于全球的风险资产，面对形势复杂的国际金融市场环境来获取信息、管理风险、配置资源。但是在国际金融体系复杂度跨上新台阶的当下，这一要求对于长期追求低风险和稳定、信息获取能力有限的中国投资者而言，显得更加困难。

6.3.1.3   如何应对国际金融市场规模与复杂度的挑战？

国际金融市场交易规模的扩大与复杂度的增加是长期性的、不可逆的，是中国建设新的国际金融中心过程中必须直面的问题，其中国际金融市场交易规模的扩大与风险增加主要是对人民币汇率稳定和国内金融体系稳定的挑战，而国际金融体系复杂度较高主要是对中国对外投资者的挑战。

应对国际金融市场规模与复杂度对金融体系稳定和对外投资的挑战，最主要的措施就是培育稳定成熟的国内金融体系和国际金融市场参与者。一方面，为了应对投机资金对汇率可能出现的做空行动以及应对紧盯短期利益的热钱快速流动，需要完善金融基础设施，建设反应高效、信息畅通的资本市场体系，追求以国内的市场深度和市场自发力量消解国外投机力量和市场波动的影响，将外汇储备等官方手段作为信心支持以及最后屏障而非首选手段。另一方面，将中国国内的资金合理地（部分地）分配至国际风险资产，要求投资者具有较强的信息挖掘能力和风险管理能力，即要求培育成熟的国际金融市场投资机构。这两方面的要求同时也是打破"刚性兑付"、发挥市场在资源和风险分配中的决定性作用的要求。

应对国际金融市场规模和复杂度的挑战的另外一个有效举措就是推动人民币国际化水平，逐步构建中国的国际金融中心。首先，建设新的国际金融中心意味着在国际金融领域的话语权提升，从现在几乎单方向地受到欧美国际金融中心的影响的情况走向发挥更多影响力的境况，这样能够增加中国金融市场的开放部分的体量，加深与世界金融市场的其他部分的联系，相对地减少投机资金和热钱流动的负面影响。其次，完善国内相关产权结构、推动人民币国际化水平、逐步开放中国金融市场、构建新的国际金融中心能够使得"安全资产"的概念得到延伸，降低对中国投资的资金成本，进而减小中国对外投资净收益的缺口，为中国国内国际金融市场参与者的培育提供缓冲时间。

6.3.2 国际经济金融环境不确定的挑战

6.3.2.1 国际经济金融环境不确定的影响

根据这一章中对世界经济发展形势、主要央行的货币政策、中美贸易摩擦以及各国的单边主义倾向等的分析，可以看出至少在这一时点（在这样的全球的经济周期甚至政治形势之中），中国金融开放面临国际经济金融环境不确定的影响。

在当下（2021年2月底），国际经济金融环境不确定性最明显的因素就是新冠肺炎疫情的冲击，这一全球公共卫生事件将明显地冲击全球贸易水平，进而造成国际金融市场的巨幅波动。时至今日，全球疫情尚未结束，直接导致世界经济发展趋势呈现出明显的不确定性，使得中国金融开放决策更需审慎分析。

对中国金融开放产生长远影响的不确定性就是中美贸易摩擦、经济关系调整乃至与其他国家关系调整进程中的不确定性。中国和美国之间以贸易摩擦为中心的一系列国家经济关系调整的进程，是深刻影响世界经济运行和人类发展走势的重要因素，是举世瞩目的重要不确定性。作为这一关系调整的其中一方，中国的国际收支和金融体系稳定水平势必因此而出现变化，其金融开放的进程自然受到严重的影响。

对于中国金融开放产生影响的不容忽视的另一不确定性则是民粹主义的蔓延、单边主义的倾向和发达国家的逆全球化浪潮。全球经济增长动力的减弱，凸显了社会分配不公和经济结构不合理的问题，很大程度上助长了民粹主义、单边主义和逆全球化潮流的激化。尽管全球金融市场联系日益紧密的长期趋势不变，但是世界各国普遍性的对贸易开放和外国投资的短期态度，可能削弱全球贸易联系的程度和全球资本市场资本配置的效率，将会对中国金融开放所能带来的互惠之处产生不利影响。

其他可能对中国金融开放产生明显影响的不确定性还包括主要央行的货币政策的不确定性和全球金融市场投资者情绪的不确定性。这两个不确定性的原因同样是世界各国的经济增长乏力和制造业的衰退，将会导致国际金融市场中关于利率和资产价格的风险提高，进而在中国金融开放过程中威胁到中国国内金融体系的稳定。

6.3.2.2 如何应对国际经济金融环境不确定的挑战？

与国际市场规模和复杂度的挑战不同的是，国际经济环境不确定性的挑战不是长期性规律性的趋势，而是周期性的境遇，未必会随着时间的推移而愈演愈烈。世界主旋律依旧是和平与发展，新冠肺炎疫情终将被人类所战胜，单边主义和全球新冠肺炎疫情下的逆全球化因素只是全球化大潮中的插曲或波折，而中美之间依旧致力于构建相互尊重、合作共赢的新型大国关系，因此国际经济金融环境的不确定性处于长期中的较高点（尽管在高点持续的时间不确定）。考虑到这一点，中国金融开放的重要问题就是把握开放的节奏和结构，权衡当下时点的风险集聚与金融对外开放的紧迫程度，开放最亟须开放的金融领域，平稳有序地实现中国金融开放。

由于国际经济政治形势在不同国家和地区之间呈现出不同的特征，应对不确定性挑战时还可以采取的应对措施是以合理形式的开放促进国内金融稳定，增加与各个发达国家和新兴市场国家的经济金融联系，类似于投资组合多样化的手段，将中国金融开放的风险分散化。

6.4 外部环境的推动：顺势而为

6.4.1 国际资本配置需求的推动

全球经济的整体背景是全球经济增长乏力，贸易保护主义和单边主义倾向抬头。美国等主要发达国家经历了近十年的股市稳定增长的金融繁荣阶段，股票价格整体处于高位，投资欧美发达国家的收益率相对较低。

在这一全球背景下，国际资本将会更加倾向于考虑中国市场，中国资本市场将逐渐成为满足国际资本配置需求的首选之地。中国经济整体而言增长稳定，作为新兴市场国家有着较高的投资回报率。又因为中国资本市场开放落后于中国经济开放，长期以来中国资本市场中的投资标的是国际资本的价值洼地。在中国加快推进资本市场对外开放的背景下，外资将有动力进入 A 股追求较高的收益率。就现在的情况而言，我国证券市场吸引境外投资者的势头仍然没有减弱，今后极大概率依旧会继续增长。国际金融协会（IIF）称中国已经成为新兴市场国家资本流入的关键驱动因素。

在中国资本市场初步开放的当下，海外机构投资者初步通过 ETF 等较为简单的方式配置中国 A 股市场。随着主要国际指数公司，包括 MSCI、富时罗素和标普道琼斯三大股票指数公司将 A 股纳入其体系之中，海外增量资金将跟随这些国际指数的变化进入中国 A 股市场。

在新冠肺炎疫情的背景下，中国及时有效应对疫情、保障经济继续发展，更是让国际资本对中国青睐有加。2020 年，中国成为全球最大的外资流入国。根据联合国贸易和发展会议报告，2020 年全球 FDI 总额约为 0.86 万亿美元，相比 2019 年降低 42%，但中国的 FDI 增长 4%，达到 0.16 万亿美元。

在中国资本市场加快开放的将来，海外机构投资者将通过 ETF 等渠道之外的多种渠道配置中国资本市场，这将为国内市场主体融资提供支持，也为中国金融市场的改革提供更多技术与活力。

6.4.2 全球金融一体化的推动

全球金融一体化的格局已经形成，世界各国都不可避免地受到全球金融周期的影响。世界各新兴经济体若继续采取中间型的金融开放政策（或者说资本管制政策）已经无法达成维持货币政策和汇率的基本稳定的政策目的，这意味着对于需要货币政策独立性的新兴经济体有如下两个选择：一是很大程度上严格加强资本管制，换取货币政策的独立性；二是顺势进行金融开放，面对世界金融市场挑战的同时享受对外开放的红利。

对于中国这一与世界各国经贸往来密切、享受全球化红利的经济体而言，严格加强资本管制、拒绝金融开放无疑是走上了封闭僵化的老路，甚至还会进一步损害中国经济开放领域的既有成就。与此同时，金融一体化又使得中间道路的政策意义被严重削弱，缓慢而持观望状态的开放同样不可取，因此中国面临选择的答案已经非常明确。正如习近平总书记深刻指出的："以开放促改革、促发展，是我国发展不断取得新成就的重要法宝""中国不断扩大对外开放，不仅发展了自己，也造福了世界。"

加快中国金融开放的进程是顺应全球金融一体化趋势与潮流的举措。全球金融一体化一方面意味着中国将直接面对纵深广阔的世界金融市场，有着巨大的资源分配和风险配置的空间，既能吸引海量的资金为国内融资提供便利，又能面对大量的海外投资标的；另一方面也意味着中国金融开放将直接引入全球最优秀的管理经验与风险控制技术，将大大促进中国国内金融体系的发展。

6.5 外部环境对中国金融开放的影响的实证综合分析

6.5.1 模型设定

结合本章的前述内容及已有文献（张成思和朱越腾，2017），这里设定如下模型，综合分析外部环境因素对金融开放的影响：

$$FO_t = c + \beta_1 GEG_t + \beta_2 VIX_t + \beta_3 GEPU_t + RGDP_t + timetrend + D_t + \varepsilon_t$$

其中，t 表示时间（样本区间为 2011 年第一季度至 2019 年第四季度，这里去除 2020 年的样本以免使结果受到新冠肺炎疫情中的极端值影响）。模型因变量为中国金融开放程度 FO，自变量为国际经济增长率 GEG、恐慌指数 VIX、全球经济不确定性 $GEPU$、国内经济增长率 $RGDP$，分别对应于国际经济形势、全球金融周期或一体化、国际政策不确定性、国内经济状况。另外，$timetrend$ 为时间趋势项，D 为季度哑变量，ε 是残差项。

6.5.2 数据说明

FO 是中国代表金融开放程度的变量。在学界中刻画金融开放的方法设置仍然存在争议。Bakaert 等（2005）以一国颁布放松资本管制的法律的生效时间作为金融市场化的标志，而 Prasad 等（2003）认为应采用事实标准。Lane 和 Milesi – Ferretti（2007）提出以一国所持国外总资产与总负债之和与名义 GDP 的比值衡量金融开放度，但是因为总资产和总负债之和中的官方储备资产项往往与国家金融体系开放程度相关性不强，所以黄玲（2011）从直接投资、股权投资和债务投资角度衡量金融开放度。本节借鉴张成思和朱越腾（2017）使用实际利用外资额与对外直接投资额之和占名义 GDP 的百分比来度量金融开放度。这一指标包含了股权投资和债务投资的内容，而剔除了官方储备资产的影响，可以较好地反映金融开放的全貌。

GEG 是代表世界经济增长总体水平的变量，这里选取 OECD 国家的 GDP

同比增长率。VIX 是恐慌指数（CBOE Volatility Index），代表全球金融周期中全球投资者情绪的影响，这里将月度数据取季度平均得到季度数据。RGDP 是国内经济发展水平，这里选取 GDP 同比增速。

GEPU 是代表世界经济政策不确定性的变量，这里使用全球经济政策不确定性指数（Global Economic Policy Uncertainty Index），即 GDP 加权的经济不确定性指数。该指数是按照 Baker、Bloom 和 Davis 的新闻分析的方法，通过统计各国新闻词条中表示不确定性的词条出现频率而编制的经济政策不确定性指数。

变量 GEPU 的数据来自经济政策不确定性网（www. policyuncertainty. com），其他原始数据来源于中经网。基础变量的描述性统计见表 6 - 4。

表 6 - 4 　　　　　　　　　基础变量的描述性统计

基础变量	平均值	中位数	最大值	最小值	标准差
FO	30. 5727	30. 8958	38. 0197	25. 1490	3. 2136
GEG	2. 0476	2. 1000	2. 9800	0. 7900	0. 5550
VIX	16. 3005	15. 4983	30. 2633	10. 3100	4. 4312
GEPU	156. 2321	148. 9156	259. 3820	90. 5996	47. 7609
RGDP	7. 4500	7. 0000	10. 2000	6. 2000	1. 0544

6.5.3　实证结果与反思

实证结果见表 6 - 5，回归（1）中的自变量国际经济增长率 GEG、恐慌指数 VIX、全球经济不确定性 GEPU、国内经济增长率 RGDP 均显著，说明国际经济形势、全球金融周期或一体化、国际政策不确定性、国内经济状况等因素具有影响。国际经济增长率 GEG 和恐慌指数 VIX 对中国金融开放 FO 的影响显著为正，全球经济不确定性 GEPU、国内经济增长率 RGDP 对中国金融开放 FO 的影响显著为负。又通过回归（2）可以发现，VIX 的二次项系数显著为正而一次项系数不显著，那么只有恐慌指数 VIX 过高时才会对中国金融开放产生正向影响。

表 6 – 5 实证分析回归结果

被解释变量 FO	回归（1）	回归（2）
GEG	1. 582 **	1. 293 *
	(0. 672)	(0. 655)
VIX	0. 156 *	– 0. 516
	(0. 076)	(0. 352)
(VIX)^2		0. 018 *
		(0. 009)
GEPU	– 0. 023 **	– 0. 027 *
	(0. 010)	(0. 009)
RGDP	– 2. 948 ***	– 3. 196 ***
	(0. 579)	(0. 564)
timetrend	– 0. 089	– 0. 092
	(0. 080)	(0. 076)
季度哑变量	是	是
观测值数量	34	34
调整后 R^2	81. 19%	83. 09%

注：括号内为标准误；＊、＊＊、＊＊＊分别表示系数在10%、5%和1%的显著性水平下显著。

表6－5的结果说明了中国金融开放的反应模式，即全球经济政策不确定性提高时，金融开放的程度降低；全球其他地区投资者情绪恐慌时，金融开放程度提高；全球经济下行或国内经济向好时，金融开放程度降低。对全球经济政策不确定性的反应，是采取举措严防风险的表现。但是在全球经济下行或国内经济向好时的金融开放进程暂缓则值得反思，因为尽管这一政策选择模式避免了从国际环境中输入过量风险，但是也使得资本更倾向于流出中国。

中国欲建设新的国际金融中心，应该考虑审慎但主动地承担部分风险，在世界经济下行的经济情势下扩大金融开放，实现中国与世界的双赢。

参考文献

［1］黄玲．中国金融开放进程的实证评析：1980—2009［J］．世界经济研究，2011（4）．

［2］张成思，朱越腾．对外开放、金融发展与利益集团困局［J］．世界经济，2017（4）．

［3］国家外汇管理局．2018年中国国际收支报告［R］．2018.

［4］Bank for International Settlements. （2019）. Triennial Central Bank Survey of Foreign Exchange and OTC Derivatives Markets in 2019.

［5］Bekaert, G. , Harvey, C. R. , & Lundblad, C. （2005）. Does Financial Liberalization Spur Growth?. *Journal of Financial Economics*, 77（1）, 3 – 55.

［6］Bruno, V. , & Shin, H. S. （2014）. Cross – Border Banking and Global Liquidity. *The Review of Economic Studies*, 82（2）, 535 – 564.

［7］Calvo, G. A. , Leiderman, L. , & Reinhart, C. M. （1993）. Capital Inflows and Real Exchange Rate Appreciation In Latin America：The Role of External Factors. Staff Papers, 40（1）, 108 – 151.

［8］Coeurdacier, N. , Rey, H. and Winant, P. （2013）. 'Financial integration and Growth in a Risky World', Working Paper, London Business School and SciencesPo.

［9］Eichengreen, B. （2002）. Financial Crises and What to do About Them. OUP Catalogue.

［10］Filardo, A. J. , & Hofmann, B. （2014）. Forward Guidance at the Zero Lower Bound. BIS Quarterly Review March.

［11］Gorton, G. , &Pennacchi, G. （1990）. Financial Intermediaries and Liquidity Creation. *The Journal of Finance*, 45（1）, 49 – 71.

［12］Gourinchas, P. O. , Rey, H. , & Truempler, K. （2012）. The Financial Crisis and the Geography of Wealth Transfers. *Journal of International Economics*, 88（2）, 266 – 283.

［13］Henry, P. B. （2003）. Capital – Account Liberalization, the Cost of Capital, and Economic Growth. *American Economic Review*, 93（2）, 91 – 96.

［14］Jordà, Ò. , Schularick, M. , & Taylor, A. M. （2015）. Leveraged Bubbles. *Journal of Monetary Economics*, 76（1）, 1 – 20.

［15］Lane, P. R. , &Milesi – Ferretti, G. M. （2007）. The External Wealth of Nations Mark II：Revised and Extended Estimates of Foreign Assets and Liabilities, 1970 – 2004. *Journal of International Economics*, 73（2）, 223 – 250.

［16］Morais, B. , Peydró, J. L. , Roldán – Peña, J. , & Ruiz – Ortega, C. （2019）. The

International Bank Lending Channel of Monetary Policy Rates and QE: Credit Supply, Reach – for – Yield, and Real Effects. *The Journal of Finance*, 74 (1), 55 – 90.

[17] Obstfeld, M. (2012) . Financial Flows, Financial Crises, and Global Imbalances. *Journal of International Money and Finance*, 31 (3), 469 – 480.

[18] Obstfeld, M., Ostry, J. D., & Qureshi, M. S. (2018) . Global Financial Cycles and the Exchange Rate Regime: A Perspective from Emerging Markets. In AEA Papers and Proceedings (Vol. 108, pp. 499 – 504) .

[19] Passari, E., & Rey, H. (2015) . Financial Flows and the International Monetary System. *The Economic Journal*, 125 (584), 675 – 698.

[20] Prasad, E., Rogoff, K., Wei, S. J., & Kose, M. A. (2005) . Effects of Financial Globalization on Developing Countries: Some Empirical Evidence. In India's and China's Recent Experience with Reform and Growth (pp. 201 – 228) . Palgrave Macmillan, London.

[21] Rey, H. (2013) . Dilemma Not Trilemma: The Global Financial Cycle and Monetary Policy Independence, in Federal Reserve Bank of Kansas City Jackson Hole Economic Symposium Proceedings, 285 – 333, Kansas City MO: Federal Reserve Bank of Kansas City.

7 中国金融开放：
路径比较与风险分析

摘　要

　　本章勾勒了中国进一步扩大金融开放面临的主要任务，包括进一步开放金融服务业、完善人民币汇率的市场化形成机制、放松资本账户管制、推进人民币国际化以及加强上海和香港两大国际金融中心的合作建设。基于制度均衡的视角，对中国金融开放的路径选择进行了宏观理论分析，作为一种金融体系的创新，金融开放是一个自然演进的过程，具有路径依赖性、自我调节性、非连续性和协同演进性等基本特征，中国金融开放的路径选择必须保证主动性、渐进性、协同性和可控性。基于此，我们给出了中国金融对外开放可供选择的四条路径，即分别以金融服务业、汇率形成机制、资本账户开放、人民币国际化为政策着力点进一步扩大开放，并阐释了不同路径的内在逻辑和潜在风险。此外，中国金融开放的路径选择还需要考虑金融内外制度的协调。

　　历史地看，无论是从 1978 年以来的经济金融发展还是金融稳定的成效来看，以"渐进"为内核的中国金融改革开放路径（也可以理解为战略）选择无疑是相当成功的。不可否认的是，当前中国金融开放程度仍滞后于实体经济，同时也滞后于大多数国家的金融业，进而无论是从支持实体经济实现可持续增长、防范系统性金融风险还是积极参与国际经济金融治理的角度看，通过金融开放进程的加速来进一步推进金融改革和发展可能是未来一个时期中国经济金融运行面临的重要任务。考虑到当前中国经济金融运行所处国内外环境的复杂多变以及金融体系"大而不强"等现实约束，未来一个时期中国金融开放路径及顺序的选择绝非易事。借助"金融抑制"理论的创始人麦金农（1997）曾就经济转型所给出的描述，某种程度上可以认为对于中国这样一个发展中大国经济体，推行金融体系的开放有些类似于"在雷区行进，你的下一步可能就是你的最后一步"，进而"为了确保非通货膨胀（等危机）型的金融均衡……政府不能，也许也不应该同时实行所有市场化和国际化的措施"。换句话说，未来一个时期金融开放路径进而顺序的合理选择无疑是确保中国金融开放实现既定目标的关键所在。本章试图以相关理论为基础，结合多国金融开放的经验教训和中国的实际，尝试就中国金融开放的路径选择及风险进行分析。

7.1　当前中国金融开放的主要政策着力点

7.1.1　中国金融开放的目标

在现代市场体系中，金融体系最为核心的功能是在不确定条件下实现资源（进而风险）的跨期和跨区域优化配置，进而服务于实体经济的增长。改革开放 40 余年来，中国秉承渐进式的改革开放战略，"以开放促改革、以改革助开放"，使中国从国民经济一度濒临崩溃的边缘得以恢复并随后创造了一个世所罕见的经济快速发展奇迹和社会长期稳定奇迹，"成功实现了从高度集中的计划经济体制到充满活力的社会主义市场经济体制、从封闭半封闭到全方位开放的伟大历史转折"（胡锦涛，2007）。

中国在改革开放过程中构建形成的以银行主导的金融体系强大的"储蓄动员及配置"能力在要素驱动发展阶段较好地发挥了支持经济增长、保持金融稳定的作用。历史地看，在改革开放的前 30 余年，以金融总量的迅猛增长和金融结构的巨大转变为内核的中国金融发展成为了中国经济保持持续、快速、稳定增长不可或缺的制度要素之一。但问题是，在中国经济进入新常态的今天，中国的经济运行模式面临从要素驱动向创新驱动转变，客观上导致之前形成的金融体系面临着诸多挑战，突出表现为金融体系不能满足来自实体经济的合理需求、政府与市场边界不清以及金融监管无法防范金融风险等多个方面的问题。

当前的中国正面临着从"站起来、富起来"到"强起来"的历史性变革的重任，一个具有高度适应性、竞争力、普惠性的现代金融体系的形成将是全面贯彻新发展理念，推动供给侧结构性改革，进而建设现代化经济体系、推动经济高质量发展的内在要求。因此，无论是从理论还是中国经济金融发展的历史实践来看，金融开放的进一步高质量深入推进已成为当前经济金融发展的内在要求。唯有坚持推进高质量金融开放，以更透明、更符合国际惯例的方式将中国金融融入全球金融体系，中国才能在经济增长模式转变过程中更好地利用"两种资源、两类市场"，实现资源的有效配置进而实现经济的高质量发展，并以此为依托来有序、平稳地推进人民币国际化和打造上海国际金融中心，最终得以在全球金融治理体系中发挥与中国经济金融地位相适应的作用。

7.1.2　中国进一步扩大金融开放面临的主要任务

7.1.2.1　金融服务业的进一步开放

中国金融服务业机构和业务层面的进一步开放主要涉及两个方面：一是外资金融机构"请进来"，也就是依据准入前国民待遇和负面清单原则，在金融服务业推动外资投资便利化的基础上，进一步放宽外资金融机构设立条件、扩大外资金融机构业务范围和优化外资金融机构监管规则，实现外资金融机构在华业务份额的提升；二是中资金融机构"走出去"，实现与外资金融机构在国际舞台上的平等竞争，尤其是要充分利用"一带一路"建设带来的机遇，完善与"走出去"企业的对外投融资合作框架。

现实地看，中国金融服务业的对外开放在最近两年明显加快。在"请进来"的步伐随着2020年底证券公司、基金管理公司和期货公司外资股占比限制的全面取消，各类外资金融机构在华设立限制条件放宽以及在华业务范围扩大在未来几年将有望进入一个新阶段的同时，境内金融机构在"一带一路"国家的机构与业务布局也将会有长足的推进。

但值得指出的是，目前外资金融机构在华发展的准入限制和业务限制仍未完全取消。（1）银行业方面，在准入限制上，根据 2019 年 9 月 30 日修订的《中华人民共和国外资银行管理条例》，虽然取消了对外资银行营业性机构①的总资产规模要求，但是对外资银行分行的营运资金仍作出了要求。外国银行分行应当由其总行无偿拨给不少于 2 亿元人民币或者等值的自由兑换货币的营运资金。外商独资银行、中外合资银行拨给各分支机构营运资金的总和，不得超过总行资本金总额的 60%。此外，拟设外商独资银行的股东应为金融机构，其中唯一或者控股股东应该为商业银行；拟设中外合资银行的外方股东应为金融机构，且外方唯一或者主要股东应为商业银行。在业务范围上，外国银行分行的人民币业务只能对除中国境内公民以外客户进行，且可以吸收中国境内公民的定期存款存在每笔不少于 50 万元人民币的限制。（2）保险业方面，在准入限制上，对外国保险公司还存在较高的总资产规模要求：申请设立外资保险公司的外国保险公司提出设立申请前 1 年年末总资产不少于 50 亿美元。在业务范围上，外资保险公司只能在中国银保监会按照有关规定核定的范围内从事保险业务活动，对营业执照的审批十分严格且速度过慢。（3）证券业方面，在准入限制上，外资证券机构进入我国只能通过境外股东与境内股东共同出资设立中外合资证券公司，或是通过股权受让、认购或股东实际控制人变更而成为中外合资证券公司，而不能设立外商独资证券公司。在业务范围上，虽然合资证券公司拥有全部业务牌照，但事实上，合资券商的经营业务较为单一，除"CEPA 协议"下设立的券商外，合资券商大多以经营证券承销与保荐业务为主。因此，如何构建针对外资金融机构的审慎监管要求，在防范金融风险的前提下激发外资金融机构参与我国金融市场的积极性，有效提升外资金融机构的在华业务份额仍是今后一个时期中国金融对外开放的巨大挑战，也是主要任务。历史地看，自 2001 年中国加入 WTO 以来，在金融服务业对外开放政策逐渐落地的背景下，我国外资金融机

---

① 外资银行营业性机构的范围：（1）1 家外国银行单独出资或者 1 家外国银行与其他外国金融机构共同出资设立的外商独资银行；（2）外国金融机构与中国的公司、企业共同出资设立的中外合资银行；（3）外国银行分行。

构资产占比持续偏低，甚至出现了下降态势，目前在华外资银行资产占比低于2%，不仅低于其他金砖国家（平均水平为15%左右），而且也较OECD国家（平均高于10%）要低。

在"走出去"方面，中资金融机构则面临着如何在服务境外企业和控制风险之间有效权衡的基础上，进一步提升业务及盈利来源国际化程度的任务。

7.1.2.2　基于市场化宽幅波动的人民币浮动汇率形成机制的构建

当前，我国实行的是以市场供求为基础、参考一篮子货币进行调节有管理的浮动汇率形成机制。从外汇市场的实际运行来看，近两年的汇率保持了大体平稳，在呈现小幅贬值态势的同时，人民币汇率弹性和双向波动增强。就2020年中国外汇市场运行来看，在2019年人民币对美元汇率震荡贬值的基础上，由于2020年初新冠肺炎疫情的冲击，人民币一度出现大幅贬值（前5个月的贬值幅度达到2.8%），但随后在国内疫情的有效控制进而经济持续回暖的同时，以美国为代表的众多国家疫情则呈现失控状态，经济持续低迷，导致人民币持续升值（5月底至12月底的升幅接近9.4%），全年汇率呈震荡上行态势，波幅较2019年明显扩大。

现实地看，在当前的人民币汇率形成机制中，货币当局主导人民币汇率水平[①]，市场供求、篮子汇率和逆周期调节因子决定汇率走势的同时，资本项目管理措施被用于缓解外汇市场供求压力。因此，可以认为，虽然当前人民币汇率的双向波动扩大，但人民币汇率仍未实现自由浮动，进而货币当局仍面临稳定汇率还是保持货币政策独立性的两难冲突。对于中国这样的一个大国经济体而言，无论从理论还是现实来看，构建市场化的浮动汇率形成体制从中长期来看不仅有利于宏观经济稳定和充分利用汇率的价格信号来优化资源配置，而且可以给人民币国际化和金融市场开放奠定更好的制度基础。因此，让汇率走向基于市场供求的宽幅浮动（或者说让市场决定人民币汇率，汇率的浮动及其波动性与宏观经济运行之间的关联更为密切）是中国金

---

①　货币当局通过人民币汇率中间价来传递其汇率变化意图，且每日人民币/美元汇率波动幅度限制为2%，如市场供求出清对应的价格超过了日波幅限制，货币当局将通过外汇市场干预吸收超额供给或超额需求。

融开放过程中面临的主要任务，也是中国金融开放实现的重要标志。

7.1.2.3 改善资本账户管制，推进资本账户开放

按照 IMF 提供的 Quinn 指数（不仅衡量是否存在各类管制，还对管制的不同程度进行分类评分）和 Chinn – Ito 指数（重点关注是否存在多重汇率、经常项目是否管制、资本项目是否管制、是否限制资金汇回等方面），我国当前的资本项目开放虽然在项目数上较前些年有了较大的推进①，但在开放度上不仅远低于主要发达经济体，也低于新兴市场经济体的平均水平。

现实地看，一方面，我国对于非居民参与国内货币市场和衍生工具的出售或发行这两个资本账户管制的科目处于不可兑换的同时，股票市场交易、债券市场交易、房地产交易和个人资本交易等方面的部分项目可兑换程度较低，且一些可兑换项目的汇兑环节便利性和交易环节便利性有待提高，如集合类证券投资（如基金互认）仍存在总额度管理等限制，直接投资和外债在交易环节仍有备案或审批管理；另一方面，我国资本账户管制的基本框架还较为复杂，主要是通过对于跨境资金交易行为本身的管制、在汇兑环节对跨境资金交易的管制和国家外汇管理局对金融机构外汇业务的审慎监管三个相互交织的层面来实现的，存在"重数量和交易控制、轻市场化的审慎监管和价格管制"等问题，均需要在未来予以有效地解决。

7.1.2.4 有序推进人民币的国际化

人民币从跨境使用阶段过渡到全球流通的阶段，在世界经济和国际货币体系中占据较为重要的地位无疑是中国金融开放的主要任务，也是中国作为大国金融崛起的重要标志。

历史地看，从 2009 年跨境贸易人民币结算试点开始算起，人民币国际化至今已走过 10 余年历程，也在国际贸易结算、跨境支付以及金融计价中占据了一定的国际地位。截至 2019 年底，人民币国际化指数（RMB Internationali-

---

① IMF 在 2019 年 4 月公布的《2018 年汇兑安排与汇兑限制年报》对 2017 年中国资本账户管制状况进行了描述，不可兑换项目只剩非居民参与国内货币市场和衍生品工具的出售或发行这两项。

zation Index，RII）达到 3.03（同比增长 13.2%）①的同时，2019 年人民币跨境使用逆势快速增长，全年银行代客人民币跨境收付金额合计 19.67 万亿元，同比增长 24.1%，在 2018 年高速增长的基础上继续保持快速增长，收付金额创历史新高；人民币跨境收支总体平衡，净流入 3 606 亿元；人民币在国际货币基金组织成员国持有储备资产的币种构成中排名第五，市场份额为 1.95%，较 2016 年人民币刚加入 SDR 篮子时提升了 0.88 个百分点；人民币在全球外汇交易中的市场份额为 4.3%，较 2016 年提高了 0.3 个百分点；2019 年人民币在主要国际支付货币中排第五位，市场份额为 1.76%。②

但客观地看，尽管遵循"结算货币—计价单位—价值储备"这条货币国际化路径，人民币在跨境贸易中充当结算货币已有很大程度发展，但在国际金融市场上成为交易计价货币还要求人民币在岸和离岸市场提升广度和深度，同时境内外市场之间要有通畅的双向流通渠道，使国际市场人民币持有者能够有效率地进行跨境兑换和投资交易。相比于美元、欧元而言，人民币在全球外汇储备总量中的占比仍很低。考虑到国际市场对一种货币的认可，实质是对该国经济发展和金融体系稳定性的信心，因此，人民币只有在贸易结算和国际金融市场交易中广泛使用，且币值相对稳定、兑换相对自由，才能被更多国家广泛接受，才能提高在国际外汇储备构成中的重要程度。

7.1.2.5　推进上海和香港两大国际金融中心间的分工和合作

现实地看，经过长期的努力，上海已初步建立起了与人民币实力和国际化地位相适应的金融中心地位。在英国 Z/Yen 集团 2019 年 9 月发布的第 26 期全球金融中心指数（Global Financial Centers Index，GFCI）报告中，上海第三次保持全球第五名，仅次于纽约、伦敦、新加坡和香港，是中国内地唯一进入前五的城市。

从 GFCI 关于国际金融中心的评价指标可以发现，尽管上海的人力资本、

---

①　人民币国际化指数（RII）由中国人民大学国际货币研究所编制，RII 描述了人民币在国际经济活动中的实际使用程度，反映人民币在贸易结算、金融交易和官方储备等方面执行国际货币功能的发展动态。2009 年底，RII 只有 0.02。

②　资料来源于中国人民银行网站：《2020 年人民币国际化报告》。

基础设施和国际声誉居于全球第五位，但其在营商环境和金融业发展的得分居于全球第七位，落后于其他分项和总排名。尤其值得指出的是，在营商环境方面，对比已经有相对完善的信用法治环境的欧美发达国家而言，上海目前还处于加强法治环境和信用环境建设的阶段，而在金融业发展方面，相比在这一分项上位于全球第三的香港，上海存在两个明显弱势：一是上海金融业大而不强，市场功能齐全、交易量大，但产品不够丰富，并在整体上缺乏市场定价权和话语权；二是上海作为全球投资、融资中心的作用不强，还需要注重夯实融资功能，要能为全球市场主体提供融资便利。

从中国大国金融崛起的视角来看，上海和香港两地应分别定位于境内、境外人民币市场，彼此之间存在分工和合作——上海应竭尽全力全方位发展以人民币为本位货币的各项金融业务，而香港则应抓紧机遇，在继续发展原有金融业务的同时，竭尽全力全方位开辟离岸的人民币业务。

7.2 中国金融开放路径选择的宏观理论思考：制度均衡视角

从制度演进的角度来看，一个国家或地区的金融改革和开放最终还是需要各种利益集团反复的博弈和利益调整来实现一种旧的经济金融体制向新的经济金融体制的演进或转型。

7.2.1 制度均衡视角下的金融体系与金融开放

7.2.1.1 制度与制度均衡

在青木昌彦（2001）看来，制度是一种社会建构（或者说博弈均衡路径的概要表征），进而在同一域还存在其他社会建构的情况下，它代表了参与人内生的、自我实施的行动决策规则的基本特征，进而治理着参与人在重复性博弈下的策略互动——"制度是关于博弈如何进行的共有信念的一个自我维持系统。制度的本质是对均衡博弈路径显著和固定特征的一种浓缩性表征，该表征被相关域几乎所有参与人所感知，认为是与他们的策略决策相关的。这样，制度就以一种自我实施的方式制约着参与人的策略互动，并反过来又被他们在连续变化的环境下的实际决策不断再生产出来。"（夏斌和陈道富，2011：28）换句话说，由于经济是由共用资源、交易（交换）、组织和政治等不同域的混合体构成的，因此制度作为代表域内不同类型的行动规则或所有参与人共同的决策规则，不仅每一域都可能（针对同一外生性博弈规则）出现并同时存在多重制度，且其具体内容或形式取决于域内参与人的行动集合是否对称，而且会因为参与人策略决策的关联性可能呈现跨域而演化现象，也就形成以"整体性制度安排"为内核的制度均衡。与制度均衡相伴随的制度演化会导致一国（或地区）的制度结构虽不是随机组合，但却呈现非常复杂且多变的状况。[①]

7.2.1.2 金融体系：制度均衡视角

立足制度均衡观，作为一国（或地区）金融域行动决策规则的金融制度就是一种与该国组织域、政治域、交易（交换）域以及社会域等相互兼容（互补性）的内生人为社会建构（或秩序）。换句话说，一国（或地区）的金融制度一旦确立，就成为金融活动参与人关于影响其行动决策的经济状态的共同理解或共享认知，在一定时期内具有耐久性和稳定性，能经受住一定边界内环境的连续变化（或者说是一种环境和内部变化在一定边界内相对不变的东西）。这意味着，对于特定国家而言，所谓的"金融发展"在更多的时候体现为既定金融结构（或金融模式）下通过金融机构和金融工具的创新完善内部制度构造，提升金融运行的效率。但问题是，当内外部（经济中的不同的域）环境变化超过某个临界值或者当域内动态过程（积累）的后果导致了危机或困局时，金融制度将发生较大的变迁。此时，金融活动中参与人

[①] 这种关于制度的认知在中国著名学者钱穆对社会政治制度演变的研究中也有类似的表述。在《中国历代政治得失》一书中，他认为："制度也只是历史事项中一目，人类整部历史便没有百年不变的，哪能有一项制度经过一两百年还算得是好制度呢？"但是"每项制度之变化，也该有一可变的源"，或者说"每一制度，必须针对现实，时时刻刻求其能变动适应。任何制度，断无二三十年而不变的，更无二三百年而不变的。但无论如何变，一项制度背后的本源精神所在，即此制度之用意的主要处则仍可不变。于是每一制度，便可循其正常轨道而发展。此即是一项制度之自然生长。制度须不断生长，又定须在现实环境现实要求下生长，制度绝非凭空从某一理论而产生，而系从现实中产生。唯此种现实中所产生之此项制度，则必然有一套理论与精神。理论是此制度之精神生命，现实是此制度之血液营养，二者缺一不可。"更进一步，"每一制度，不应当专就此制度本身论，而该就此制度与政府其余各项制度之相互关系中来看此制度所能之发生之功效与其实际的影响"。

行动决策规则的策略选择，连同相关的共有信念，会同时发生一种基本的变化。这时的"金融发展"就往往体现为一国（或地区）金融结构或模式的重大改变。

现实地看，一国（或地区）金融体系至少是由货币政策、金融监管、微观金融活动和金融开放四个要素构成的不稳定的一个巨系统。在夏斌等（2011）看来，"在一个封闭的经济体中，金融中介、工具和市场是推动货币运动的主要媒介，货币当局与监管当局则从货币、监管政策两个方面，通过微观金融的行为载体对货币在金融体系中的运动状态进行调整，履行该系统的稳定职能"，而"当一个经济体处于开放环境下……货币替代、汇率波动及资本跨国流动等因素，同样成为影响本国货币运动状态的重要因素"，进而不但"从历史上看，其实在一国金融发展的任何时期，货币政策、金融监管、微观金融行为和金融开放分别都在不同程度上共同决定货币、金融体系的稳定和效用"（夏斌和陈道富，2011：42），而且"这四者的关系的协调平衡是动态的，四因素的变化还可以产生多种组合，体现为金融体系稳定与不稳定的各种景象"，换句话说，"要维持整个金融系统的稳定，必须把四要素中的每一要素放在货币金融大系统内思考和把握，才能确保整个体系处于稳定和良性循环状态"（夏斌和陈道富，2011：48）。

7.2.1.3 制度均衡视角下的金融开放及其路径选择

既然金融开放仅仅只是金融系统的构成要素之一，那么显然，一国（或地区）金融开放的路径选择受制于金融制度演进的内在逻辑，而且还要与货币政策、金融监管、微观金融活动等其他要素相互协调。

无论是从历史还是现实来看，包括中国在内的任何一国（或地区）的金融制度都不是由某个人设计出来的，而是由许许多多参与者选择出来的互补性均衡制度的一部分。因此，包括金融开放在内的金融体系的演进与创新就是一个自然的演进过程，是一国（或地区）众多不常被人关注的系统协同演化、积累的均衡结果，具有路径依赖性、自我调节性、非连续性和协同演进性等诸多基本特征。

1. 路径依赖性。从制度演进视角着眼，尽管类似金融结构或金融体系演进这样的复杂社会现象能够在没有明显、有意的引发因素的情况下出现，但现实的社会一般总要选择一些规则来影响这些经济活动。问题是一旦某个规则被选择之后，就如同在制度变迁的路径中设置了一个"凹槽"，不管这个"凹槽"在经济上是否合适、是否有效率，它都会在相当一个时期内持续存在，而随后相关的历史进程就被这个规则定型了，或者说"人们过去作出的选择决定了它们现在可能的选择"（North，1991），即制度变迁的路径依赖性。

金融体系的演进无疑是一个异常复杂的状态转变过程。其演进的路径依赖性实际上意味着一国（或地区）的金融体系一旦选定了某一发展路径，就会呈现出前后连贯、相互依赖的特点，这种既定方向会在以后的发展中得到自我强化。当然，由路径依赖性所决定的金融发展的这种自我强化在结果上可能引致多重均衡现象的出现——要么是金融结构的演进进入与经济社会协调发展的轨道，实现了金融体系扩展和经济增长；要么是金融结构失衡不断恶化导致金融体系的不发达和经济增长落后或者金融风险与经济危机，出现"无增长"的金融总量扩张。

2. 自我调节性。金融体系演进的自我调节性主要表现在它将无数分散的个别经济活动整合为统一的社会经济活动。换句话说，现实中的金融体系可以视为政府、企业和全体投资者共同参与并作出经济决策的决策系统。显然，金融体系中不同参与主体的选择、利益群体的组合及不同利益群体之间的力量对比，不仅实际上决定着这一决策系统的构成或模式，而且这些主体在一定的规则下相互作用、相互制约和相互发展，逐渐成为利益相互交织的稳定的共同体，具有相对的稳定性的同时也表现出很强的适应外部环境的能力，或者说自适应能力或自我调节性。当然，由于金融结构的自我调节能力是有一定限度的，它只能使金融结构系统在有限的范围内进行调整和转换。

3. 非连续性。金融体系演进的非连续性指的是作为金融体系核心的金融结构的某一或部分因素的数量变化达到一定的临界水平时，结构状况就会转换到一个新的稳定状态，而当金融结构演进被锁定在某种无效率或失衡的状况时，往往需要借助于外部力量来扭转演进的方向，此时金融结构演进就不再是渐进的、平滑的变化过程，而变成了不连续的、突变的跳跃过程。

某种意义上说，金融发展非连续性特征的根源之一在于其系统运动的多维性。当这一系统的某一个或某一些维度由于内外部因素（如金融监管与法律的变化）出现突变时，我们就能感觉到金融发展的非线性，甚至呈现逆转现象。一些趋势出现的原因在于地理范围的扩张、金融机构风险管理复杂度的提高和市场力量重要性的提高从而导致流动性和价格信息的重要性提高。另一些趋势则不是如此。这方面较为典型的例子就是"分业与混业"，或者说专业化抑或综合化的反复历史变迁。而货币金融系统内在的扩张性和不稳定性（或者说"自我瓦解"的特性）也为其非线性发展提供了土壤。一旦金融体系偏离了均衡水平，就不仅具有自我维持的特性，而且除非有外在强力的阻碍，这种不均衡的积累就将一直持续到系统运行的边界，以致造成系统崩溃（金融危机）。历史地看，一旦金融危机爆发，就可能对原有的金融发展目标、发展路径产生较为直接的冲击，甚至导致金融发展的"大倒退"（Rajan 和 Zingales，2003）。

4. 协同演进性。金融体系不是单独存在的，而是与其他系统共存于更大的系统之中。单个系统的变革，不仅需要其所在系统运行方式的改变，同样需要其他系统的相应变动，才能形成新的稳定系统。从这个意义上说，所谓的金融结构"协同演进"的特征指的是在一个开放的经济金融系统中，不仅构成金融体系的多维子系统相互之间存在极为复杂的互联，当其中一个子系统（制度）发生变化时，可能会改变其作用于其他子系统（制度）的选择压力，从而引起其他子系统（制度）的适应性变化，最终这种变化将会引起相关金融制度的一系列变化，而且金融体系的变革还需要经济系统，甚至政治、文化等系统的一定变化加以适应。这意味着，金融体系的变迁或演进并不是单独进行的，而是在对其他相关经济系统产生影响并且又受到其他系统及环境的双重作用下协同进行的。

容易理解，金融体系演进的这些内在特征决定了一国（或地区）所选择的较为成功的金融开放路径必然带有渐进和协同色彩，而那些试图采取激进（也称为"休克疗法"）的策略或措施在较短时期内推进金融开放的国家（或地区）很难获得成功。

312

7.2.2 中国金融开放路径选择的内外现实约束

理论上说，当一个经济体处于开放环境下，货币替代（货币国际化）、汇率波动和资本跨境流动等因素作为金融体系的内在要素必然会影响一国（或地区）货币金融运行状况。反过来，一国（或地区）的货币金融乃至宏微观经济运行状况也必然成为金融开放（含路径选择）的现实约束。

现实地看，中国金融开放的路径选择存在多个层面的约束：

国际层面，在当前世界格局正经历深刻变化、大国力量对比进入质变期的大背景下，一方面，以美国、英国等为代表的一批发达国家开始重新反思全球化的经济效应，逆全球化思潮的出现使得曾经的"地球村"的观念在一些国家正在被贸易保护、边境修墙、控制移民等现象所掩盖；另一方面，以中国为代表的发展中国家主导的"一带一路"倡议正在世界经济体系中扮演越来越重要的角色。全球经济金融治理正面临着巨大的变革压力。在经济金融日益融入全球经济体系的今天，中国在制定与人民币汇率、资金跨境流动等相关的金融开放政策时不仅需要充分考虑对其他经济以及国际市场的溢出效应，而且需要将国际经济环境视为决策的内生变量来预判其潜在的内部经济效应。这意味着当前中国的金融开放政策已经成为国际环境的重要组成部分，金融开放路径的选择也必须将国际因素约束考虑在内。

国内层面，自 2012 年中国经济进入新常态之后，金融运行面临的环境发生了较大的变化。概括来看，这种变化主要体现为四个方面：一是中国宏观经济的困境，原有的经济增长模式无法维系；二是银行体系的信用扩张几乎已到了一个临界点，潜在的金融风险过度累积；三是政府经济改革思路的转变，明确了"市场在资源配置中发挥决定性作用"的指导思路；四是在依法治国的方略下，中国的契约法治环境较以往有了很大的改进。

在这样的经济环境下，除金融开放之外的中国金融体系中货币政策、金融监管和微观金融活动三因素也出现了一些新的问题：首先，货币政策方面，不仅决策目标面临多目标利益冲突的同时决策机制的透明度有待提升，而且受制于利率、汇率定价的不完全市场化以及市场分割等因素，货币政策的传导机制时有阻塞，货币政策和宏观审慎监管的双支柱框架仍处于构建之中；其次，金融监管与金融创新形势不相适应，突出表现为监管目标存在多重性，监管部门身兼发展与监管两大职能的同时，金融监管立法滞后，监管理念不够科学、系统，且监管持续性也很难保证；最后，从微观金融主体及其活动来看，在金融机构公司治理"重形式、轻实质""形似而神不至"的问题仍十分突出，优胜劣汰的市场化退出机制和风险处置制度仍未构建完善，银企关系模式较为模糊的同时，金融市场存在市场分割、刚性兑付和定价扭曲等问题，导致各类经济主体的投融资机制无法实现真正意义上的市场化和自由化，突出表现为整个经济体系过于依赖银行，直接融资占比仍较低。

客观地说，中国金融开放所面临的这些约束使得在今后的相当一个时期，必须保持有限的金融全球化态势。换句话说，中国金融的对外开放在短期乃至中期来看，只能是渐进的，在国内金融与国际金融的融合度上，只能是有限的。

7.2.3 中国金融开放的路径选择

基于上述分析，在我们看来，中国金融开放应在加快完善监管标准、会计准则等制度和安排的基础上，协同推进扩大金融业开放、完善人民币汇率形成机制以及改革和减少资本账户管制三项重点任务，稳步推动人民币国际化和上海国际金融中心的建设，实现高质量开放。这意味着中国金融开放路径设计必须坚持以下四个基本原则。

1. 主动性。主动性原则也可以理解为"以我为主"的金融开放路径设计，或者说金融开放的内容及顺序选择是由中国政府基于国内外经济金融环境的判断和经济金融发展的内在需要，结合自身金融市场的发展程度、管理水平自主确定的，不盲从、不照搬、不拘泥于某些传统理论的教条，不屈从于国际压力。

2. 渐进性。渐进性这里指的是中国的金融开放应在存在整体规划的基础上，遵循循序渐进的思路，在制定金融开放路线图和时间表的前提下，结合国内外经济金融发展状况，在坚持从试点到推广（或者说从局部改革到整体性改革），从创新到规范，再到制度化等历史经验的同时，强化底线思维、法治意识，稳步推进金融各个领域的开放。

3. 协同性。协同性指的是国内金融发展与对外开放政策顺序的协调性和一致性。这一点在这里就无须赘言了。

4. 可控性。可控性指的是金融开放进程中的风险可控制。进入新常态以来，中国宏观经济持续呈下行态势，金融体系却依然延续了较快的发展，实体经济与虚拟经济发展的失衡使得微观局部的金融风险与金融乱象此起彼伏，宏观层面的系统性金融风险防范与控制也面临较大的压力。在这样的背景下推进金融改革与开放，也就意味着开放所选择的路径不能成为系统性风险失控的重要诱因。

7.3　中国进一步扩大金融开放的路径选择：对外开放视角

既然中国金融的对外开放不是一蹴而就的，而是一个渐进的、逐渐放松的过程，那么在对外开放目标及主要任务已基本明晰的背景下，路径选择中最为核心的问题就是在遵循"四大原则"基础上金融领域开放内容的顺序性及推进策略。

7.3.1　可供选择的中国金融对外开放顺序选择及其内在逻辑

路径一：以金融服务业的对外开放为主要政策着力点，在保持人民币汇率形成机制基本可控的背景下，稳步推进资本项目开放

这一路径可行的内在逻辑在于在现代金融体系中，现存的金融机构（及金融家）作为既得利益者往往对金融发展相伴随的竞争有着较大抵触，进而不赞成改革，因为金融市场的发展固然可以为他们带来更多的业务机会，但同时也会削弱他们的相对优势。这意味着一方面，通过金融服务业的开放，美欧等外资金融机构的不断进入将使得国内外金融机构之间在金融服务提供中的竞争日益凸显，迫使其国内金融机构出于生存的需要不得不变革其原有的内部治理机制和业务模式，甚至通过引进战略投资者的方式来换取其外资金融机构的技术转移，在外资机构的指导下学习、移植、实践其长期积累、较为成熟、规范的业务操作规则、风险管理技术、业务营销模式等专业经验，提高运营效率。另一方面，在全球化的环境中，一国的企业将面临非常严峻的来自外国同业的竞争，而竞争的加剧不仅直接引发原有企业利润的下降，进而需要重组产业和扩大融资，而且考虑到信贷决策的风险和信息要求都会提高，原有的关系型信贷决策出现重大失误的可能增加的同时，来自政府的干预也受到抑制（政府很难给企业提供大量的补贴贷款）。

这些改变意味着当贸易和金融服务业的开放持续一定时间之后，无论是既得利益群体（如政府、大企业与大银行等金融机构）还是普通的民众不仅都开始意识到制度进而金融模式差异的经济后果，而且发现，通过完善产权制度、司法制度以及特权保护制度等制度变革，促进其金融体系的发展和完善，进而在不断吸引境外资金流入的同时优化国内资源的配置，将是最符合其自身利益改进的政策选择，进而相应地会对资本项目管制、汇率形成机制作出调整，以更好地适应经济金融发展的内在需求。

历史地看，金融对外开放这一路径实际上很早就得到众多国家以及国际组织的认可。如在中国 2001 年加入 WTO 时，最受关注也最具争议的内容就是中国在银行业、证券业、保险业领域对外开放的承诺及时间安排。现实地看，近年来中国金融对外开放最受关注也最具实质性的内容也是银行业、证券业、保险业等金融服务业的开放（涉及各类金融机构的外资股占比、业务范围和牌照发放的限制等的逐步放宽）。而 2019 年 7 月 20 日国务院金融稳定发展委员会为贯彻落实党中央、国务院关于进一步扩大对外开放的决策部署，按照"宜快不宜慢、宜早不宜迟"的原则推出的 11 条金融业对外开放措施，10 月国家发展改革委和市场监管总局发布的《关于新时代服务业高质量发展的指导意见》中再次明确的"稳步扩大金融服务业开放"，以及 2019 年 10 月修订的《外资银行管理条例》《外资保险公司管理条例》均表明中国金融服务业的对外开放将在未来一个时期保持较快的速度。这实际意味着这一途径就是当前中国金融开放的现实选择。①

路径二：以汇率形成机制为未来主要政策着力点，在加大人民币汇率浮动的基础上推进金融服务业开放，稳步推进资本项目开放

这一路径的内在逻辑在于考虑到汇率制度本质上属于货币制度的重要构成，进而汇率制度选择的本质是一国货币稳定机制的选择。换句话说，有什么样的货币稳定制度，就要求有什么样的汇率稳定制度，以便一国货币与他国货币的汇率能按照相应的规则来确定和维持，从而达到促进国际贸易和金融活动的目的（夏斌，2011）。无论从理论还是现实来看，不同汇率制度下，国与国之间、经济周期之间的相互传递机制是不同的，各国之间货币和金融的融合程度也存在较大的差异。货币兑换，实际上是交换两国金融体系，而通过两国金融体系的交换可以引导资源在全球范围内的配置。

历史地看，日本的金融开放就是以日元—美元汇率变化为起点的。20世纪70年代以来的日元升值历时很长而且不稳定，日元兑美元汇率从1971年8月的360日元升至1995年4月的80日元，引发了众所周知的"日元升值综合征"，其最为直接的后果就是从70年代末开始日元进一步升值的预期使日本的利率大约比美国同类利率低4个百分点。在这一背景下，尽管日本政府一开始"担心外国人大量持有日元可能削弱当局控制货币供给的力度，并且可能加大汇率波动"（弗兰克，1984），国际资本流动大起大落可能不利于国内稳定，进而采取了严格的封闭式监管，但与经济增长相伴随出现的巨额储蓄外流，使日本逐渐成为世界金融舞台上的主要债权国，最终迫使日本向世界其他国家开放资本市场，并促使私营部门为随后出现的巨额经常项目顺差提供融资。《广场协议》使得日元汇率出现大幅升值，1986年日本离岸金融市场成立，为日本的外汇银行提供了一个可以开展国际业务的市场，并且也为外国银行进入日本提供了一个通道。20世纪80年代的巨大变革使得资本

---

① 2018年中国人民银行推出的"十二大措施"中有10条均涉及金融机构的准入及业务范围，仅两条措施涉及金融市场开放（分别是沪股通和港股通额度放大4倍与沪伦通的推进）。2018年和2019年中国银保监会发布的开放举措15条开放措施和金融开放"新12条"均为机构准入和业务层面；2019年国务院金融稳定发展委员会推出的金融开放"新11条"也是如此。

流动严格管制体系转变为资本自由流动体系的过程基本完成。到 20 世纪 90 年代剩下的一部分管制也被取消。

从中国的现实来看，目前是进行人民币汇率机制改革的一个较好时机。之所以有这样的判断，是因为一方面进入新常态之后，中国经济维持了中速增长态势，通货膨胀率不高，贸易处于顺差，没有严重的外部经济危机，国内金融体系风险总体可控，外债已经下降到较低规模，经济基本面健康；另一方面，2016 年至今包括外汇在内的金融市场总体运行较为稳定，不存在之前存在的人民币要么单边升值，要么单边贬值的预期。这意味着中国政府可以利用目前这一难得的外汇市场供求相对平衡的时间窗口，适度提高汇率的灵活性（核心是人民币汇率突破当前日波动幅度 2% 的限制，实现宽幅波动），进而缓释当前货币政策制定过程中的外部经济约束，降低由汇率形成相对僵化引发的金融风险。

路径三：以资本项目开放为未来主要政策着力点，以跨境资金自由流动为核心推动人民币汇率改革，实现金融服务业开放

这一路径的内在逻辑在于非 FDI 形式的跨境资本流动是以金融投资为目的的，涉及汇兑、交易以及资产负债管理等多个方面，进而一旦放宽资本项目开放的限制，不仅会直接对汇兑、汇率形成机制产生较大冲击，而且可能倒逼较为封闭的国内金融市场（出现直接或间接的融资替代），进而产生较大的改革压力，迫使国内金融服务业和金融市场提升经营效率，带动金融发展。

历史地看，第二次世界大战结束之后的很长一个时期内，国际资本流动规模的增速明显滞后于世界贸易的增长。很大程度上，这种现象是由于 1944 年布雷顿森林体系确定的对于贸易而不对资本的半开放政策所决定的，当然也符合美国之外处于"美元荒"的众多国家的利益。但 20 世纪 50 年代欧洲美元市场的兴起却在事实上打开了国际资本流动的缺口。在 1971 年布雷顿森林体系最终崩溃之前，包括美国、德国、日本等在内的国家均有正式的资本管制措施，欧洲美元市场已经可以为一些国家的大企业提供足够的融资，而不受任何国家的管制束缚。

而当各国资本管制的缺口被市场发现之后，很自然地，随着国际资本流动性的加强，政府的很多政策（诸如保持低利率扶持某些特殊产业、通过高利率来控制通货膨胀等）开始失去控制，进而当时美国之外的很多国家都强烈要求加强联合的资本控制，尤其是约束欧洲美元市场。但问题是，当时的美国和英国均把欧洲美元市场看作重构其世界金融中心地位的重要契机，采取了支持完全开放的政策，放弃了限制资本流动的协同行为。由于世界上最大的经济体不愿控制资本的流动，而欧洲市场又事实上开展着大量的跨国交易，各国除了开放之外别无选择。因此，到 20 世纪 80 年代末，大多数发达国家都已放开了跨境资本流动。

容易理解，由于欧洲大陆国家和美国金融体系市场化程度的巨大差异，当跨境资本流动的阀门一旦打开，越来越多的货币市场活动从其他主要工业国家——这些国家有着限制性更高的金融环境和慷慨性不足的中央银行支持——转移到欧洲美元市场这个成本更低的离岸环境（或者说进入更具流动性的美元标价的环境）。而这种趋势在造就并强化纽约、伦敦全球金融中心地位的同时，实际上也迫使德国、法国、日本等国家政府去积极地改变其传统的金融制度和模式来迎接美国模式（包括伦敦金融城）的挑战。

从中国的现实来看，一方面，资本账户管制的现有框架仍较为复杂，涵盖了对跨境资金交易行为本身进行管制［主要由国家综合部门（国家发展改革委）和行业主管部门（中国人民银行、银保监会、证监会、商务部等）实施，如金融机构对外借款，必须由主管部门授予的借款主体资格和国家发展改革委给予的借款指标］、在汇兑环节对跨境资金交易进行管制（对资本项目交易相关的跨境资金汇入、汇出以及外汇和人民币的兑换进行管制，由国家外汇管理局负责实施，具体操作中则相当一部分授权给商业银行执行）以及国家外汇管理局对金融机构外汇业务的审慎监管。另一方面，离岸金融市场的规模和地域不断拓展，已形成以香港为主、多点并行的格局，信贷、外汇交易、债券、基金、远期等人民币离岸产品日益丰富、交投活跃。在这样的背景下，再考虑到目前 3.2 万亿美元的外汇储备，中国可以尝试利用在岸和离岸金融市场联动的方式有序推进资本账户管制的放宽，其内核是对于在岸金融业务涉及的金融资本流动，以加强审慎监管为导向，逐步放松汇兑环节的限制，在加强对交易环节管理和限制的同时，引入价格型的市场化手段，强化外汇"均衡管理"，防止资金的大进大出；而对于离岸金融市场，则在相对控制离岸中心向我国传递风险的同时，放开部分资本账户管制，有序推进"一带一路"人民币区域化进程，构建境内外居民人民币资产"双向"流动管道。

路径四：以人民币国际化为政策着力点，在带动金融服务业对外开放的同时，实现人民币汇率形成机制的市场化和资本账户管制的放松

对于中国这样的大国而言，人民币国际化是中国实现大国金融崛起的标志，也是金融开放的最终目标。从理论上说，无论是本币的国际化还是允许国际资本的流动，能发挥稳定性功能都是建立在市场对某货币跨越国界之后币值稳定（更准确地说是可控）信任基础之上的。这种信任绝非旦夕建立的，而是依托经济、军事实力和宏观调控能力，经过漫长的历史检验才能树立的。历史地看，这种对于货币的国际信任一旦形成，将成为该国金融运行的重要制度支持。依托这一途径实现金融开放最为典型的代表是美国。正是因为 1944 年布雷顿森林体系确立了以美元为核心的世界货币体系（进而美元替代了英镑的国际货币地位），从而在结束了 19 世纪以来形成的以伦敦为中心的金融秩序之后，美元的国际化进而美国金融的对外扩张才得到了坚实的制度支持。此后 70 余年间，尽管美国在不同时期采取过资本管制（如 20 世纪 60 年代的"利息平衡税""自愿限制海外信用计划""强制性资本管制计划"等），但在布雷顿森林体系崩溃之后，美元的国际化地位、发达成熟的金融市场再加上美国金融机构拥有的极强风险管理能力，使美国金融牢牢占据着世界金融秩序引领者的地位。

历史地看，中国始于 2009 年的人民国际化进程是在汇率与资本账户管制约束下启动的。十余年之后的今天，伴随着"一带一路"建设的落实推进，利用对外投融资合作来推进人民币国际化已经成为当前中国金融开放的重要内容，并已做了很多探索，比如"丝路基金"、"人民币海外基金业务"、国开行和进出口银行等开发性和政策性机构发放的大量跨境人民币贷款等。如果中国能利用"一带一路"建设推进相伴随的海外投融资业务，使人民币国际化逐渐从贸易结算计价货币逐步升级到储备货币和国际货币的功能，树立人民币在"一带一路"沿线国家的市场信任，那么极有可能为后续中国金融服务业的"走出去"以及人民币汇率形成机制转变奠定良好的经济基础，推动中国金融开放达到一个新的阶段。

7.3.2 不同金融开放路径选择的潜在风险分析

对于中国这样一个目前仍处于经济增长方式转型阶段的发展中国家而言，不同的金融开放路径选择可能意味着不同的效果，并且与金融开放相关联的实体经济运行也可能面临不同的机遇和挑战。

7.3.2.1 对外金融开放路径一的潜在风险

从全球来看，除了英国等少数发达国家以及部分转轨经济体之外，一国（地区）金融服务业（金融机构层面）的开放越来越难以见到外资金融机构业务和资产比重的显著上升，进而由此引发的对于其国内金融业态的实质性冲击有可能较为有限。以中国为例，在加入 WTO 之后的 18 年间，外资金融机构资产占比就持续偏低，甚至近期还出现不升反降的态势。现实地看，外资金融机构在中国业务和资产份额的变化有一些客观的外部原因。比如 2008 年国际金融危机对很多跨国金融机构产生了严重冲击，导致其盈利下降的同时，机构发展战略也进行了重大调整，经营业务重心纷纷从新兴经济体转回本土。同时，全球金融监管框架也出现较大调整，监管强度加大、趋严，导致金融机构跨境业务成本大幅上升；中国商业银行等股份制改制时引入的诸多战略性投资者为实现财务回报，选择高位抛售股票等。此外，还存在一些深层次的内在原因。其中颇为关键的一点就是以商业银行为代表的金融机构多多少少带有一定的关系型融资特点。作为一种金融中介，商业银行不仅可集中所有储蓄者的资金、信息、交易，进而具有更大的信息优势和凭借隐性约束来保证资金的偿还，而且利用存款和贷款的捆绑，一方面有助于银行在提供必要流动性的同时，通过存、贷款过程中获得的私人信息，保证信贷配置的效率以及安全性；另一方面，由于早期银行的贷款对象主要是存款者

（如通过透支便利），可以减少银行资金受政府或自身滥用的动机，由此导致其具有一定的内在本土化倾向。尽管随着契约以及信息披露制度的完善、科技的进步，信息可以在一定程度上打破时间和空间的限制，但金融服务业的内在倾向依然存在，只不过表现得不那么明显。

此外，尽管像类似巴塞尔协议这样的国际公约在过去的30余年间有了较广的接受度和约束力，但现实地看，各国的金融监管框架仍存在较大差异，同时，很多国家对于外资金融机构也存在一些或大或小的政策性限制（如业务范围等），这在一定程度上影响着竞争的公平性。

无论从理论还是实践来看，如果一国金融服务业的开放无法达到某一个阈值，那么由开放引发的竞争和示范效应就可能很难实现从量变到质变。这样尽管这种金融开放途径可以说是外部开放引发的冲击风险中最容易控制的一种，但同时也可能是实现金融实质性开放最为漫长的途径，或者说在中国，单纯地推进金融服务业开放，不仅可能无法带来外资金融机构在华业务的显著提升，进而无法借由外资金融机构准入竞争引发中资金融机构经营效率的提升，相应地人民币汇率形成机制和资本项目开放也很难获得持续的推动力，最终导致金融开放进程无法达到预想的程度。

7.3.2.2 对外金融开放路径二的潜在风险

汇率是开放经济体系中最重要的价格之一，汇率的变化牵动着经济的方方面面。在当前的中国，汇率制度的选择或者说评价不同于其他国家，而是存在多个维度，既涉及宏观经济稳定、经济结构调整（供给侧结构性改革）和经济可持续增长，也涉及金融稳定和金融开放。这样，是否应该加快人民币汇率形成机制的市场化改革，引进汇率宽幅波动需要考虑的约束因素就颇为复杂，且不同约束因素之间的关系还处于一种"时变"状态，使得由汇率形成机制改变带来的效应就极难准确判断。

现实地看，全社会对于人民币汇率形成机制的变化最为关注的问题是宏观经济稳定、经济结构调整和金融稳定，而不是金融开放。

从宏观经济稳定的角度来看，一方面，考虑到目前的人民币汇率形成机制本质上类似于固定汇率，尽管该机制借助"逆周期调节因子"变量的引入一定程度上缓解了单边贬值/升值的预期，资本流动压力也因此得到了间歇性缓解，但汇率的变化无法对外汇供求基本面作出充分反应，进而迫使货币当局必须择机进行外汇市场干预来维持目标汇率价格。这意味着，实行宽幅汇率波动有助于货币政策的制定和实施，进而有助于宏观经济稳定的实现。但问题是，另一方面，汇率的宽幅波动意味着汇率风险的加剧，在进出口贸易依然是推动中国经济增长重要因素的当前，这可能对进出口方预期的变化带来较大的干扰，这种经济干扰如果影响到进出口方的交易意愿，那么有可能对原本在中美贸易摩擦下就较为羸弱的贸易产生巨大的影响，进一步加大经济下行的压力。现实地看，在国内外汇衍生品市场并不完善、经济主体外汇风险控制能力仍受到较大约束的今天，这种可能性的确存在。

从经济结构调整的角度来看，尽管按照张斌（2018）的分析，外汇市场干预确实存在影响实体经济资源配置的机制，是造成一国经济外部失衡和内部失衡的原因之一，但问题是，从类似固定汇率机制向宽幅波动汇率的转换并不容易。之所以转换会非常艰难，是因为对于包括中国在内的任何一个国家而言，其汇率制度的选择（转换）不仅存在一定的路径依赖性，而且"每个国家的决策并不是与其他国家无关的，它们的自主性源自国际货币安排的网络外部性。这样，在一个时点上，一个国家的决策会受到此前其他国家决策的影响"（艾肯格林，2005），进而需要将其他国家（尤其是货币中心国家）的决策考虑在内。也正是因为这种转换的难度，所以很多国家在汇率制度转换过程中伴生着货币危机，货币危机一旦爆发就迫使其重新选择汇率制度，但汇率制度的重新选择却又意味着新的货币不确定性。这种由汇率制度转换带来的不确定性是否会影响中国的实体经济资源配置，是否会带来新的经济失衡，在事前很难作出准确的判断。而这种不确定性也就成为一种现实的风险。

从金融稳定角度来看，考虑到目前中国是全球第一大 FDI 引入国，ODI 规模近年来也迅速增加，且金融资本在通过 QFII、RQFII、QDII、沪港通、深港通等渠道实现双向流动的同时，还存在规模巨大的投机性热钱流动，一旦汇率形成机制变化，尽管长期来看具有合理性，但不排除短期内预期的变化引致一些意料之外的资本流动，对金融产生一定的冲击。这种风险也不能完全排除。

7.3.2.3　对外金融开放路径三的潜在风险

资本账户开放主要涉及资金的跨境流动，其推进的快慢及内容选择很大程度上取决于一国（地区）经济对资本的吸收能力以及宏观调控能力。无论是从理论还是历史的相关国家实践来看，以资本账户开放作为开放路径着力点的最大风险在于，资本账户开放对国内外宏观经济环境和本国金融市场的发展程度有很高的要求，若条件不满足的话则很可能轻则导致开放受阻，严重时甚至会发生金融危机。实际上，英国在 1979 年取消资本管制之前，在 1947 年，为了兑现向美国贷款时签订的协议，在国内经济尚处于价格管控、必要物资仍需大量从美国进口的情况下，强行实现了资本账户可兑换，结果导致资本大量外流，外汇储备很快消耗殆尽，资本项目的可兑换被迫停止。20 世纪八九十年代，以泰国等为代表的一批东南亚经济体正经历高速增长，为了进一步吸引国际资本参与到国内建设中来，泰国政府在内部经济结构存在明显扭曲的宏观背景下，放开了对资本项目的管制，失去了对短期跨境资本流动的控制，国际资本流入泰国的股票和房地产市场，当泰国经济出现问题时，各类资本又快速外逃，对泰国的金融市场造成巨大冲击。泰国政府动用全部外汇储备抵御投机者的冲击最终仍宣告失败，不得已允许泰铢大幅贬值，亚洲金融危机拉开序幕。

从中国的情况看，鉴于中国目前的金融体系仍处于"大而不强"且货币政策、金融监管等要素均未达到较为理想的状态，资本账户开放的相对加速客观上面临很多约束，极易引发一些冲突或矛盾，而这些冲突或矛盾一旦集中爆发，很可能引发较大风险。首先，在中国国际收支平衡已由经常项目转为跨境资本流动主导的背景下，一旦管制放松，当宏观调控出现任何失误的时候将会产生巨大的套利空间，极易引发短期资本流动的大起大落，同时加大调控成本，缩短给纠正失误提供的时间。这一点，从 2015 年 "8·11 汇改"后连续 2 年累计近万亿美元的外汇储备下降可见一斑。一旦出现这种状况，要么将迫使货币当局重新恢复管制，进而使得开放受阻；要么放任自流，引发市场出现短期的恐慌进而预期改变，将会对金融稳定产生直接的重大冲击，同时危及宏观经济稳定。其次，考虑到中国持续的高速增长之后，各类主体累积了金额巨大的财富，一旦资本账户管制放松，将面临来自各类主体出于资产多元化配置考虑而增加外汇资产或境外资产的现实压力，这时一旦境内主体对人民币资产的信心有所下降，可能引发规模巨大的资本外流现象，成为危及金融乃至经济稳定的重要不确定性因素。最后，资本账户的开放意味着中国长期以来拥有的最后一道防范境外金融风险蔓延至境内的屏障不复存在，中国金融市场直接暴露在国际金融动荡中的风险敞口不断扩大，如果中国货币当局无法做到审时度势，前瞻性制定货币政策和宏观审慎政策的话，整个中国金融和经济体系的动荡将会较之前加剧。

7.3.2.4 对外金融开放路径四的潜在风险

对于当前的中国而言，人民币国际化无疑是一把"双刃剑"，其快速推进确实有可能带来较大的益处，但却也会引发一些新的问题，带来一定的经济成本和风险。历史地看，考虑到中国一开始试图通过提升人民币贸易结算比重来推进国际化，开放了人民币贸易结算政策。在2010—2013年人民币单边升值预期的背景下，大量资金通过在岸市场和离岸市场之间的套利来追逐利润，直接导致海外人民币存款快速上升的同时，显著加大了货币当局应对资本流入的对冲压力，直接威胁到了当时的宏观经济稳定。而在之后出现的单边贬值阶段，则出现了完全相反的现象，资本从大幅流入转为流出，再次对宏观经济稳定产生了巨大冲击，同时迫使货币当局不仅采取严厉的资本管制措施，而且实质上对离岸市场进行了干预，使得包括人民币国际化、离岸人民币市场在内的部分中国金融开放进程出现了逆转现象。

另一个值得关注的与人民币国际化相关的风险来自规模迅猛增长的以人民币计价的海外投融资。很多学者认为，中国通过经常账户输出人民币的模式已经大致告一段落，下一阶段主要通过资本账户输出人民币，而"一带一路"建设为中国通过这一途径输出人民币提供了很好的机会，有望在基础设施建设（在基础设施建设融资过程中使用人民币计价与结算）、大宗商品交易计价和电子商务定价这三个领域实现突破（连平，2018）。但问题是，金额巨大的通过开放性金融、政策性金融发放的人民币海外贷款以及中国企业对外直接投资的金融风险是客观存在的，是否能够准确地评价海外人民币投资和贷款的风险并确保相应的风险不增加，也就成为与人民币国际化推进相伴随的不可忽视的风险。[①]

7.4 中国金融内外开放的路径选择：制度均衡视角的进一步思考

从制度均衡的视角来看，可以认为"金融领域内的任何一项改革、发展和开放活动，都必须小心考虑金融乃至经济系统内的平衡、协调关系。或者说，要维持整个金融系统的稳定，必须把货币政策、金融监管、微观金融活动和金融开放四要素中的每一个放在货币金融大系统内思考和把握，才能确保整个系统处于稳定和良性循环状态"（夏斌，2011）。这意味着中国金融开放的路径选择不仅需要考虑对外开放中金融服务业开放、人民币汇率制度、资本账户开放以及人民币国际化等问题，而且需要考虑金融内外制度选择以及运行的平衡、协调问题。

7.4.1 中国金融内外开放的路径选择

如果将国内金融改革和发展也考虑在内，那么当前中国金融开放路径无疑应该是坚持"先内后外"（即对内开放优先于对外开放），即金融运行的充分市场化优先于金融的国际化。[②] 当然，我们也不排除在某些金融领域的改革中借助适度可控的对外开放来推动、倒逼国内相应领域的市场化改革。

现实地看，中国国内金融经济领域的市场化改革仍处于攻坚阶段：第一，产权制度仍存在完善的空间，尤其是对于知识产权的保护仍存在侵权赔偿标

---

① 现实地看，中国金融机构在"走出去"时存在很多问题。如部分金融机构在争取项目时"一拥而上"、无序竞争，缺乏对项目风险的科学分析；一些企业不了解东道国环境和社会规范，忽视风险、盲目投资；等等。

② 从众多国家的经验和教训来看，金融开放的内外条件配合进而开放内容的顺序选择至关重要。例如，取消对直接投资流入的各类限制，常常与增强出口竞争力和实体经济部门的改革同时实施，包括对国内贸易和投资体制的改革、调整汇率以提高竞争力和取消对经常项目交易的外汇管制等。取消对证券资本流动的管制，要与国内金融业的充分市场化相配套——利率自由化、发展间接货币的方法、完善银行及资本市场的功能等（夏斌等，2011）。

准低等问题；第二，要素市场发育不充分，不仅市场决定要素配置范围有限、要素流动存在诸多体制机制障碍，而且土地、资金、科技、数据等要素的价格形成机制尚不成熟，尚存在一定的管制，导致要素无法自主有序流动的同时其价格无法真正发挥资源配置信号的作用，要素配置难以实现高效公平；第三，政府的职能转换未完全到位，还存在诸多不必要的准入门槛和条条框框的设置，同时，与政府职能转变相关的税费改革也未完成，税率的内外公平仍存在一定问题；第四，货币政策调控和宏观审慎管理、微观审慎管理政策的合理搭配框架（"双支柱"）仍处于构建完善时期，货币政策的传导机制仍不顺畅，导致货币政策的工具也带有较为浓厚的规模色彩，价格型工具的有效性有待提升；第五，以风险资本为基础的针对金融机构的审慎监管体系尚未完全构建，同时，与外汇、利率相关的衍生品避险产品发展较为滞后，风险管理的必要工具和市场仍处于建设阶段，等等。与此同时，中国现代金融体系建设所必需的金融立法与执法、会计准则等制度建设以及信用评级机构、注册会计师事务所、律师事务所等金融中介专业服务机构也存在一些明显问题，直接约束着中国金融的后续发展。

考虑到当前中国金融经济的内外部风险，以及国内经济金融等发展状况，中国下一阶段的金融开放若想深入推进，客观上需要国内经济金融市场化改革的有效配合，其中资源、能源以及资金等要素的市场化改革（尤其是利率、汇率和保险费率等金融市场价格形成机制的市场化以及环保成本的内部化）、政府职能的进一步转换、"一委一行两会"各部门之间监管协调以及商业银行等金融机构公司治理的进一步完善和市场化退出机制的构建等基本完成，均是确保金融开放取得实质性成效的前置必要条件。

当然，鉴于中国的金融开放是一个循序渐进的过程，进而开放的必要条件与开放内容之间也存在颇为复杂的因果关联，进而意味着即便是所谓的必要条件，既不可能也不需要一次性完全满足，而是根据可能引致的风险严重程度以及对我国金融发展的重要程度，渐次满足和实现——这一点在中国1978年以来的金融改革开放历史实践得到了反复证实。换句话说，对于当前的中国金融开放而言，渐进有序开放路径中国内和对外政策的搭配，可以说是一个复杂的甚至是不可言的过程，进而需要政府在牢牢把握金融开放主动权的背景下，审时度势，因势利导，抓住机会运用各种方式实现金融体系的制度均衡，有效发挥金融对实体经济的推动作用。

7.4.2 中国金融内外开放路径选择失当的潜在风险分析

在中国经济金融已在相当程度上融入全球化的大背景下，由于没有顾及国内金融经济发展现状的制约，一味盲目地加速金融开放的推进，导致内外开放路径选择失当所引发的贸易体制失控、外资（尤其是投机性游资）的无序涌入与"大进大出"，金融服务业竞争加剧下国内金融机构行为失控、经济主体资产负债期限货币错配，外部国家（地区）的风险外溢至国内等现象均蕴含着一定的风险，有时甚至会引发较大的国内经济金融冲击。关于这一点，20世纪80年代的拉美债务危机、90年代初俄罗斯和中东欧国家"休克疗法"所引致的经济金融混乱、1997年的亚洲金融危机、1998年的俄罗斯金融危机以及2007年的次贷危机、2008年的国际金融危机和之后的欧洲主权债务危机等事件都提供了极具借鉴意义的教训。

7.5 结语

金融发展的空间最终是由经济发展的空间所决定的。过去40余年里，中国无疑是经济全球化的受益者之一，进而维持一个开放的世界经济秩序是当前中国的利益所在。在贸易领域开放达到一个较高水平的今天，中国金融领域的进一步开放势在必行，而且面临着金融服务业进一步开放、人民币汇率形成机制改革、资本账户有序开放、人民币国际化的推进以及上海国际金融中心建设等多个重要且颇为棘手的任务。现实地看，尽管立足制度均衡观，基于金融体系是一个由货币政策、金融监管、微观金融活动和金融开放等四要素构成的复杂巨大系统的理解，各项金融开放内容之间必须相互配合、共同发展，才是推动中国经济持续健康发展的长久动力，但中国的经济金融发展现状仍需要我们在金融开放的路径及内容的次序性上作出符合实际的抉择。

在我们看来，尽管历史地看，一国（地区）金融开放的进一步深入的确存在不同的路径（或者说政策优先）选择，且不同选择也蕴含着不同的风险，但对于中国而言，在当前坚持充分的市场化和有限的全球化的发展战略目标约束下，考虑到经济体内的适应机制是应对内外部冲击的根本因素，进而必须在着力推进要素价格机制改革以及服务业领域的改革（进而使得价格能真正发挥资源配置决定性作用）、货币政策和宏观审慎管理双支柱框架基本形成（进而使宏观调控具有较大的灵活性）、金融行业得到适当的监管（进而使金融市场的信息不对称所引致的外部性得以控制在可承受范围之内）等目标基本实现的背景下，在注重金融市场培育和产品创新，提升金融市场的开放度和包容性，营造公平、透明、可预期的营商环境和法制环境的同时，以准入前国民待遇和负面清单为核心实现金融业对外开放，协同推进扩大金融业对外开放、人民币汇率形成市场化改革和减少资本管制"三驾马车"，依托"一带一路"建设进一步推动人民币国际化，不断提升上海的国际金融中心地位，有效促进中国作为重要的国际经济金融规则参与者向决策者甚至制定者转变。

参考文献

［1］巴里·艾肯格林. 资本全球化——国际货币体系史（第二版）［M］. 彭兴韵，译. 上海：上海人民出版社，2009.

［2］弗兰克. 不发达的发展［M］//查尔斯·K. 威尔伯. 发达与不发达问题的政治经济学. 北京：中国社会科学出版社，1984.

［3］连平."一带一路"为人民币国际化开辟新空间［N］. 中国证券报，2017 – 05 – 13（A07）.

［4］钱穆.《中国历代政治得失》［J］. 人民法治，2018（4）.

［5］青木昌彦. 比较制度分析［M］. 北京：中国人民大学出版社，1999.

［6］夏斌，陈道富. 中国金融战略 2020［M］. 北京：人民出版社，2011.

［7］《径山报告》课题组. 中国金融开放的下半场［M］. 北京：中信出版集团，2018.

［8］《径山报告》课题组. 中国金融改革路线图［M］. 北京：中信出版集团，2019.

［9］张斌. 走向浮动的人民币汇率形成机制［J］. 中国货币市场，2018（2）.

［10］McKinnon R I. The Order of Economic Liberalization：Financial Control in the Transition to a Market Economy［M］. JHU Press，1993.

［11］North D C. Institutions［J］. *Journal of Economic Perspectives*，1991，5（1）：97 – 112.

［12］Rajan R G，Zingales L. The Great Reversals：The Politics of Financial Development in the Twentieth Century［J］. *Journal of Financial Economics*，2003，69（1）：5 – 50.

8 中国金融开放：战略目标

摘 要

历史经验表明，大国经济必须要有与之相匹配的大国金融，需要一个具有强大资源配置功能且能够有效分散风险、高度开放的现代金融体系。而且金融开放过程中往往伴随着国际金融中心的兴衰与交替，伦敦、纽约和东京等都是其中典型的代表。当前，在推动新一轮高水平开放的大背景下，中国建立国际金融中心是大势所趋。它不仅符合历史上国际金融中心兴衰更替的客观事实和历史规律，也是中国经济持续高质量发展和金融不断开放的必然选择。本章系统梳理了历史上主要国际金融中心的发展历史，总结了建成国际金融中心的基本模式，并据此提出了未来中国建设国际金融中心的目标特征，以及所应当具备的货币、经济、金融与制度等四大基石。

8.1 走向彼岸：建成符合大国金融战略的国际金融中心

8.1.1 大国经济需要大国金融

新中国成立以来，我国经济规模不断扩大，综合国力与日俱增，对世界经济增长的贡献大幅提升，国际地位和影响力显著增强。1952 年至 2018 年，我国 GDP 从 679.1 亿元跃升至 90.03 万亿元，实际增长 174 倍；人均 GDP 从 119 元提高到 6.46 万元，实际增长 70 倍。2019 年我国人均 GDP 首次突破 1 万美元大关，2020 年我国国内生产总值为 101.5986 万亿元，首次突破 100 万亿元。目前，我国已成为世界经济第二大国、货物贸易第一大国、外汇储备第一大国。中国已基本具备全球性经济大国的主要特征，对世界经济发展发挥着日益重要的作用。

当前，我国经济正处于由高速增长转向高质量发展阶段转变的重要战略机遇期，增长速度由高速转向中高速，增长规模由总量扩张过渡到结构调整，增长动力由投资推动、外需拉动转向内需、外需和投资协调发展，增长方式由粗放式增长转变成集约式、内涵式发展。长期来看，如何维持中国经济这个全球性大国经济的长期稳定增长并适时实现增长方式转型，是我们面临的重要战略问题。

历史经验表明，在维持大国经济长期、持续、稳定增长的过程中，除了人口因素、战略资源、科技创新能力等因素外，拥有开放的、能在全球有效配置资源且具有良好分散风险功能的现代金融体系至关重要。美国经济长达一个世纪的持续增长，主要得益于金融的强大推动力和科技创新。美国金融特别是资本市场发展对经济增长的贡献意义重大，美国金融体系具备的结构性和功能性特征是支持实体经济发展的重要因素。一方面，美国以市场为主导的金融体系实现了以资本市场为平台，以投资工具为渠道，企业和金融机构能够便捷、迅速地筹集资金，从而有效地配置资源；另一方面，投资者能够通过多种多样的金融工具实现资本有效配置，在获得收益的同时有效地分散风险。

中国经济作为大国经济，必须要有与之相匹配的大国金融，需要一个具有强大资源配置功能且能有效分散风险的现代金融体系。只有建成现代金融体系，才能将各种资源进行合理配置，推动一国经济的增长。事实上，随着改革开放 40 多年来中国经济的发展和市场化改革的推进，中国金融在规模、结构、业态、功能等方面朝着市场化方向发生了不可逆的根本性变化，在资源配置方式、风险分散机制和监管模式改革等领域朝着现代金融方向发生了重要改革，在开放和国际化方面进行了方向明确、方法审慎的试错性探索。中国已经初步完成了市场化金融体系的结构转型，为未来构建与大国经济规模、结构和特征相匹配的大国金融奠定了良好基础。

8.1.2　建成国际金融中心是大国金融开放的必然选择

高水平金融开放是构建与大国经济相匹配的大国金融的必要条件。目前，我国金融开放程度相对较低，人民币还没有实现完全自由可兑换，金融市场开放的程度很低，外国投资者占中国市场的比例只有 2%。金融市场的对外开放主要是通过如 QFII 和深港通、沪港通等管道完成，开放空间依然很大。未来还需要积极创造条件推进人民币自由交易，降低人民币资产投资门槛，改善资本市场投资价值，加快推动新一轮高水平对外开放。

纵观全球经济发展和金融开放的历史，金融开放过程中往往伴随着国际金融中心的兴衰与交替，历史上曾经出现过的威尼斯、阿姆斯特丹、伦敦、纽约和东京等都是其中最为典型的代表。东京由于受到 20 世纪末期泡沫经济的严重影响，其国际金融中心的地位已经受到严峻挑战。威尼斯和阿姆斯特丹已经成为历史，纽约和伦敦仍是当前具有重要影响力的国际金融中心。英国在历次争霸中取胜并确立了"世界工厂"的地位，伦敦毫无悬念地成为国际金融中心。英国在世界贸易中的重要地位，使得伦敦集聚了大量金融机构、产品与人才，推动建立和完善了现代金融体系，促进了伦敦国际金融中心与英镑国际化的良性循环。19 世纪末，美国经济总量开始超过英国，世界经济版图重构，重心开始向美国倾斜，纽约作为新的国际金融中心开始加速发展。在此过程当中，经济快速发展和稳定的货币环境为美国资本市场发展提供了重要的条件，美国也因此超越了包括英国在内的欧洲列强，成为世界上规模与影响力最大的经济体，也使纽约自 20 世纪初期以来一直保持着重要国际金融中心的地位。

不难看出，国际金融中心是世界经济和国际金融发展到一定程度的产物。对于全球或地区的资源配置和定价来说，国际金融中心有着不可替代的战略意义。不论在资产定价、风险控制，还是信息传递、资本聚集与扩散等方面，国际金融中心都有很强的话语权和导向性。加快建设我国的国际金融中心，有助于发挥金融要素市场平台的作用，实现各要素市场的互联互通，增强金融资源配置能力，拓宽实体经济融资渠道，更好地服务经济社会发展；有助于提升金融市场影响力和辐射力，形成中外资金融机构共同竞争、良性发展的格局，支持企业更好"走出去"，推动我国开放型经济发展；有助于发展具有广度和深度的多层次金融市场，探索开放经济条件下的金融风险防范化解机制。

当前，作为世界第二大经济体的中国，建立国际金融中心是大势所趋。它不仅符合历史上国际金融中心兴衰更替的客观事实和历史规律，也是中国经济持续高质量发展和金融不断开放的必然选择。

8.1.3　国际金融中心：目标与特征

8.1.3.1　国际金融中心应具备的特征

通过对比历史上出现的国际金融中心，发现成为国际金融中心至少应当具备以下几个特征。

一是系统性。国际金融中心是一种动态可变的系统，其中组合了包括金融监管、金融机构、金融中介、金融产品开发者、消费群体和各类金融信息等在内的各种要素，仿佛一个巨大的生态系统，具备自我组织、自我适应、自我协调等能力。系统内严格按照规则运行，具有一定的规律性。系统结构的特性决定了整个系统的运行效率，而整个系统也会受到时间和外因的影响，所以结构并不是一成不变的。这也可以解释为什么国际金融中心在演化的过程中出现异化，有的走向了更高阶段，而很多则逐渐衰退，逐渐失去了国际金融中心地位。

二是开放性。金融开放既是面向国外开放，也是实体经济与金融之间的深度融合。综观各个国际金融中心，其最大特点就是具有较高的开放度和市场化程度。之所以被称为国际金融中心，是因为它是如磁铁般的中心枢纽，会带来金融的聚集效应。而一个国家或系统若不能足够开放，聚集的速度和程度都会受到影响。尽管政府可以通过行政手段调动本国金融资源，但是如果无法吸引国外的资金聚集，就不能真正建成国际金融中心。

三是复杂性。金融结构本身具有一定复杂性，包括金融资产分布、金融工具类型分布、金融机构之间的关联度等因素。金融中心的微观金融结构构成了其核心组成部分，即银行、保险、证券、投行、融资租赁、担保、信托、基金等。它们的功能、产品、融资渠道、融资方式、融资工具都有一定差异，共同维系着一定规模的金融体系。它们之间会相互分化和融合，发生"化学反应"。由于交叉的融合和影响，国际金融中心的不稳定性就会逐渐积聚，而从无序到有序的演进则会促成国际金融中心的形成。整个过程处于动态变化中，物理空间优势、制度和软实力增加了贸易机会，而贸易又会促进更多投资进入国际金融中心，形成"自我造血"良性循环的组织生态系统。

8.1.3.2 我国建设国际金融中心的未来目标

国际金融中心之所以成为资源汇聚的中心，既是一国经济兴衰的偶然事件，也是历史发展的必然规律。新的国际金融中心不仅遵循国家发展和国际局势演变的逻辑，同时也具有金融崛起的必然性。可以认为周期性大国金融崛起的基本特征之一就是建成国际金融中心。

随着我国经济在国际市场上地位的不断增强，我国需要有一个与其经济实力相匹配的国际金融中心，以服务实体经济发展。而我国国际金融中心发展起步较晚，与经济实力极不匹配。国际金融危机以来，主要国际金融中心的地位已经开始动摇，原有的金融格局已经发生变化，这给我国的国际金融中心建设带来了难得的机遇。目前，我国的国际金融中心特征已经初步凸显，金融体系具有系统性和复杂性特征，特别是在金融开放不断深入的大背景下，流动性和开放程度也正在逐步达到国际金融中心的水平。在未来的建设过程当中，要在对成熟大国与新兴大国建成国际金融中心的异同进行详尽对比和借鉴的基础上，根据我国综合情况，包括经济实力、金融市场的发达程度、市场主体的宏微观结构、国家治理能力、开放程度、营商环境、社会环境、法律环境等诸多因素，为我国在历史空间中寻找恰当的定位，并以此作为充分依据进行打造国际金融中心的战略安排。

当前，根据历史经验，应当采用自然形成与政府推动相结合的模式，建设以上海为主体、深圳等为重要组成部分的、具有国际竞争力的综合性大国国际金融中心集群。这需要新一轮的高水平对外开放，需要人民币走向国际化，需要稳定的经济金融环境等予以支撑。这样的战略选择将有助于实现中国的真正崛起，完成从大国走向强国的历史使命。

8.2 大国金融开放进程中的国际金融中心

8.2.1 国际金融中心研究的理论发展与深化

通过系统梳理国际金融中心研究的相关文献，发现真正将国际金融中心研究纳入金融研究框架之下，始于19世纪末20世纪初。在整个20世纪，国际金融中心基本格局的不断变化更是推动了国际金融中心理论研究的发展与深化。

首先，随着两次世界大战的爆发，伦敦和纽约在争夺世界经济政治霸权中的地位不断变化，国际金融中心的基本格局也随之发生着变化。在第一次世界大战以前，伦敦是世界上最大的国际金融中心。在两次世界大战之间，纽约开始成为世界上最大的国际金融中心。19世纪末的"科技革命"加速了纽约成为世界贸易中心与世界经济中心的进程，加速了纽约从输入型国际金融中心向输出型国际金融中心的转变过程。而与此同时，由于受到第一次世界大战、第二次世界大战及"大萧条"的影响，伦敦的地位开始衰落。

其次，自20世纪50年代中期起，一种新型的国际金融市场——欧洲货币市场——的产生和迅速发展，表明国际金融市场已经踏上了一段完全崭新的旅程，并促进了国际金融中心的产生。国际金融中心的出现，使得国际金融中心渐渐地由集中走向分散，除了传统的几个大城市外，已广泛地分布于欧洲、亚洲、拉丁美洲。各大金融中心连接成全球性的国际金融网络，使得各种金融业务更广泛、更高效地开展起来。

最后，20世纪60年代，随着亚洲货币市场的发展，东京逐步取得了仅次于纽约、伦敦的第三大国际金融中心的地位，这也是至今被公认的三大国际金融中心（BIG-3）。在此之前，也就是伦敦和纽约为"最大国际金融中心"这一地位进行激烈争夺时，瑞士因为保持了政治中立而免遭战争破坏，是当时欧洲唯一的宁静之地，再加上其优越的地理位置，瑞士成为国际资本的理想避难所。当众多国家被战争侵蚀时，苏黎世承担了西欧资金交易的重任，成为西方世界的三大金融中心之一。此外，发端于20世纪90年代，兴起于 21 世纪之初，以石油生产国家或城市为代表的国际金融中心开始出现，并在国际金融格局中崭露头角，一批新型国际金融中心兴起。

随着国际金融中心的实践日益丰富，国际金融中心本身也逐渐成为一个独立的研究对象，受到了学者们的青睐。许多学者开始用不同的经济金融理论与方法来研究这一问题，进而推动了国际金融中心理论研究的巨大发展。先是 20 世纪 50 年代兴起的金融发展理论被引入国际金融中心研究当中，后来学者们运用金融集聚理论来研究国际金融中心的形成和发展问题。到 20 世纪 80 年代末，金融地理学强调了信息的作用，使得金融地理学在解释国际金融中心的兴衰变更方面比以往的解释更有说服力。向心力和离心力探讨作为金融集聚理论的拓展出现于 90 年代，并被经济金融学者广泛运用于国际金融中心形成和变迁的研究当中。而开始于 80 年代中期、兴起于 90 年代末的金融生态学更是为国际金融中心的研究注入了新的活力。

8.2.2 主要国际金融中心兴衰与更替的历史规律

8.2.2.1 国际金融中心历史发展脉络

从根本上说，国际金融中心是经济发展到一定程度的产物。金融伴随着生产力的不断进步而产生、发展和成熟。以此为依据，我们可以将国际金融中心的建设历程划分为三个阶段（见表 8 - 1）。

表 8 - 1　　　　　　　　　国际金融中心历史发展脉络

时间	阶段特征	主要国际金融中心	发展历程
13 世纪至 18 世纪中叶	这一阶段是国际金融中心的萌芽时期。民族国家的出现为统一金融市场奠定了基础，国际贸易的繁荣和国际金融中心的出现互相作用	以意大利威尼斯与佛罗伦萨、荷兰阿姆斯特丹为主，英国伦敦逐渐显露	13—14 世纪，欧洲的社会生产力不断进步，商业极大发展。地理大发现使各国得以扩张贸易的规模和范围，商人阶级的兴起、国家重商主义等制度安排相继产生，结算制度和现代公司形式开始出现，国际金融中心开始萌芽并发展。17 世纪，新航线的开辟使国际贸易中心转移到大西洋沿岸，伴随着意大利商业地位的衰落，荷兰兴起成为海上霸主，阿姆斯特丹由此成为国际金融中心。18 世纪，英国开辟了世界上最繁荣的港口贸易，为其此后数百年的国际金融中心霸主地位奠定了基础

续表

时间	阶段特征	主要国际金融中心	发展历程
18世纪中叶至20世纪80年代	这一阶段是国际金融中心的发展成熟时期。全球生产力大爆发，工业化时代来临，现代化市场形成，金融离开对商业的依附而成为独立的产业	以英国伦敦、美国纽约、日本东京和新加坡为主	随着工业革命的完成，英国伦敦首先成为国际金融中心，建立了现代金融体系。后来，伦敦在与纽约的竞争中落败，经历了一段时间的衰落。经过两次世界大战，美国成为全世界最大的资本输出国，布雷顿森林体系确立了美元的霸主地位，纽约取代了伦敦的国际金融中心霸权。日本东京是在国家的计划和推动下建成的国际金融中心，这种模式使其成功走出两次石油危机。而过快的金融开放和与美国的贸易摩擦导致其泡沫崩溃，经济陷入衰退
20世纪80年代至今	这一阶段是国际金融中心的全球竞争阶段。全球化和信息化是时代的主要特征，全球资本流动成为时代内核，爆炸式的创新不断涌现	主要是老牌的伦敦、纽约、东京等，新兴的迪拜、孟买、上海等迅速崛起	20世纪70年代的"滞胀"宣告政府干预模式失败，美国从80年代开始进入金融自由化时代，实现了混业经营和监管。21世纪以来，特别是次贷危机后，美国的金融自由化面临收紧。英国则在80年代后实行了两次"大爆炸"改革，伦敦转型成为更加自由化的依托美元的国际金融中心。与此同时，众多新兴国家提出了建设国际金融中心的计划。以新加坡等国家主导的离岸金融中心模式为借鉴，各国可以建设不同类型的国际金融中心，而不受其自身是否为经济大国的限制

资料来源：严晨（2013），作者整理。

8.2.2.2　国际金融中心的形成模式

国际金融中心是一个国家或地区金融体系的有机组成部分，也是一个国家或地区金融体系健全和完善程度的重要标志。一个国家或地区金融体系的产生有两种途径："需求引导型"和"供给推动型"。与之相对应，国际金融中心的形成也有两种基本模式，即自然形成模式和政府推动模式。自然形成模式与政府推动模式并不是完全割裂的，二者相互联系、密不可分。近年来新出现的国际金融中心，大多采用自然形成与政府推动相结合的模式。

1. 自然形成模式。国际金融中心的自然形成模式，是指伴随着经济发展，一个国家或地区对金融产品和服务的需求不断增加，吸引各类金融机构大量聚集并创造出更多的金融产品，提供更广泛的金融服务，促使金融市场不断扩张、金融制度和金融法规不断完善、金融业服务对象范围不断扩大，最终形成国际金融中心。自然形成模式下的国际金融中心一般遵循"经济发展—金融体系完善—国内金融中心形成—区域性金融中心形成—全球性金融中心形成"的渐进式发展历程。

自然形成模式的根本特征是，国际金融中心是由于经济发展而形成的，外部因素（如政府）在国际金融中心形成过程中不起主导作用。也就是说，在自然形成模式下，国际金融中心是自发形成的，基本上不需要借助外部因素。伦敦国际金融中心是自然形成模式的典型代表。

2. 政府推动模式。国际金融中心的政府推动模式，是指在实体经济规模相对较小且金融发展水平较低、还没有达到自然形成国际金融中心条件的情况下，政府有意识地通过行政立法、提供各种优惠政策以及资金支持等措施，发挥国家力量，创造或强化比较优势，在较短时间内通过政府制度设计，实现金融机构和金融人才聚集，促进金融市场发展而形成的国际金融中心。政府推动模式下形成的国际金融中心一般遵循"政府制度设计—金融业务国际化—国内金融业发展—国际金融中心形成—经济发展"的超前式发展历程。

政府推动模式的根本特征是，金融体系的产生发展具有一定超前性。它不是经济发展到一定阶段的自然产物，而是由政府的设计和推动而产生的。金融体系的超前性对经济发展起到了刺激和先导作用，不是需求引发供给，而是供给刺激需求。也就是说，在供给引导途径中由政府推动形成的国际金融中心，是一国或地区有意识建设的结果。新加坡国际金融中心是政府推动模式的典型代表。

国际金融中心的两种形成模式既有区别又有联系。两者之间的区别首先是产生的条件不同。自然形成模式是在经济实力较强、金融发展水平较高的条件下自发形成的；政府推动模式是在经济实力不很强、金融发展水平不太高的条件下，创造出相对优势条件而形成的。其次是主导因素不同。自然形成模式下起主导作用的是经济金融自身的发展；而政府推动模式下起主导作用的是政府的积极推动。

3. 自然形成与政府推动相结合的模式。两种形成模式的区别并不绝对，而是存在着联系。首先，两种形成模式都对金融发展水平有着必要的要求：自然形成模式要求金融发展到一定水平；而政府推动模式虽然强调外在因素起主导作用，但在根本上也要以金融自身的发展为基础。其次，在国际金融中心形成和发展的不同阶段，两种模式可以同时发挥作用。在一定的阶段，金融机构的经营和聚集成本增加，仅靠内在因素很难保证国际金融中心进一步发展。此时发挥政府的作用，通过制定优惠政策等措施帮助机构降低成本，能够推动国际金融中心实现新的发展。如果以自然形成模式启动的金融中心发展速度过快，导致金融风险增大，那么政府必须在适当的时候加强监管，以促进金融市场更好地发展。这可以称作另一个角度的"政府推动"。

东京国际金融中心就是自然形成与政府推动模式相结合的产物。纵观东京国际金融中心的发展史，可以看到其经济的腾飞对金融业的内在需求与政府对金融业的外在推动几乎是同步开始的。相较于英美来说，日本东京的案例更加体现了政府主导的模式。虽然日本是资本主义国家，但是它的国际金融中心是在国家计划下建设和发展的，其金融中心的建设进程与经济发展需求相匹配。自然形成与政府推动相辅相成，既促进了经济的快速发展，又建成了仅次于伦敦、纽约的世界第三大金融中心。

表 8-2　　　　　　　　主要国际金融中心形成模式比较

国际金融中心	形成历史与条件	形成模式
伦敦	工业革命；世界强国和海上霸主；英镑的国际货币地位；欧洲货币市场的繁荣；金融大爆炸	自然形成
纽约	优越的海港条件；发达的贸易；雄厚的经济实力；创新能力；美元的国际货币地位	自然形成
东京	地理位置优越；制造业的腾飞；跨国投资的兴盛；金融自由化政策；金融市场的成熟；日元国际化水平的提高	自然形成与政府推动同步进行
新加坡	地理位置优越；良好的金融业基础；政府的大力支持；亚洲美元市场的创立	政府推动
香港	成熟的转口贸易和加工工业；政府积极不干预的态度；较高的金融自由化与国际化水平；政府适时的监管	先自然形成后政府推动

资料来源：周光友和罗素梅（2011），作者整理。

8.2.3 发展阶段与演进逻辑：大国崛起的典型案例

8.2.3.1 荷兰阿姆斯特丹

阿姆斯特丹在 16 世纪末期逐渐成为国际金融中心，由 1780—1784 年间的第四次英荷战争最终确立了它的地位。17 世纪，荷兰以商业立国，政府创办了巨大规模的特许股份公司。荷兰依靠东印度公司和西印度公司进行殖民地贸易，对广阔的海外商业空间行使专营权、统治权。经济重镇阿姆斯特丹地处大西洋沿岸，位置优越，很快成为了欧洲最大的商港。阿姆斯特丹依靠在商业和世界贸易中的优势积聚了巨额商业资本，进而转化成为了金融领域的优势。金融和商业体系相互贯通带来了爆炸式的财富增长，阿姆斯特丹由此成为了欧洲乃至整个世界的金融中心。

作为国际金融中心，阿姆斯特丹做了很多金融创新。荷兰创立了世界上第一家有组织的证券交易所，即阿姆斯特丹证券交易所；还有世界上第一家通过证券交易所向公众发行股票融资的公司，即东印度公司。荷兰人还最早发明了卖空、逼空、对敲等操纵股市的技术。不仅如此，荷兰还创立了第一家现代意义上的银行和国际结算银行，即 1609 年成立的阿姆斯特丹银行。它最早是为解决货币混乱的问题而成立的，是历史上第一家取消金属币兑换义务而发行银行券的银行。18 世纪 30 年代，阿姆斯特丹由盛转衰，也有观点称阿姆斯特丹的衰败甚至可以追溯至 17 世纪 70 年代。其实，一直到 18 世纪中期，阿姆斯特丹在国际金融市场上仍然领先于伦敦，这种状况持续到了 18 世纪 80 年代才发生逆转。

8.2.3.2 英国伦敦

荷兰经济受"郁金香泡沫"影响而走向衰落，阿姆斯特丹国际金融中心的地位也由此丧失。而这给其他国家的国际金融中心发展带来了机会。当时的英国进行了第一次工业革命，国民经济的大幅增长促进了金融业的飞速发展。因此，国际金融中心从阿姆斯特丹漂移到伦敦成为理所当然之事。19 世纪，英国已成为全世界最强大的资本主义国家、最重要的经济贸易中心，英镑也成为全球最重要的国际货币，伦敦迅速发展成为全球最大的金融中心。

20 世纪的两次世界大战和经济"大萧条"削弱了英国的经济实力，英镑在国际金融中的地位受到重创，伦敦国际金融中心的地位开始衰弱。特别是第二次世界大战后，英国实施政府管制，经济结构僵化，金融限制苛刻，伦敦第一国际金融中心的地位逐渐被纽约取代。

8.2.3.3　美国纽约

第二次工业革命后，纽约大力发展股票市场，适应了当时国内和世界经济的发展需要。来自欧洲特别是伦敦的资金不断涌入纽约股票市场，为美国经济的发展提供了动力与燃料。经济的发展又进而增加了对金融的需求，纽约股票市场的上市公司数量不断增加，规模不断扩大，促进了金融市场的活跃和发展。以华尔街为代表的纽约国际金融中心初步形成。第二次世界大战以后，以美国为主导的资本主义世界经济体系确立，美国成为"世界工厂"。布雷顿森林体系确立了美元的霸权地位，美元成为世界贸易和金融的定价、交易、结算货币，以及各国的官方储备货币和国际机构的统计货币。纽约成为美元的借贷、结算和交易中心与资本输出中心。纽约国际金融中心更加突出了跨国资源配置的功能，不只是世界资本的供应中心，更是资本的分配中心。

8.2.3.4　日本东京

到 20 世纪 70 年代，日本成为了世界第二大经济大国，日元也开始了国际化进程。20 世纪 80 年代，日本经济的繁荣和政府推行的日元国际化战略推动了日元国际化的快速发展。20 世纪 80 年代，东京金融市场十分活跃。日本金融机构在日元标价的金融产品交易中具有信息优势，国际竞争力较强。同时吸引国外投资者，提高其持有日元和参与日本金融市场的意愿。20 世纪 90 年代末，泡沫经济崩溃，日元国际化受到长期经济停滞的影响发展十分缓慢，日元在国际储备中的占比逐年下降。由于监管不力，日本金融丑闻曝光后资金大量外流，在东京证券交易所上市的国外公司纷纷撤离，数量从 1990 年的 125 家减少至 2008 年的 25 家。与 20 世纪 80 年代相比，日本东京的国际金融中心地位有所下降，但其依然是目前世界上十分重要的国际金融中心，也是全球最大的外汇市场之一。

8.2.3.5　新加坡

新加坡是政府推动型的典型代表，以国际金融中心为定位的国家战略和及时地抓住了离岸市场对美元需求的机会，使得新加坡迅速确立了当时亚洲区域的领导地位。新加坡使用不同的金融管理体系，其作用是严格保护本国的金融业发展。除了体系和监管方式以外，总体上具有很高的国际化程度，无论是外资机构的数量、资金的流入量，还是国际金融人才都处于世界一流水平。政府主导推动了证券市场交易制度和硬件设施不断完善，执行严格的银行保密法规和鼓励银行并购，使用统一的监管体系和覆盖全领域的金融市场，对国内国际各类风险进行评估和分析，设有风险预警和防范机制，强制金融业保险制度，增强了监管行为的灵活性等，最终形成了市场、监督、管制"三位一体"的监管系统结构。正是这一系列政府主导的政策和举措，使得新加坡迅速成为国际金融中心。

8.3　国际金融中心的基石

8.3.1　国际金融中心的货币基石

8.3.1.1　人民币国际化

综观历史上大国之崛起，无不以金融兴盛为标志。金融之兴盛，无不有赖于国际金融中心的建立。而货币国际化可以为国际金融中心建设提供强有力的支撑。全球化进程开始后的世界历史表明，货币国际化是助推大国经济持续发展的强大动力。全世界有两个国家被公认为具有大国金融，一个是英国，在20世纪中叶之前强盛了两百多年，这与英国有一个大国金融体系密切相关；另一个是美国，美国在全世界具有最重要的影响力，也是它的大国金融体系决定的。这两个国家的共同特征之一，就是它们的货币是国际化的，它们的贸易市场和储备市场在国际上都占有非常重要的地位。在1917年之前，英镑是最重要的储备性货币。1944年布雷顿森林体系通过之后，美元正式超过英镑，在全球货币体系中占据核心地位。如果没有美元的国际化，就没有美国金融体系的今天，美国的金融体系也就不能够如此强力地配置全球的资源，美元将无法实现这样的功能。所以，建立大国金融体系，首先要进行货币国际化，这是建立大国金融体系的一个重要前提。

　　从这个角度来看，推进人民币的国际化是中国深化改革开放、推动大国金融发展的重要举措。我国在过去十余年里十分重视推进人民币国际化工作，取得了良好成效。2009 年底，人民币国际化指数 RII 只有 0.02%，人民币在国际市场上的使用十分有限。截至 2019 年底，RII 达到 3.03%，10 年间增长了 150 多倍（见图 8－1）。截至 2019 年底，在全球范围内，国际贸易的人民币结算份额为 2.41%；在包括直接投资、国际信贷、国际债券与票据等在内的国际交易中，人民币计价的综合占比为 4.72%；全球已有超过 60 家中央银行宣布直接或间接持有人民币储备资产。据 IMF 统计，人民币官方外汇储备规模增至 2 176.7 亿美元，占比为 1.96%。人民币在特别提款权（SDR）中的相对份额为 10.54%。2019 年 9 月 16 日，据国际清算银行（BIS）发布的三年一次的全球外汇市场调查，人民币为全球第八大外汇交易货币，中国跻身全球第八大外汇交易中心。整体上讲，人民币国际化趋势是不可逆转的，虽然在人民币国际化的过程中经历了波动，但随着中国经济的稳步提升和经济金融改革的不断深化，未来人民币国际化水平将不断提升。

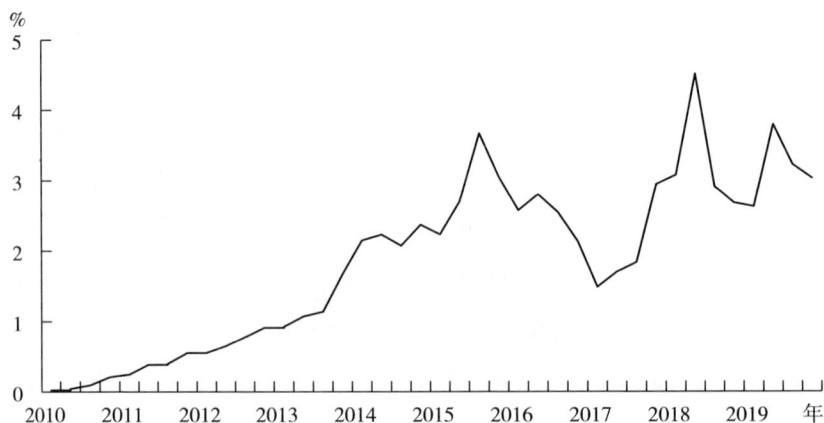

图 8－1　人民币国际化指数

（数据来源：中国人民大学国际货币研究所. 人民币国际化报告 2020［M］.

北京：中国人民大学出版社，2020）

人民币国际化虽然取得了很大的成绩，但人民币的国际地位依然与美元、欧元等相距甚远。人民币要想成长为与美元、欧元三足鼎立的全球储备货币，依然任重道远。真正综合反映一种货币的国际竞争力的，是该货币在全球储备货币中的地位。而从储备货币角度看，美元在全球储备货币中的优势地位最为突出，美元资产占比超过60%。从金融市场维度来看，中国与美国在金融市场的深度、广度与流动性方面依然有着较大的差距。当前，中国经济已经从高速发展阶段转向高质量发展阶段，这就要求更高质量的资源配置和经济循环。人民币国际化有着巨大的发展潜力，能够促进金融资源的高效合理配置，畅通货币的供需循环渠道，是供给侧结构性改革的重要组成部分，对于推动经济高质量发展具有重要作用。人民币国际化的实现不可能一蹴而就，是一个市场驱动的长期过程。在未来，我们应当继续顺势而进、低调有为。既要积极稳妥地推动人民币国际化进程，又要做好风险防范，保障人民币国际化行稳致远。

8.3.1.2 汇率市场化与稳定的货币环境

建立一个以市场供求为基础的、有管理的浮动汇率制度，维护人民币汇率在合理、均衡基础上的基本稳定也是国际金融中心建设的关键一环。国际金融中心发展的历史经验表明，无论是美英日，还是新加坡，无不伴随着汇率市场化的进程。汇率作为金融市场上重要的价格指标，在调节市场供求、配置资源等方面起着重要的作用。人民币经历了1994年汇改、2005年"7·21汇改"和2015年"8·11汇改"三次重要的改革，从单一的固定汇率制度到参考一篮子货币、有管理的浮动汇率制度，改革路径整体是朝着市场化方向进行的。政府逐步退出常态化干预，市场逐渐发挥更大的作用。但在我国现行的汇率形成机制下，汇率实现自由浮动仍然存在障碍。一是人民币汇率中间价没有完全反映市场供求状况；二是汇率波动幅度限制依然存在；三是外汇市场避险工具的缺失使微观主体承受了较大的外汇风险；四是不完善的金融市场和非市场化的利率水平决定了这两个条件的实现还需要较长的时间。

未来的中国汇率市场化改革任重道远。首先，要进一步完善人民币汇率的形成机制，让市场发挥决定性作用，减少政府干预，逐步扩大人民币汇率浮动区间，增强人民币汇率弹性，维护国际收支平衡。其次，要拓宽交易范围，满足实体经济和金融交易的套期保值需求，扩大外汇市场的投资交易功能，进一步完善中国外汇市场，包括增加外汇市场交易主体、丰富外汇市场交易工具、扩大外汇市场双向开放。最后，需要继续深化外汇管理体制改革，支持高水平贸易和投资的自由化，坚持经常项目可兑换，依法支持真实合规的经常项目国际支付与转移。同时，还要完善功能监管，加强行为和市场监管，进一步创新监管手段。

在汇率市场化的进程中，也需要注意维持货币环境的稳定。货币是大国金融的一个象征，也是逻辑起点。如果货币不稳定、无影响力，或者影响非常小，功能单一，大国金融很难建立起来。维护美元的长期信用就是美国政府的重要国策。美国不会无约束地损害美元的信用，即使量化宽松了多次，最后还是会做相应的收缩，因为美元的长期信用是维持美元霸权地位的基础。中国需要维持人民币汇率的相对稳定。在政策层面上，对人民币的长期信用的保护，应该是重要的基本国策。对于人民币而言，应当保持一定程度的稳定，不应该让它出现大幅度贬值或升值。货币环境的不稳定会极大抑制人民币的国际化改革，使中国向国际金融中心的发展之路变得艰难。可以说，中国金融改革首要的战略性任务是人民币的国际化，这是中国金融国际化的根本基础，是中国国际金融中心定位的前提性条件，也是中国现代化金融建设的原则。维护人民币的长期信用基础，已经成为国家重要的战略目标。

8.3.2 国际金融中心的经济基石

8.3.2.1 经济综合实力

雄厚的经济综合实力是国际金融中心形成和发展的基础。历史经验表明，任何一个国际金融中心的崛起，背后都需要强有力的经济实力作为支撑。最早的国际金融中心威尼斯，其造船业、玻璃制造业、图书生产等工业十分发达。后来的国际金融中心阿姆斯特丹所在的荷兰，是 17 世纪欧洲收入水平最高的国家。19 世纪三四十年代，英国完成工业革命后成为"世界工厂"，经济实力长期保持世界第一，为伦敦成为国际金融中心奠定了坚实基础。1840

年，英国工业产值占世界工业总产值的45%；1850年，英国生铁产量占世界总产量的50.9%，煤产量占世界总产量的60.2%；1860年，英国人均年收入达到32.6英镑，远高于欧洲其他国家。后来，美国在两次世界大战的背景下经济实力大增。1940年到1944年，美国的年工业增长率高达15%；1948年，美国以占世界6.3%的人口掌握着世界一半的财富；1950年，美国国内生产总值是英国、法国和德国总和的两倍多。伴随着美国成为世界最强大的经济体，纽约完全确立了国际金融中心的地位。20世纪90年代，日本发展成为世界第二大经济体，其首都东京与伦敦、纽约一起被称为世界金融舞台的"金三角"。然而，随着日本泡沫经济破灭，经济陷入低迷，东京国际金融中心的地位受到了严峻挑战。

不难看出，一国的经济发展水平是金融业发展的重要支柱，是推动国际金融中心形成的重要动力。如果没有强有力的经济支撑，国际金融中心赖以产生和发展的基础就会丧失。一方面，国家总体的经济规模及发展程度决定了其金融制度的形成和金融市场的发展。国民收入水平也直接影响着居民的资产选择偏好，从而决定了对金融的需求。另一方面，发达的实体经济可以为金融业提供丰富的资源，产生巨大的资金需求和供给，进而促进金融交易规模的不断扩大。此外，跨国企业总部、外国银行的选址往往取决于实体经济的规模、增速及发展前景，国际资本流动也因此受到影响。

当前，中国已经成长为世界第二大经济体，是举足轻重的全球性经济大国，不论从规模和单个经济指标来看，还是从影响力和未来增长率来看，都具有雄厚的经济实力。从经济总量来看，2019年中国GDP占全球总量的16.59%，仅次于美国的24.75%，且二者之间的差距在逐年缩小。特别是2020年，随着中国成为唯一保持正增长的主要经济体，中国与美国的差距进一步缩小。有不少经济学家及研究机构预测称，2030年中国将超过美国，成为世界第一大经济体。从产业竞争力来看，2020年中国产出结构中，三次产业占比分别为7.7%、37.8%和54.5%，产业结构以及各产业内部结构也在不断优化，为产业国际竞争力的提升奠定了基础。在制造业方面，中国被称为"世界工厂"，规模从2011年起就已经超过美国位居世界第一，许多领域的市场份额都遥遥领先。比如，2018 年中国钢铁产量约占世界总产量的一半，化纤总产量约占 70%，工程机械约占 43%，造船量约占 41%，智能手机出货总量占全球的 70%，等等。我国是全世界唯一拥有全部工业门类的国家，但许多产品仍然处于区域价值链的中低端，部分环节受制于人。中国制造总体上以规模取胜，高端制造较为薄弱。相反，美国制造在核心产业优势明显，具有全球影响力，比如全球十大芯片企业就有 6 家是美国公司。

从各种指标来看，中国已经崛起为全球经济大国，但是如何维持这个全球性大国经济的长期稳定增长，是当前所面临的战略问题。要继续深化供给侧结构性改革，推动经济高质量发展，构建"双循环"新发展格局。要以创新驱动和改革开放为两个轮子，全面提高经济整体竞争力，加快现代经济体系建设，为国际金融中心建设和发展提供更强有力的基础支撑。

8.3.2.2 国际贸易发展

回顾不同历史时期各国际金融中心形成的条件，可以发现国际金融中心往往同时也是国际贸易中心。14 世纪的意大利是强大的海洋帝国，威尼斯地理位置十分优越，是当时欧洲最发达的贸易中心。17 世纪的荷兰是实力雄厚的商业帝国，阿姆斯特丹作为著名的贸易港口，逐步发展成为国际贸易中心城市。19 世纪的英国历经殖民扩张和自由贸易，对外贸易量大幅增加，到 1870 年已经超过法国、德国和意大利的总和，伦敦作为其首都成为国际贸易中心。20 世纪中后期，美国通过自由贸易和布雷顿森林体系迅速扩张国际贸易，其 1963 年的商品进口额占全球的 11.4%，出口额占 18.9%。美国成为世界最大贸易国，而纽约作为其最大的港口城市，成为新的全球贸易中心。同样，香港、东京和新加坡国际金融中心的形成也受益于它们的国际贸易地位。天然的交通区位优势使得它们成为国际性的航运中心和空运中心，进而成为国际贸易枢纽和国际金融中心。

国际贸易是一个国家对世界经济产生影响的重要途径。如果一个国家对世界产品市场来说无足轻重，不论其经济怎样强大，都难以形成巨大的影响力。国际贸易的外汇储备总量和货币的地位决定了一国的对外资本输出能力。同时，国际贸易对国际金融中心的产生和发展也有直接的推动作用。国际贸易的发展引发大量的结算和融资需要，显著增加了对金融产品与服务的需求，各类金融机构因此相继产生并迅速发展，直接促进了国际金融中心的形成。

新中国成立以来，特别是加入世界贸易组织以来，我国的对外贸易践行对等透明、互惠互利、公平竞争以及非歧视性等原则，取得了令人瞩目的成绩。总量方面，我国外贸进出口总额从 1950 年的 11.3 亿美元增长到 2018 年的超过 4.6 万亿美元，规模大幅增长 4 000 多倍，世界第一货物贸易大国地位稳固。结构方面，过去中国出口以农副产品等初级产品为主，2018 年出口商品中高新技术产品占比为 30.0％，结构优化带来了质量和效益的提升。多元化战略方面，中国贸易伙伴由 1978 年的 40 多个发展到 2018 年的 230 多个，随着"一带一路"建设的推进，多元化的趋势还将更加明显。不可忽视的是，我国的对外贸易发展还面临一些问题。比如，出口产品的结构和技术含量与贸易强国相比还有很大差距，多数出口企业不重视品牌的塑造和保护，部分企业还存在议价能力低、被国外供应商不合理剥削和压制等现象。近年中美贸易摩擦不断，逆全球化和贸易保护主义抬头，给我国对外贸易的持续稳定发展带来了极大的风险。外部环境的不确定性在制约和削弱我国出口贸易的同时，也将对国内实体经济发展和产业结构转型带来冲击。伴随着中美第一阶段经贸协议的签署，我国的对外贸易将迎来新的机遇和挑战。

总结成就和经验，直面困难与挑战，必须推动对外贸易稳中提质，引导企业开拓多元化出口市场。要降低关税总水平，发挥好自贸试验区改革开放试验田作用，推动建设海南自由贸易港，健全"一带一路"投资政策和服务体系。要主动参与全球经济治理变革，积极参与世界贸易组织改革，加快多双边自贸协议谈判。只有将开放向更宽领域、更深层次进一步推进，努力实现更高水平的对外开放，保持国际贸易数量的稳定增长和质量的有序提升，才能为实现建成国际金融中心的目标打下坚实的基础。

8.3.3　国际金融中心的金融基石

现代金融体系有两种基本形态，即市场主导型（或直接融资主导型）和银行主导型（或间接融资主导型），前者以美英为代表，后者以德日为代表。

伴随着经济的高速增长，中国金融业也经历了快速扩张阶段，目前金融市场以间接融资为主、多层次金融市场发展不充分的问题已成为制约我国金融业进一步发展的重要因素。

当前，构建市场主导型的金融结构，是中国建设现代金融体系、扩大金融开放，进而发展成为国际金融中心的重要支撑手段。从根本上看，经济发展水平决定了金融体系。通过比较不同发展程度国家股票市场与银行的相关指标，可以发现经济增长到更高阶段的富裕国家金融结构更倾向于市场主导型，其股票市场规模更大，且相对于银行来说更加活跃、效率更高。从产业结构来看，市场主导型金融结构在创新技术、改进技术和处于产业生命周期初期的产业发展的投融资上具有比较优势，能够激励更多的研发投入从而带来增长。基于风险管理角度分析，市场能够提供很好的横向风险分担功能，银行则能提供有效的跨期风险分担功能，二者各有优势，需要协调发展。而目前中国金融市场的发展尚不成熟，亟须促进金融市场特别是资本市场的发展。从家庭金融资产配置的角度来看，财富管理需求的趋势性增长也决定了我国应当构建市场主导型的金融体系。

从历史经验来看，英国、美国先后成为国际金融中心所在地，与其所构建的市场主导型金融结构密切相关。以美国为例，其在第二次世界大战后顺应经济形势变化的需要，经历了金融自由化的过程，金融结构由银行主导型向市场主导型转变，增强了金融在社会经济中的资源配置效率。1969 年至 1999 年间，伴随着利率市场化的完成，美国金融机构总资产规模从 15 184 亿美元增至 361 598 亿美元，商业银行的份额却从 31% 跌至 16.6%，非银行金融机构同期开启了黄金时代。20 世纪 80 年代起，美国的金融创新不断推进，货币互换、利率互换、期权交易等大量金融产品从美国市场最先发起并应用，与其国际金融中心地位相互动，比如美国发达的商品期货交易所就使美元掌握了大宗商品定价权。虽然美国在 2008 年国际金融危机中受到了挫折，并不妨碍其拥有世界上最发达的金融市场，国际金融中心的地位依旧保持领先。与之相反，拥有银行主导型金融体系的日本，货币国际化进程和国际金融中心的发展进程受到了很大牵制。伴随着日本经济实力的增强和国际地位的提升，日元国际化被提上日程。然而，由于日本没有建立起相对成熟的金融市场，本国资产泡沫破裂导致大量银行机构破产，严重影响了本国企业融资，形成恶性循环。可见，有效发展直接融资市场，发挥资本市场在资源配置中的主导作用，是我国建设现代金融体系、实现建成国际金融中心目标的必由之路。

当前，中国金融在结构和功能方面都朝着市场化方向发生了不可逆转的根本性变化。在不同的测度口径下，证券化金融资产在总金融资产中的占比都不断上升，变革的趋势是明显的、一致的，表明金融体系呈现出结构性升级的特点。相对应地，我国金融功能也由以融资为主，过渡到融资与财富管理功能并重。然而，通过图 8 - 2 和图 8 - 3 表示的中美两国融资结构对比可知，我国与发达国家相比还有较大差距，金融结构与金融功能仍需调整改善。深化金融供给侧结构性改革，增强金融服务实体经济能力，正是我国当前金融经济工作的重点。

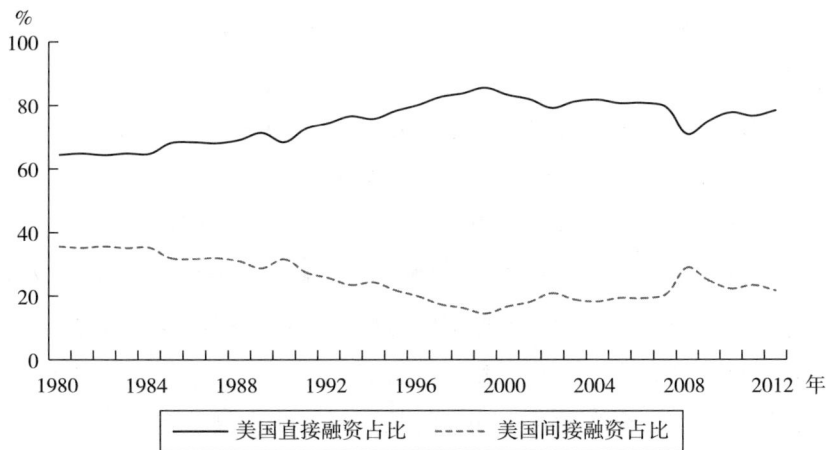

图 8 - 2　1980—2012 年美国融资结构变化

（数据来源：吴晓求（2018），作者整理）

具体而言，我们要构建以金融市场为核心的现代金融体系，其在微观结构上与以商业银行为核心的金融体系有着根本差异。首先，开放、透明、具有成长性预期的资本市场将成为现代金融体系的重要基石，将充分发挥存量

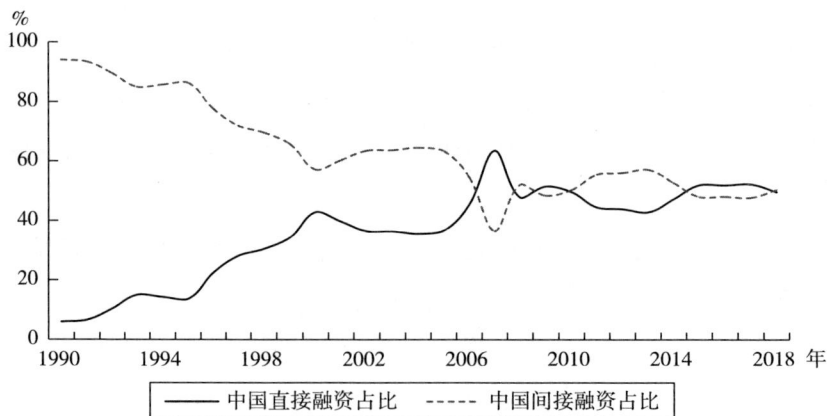

图 8 – 3　1990—2018 年中国融资结构变化

（数据来源：吴晓求（2018），作者整理）

资源调整、风险流动和分散、经济成长财富效应等功能。其次，随着金融市场特别是资本市场的发展，商业银行赖以生存的基础和环境将会发生重大的变革，商业银行的传统业务在金融体系中居核心地位和起主导作用的格局将受到影响，这种变革带来的商业银行资产与风险结构、经营管理上的调整与适应，在目前表内和表外业务规模、结构变化中得到了充分印证。另外，如果说资本市场是现代金融体系的心脏，通畅的货币市场则主要负责流动性管理，它与商业银行一起形成大国金融的血液循环系统，同时发达的衍生品市场、成熟的外汇市场将满足丰富的金融服务需求，成为现代金融体系的重要组成部分。最后，现代金融体系在资产结构、风险结构和微观结构上的变化，将包含对金融监管模式、架构、重点、方式的新要求。在这个向现代金融体系过渡的过程当中，金融的主要功能将从以融资为主变为融资与财富管理并重，最终走向以财富管理为主；金融的风险结构将从资本不足风险演变为资本不足与透明度风险并存，最终走向以透明度风险为主。

8.3.4　国际金融中心的制度基石

8.3.4.1　法律制度与法治水平

要实现国际金融中心的稳定发展，就必须拥有规制健全、执行有力的法治环境，以便有效保护金融市场参与者的合法权益，有效防止金融业恶意竞争，确保金融体系安全高效地运行。伦敦、纽约等国际金融中心能够持续保持其竞争力，主要因素之一是其不断健全与完善的法律体系。对比发达国家金融市场中健全的法律体系，我国金融市场现行条件下的法律制度与法治水平还存在一定的短板，阻碍了我国金融对外开放的进程。加快构建与大国金融发展相适应的配套法律法规及制度，是我国建设国际金融中心的重要基石。

法制的完善和对投资者利益的保护，是中国资本市场国际化的重要内容。目前，法律体系的不完善在很大层面上制约了资本市场的发展，要重新审视资本市场的法律制度体系。首先，进一步完善股票的发行、披露和退市制度。在发行方面，需要完善发行的市场化定价机制，在科创板、创业板分步实行注册制基础上，全面稳妥地推进注册制改革。在披露方面，需要进一步鼓励上市公司及时披露，并加大信息披露的违规成本。在退市方面，需要建立集体诉讼制度与民事赔偿规则，完善投资者追偿机制，切实保护投资者利益。贯彻"一退到底"的原则，净化市场秩序。其次，基于市场化改革和国际化的战略目标，必须对包括《中华人民共和国证券法》在内的与资本市场有关的法律、法规进行相应调整和修改，必须改革与资本市场投资资金来源相关联的资金管理规则和政策，要把成长性而不仅仅是盈利性作为选择上市公司的重要标准，以提升市场投资价值。最后，加快相关制度规则与国际接轨，不断完善会计、税收等配套制度。加强顶层设计，统一规则，同类金融业务规则尽可能"合并同类项"。

从法治水平上来看，中国发展大国金融，资本市场一定要在法治轨道上运行，无论监管方还是参与者，各个市场主体都要守法。在法制框架上运行，资本市场才能健康。一方面，要加快与证券市场发展相配套的法律修订与完善。对于违法犯罪的控股股东、实际控制人、投资银行和中介机构等，要加大处罚的力度。另一方面，要处理好前台和后台的关系。不仅交易所要严格把关，更要利用好大数据平台，加大检查力度，要加强质量控制，查处内幕交易。对于操纵市场、内幕交易的违法犯罪者，要依法予以严惩。要着力为资本市场营造一个干净透明的信用环境。

8.3.4.2 政策连续性与透明度

过去的金融监管主要是资本的监管，金融市场的创新能力和证券化程度比较低，但是随着金融结构与功能逐步发生变化，需要适度调整监管重点和监管结构。

透明度是资本市场的灵魂，资本市场能不能存在下去，首先在于信息是否透明。有了透明度，市场才会有公平、公正、公开的秩序。对于资本市场的监管重点在于透明度。如果缺乏深度理解，监管的重点就会出现偏差，要把重点放在信息披露上。监管就是监管，不要赋予监管者太多的监管以外的职责和功能，否则监管就会变形，就会不堪重负。监管者没有推动市场发展的任务和目标，监管者对于市场发展指数变动、市值管理和市场规模都没有直接责任。监管者的责任就是如何保证市场公平，保证市场公平的前提是透明度。对信息披露和市场透明度的监管，是世界各国市场监管者的核心职责所在。

对于监管结构的调整，目前来看，中国资本市场信息披露和透明度法律及规则体系较为完整，但还不够缜密。其中有一个重要缺陷，就是规范调整的对象较为狭窄，主要限制在股票和上市公司发行的债券上，其他类型的证券发行和交易以及衍生品适用其他法律和规定，对于各类相近市场的"结合部"，各种新的类证券创新工具以及与资本市场相衔接的形式复杂、多样多变的各类接口，亦无法律或规则加以规范。根据中国金融分业监管模式的功能设计，这类最终接口在资本市场（主要是股票市场）的形式繁杂的"结合部"，既缺乏规范，又无法律监管，而这些又是金融创新的重点地带，也是巨大风险产生的源头。由此可以得出的基本结论是：一是要对证监会、交易所和行业协会之间的职责边界加以梳理，未来应努力推动监管方式从以行政监管为基础逐步转向以自律为基础，建立以法律为依据的市场监管型运行机制。二是要补充各监管机构实施有效监管所必需的人力、物力，赋予其相应的权力。当前特别应指出的是，要借鉴发达国家监管部门很大一部分处罚是以监管部门作为原告提起民事诉讼的成功经验，赋予中国证监会起诉违规行为人、追究其民事责任的权力，如此则能对破坏市场透明度的行为产生巨大的威慑力。三是资本市场上强调信息披露的完整性，并不意味着事无巨细的垃圾信息都要披露，也不意味着选择性信息披露。2000 年美国《公平披露规则》明令禁止上市公司选择性信息披露行为。中国应对上市公司所需披露信息进行分类管理，分为常态信息、重大信息（重大事件）和可能对市场带来不确定性影响的临时个体信息，分别以不同规定的形式予以披露。

此外，中国经济政策的连续性是不够的，这也说明中国金融开放的基础还比较薄弱。完全符合现代市场经济准则的政策若能保持连续性，金融开放就不会有太大的波动。在国际金融中心的形成和发展过程中，政府在金融市场运行环境、体系结构、风险控制等方面发挥着重要的作用。对发展中国家来说，政府的推动作用显得尤为关键。因此，建立起推动资本市场对外开放的连续性经济政策是大国金融国际化发展的前提条件。

8.3.4.3　营商环境与企业家精神

一个国家或者地区想要保持可持续发展的活力，就必须有好的营商环境。当前，有很多经济体将创造更好的营商环境作为改革发展的突破口，这也逐渐成为了社会共识。

世界银行发布的《2019 全球营商环境报告》显示，中国营商环境排名从 2018 年的第 78 位跃升至第 46 位。这说明我国在优化营商环境等方面的努力成效明显，激发了市场活力和社会创造力，获得了国际社会的广泛认可。不过，当前我国营商环境改革中仍存在一些不足。例如，我国仍有相当数量的法律法规需要修订；自贸区建设中授权不充分的问题程度不一；信息系统呈现碎片化，不同的软件数据还不能互通；将先进经验迅速推广的能力和机制不足；等等。

为进一步优化营商环境，激发市场主体活力，提升经济发展质量，应该关注以下两个方面的问题。一是要大力激发和保护企业家精神。首先，政府要简政放权，优化行政审批，提高审批过程的透明度和审批效率。加强政策制定的沟通协调，提高政策制定的透明度，做到规则简约透明。其次，政府应当提供有效的公共服务，切实推进改革全面向纵深发展，实施政府职权的正面清单和市场准入的负面清单。最后，继续着力缓解民营和中小微企业融资难、融资贵问题，落实减税降费政策，帮助解决企业的流动性和中长期投资问题，为企业创造更好的商业环境，创造公平竞争的机会。二是要对自贸区充分授权，鼓励其在海关、外贸、金融等管理上先行先试。注意授权要以风险可控为前提。同时，要打造快速有效的经验推广机制，及时把自贸区涌现出的好的做法和经验在全国推广。

好的营商环境是有效动员和配置生产要素的一大法宝，对不同区域乃至国家间的竞争十分重要。好的营商环境不仅有制度和观念上的要求，还有许多量化的要求。这就决定了优化营商环境是一项需要长期坚持的工作，不论现在还是未来，我们都应继续推动改善营商环境。

参考文献

［1］陈彤. 香港与新加坡国际金融中心发展比较研究［J］. 亚太经济，2012（1）：94 – 98.

［2］程静. 国际金融中心理论：基于案例的研究［J］. 经济问题探索，2016（11）：138 – 147.

［3］冯德连，葛文静. 国际金融中心成长机制新说：轮式模型［J］. 财贸研究，2004（1）：80 – 85 + 120.

［4］胡坚，杨素兰. 国际金融中心评估指标体系的构建——兼及上海成为国际金融中心的可能性分析［J］. 北京大学学报（哲学社会科学版），2003（5）：40 – 47.

［5］黄运成，杨再斌. 关于上海建设国际金融中心的基本设想［J］. 管理世界，2003（11）：103 – 110.

［6］金鹏辉，吴鸣，张晓萌. 上海国际金融中心建设框架下跨境金融业务税收政策研究［J］. 上海金融，2019（5）：13 – 22.

［7］卢铮. 大国金融：功能发挥与有效监管［N］. 中国证券报，2017 – 07 – 26（A04）.

［8］孙国峰，邓婕. 后2020时期上海国际金融中心建设的远景目标［J］. 上海金融，2019（3）：1 – 9.

［9］孙国茂，范跃进. 金融中心的本质、功能与路径选择［J］. 管理世界，2013（11）：1 – 13.

［10］王巍，陶长高，王梅. 国际金融中心漂移的路径、成因及启示［J］. 广西社会

科学，2010（8）：37－40.

[11] 吴晓求，许荣，解志国，李悦. 构建以市场透明度为核心的资本市场秩序 [J]. 中国人民大学学报，2004（1）：33－41.

[12] 吴晓求. 大国金融中的中国资本市场 [J]. 金融论坛，2015，20（5）：28－35.

[13] 吴晓求. 大国经济的可持续性与大国金融模式——美、日经验与中国模式之选择 [J]. 中国人民大学学报，2010，24（3）：83－88.

[14] 吴晓求. 改革开放四十年：中国金融的变革与发展 [J]. 经济理论与经济管理，2018（11）：5－30.

[15] 吴晓求. 历史视角：国际金融中心迁移路线 [J]. 中国市场，2009（24）：20－21.

[16] 吴晓求. 中国构建国际金融中心的基本路径分析 [J]. 金融理论与实践，2010（9）：3－7.

[17] 吴晓求. 中国金融监管改革：逻辑与选择 [J]. 财贸经济，2017，38（7）：33－48.

[18] 吴晓求. 中国要将国际金融中心作为资本市场目标 [J]. 金融博览，2015（2）：39.

[19] 吴晓求. 未来需构建与大国金融相匹配的资本市场 [N]. 经济参考报，2015－11－06（8）.

[20] 吴晓求，等. 变革与崛起——探寻中国金融崛起之路 [M]. 北京：中国金融出版社，2011.

[21] 肖远企. 关于金融结构的思考 [J]. 中国银行业，2019（8）：15－17＋6.

[22] 严晨. 国际金融中心建设的历史比较分析 [J]. 上海经济研究，2013，25（6）：33－38.

[23] 杨秀萍. 日元国际化及东京国际金融中心建设的启示 [J]. 华北金融，2010（1）：39－42.

[24] 杨子澄. 金融结构与货币国际化理论及实证研究 [D]. 上海：上海社会科学院，2018.

[25] 易纲. 大力支持上海加快国际金融中心建设 [J]. 中国金融家，2019（7）：25－26.

［26］余秀荣.国际金融中心功能演进的动因、路径及启示［J］.武汉金融，2012（2）：29－33.

［27］余秀荣.金融创新、国际金融中心功能与十七世纪阿姆斯特丹国际金融中心［J］.金融经济，2009（8）：58－59.

［28］张懿.伦敦国际金融中心的创新［J］.中国金融，2015（18）：24－25.

［29］郑杨.国际金融中心建设与人民币国际化［J］.中国金融，2019（14）.

［30］郑杨.夯实基础　努力构建新时代国际金融中心［N］.上海证券报，2017－12－15（12）.

［31］周光友，罗素梅.“大国”金融中心形成模式研究：经验与启示［J］.湖南商学院学报，2011，18（2）：5－10.

［32］朱宇锋.关于上海建设国际金融中心的模式选择探析［J］.时代金融，2012（17）：83－84.

［33］左小蕾.金融结构性改革站在新起点［J］.中国金融，2019（9）：16－21.

后　记

如何进一步推动中国金融的开放，是当前乃至未来一个时期我们面临的重要任务。中国金融走了一条渐进式、试错式和迂回式的开放路径。整体而言，中国金融的开放度是不足的，国际影响力是有限的，与中国经济在国际上的地位不相匹配，与中国的国家战略目标也不相匹配。为此，必须加快中国金融的开放进程。

中国金融在进一步扩大开放乃至全面开放的政策实施中必须解决三个核心问题：一是模式定位，即在"不可能三角"中的组合选项，核心是在汇率稳定与资本自由流动中作出目标选择；二是开放的路径与策略；三是开放所要实现的战略目标。

本书主要围绕上述三个核心问题展开深入研究，同时，作为中国金融全面开放的可供借鉴的国际经验和教训，本书亦要研究大国经济（如日本）的金融开放案例，也要研究一些具有代表性的新兴经济体（如韩国、俄罗斯、印度和泰国等）金融开放的历史。本书结合中国经济、金融的实际情况和大国经济、新兴经济体金融开放的实践，试图找到一条既有一般共性，又有中国特征的金融开放模式。这种金融开放模式的核心点是要将风险控制在可收敛的范围。

本书原是中国人民大学中国资本市场研究院［CCMRI，前身是1996年成立的中国人民大学金融与证券研究所（FSI）］研究团队连续撰写的第24部中国资本市场年度研究报告，后经过小幅文字修改、数据更新、图表修订和格式调整，于2020年3月1日由吴晓求教授领衔完成此稿。赵锡军教授、瞿强教授、李永森教授、应展宇教授、许荣教授、张成思教授、何青教授、谭松涛教授、刚健华教授、李凤云副教授、李向科副教授、陆超副教授、钱宗鑫副教授、罗煜副教授、郭彪副教授、宋科副教授等参加了提纲的讨论。

本书各章作者是：导论，吴晓求、郭彪、方明浩、李诗瑶；第 1 章，涂永红；第 2 章，何青、冯浩铭；第 3 章，钱宗鑫、付鹏璐、许界天；第 4 章，赵锡军、谭松涛；第 5 章，许荣、陆超、王雯岚、徐星美、王巍、刘庭竹；第 6 章，张成思、唐火青；第 7 章，应展宇、黄春妍、左振莹；第 8 章，宋科、刚健华、赵扬。中国人民大学财政金融学院金融学博士生虞思燕、沈靖人、刘东林、张浩、刘斯佳、赵扬、刘家琳参加了相关内容的讨论。

本书初稿完成后，吴晓求教授提出了一些修改建议。中国人民大学中国资本市场研究院赵振玲女士为本书的编辑做了大量繁杂的事务性工作。

感谢中国金融出版社为出版本书所做的努力。

吴晓求
2021 年 3 月 1 日